江蘇省地方志編纂委員會辦公室組

主編 程

執行主編 張

江南通志

第二册

輿地志（二）

鳳凰出版社

第二册目録

江南通志卷之九

輿地志

星野

《周禮》：保章氏掌以星土辨九州之地，所封封域，皆有分星。鄭康成謂：大界則曰九州，州中諸國之封域，於星亦有分焉。今其存可言者，十二次之分也。布度定記，分州繫象，定二十有八星之位，因以察十有二歲、五雲之物、十有二風，以修政序事，可勿考歟？

今江南得古揚、徐、豫三州。在春秋時，什九皆吴地。《爾雅》云：星紀，斗、牽牛，吴分野。劉逵以爲：斗者，日月五星之所經始，故謂之星紀。意者星紀之分域，能爲綱維。則今江南獨冠藩服，蓋有自歟。婺女、房、心、奎、婁、胃，爲魯、宋諸國之分星，又江南之寓精寄曜者也。

然自星野之説有歲差里差，古今宫度同異較然。我朝時憲書法，定天周爲三百六十度，而歲周則爲三百六十五日。天度既整，以整馭零，歲差里差之法亦準諸此。書法既定，而分星無不定。又準以地圓之理，地心地面之説，治書者因地以測諸差，言地理者即可因諸差以定宫度。如今江南之地，或宿屬斗末，改爲牛初，而後分野宫度高卑合準。故詳列諸家同異，系之以表，存其大概，以備稽考。

主十二次之説

《周禮·保章氏》注：星紀，吴越也。降婁，魯也。大火，宋也。

《晋書·天文志》：自南斗十二度至須女七度，爲星紀，於辰在丑，吴越之分野，屬揚州。自氐五度至尾九度，爲大火，於辰在卯，宋之分野，屬豫州。自奎五度至胃六度，爲降婁，於辰在戌，魯之分野，屬徐州。

《隋書·地理志》同《晋書》。

《唐書·天文志》：奎、婁，降婁也。初，奎一度。中，奎二度。終，胃三度。自蛇(邱)〔丘〕、肥成，南界鉅野，東達梁父，循岱岳衆山之陽，以負東海。又濱泗水，經方與、沛、留、彭城，東至於吕梁，乃東南抵淮，竝淮水而東，盡徐夷之地。

氐、房、心，大火也。初，氐二度。中，房二度。終，尾六度。自雍(邱)〔丘〕、襄邑、小黄而東，循濟陰，界於齊、魯，右泗水，達於吕梁，乃東南接太昊之墟，盡漢濟陰、山陽、楚國、豐、沛之地。

斗、牽牛，星紀也。初，南斗九度。中，南斗二十四度。終，女四度。自廬江、九江，負淮水，南盡臨淮、廣陵，至東海，又逾南河，得漢丹陽、會稽、豫章。

明《清類天文分野書》：斗、牛在丑，屬吴越，分揚州。奎、婁在戌，屬魯，分兖州。氐、房、心在卯，屬宋，分徐州。

按：星野分配郡國，諸史亦多異同。《晋志》以沛國譙郡屬豫州，以彭城屬徐州。《隋志》以譙郡屬豫州，以彭城、豐、沛屬徐州。《唐志》以楚國豐、沛皆爲大火之次，與《漢志》合。又《史》《漢》俱以房、心爲豫州，奎、婁爲徐州。《清類天文分野書》謂宋得徐州之地爲多，遂改大火爲徐州。今考宋地實在徐、豫二州之境也。

主二十八舍之説

《史記·天官書》：二十八舍，主十二州。

又曰：角、亢、氐，兖州。房、心，豫州。斗，江、湖。牽牛、婺女，揚州。奎、婁、胃，徐州。

《漢書·天文志》同《史記》。《漢書·地理志》：魯地，奎、婁(也)〔之〕①分野也。東至東海，南有泗水，至淮，得臨淮之下相、睢陵、僮、取慮，皆魯分也。宋地，房、心之分野也。今之沛、梁、楚、山陽、濟陰、東平，及東郡之須昌、壽張，皆宋分也。吴地，斗分野也。今之會稽、九江、丹陽、豫章、廬

---

① 據《漢書·地理志》改。

江、廣陵、六安、臨淮郡，盡吴分也。

《晋書·天文志》：房、心，宋，豫州：潁川入房一度，汝南入房二度，沛郡入房四度，梁國入房五度，楚國入房四度。斗、牽牛、須女，吴、越，揚州：九江入斗一度，廬江入斗六度，丹陽入斗十六度，臨淮入牛四度，廣陵入牛八度，泗水入女一度，六安入女六度。奎、婁、胃，魯，徐州：東海入奎一度。

《唐書·天文志》：奎爲大澤，在陬訾下流，當鉅野之東陽，至於淮、泗。婁、胃之墟，東北負山，蓋中國膏腴地，百穀之所阜也。商、亳負北河，陽氣之所升也，爲心分。豐、沛負河南，陽氣之所布也，爲房分。南斗在雲漢下流，當淮、海間，爲吴分。

《宋史·天文志》：南斗六星：南星者，魁星也。石申曰：魁第一主吴，二會稽，三丹陽，四豫章，五廬江，六九江。

明《清類天文分野書》：斗、牛，吴越分野。奎、婁，魯分野。氐、房、心，宋分野。

各次距度之不同

漢劉歆《三統（歷）〔曆〕》：自斗十二度，至婺女七度，爲星紀。自奎五度，至胃六度，爲降婁。自氐五度，至尾九度，爲大火。

費直説：《周易》自斗十度，至女五度，爲星紀。自氐十一度，至尾八度，爲大火。自奎二度，至婁九度，爲降婁。

蔡邕《月令章句》：自壁八度，至胃一度，爲降婁。自亢八度，至尾四度，爲大火。自斗六度，至女二度，爲星紀。

皇甫謐《帝王世紀》：自斗十一度，至婺女七度，爲星紀。其降婁、大火距度，俱同《三絶》。

北魏李業興《正光（歷）〔曆〕》：自斗一度，至牛五度，爲星紀。自壁三度，至婁八度，爲降婁。自亢三度，至心四度，爲大火。

唐一行《大衍（歷）〔曆〕》：自奎二度餘千二百一十七杪十七少，至胃三度，爲降婁。自氐二度餘千四百一十九杪五太，至尾六度，爲大火。自斗九度餘千四十二杪十三太，至女四度，爲星紀。

宋皇居卿《元祐觀天（歷）〔曆〕》：自奎三度半，至胃五度半，爲降婁。自氐三度少，至尾八度，爲大火。自斗九度，至女六度，爲星紀。

南宋楊忠輔《紹熙統天（歷）〔曆〕》：自奎一度三十七分二十五杪，至胃四度十九分十五杪，爲降婁。自氐一度七十四分五十一杪，至尾三度八十六分六十四杪，爲大火。自斗四度三十五分九十二杪，至女二度九十五分七杪，爲星紀。

元耶律楚材《西征庚午元（歷）〔曆〕》：自奎二度三十五分八十五杪外，至胃四度二十四分三十三杪，爲降婁。自氐一度七十七分七十七杪外，至尾三度九十七分七十二杪，爲大火。自斗四度三十六分六十六杪，至女二度九十一分九十一杪，爲星紀。

許衡、郭守敬《授時（歷）〔曆〕》：自奎一度七十三分六十三杪，至胃三度七十四分五十六杪，爲降婁。自氐一度一十四分五十二杪，至尾三度一分一十五杪，爲大火。自斗二度七十六分八十五杪，至女二度六分三十八杪，爲星紀。

明《清類天文分野書》：自斗三度，至女一度，爲星紀。自奎二度，至胃三度，爲降婁。自氐二度，至尾二度，爲大火。

各舍赤道距度之不同

漢洛下閎所測：氐十二度，房五度，心五度。斗二十六度及分，牛八度，女十二度，奎十六度，婁十二度，胃十四度。

唐一行所測：斗二十六度無分，餘同漢。

宋皇祐所測：氐十六度，心六度，斗二十五度，牛七度，女十一度，胃十五度，餘同漢。

元豐所測：房六度，餘同皇祐。

崇寧所測：房五度太，心六度少，牛七度少，女十一度少，奎十六度半，餘同皇祐。

元至元所測：氐十六度三十分，房五度六十分，心六度五十分，斗二十五度二十分，牛七度二十分，女十一度三十五分，奎十六度六十分，婁十一度八十分，胃十五度六十分。

各舍黄道距度之不同

後漢《永元銅儀》：氐十六度，房五度，心五度，斗二十四度四分度之一，牛七度，女十一度，奎十七度，婁十二度，胃十五度。

隋劉焯《皇極書》：斗二十四度，女十一度半，婁十三度，餘同《永元》。

唐一行《大衍書》：斗二十三度半，牛七度半，女十一度少，奎十七度半，婁十二度太，胃十四度太，氐十五度太，心四度太，房度同《永元》。

宋《紀元書》：斗二十三度，奎十八度，胃十五度半，氐十六度少，房五度太，心六度，牛、女度同《永元》，婁度同《大衍》。

金趙知微《書》：斗二十二度，奎十七度太，牛、女度同《永元》，婁度同《大衍》，餘同《紀元》。

元《授時書》：氐十六度四十分，房五度四十八分，心六度二十七分，斗二十三度四十七分，牛六度九十分，女十一度一十二分，奎十七度八十七分，婁十二度三十六分，胃十五度八十一分。

史傳雜占分野之法

《史記·天官書》：吴、楚之疆，候在熒惑。宋、鄭之疆，候在歲星。

《星經》：歲星主徐州，熒惑主揚州，鎮星主豫州。

《晋書·天文志》：歲星主齊、吴，熒惑主楚、吴、越以南。

《宋史·天文志》：歲星主徐、青、兗，熒惑主揚、荆、交州，填星主豫州。

按：此上以五星言分野也。

《史記·天官書》：二十八舍主十二州，斗秉兼之。《周禮》疏：辨九州之地者據北斗而言。《春秋文耀鉤》：北斗七星，兗州屬機星，徐、揚二州屬權星，豫州屬摇星。

《星經》：玉衡第一星主徐州，以五子日候之：甲子爲東海，丙子爲琅琊，戊子爲彭城，庚子爲下邳，壬子爲廣陵。第六星主揚州，以五巳日候之：乙巳爲豫章，辛巳爲丹陽，己巳爲廬江，丁巳爲吴郡、會稽，癸巳爲九江。第七星爲豫州，以五午日候之：甲午爲潁川，壬午爲梁國，丙午爲汝南，戊午爲沛國，庚午爲魯國。

《晋書·天文志》：北斗七星，一主秦，二主楚，三主梁，四主吴，五主燕，六主趙，七主齊。

《宋史·天文志》：北斗第一星曰樞，其分秦。《漢志》主徐州。第四星曰權，其分爲吴。《漢志》主荆州。第六星曰闓陽，其分爲趙。《漢志》主揚州。第七星曰摇光，其分爲齊。《漢志》主豫州。

按：此上以北斗言分野也。

《史記·天官書》：吴、楚之疆，占於鳥衡。鳥者，南宫七宿。衡者，太微三光之庭。鳥與衡同在南宫，故占南國。按：此以四七宿言分野也。

《宋史·天文志》：三台六星，上台上星主兗、豫，下星主荆、揚；中台上星主梁、雍，下星主冀；

下台上星主青，下星主徐。

《晋書·天文志》：五車者，五帝車舍也，五帝坐也。西北大星曰天庫，主太白，主秦。次東北星曰獄，主辰星，主燕、趙。次東星曰天倉，主歲星，主魯、衛。次東南星曰司空，主填星，主楚。次西南星曰卿星，主熒惑，主魏。五星有變，皆以其所主占之。《隋志》《宋志》皆同，言楚則吴、越在其中。

《隋書·天文志》：九坎東列星：北一星曰齊，齊北二星曰趙，趙北一星曰鄭，鄭北一星曰越，越東二星曰周，周東南北列二星曰秦，秦南二星曰代，代西一星曰晋，晋北一星曰韓，韓北一星曰魏，魏西一星曰楚，楚南一星曰燕。其星有變，各以其國占之。《宋志》同。又引陶隱居云：越一星在婺女南，并舉楚、越，則吴在其中。

《宋史·天文志》：天市垣二十二星，在氐、房、心、尾、箕、斗内宫之内。象天王在上，諸侯朝王，王出臯門大朝會，西方諸侯在應門左，東方諸侯在應門右。其東藩十一星，一曰宋，四曰東海，五曰徐，六曰吴、越。

按：此上以中外宫星言分野也。

《史記·天官書》：丙丁，江、淮、海、岱也。

《漢書·天文志》：丙，楚。酉，魯。戌，吴、越。

按：此又以時日支干言分野也。

今江南分星表

星紀吴分

《禹貢》揚州之域

府　直隸州	州	縣
江寧府		上元　江寧　句容　溧水　江浦　六合　高淳
蘇州府		吴　長洲　元和　昆山　新陽　常熟　昭文　吴江　震澤
松江府		華亭　奉賢　婁　金山　上海　南匯　青浦　福泉
常州府		武進　陽湖　無錫　金匱　江陰　宜興　荆溪　靖江
鎮江府		丹徒　丹陽　溧陽　金壇

續表

府 直隸州	州	縣
淮安府		山陽 阜寧 鹽城
揚州府	高郵 泰	江都 甘泉 儀徵 興化 寶應
太倉州		鎮洋 崇明 嘉定 寶山
通　州		如皋 泰興
安慶府		懷寧 桐城 潛山 太湖 宿松 望江
徽州府		歙 休寧 婺源 祁門 黟 績溪
寧國府		宣城 寧國 涇 太平 旌德 南陵

續表

府 直隸州	州	縣
池州府		貴池 青陽 銅陵 石埭 建德 東流
太平府		當塗 蕪湖 繁昌
廬州府	無爲	合肥 廬江 舒城 巢
鳳陽府	壽	鳳陽 臨淮 定遠 鳳臺
六安州		英山 霍山
泗　州		盱眙 天長
和　州		含山
滁　州		全椒 來安

續表

府　直隸州	州	縣
廣德州		建平

降婁魯分

《禹貢》徐州之域

府　直隸州	州	縣
淮安府		清河　安東　桃源
徐州府	邳	宿遷　睢寧
海　州		贛榆　沭陽
鳳陽府		懷遠　虹

續表

府　直隸州	州	縣
泗州		五河

大火宋分

《禹貢》徐、豫二州之域

府	州	縣
徐州府		銅山　蕭　碭山　豐　沛
鳳陽府	宿	靈璧
潁州府	亳	阜陽　潁上　霍(邱)〔丘〕　太和　蒙城

江南通志卷之十

輿地志

疆域　形勢附

古揚、徐二州之界，南北距淮，豫州則北距大河。今江南境内，自淮以南爲揚州，而北入徐，西北入豫。不但跨淮屬泗，并踰河以北。此雖由古今川瀆同異而幅員之，所包絡者廣矣。形勢則潮汐之池，號爲天沼。貫以三瀆，是綱是紀。霍蜀大鄣①，屏蔽坤位，地險備焉。至於晝郊圻，扞牧圉，在國曰固，在野曰險，凡有司存，宜加詳審者也。

① 「鄣」，《四庫》本作「障」。

江南通省

合上、下兩江布政使司，統轄府、州、縣、衛之地，廣輪數千里。其爲疆域所分，自省會金陵郡治，東暨海州五百五十里，西至河南省固始縣界八百五十里，南抵江西省浮梁縣界八百五十里，北接山東省嶧縣界九百五十里，遥拱帝京二千四百里。

形勢總計江南之境，鍾、茅、八公、天柱、九華、黄、塗、潛、霍，山之作鎮而著名者不勝數。黄河、江、淮、運河、三江、泗、汝、潁、睢、滁、淝，川之經行而涵浸者不勝數。藪則震澤、巢湖、洮湖，關則東關、清流、二峴。名都雄鎮，襟帶江淮。淮之北，潁、亳、徐、邳，訖於海州、贛榆。淮之南，廬、壽、滁、和，訖於揚、通。江之南北，列上游者安、池、太平諸郡縣。號沃野者，鎮、常、蘇、松諸府州。而漕河蜿蜒直上，飛輓逸於前代。蓋江蘇、安慶，俱屬省會，而江寧尤重矣。

江寧府

由府治上至帝京道里見前省會。東至鎮江府丹陽縣界一百六十里，西至和州界一百八十里，南至寧國府宣城縣界二百四十里，北至泗州天長縣界一百四十里。

東西廣三百四十里，南北袤三百八十里。

舊轄縣八。雍正八年，移溧陽一縣隸鎮江府。今轄縣七，附郭爲上元、爲江寧。去府東九十里爲句容，東南八十五里爲溧水，南二百四十里爲高淳，西四十里爲江浦，西北一百三十里爲六合。

上元縣　東六十里至龍潭句容縣界，西三里至漢西門江寧縣界，南半里至内橋江寧縣界，北五十里至觀音門外江中六合縣界。

江寧縣　東三里至通濟門内大街上元縣界，西十五里至北河口江中江浦縣界，南七十五里至銅井鎮界牌太平府當塗縣界，北二里至笪橋上元縣界。

句容縣　東五十里至白兔鎮鎮江府丹陽縣界，西二十里至土橋鎮上元縣界，南五十里至望湖岡溧水縣界，北七十五里至炭渚鎮江府丹徒縣界。

溧水縣　東四十五里至分界山鎮江府溧陽縣界，西四十五里至明覺寺太平府當塗縣界，南七十里至尋真鋪高淳縣界，北四十五里至烏刹橋江寧縣界。

高淳縣　東七十里至鄧埠鎮鎮江府溧陽縣界，西三十里至水碧橋寧國府宣城縣界，南四十里至花山宣城縣界，北三十里至塘溝河中流太平府當塗縣界。

江浦縣　東三十五里至浦口東馬頭江中上元縣界，西六十里至陳家淺滁州全椒縣界，南三十五里至西江口江中江寧縣界，北五十里至三汊河滁州來安縣界。

六合縣　東三十里至褚家堡揚州府儀徵縣界，西五十五里至四號墩滁州來安縣界，南七十里至浦子口江浦縣界，北五十里至瓜簍鋪泗州天長縣界。

形　勢　鍾山龍蟠，石頭虎踞。漢諸葛亮語。長江千里，險過湯池。《南唐書》。外連江淮，内控湖海。《繫年録》。東南形勢，莫重建康。宋張浚語。有三吴爲東門，有荆、蜀爲西户，有七閩、二廣爲南府。見宋《胡安定文集》。

蘇州府

由府治上至帝京二千七百二十里，東至太倉州界一百六里，西至常州府宜興縣界一百里，南至浙江嘉興縣界九十四里，北至通州界一百五十里。

東西廣二百六里，南北袤一百四十四里。

舊轄一州七縣。今析太倉州爲直隸，以嘉定、崇明二縣屬之。舊縣五，新分縣四。轄九縣。附郭縣三，爲吴、爲長洲、爲元和。去府東七十里爲昆山、爲新陽，東南四十里爲吴江、爲震澤，北一百五里爲常熟、爲昭文。

吴　縣　東一里城内卧龍街元和縣界，西一百里至太湖常州府宜興縣界，南三十三里至太湖吴江縣界，北二里至教場長洲縣界。

長洲縣　東一里城内新造橋元和縣界，西三十里至賀九嶺吴縣界，南二里至内城濠吴縣界，北五十里至吴塔常熟縣界。

元和縣　東四十五里至真義新陽縣界，西一里至城内王府基長洲縣界，南二里城内新造橋長洲縣界，北五里至壩基橋長洲縣界。

崑山縣　東三十三里至金雞河績綵橋太倉州界，西三十三里至西亭子界浦河中元和縣界，南七十里至井亭港河中松江府青浦縣界，北同城至北門城濠新陽縣界。

新陽縣　東三十六里至界牌太倉州界，西二十一里至吴涇村元和縣界，南一十里至大濾村崑山縣界，北二十里至三千灣昭文縣界。

常熟縣　東半里至城内迎恩橋堍下昭文縣界，西七十里至感化鄉常州府江陰縣界，南四十里至歸政鄉吴塔村長洲縣界，北四十里至福山港通州界。

昭文縣　東八十里至白茆海口太倉州界，西半里至城内炳靈公廟常熟縣界，南四十里至南斜塘新陽縣界，北四十里至耿涇江口常熟縣界。

吴江縣　東八十里至金澤鎮松江府青浦縣界，西一里至西門城外河中震澤縣界，南五十四里至楊橋浙江嘉興縣界，北七里至七里橋元和縣界。

震澤縣　東三里至運河官塘吴江縣界，西一百里至南潯鎮浙江烏程縣界，南五十里至平望鎮鶯脰湖中吴江縣界，北一里至北門外釣橋吴江縣界。

形　勢　藪曰具區，浸曰五湖。《周禮·職方氏》。三江雄潤，五湖腴表。晋周處《風土記》。川澤沃衍，有海陸之饒。《隋·地理志》。松江太湖，水國之勝。《吴江主簿廳壁記》。旁連湖海，外控江淮。宋徐嘉詰詞。

松江府

由府治上至帝京二千九百五十里，東至大海一百里，南至大海七十二里，西北至蘇州府昆山縣界八十里，東北至太倉州嘉定縣界一百八里。

東西廣一百八十里，南北袤一百八十里。

舊縣四，新分縣四。轄八縣。附郭縣二，爲華亭、爲婁縣。東南九十里爲奉賢，南七十里爲金山，東北九十里爲上海，東一百二十里爲南匯，西北五十里爲青浦、五十里爲福泉。

華亭縣　東一十八里至語兒涇上海縣界，西一里至府城西門口婁縣界，南七十二里至金山衛城金山縣界，北五里至五里塘婁縣界。

婁　縣　東至府城華亭縣界，西一十八里至泖湖口青浦縣界，南一十二里至西浦江華亭縣界，北一十八里至塘橋鎮福泉縣界。

奉賢縣　東三里至海，西五十四里至望河涇華亭縣界，南四十五里至柘林城華亭縣界，北十八里至五墩南匯縣界。

金山縣　東至城内華亭縣界，西九里至商蕩橋浙江平湖縣界，南一里至大海，北接華亭縣界。

上海縣　東一十八里至龍王廟南匯縣界，西三十六里至七寶鎮福泉縣界，南七十二里至語兒涇華亭縣界，北一十二里至分水龍王廟太倉州寶山縣界。

南匯縣　東三十里至海，西六十里至黄浦沈塘庄口上海縣界，南二十四里至界河奉賢縣界，北六十餘里至界浜上海縣界。

青浦縣　東三里至迎春廟黄沙浜口福泉縣界，西四十五里至周庄蘇州府元和縣界，南三十六里至廣富林九里亭婁縣界，北二十里至孔宅獨樹福泉縣界。

福泉縣　東六十里至七寶鎮婁縣界，西接青浦縣界，南接青浦縣界，北一十二里至白鶴江鎮太倉州嘉定縣界。

形　勢　負海枕江，平疇沃野。宋魏了翁《學記》。佩帶江湖，南瀕大海。宋唐詢《華亭十詠詩序》。府稱澤國，以九峰勝。舊志。瀕海重地。《元史·沙全傳》。

常州府

由府治上至帝京二千五百三十五里，東至蘇州府常熟縣界一百四十里，西至鎮江府丹陽縣界五十里，南至浙江長興縣界二百里，北至大江北岸泰興縣界八十五里。

東西廣一百九十里，南北袤二百八十五里。

舊縣五，新分縣三。　轄縣八。　附郭縣二，爲武進、爲陽湖。　東南九十里爲無錫、爲金匱，東七十里爲江陰，南一百二十里爲宜興、爲荆溪，東北一百五十里爲靖江。

武進縣　東至城中陽湖縣界，西五十里至九里鋪鎮江府丹陽縣界，南十五里至仙堰橋陽湖縣界，北五十里至楊子江通州泰興縣界。

陽湖縣　東四十里至伍①牧鎮無錫縣界，西至城中武進縣界，南七十里至五洞橋宜興縣界，北三十里至回水橋江陰縣界。

無錫縣　東至城河中心金匱縣界，西五十里至閶江橋孤村陽湖縣界，南七十七里至烏山蘇州府吴縣界，北三十三里至馬鎮江陰縣界。

金匱縣　東七十里至楊尖蘇州府常熟縣界，西至城河中心無錫縣界，南七十七里至烏山蘇州府吴縣界，北三十三里至馬鎮江陰縣界。

江陰縣　東九十里至顧山鎮蘇州府常熟縣界，西七十里至鄭陸橋武進縣界，南五十四里至馬鎮無錫縣界，北至大江中流靖江縣界。

宜興縣　東八十里至太湖中項沙洲蘇州府吴江縣界，西七十里至葑埭村鎮江府溧陽縣界，南至縣城南門外荆溪縣界，北六十里至五洞橋陽湖縣界。

荆溪縣　東六十里至太湖中項沙洲宜興縣界，西九十里至渡濟橋鎮江府溧陽縣界，南八十里至啄木嶺浙江長興縣界，北至北門外板橋宜興縣界。

①「伍」，《四庫》本作「五」。

靖江縣　東六十里至青龍港通州如皋縣界，西四十二里至鄂家港通州泰興縣界，南三十五里至大江中鶴沙洲江陰縣界，北十七里至廣陵鎮泰興縣界。

形　勢　三江之雄潤，五湖之腴表。晋周處《風土記》。岡阜相屬，林麓鬱然。舊《毗陵志》。川澤沃衍，有海陸之饒。《隋志》。大江横其北，太湖處其東。宋政和《河溝記》。北抵江淮，東連海道。《江陰圖經》。山長水遠，氣秀地靈。元《宜興州圖册》。土厚水深，山澤清曠。元《路學興造記》。

鎮江府

由府治上至帝京二千三百三十五里，東至常州府宜興縣界一百六十里，西至江寧府句容縣界六十里，南至常州府武進縣界一百八里，北至揚州府江都縣界二十八里。

東西廣二百二十里，南北袤一百三①十六里。

舊隸縣三，今析江寧府溧陽縣隸之。轄縣四，附郭爲丹徒。府南六十五里爲丹陽，二百四十里爲溧陽，一百六十里爲金壇。

丹徒縣　東七十里至匡家橋丹陽縣界，西六十里至炭渚驛江寧府句容縣界，南五十里至仁壽橋丹陽縣界，北二十八里至揚子江揚州府江都縣界。

---

①「三」，《四庫》本作「二」。

丹陽縣　東五十里至呂城三板橋常州府武進縣界，西三十里至馬陵橋丹徒縣界，南三十里至丁庄鋪石嘉山江寧府句容縣界，北六十五里至華山大壩頭丹徒縣界。

溧陽縣　東四十里至楊巷口常州府宜興縣界，西四十里至南渡廣德州建平縣界，南三十六里至戴埠廣德州界，北七十五里至分界山江寧府溧水縣界。

金壇縣　東三十五里至善塘村常州府武進縣界，西六十五里至茅山上宫江寧府句容縣界，南五十里至紙錢標溧陽縣界，北二十里至張庄鋪丹陽縣界。

形　勢　因山爲壘，緣江爲境。《爾雅》云：絶高爲京。以其城因山爲壘，緣江爲境，故謂之京口。東通吴會，南接江湖。《隋志》。西接漢沔，北距淮泗。宋曾改《潤州集序》。三吴襟帶之邦，百越舟車之會。《寰宇記》。内連天塹，外蔽日畿。《鎮江志序》。浙西門户。宋知府劉寧止奏言：京口控扼大江，爲浙西門户。

淮安府

由府治上至帝京一千九百七十五里，東至海州二百三十里，西至鳳陽府虹縣界二百一十里，南至揚州府寶應縣界八十里，北至海州沭陽縣界一百八十里。

東西廣四百四十里，南北袤二百六十里。

舊隷州二、縣九。今析海州爲直隷，以贛榆、沭陽二縣屬之。又析邳州一州，宿遷、睢寧二縣屬徐州府。舊縣五、新分縣一，轄縣六，附郭爲山陽。東北一百五十里爲阜寧，東南二百四十里爲鹽城，西五十里爲清河，一百二十里爲桃源，東北六十里爲安東。

山陽縣　東七十里至見儀阜寧縣界，西一百二十五里至洪塘埂泗州界，南七十里至黄浦揚州府寶應縣界，北六十里至河口清河縣界。

阜寧縣　東九十里至海口，西九十里至蘇家嘴山陽縣界，南四十五里至鹽城縣之草堰口分界，北四十里至北沙黄河中流安東縣界。

鹽城縣　東一百二十里至海口，西九十里至湖蕩沙溝鎮揚州府寶應縣及高郵州界，南六十里至大岡鎮界河揚州府興化縣界，北七十里至草堰口阜寧縣界。

清河縣　東二十里至七里墩山陽縣界，西二十五里至張家溝桃源縣界，南五十里至洪澤湖本府山陽及泗州、盱眙二縣界，北九十里至崇河驛海州沭陽縣界。

安東縣　東三十里至夏村營黄河山陽縣界，西六十里至古寨海州沭陽縣界，南三十弓至黄河山陽縣界，北八十里至新安鎮海州界。

桃源縣　東四十里至高家灣清河縣界，西六十里至白洋河徐州府宿遷縣界，南四十里至洪澤湖心泗州界，北六十里至里仁集海州沭陽縣界。

形　勢　水陸交通。晋荀羡《北征議》：水陸交通，易以觀釁。沃野有開殖之利，方舟漕運，亦無他阻。西至淮畔，東届海隅。《南齊志》。俯臨淮海，控制山東。宋《繫年録》。山陽要地，屏蔽淮東。同上。淮南控扼之地。宋吴表臣語。南北襟喉，江淮要衝。元董摶霄《淮安議》。長淮奥壤，表海名邦。《輿地紀勝》。

揚州府

由府治上至帝京二千二百七十五里，東至通州如皋縣界三百六十里，西至江寧府六合縣界一百一十里，南至鎮江府丹徒縣界四十里，北至淮安府山陽縣界二百六十里。

東西廣四百七十里，南北袤三百里。

舊轄三州六縣。今析通州爲直隸，以泰興、如皋屬之。舊州二、縣四，新分縣一，轄二州五縣，附郭爲江都、爲甘泉。西南七十里爲儀徵，北一百二十里爲高郵州，東北一百七十里爲興化，北二百四十里爲寶應，東一百二十里爲泰州。

江都縣　東八十里至五洲通州泰興縣界，西半里至城門圈甘泉縣界，南四十里至瓜洲江心北脚鎮江府丹徒縣界，北十里至灣頭甘泉縣界。

甘泉縣　東半里至東關門城門江都縣界，西六十里至大儀集泗州天長縣界，南半里至南門城門江都縣界，北七十五里至露筋廟高郵州界。

儀徵縣　東四十里至石人頭江都縣界，西四十里至黄鍾鋪江寧府六合縣界，南至大江，北三十五里至捺山謝家集甘泉縣界。

高郵州　東八十里至河口鎮興化縣界，西一百二十里至横欜橋泗州天長縣界，南三十里至三十里鋪江都縣界，北六十里至界首鎮寶應縣界。

興化縣　東一百二十里至范公堤泰州界，西四十五里至河口鎮高郵州界，南三十五里陵亭鎮泰州界，北六十里至北宋庄淮安府鹽城縣界。

寶應縣　東七十里至射陽鎮鹽城縣界，西一百二十里至磨旗墩泗州盱眙縣界，南六十里至界首鎮高郵州界，北二十里至黄鋪鎮山陽縣界。

泰　州　東二百四十里至拼茶場①黄沙洋通州如皋縣界，西三十里至斗門江都縣界，南二十五里至廟灣通州泰興縣界，北九十里至凌亭閣興化縣界。

形　勢　地控三齊《南齊·郡志》：地控三齊，青、兖同鎮。西至淮畔，東届海隅，土甚平曠。四會五達。劉宋鮑照《蕪城賦》：重江複關之隩，四會五達之莊。枕江臂淮。宋王觀《揚州賦》：揚州枕江臂淮，爲節鎮首稱。東南繁雄之地，江山清淑。《真州圖經》。據江海之會，握襟懷之藪。宋通州守狄遵《修海隄祭文》。

徐州府

由府治上至帝京一千六百一十五里，東合邳州界一百八十里，西合蕭縣界五十里，南至鳳陽府宿州界一百二十里，北至山東兖州府滕縣界一百二十里。

東西廣二百三十里，南北袤二百四十里。

---

① 「拼茶場」，今作「栟茶場」。

舊爲州，隸縣四。今益以邳州一州，睢寧、宿遷二縣，新設銅山縣一，陞爲府。轄一州、七縣，附郭爲銅山。府西五十里爲蕭，西北一百六十里爲碭山，一百五十里爲豐，一百二十里爲沛，東北一百五十里爲邳州，東一百里爲宿遷，東南一百二十里爲睢寧。

銅山縣　東九十里至順河集邳州界，西三十里至齊村蕭縣界，南五十里至桃山蕭縣界，北八十里至利國驛山東嶧縣界。

蕭　縣　東十五里至馬廠湖銅山縣界，西五十里至何家集碭山縣界，南五十里至土型鳳陽府宿州界，北四十里至黄河北管粥集豐、沛二縣界。

碭山縣　東五十里至侯家口蕭縣界，西三十里至鼎新集河南夏邑縣界，南二十里至高鎮集河南夏邑縣界，北四十里至北鎮集山東單縣界。

豐　縣　東十五里至丁蘭寺沛縣界，西四十里至劉家集山東單縣界，南四十里至盤龍集碭山縣界，北四十里至王家海集山東魚臺縣界。

沛　縣　東四十里至洛房山東滕縣界，西四十里至羊鳴豐縣界，南四十里至張家集銅山縣界，北四十里至沙河山東魚臺縣界。

邳　州　東三十里至合溝宿遷縣界，西七十里至汴塘銅山縣界，南九十里至木社睢寧縣界，北五十里至重防山東沂縣界。

宿遷縣　東一百二十里至高沙社海州沭陽縣界，西七十里至周家莊睢寧縣界，南五十里至草堰社泗州界，北一百四十里至壯溝山東郯城縣界。

睢寧縣　東四十八里至蔣莊鋪宿遷縣界，西五①十里至九頂山鳳陽府靈璧縣界，南三十里至吴美家墩鳳陽府虹縣界，北五十里至羊山邳州界。

形　勢　要害之地。隋唐《十道志》。汴泗交流。唐韓愈詩。楚山爲城，泗水爲池。蘇軾《黄樓詩》。東近齊、魯，北屬趙、魏，南通江、淮，西通梁、楚。宋陳師道《學記》。吕梁横絶，四山合圍。宋蘇轍《黄樓賦》。

太倉州

由州治上至帝京二千八百四十里，東至海，合崇明縣界一百二十里，西至蘇州府新陽縣界三十六里，南至致和塘本州鎮洋縣界一里，北至蘇州府昭文縣界一百八里。

東西廣一百五十六里，南北袤一百九里。

舊隸蘇州府，今隸以嘉定、崇明，又分縣二，陞直隸州。　轄四縣，附郭爲鎮洋。　州東北七十里爲崇明，東南十八里爲嘉定，五十八里爲寶山。

鎮洋縣　東七十里至海崇明縣界，西十里至清水港蘇州府昆山縣界，南十二里至葛隆鎮嘉定縣界，北十八里至茜涇河本州界。

---

① 「五」，《四庫》本缺，註「闕」。

崇明縣　東至大洋，西海面七十餘里至七丫口本州界，南海面七十餘里至嘉定縣界，北海面一百餘里至通州界。

嘉定縣　東十八里至羅店鎮寶山縣界，西二十四里至安亭鎮蘇州府新陽縣界，南四十八里至盤龍港松江府上海縣界，北十八里至六渡橋鎮洋縣界。

寶山縣　東至大海，西四十里至廣福鎮嘉定縣界，南四十里至嚴家角松江府上海縣界，北五十里至小川沙河鎮洋縣界。

形　勢　滄海東瀕，玉峰西望，婁江南繞，虞山北障。舊志。樓櫓萬艘，據要衝于海通。《方輿勝覽》。濱海通漕，商賈輳集，民以富庶，視舊過之。元上官震《記》。東薄於海，捍海作邦。楊廉夫《記》。

海　州

由州治上至帝京一千七百里，東至高公島大海一百二十里，西至馬陵山山東郯城縣界一百五十里，南至新安鎮淮安府安東縣界一百五十里，北至許家菴合贛榆縣界九十里。

東西廣二百七十里，南北袤二百四十里。

舊隸淮安府，今益以贛榆、沭陽二縣，爲直隸州。　轄二縣。　州北八十里爲贛榆，西南一百二十里爲沭陽。

贛榆縣　東十五里至大海，西七十五里至界河庄山東沂州界，南七十五里至河頭店庄本州界，北七十五里至汾水庄山東日照縣界。

沭陽縣　東八十里至古寨村淮安府安東縣界，西四十里至丈八寺徐州府宿遷縣界，南四十里至赤鯉湖淮安府桃源縣界，北五十里至寨河本州界。

形　勢　西連徐、邳，南接淮甸，北達山東，東距大海。三方所屆，水陸交通。

通　州

由州治上至帝京二千六百九十五里，東至吕四場廖角嘴海岸界一百九十二里，西至七接橋合如皋、泰興縣界二百八十五里，南至狼山港大江蘇州府昭文縣界三十里，北至便利鄉，合如皋縣至揚州府泰州界九十里。

東西廣四百七十七里，南北袤一百二十里。

舊隸揚州府，今隸以如皋、泰興二縣，爲直隸州。　轄縣二。　州西四十五里爲如皋，二百四十里爲泰興。

如皋縣　東一百三十里至本縣掘港場海岸界，西四十里至觀音堂泰興縣界，南九十里至四方沙大江中蘇州府昭文縣界，北四十里至海安鎮揚州府泰州界。

泰興縣　東六十里至分界如皋縣界，西十八里至江邊鎮江府丹徒縣界，南三十里至界河常州府靖江縣界，北六十里至界牌橋揚州府泰州界。

形　勢　東北瀕海，地當津要，狼山聳峙，江北海防重鎮。

安慶府

由府治上至帝京二千七①百里，東至廬州府無爲州界三百六十里，西至湖廣黄州府黄梅縣界三百四十里，南越江至池州府東流縣界五里，北至廬州府舒城縣界二百八十里。

東西廣七百里，南北袤二百八十五里。

轄縣六，附郭爲懷寧。北一百二十里爲桐城，西一百二十里爲潛山，西南一百八十里爲太湖，二百四十里爲宿松，一百二十里爲望江。

懷寧縣　東五十里至樅陽鎮桐城縣界，西一百三十里至赭陂橋太湖縣界，南越江五里至雁汊池州府東流縣界，北六十里至練潭桐城縣界。

桐城縣　東二百里至靈山寺廬州府無爲州界，西七十里至小河沿保潛山縣界，南八十里至杏花村懷寧縣界，北四十里至老關嶺廬州府舒城縣界。

潛山縣　東五十五里至三安鋪桐城縣界，西三十五里至小池驛太湖縣界，南十五里至小市港懷寧縣界，北一百八十里至界嶺六安州霍山縣界。

---

① 「七」，《四庫》本缺，註「闕」。

太湖縣　東五十里至桃花鋪潛山縣界，西二十里至楓香驛宿松縣界，南五十里至石灰山嶺望江縣界，北一百九十里至珠子關湖廣蘄州界。

宿松縣　東一百里至貢家嶺望江縣界，西十里至界牌石湖廣黄梅縣界，南一百里至八里江江西湖口縣界，北六十里至界牌石太湖縣界。

望江縣　東七十里至洲頭口汛懷寧縣界，西三十里至泊湖繪口宿松縣界，南四里至吉水鎮河江西彭澤縣界，北六十里至石灰山太湖縣界。

形　勢　其山深秀而穎厚，其水迤邐而蕩潏。《同安志後序》。南濱大江，北界清淮。《宋地理志》。淮服之屏蔽，江介之要衝。宋朱綽《廳壁記》。

徽州府

由府治上至帝京二千八百五十里，東至浙江昌化縣界一百二十里，西至江西浮梁縣界二百七十里，南至浙江遂安縣界一百里，北至寧國府太平縣界一百二十里。

東西廣三百九十里，南北袤二百二十里。

轄縣六，附郭爲歙縣。西六十里爲休寧，西南二百四十里爲婺源，西一百八十里爲祁門，西一百四十里爲黟，東六十里爲績溪。

歙　縣　東一百二十里至金竹嶺浙江昌化縣界，西三十七里至長充鋪休寧縣界，南一百里至街口浙江淳安縣界，北一百二十里至湯嶺寧國府太平縣界。

休寧縣　東二十里至長充鋪歙縣界，西四十里至界首鋪黟縣界，南一百二十里至江嶺浙江開化縣界，北六十里至韓嶺黟縣界。

婺源縣　東一百一十里至大鏞嶺浙江開化縣界，西一百二十里至洪冲坦江西樂平縣界，南三十里至車裏江西德興縣界，北一百六十里至木瓜坑休寧縣界。

祁門縣　東五十里至楠木嶺黟縣界，西一百二十里至南門汛江西浮梁縣界，南一百里至椶閭休寧縣界，北六十里至大洪嶺池州府石埭縣界。

黟　縣　東四十里至界首鋪休寧縣界，西五十五里至湘口寧國府太平縣界，南二十五里至武嶺鋪祁門縣界，北四十五里至登答橋太平縣界。

績溪縣　東九十里至浙溪田浙江昌化縣界，西五十里至界首鋪寧國府旌德縣界，南二十五里至界牌嶺高唐鎮歙縣界，北三十里至叢山關寧國府寧國縣界。

形　勢　山水幽奇。《輿地紀勝》：任昉爲新安守，行春，愛其山水幽奇。地險陿，土騂剛。《郡志》：地險陿而不夷，土騂剛而不化。鳥道縈紆。《新安志》：自睦州青溪縣界至歙州，皆鳥道縈紆。山峭厲而水清激。宋朱熹《新安道院記》州在萬山中。元程文《臨溪石橋記》：徽之州在萬山中，視他郡最高。昔人測之，謂與天目齊。浙江之源發焉。

寧國府

由府治上至帝京二千七百四十五里，東至廣德州建平縣界六十里，西至池州府銅陵縣界一百六十里，南至徽州府績溪縣界二百三十五里，北至太平府當塗縣界一百二十里。

東西廣二百二十里，南北袤三百五十五里。

轄縣六，附郭爲宣城。東南九十里爲寧國，南一百里爲涇縣，二百二十里爲旌德，西南二百二十里爲太平，西九十里爲南陵。

宣城縣　東六十里至花橋鋪廣德州建平縣界，西六十里至清弋江南陵縣界，南六十里至柿木鋪涇縣界，北一百五里至黄池鎮河中太平府當塗縣界。

涇　縣　東八十里至金牌嶺寧國縣界，西七十五里至大城山池州府青陽縣界，南八十五里至承流山旌德縣界，北三十五里至裏衝分界山南陵縣界。

南陵縣　東三十里至清弋江宣城縣界，西四十五里至牧家亭池州府銅陵縣界，南七十五里至社橋池州府青陽縣界，北一十五里至新店太平府繁昌縣界。

寧國縣　東一百里至唐舍關浙江孝豐縣界，西一百二十里至將軍右山涇縣界，南一百三十里至千頃山浙江昌化縣界，北四十里至衆潯潭宣城縣界。

旌德縣　東四十里至嗣溪山寧國縣界，西六十里至黄華嶺太平縣界，南十五里至古塘山徽州府績溪縣界，北四十里至龍首山涇縣界。

太平縣　東三十里至黄華鋪旌德縣界，西六十里至長壽鄉淩灘頭河岸路口池州府石埭縣界，南六十里至道泰鄉箬嶺鋪徽州府歙縣界，北五十五里至大塢山涇縣界。

形　勢　阻以重山，緣以大江。唐陳簡甫《良吏記》。土控吴兼越，州連歙與池。唐白居易詩。作藩南夏，據吴上游。陳勢《大寧塔記》：作藩南夏，據吴上游。地産氣序之平夷，江漢岡巒之濱①帶。

池州府

由府治上至帝京二千八百里，東至寧國府南陵縣界一百五十里，西至江西彭澤縣界二百四十里，南至徽州府祁門縣界二百二十里，北江口至安慶府桐城縣界一十五里。

東西廣三百九十里，南北袤二百三十五里。

轄縣六，附郭爲貴池。東八十里爲青陽，東北一百二十里爲銅陵，東南一百六十里爲石埭，西南一百八十里爲建德，西一百八十里爲東流。

貴池縣　東六十里至五溪橋青陽縣界，西一百一十里至佛王鋪東流縣界，南二百四十里至舉公汛徽州府祁門縣界，北十五里至大江中安慶府桐城縣界。

① 「濱」，《方輿勝覽》卷一五引作「襟」。

青陽縣　東六十五里至社橋寧國府南陵縣界，西二十五里至五溪界牌石貴池縣界，南七十里至琉璃嶺脚下石埭縣界，北四十里至界山鋪銅陵縣界。

銅陵縣　東八十里至界潭湖寧國府南陵縣界，西二十里至大江中廬州府無爲州界，南七十里至趙嶺青陽縣界，北七十里至荻港鎮太平府繁昌縣界。

石埭縣　東三里至董家橋河干寧國府太平縣界，西一百六十里至黄石嶺貴池縣界，南四十里至鴨脚嶺寧國府太平縣界，北十里至彭祖墳青陽縣界。

建德縣　東六十里至沈坑嶺貴池縣界，西二十里至嚴塘東流縣界，南一百二十里至石門江西鄱陽縣界，北四十里至古港東流縣界。

東流縣　東六十五里至佛王鋪獅子橋貴池縣界，西七十里至馬當江西彭澤縣界，南八里至冰石建德縣界，北九十里至雁汊大江安慶府懷寧縣界。

形　勢　依貴池之美，據石城之固。唐裴晋公度《廳壁記》。九峰競秀，神采奇異。唐劉禹錫《九華山歌序》。浸以秋浦，鎮以齊山。南唐徐鉉《天慶觀記》：浸之以秋浦，鎮之以齊山。北望陵陽竇真人飛昇之地，南瞻孫子貴徵君棲隱之鄉。江山千里，襟帶六朝。宋曾會《池州門樓記》。清溪南來，九華東引。宋盛約《中和堂記》：清溪南來，九華東引；洪流環繞，沃野彌望。

太平府

由府治上至帝京二千四百六十五里，東至江寧府溧水縣界八十里，西至大江和州界一十里，南至寧國府南陵縣界一百六十里，北至江寧府界五十里。

東西廣九十里，南北袤二百一十里。

轄縣三，附郭爲當塗。西南六十里爲蕪湖，一百三十里爲繁昌。

當塗縣　東八十里至石臼湖中江寧府溧水縣界，西十里至大江中流和州界，南三十里至大聖鋪蕪湖縣界，北五十里至慈湖葛岡鋪江寧府江寧縣界。

蕪湖縣　東四十里至黄池當塗縣界，西七里至大江中流和州界，南四十里至石硊河中流寧國府南陵縣界，北三十里至延福鄉當塗縣界。

繁昌縣　東四十里至石硊蕪湖縣界，西五十里至荻港大江中流廬州府無爲州界，南二十五里至麻橋寧國府南陵縣界，北六十里至漕港河中流蕪湖縣界。

形　勢　左天門，右牛渚，鐵甕直其東，石頭枕其北。宋洪遵《壁記》。采石之險，甲於東南。《姑孰志序》。

廬州府

由府治上至帝京二千四百六十里，東至和州含山縣界一百九十里，西至六安州界一百二十里，南至安慶府桐城縣界二百四十里，北至鳳陽府定遠縣界一百二十里。

東西廣三百一十里，南北袤三百六十里。

舊轄州二、縣六。今析六安州爲直隸，以英山、霍山二縣屬焉。轄州一、縣四，附郭爲合肥。南一百六十里爲廬江，西南一百二十里爲舒城，東南二百六十里爲無爲州，東一百八十里爲巢縣。

合肥縣　東九十里至東山口巢縣界，西一百二十里至王小店六安州界，南八十里至舒王墩舒城縣界，北一百三十里至麻埠橋定遠縣界。

廬江縣　東八十里至石塘巢縣界，西四十里至界牌舒城縣界，南五十里至分水嶺安慶府桐城縣界，北七十里至三河鎮合肥縣界。

舒城縣　東六十里至三河余家灣巢縣界，西二十五里至界河六安州界，南六十里至小關安慶府桐城縣界，北四十里至舒王墩合肥縣界。

無爲州　東一百二十五里至大江中㮚磯山太平府蕪湖縣界，西五十里至都投山廬江縣界，南九十里至石灰河安慶府桐城縣界，北五十里至芙蓉嶺巢縣界。

巢　縣　東二十五里至清溪和州含山縣界，西九十里至巢湖中合肥、廬江二縣界，南三十八里至芙蓉嶺無爲州界，北八十里至東山口合肥縣界。

形　勢　南臨江湖，北達壽春。魏滿寵云。淮西重鎮。宋鄭集文：廬爲淮西重鎮，封疆三百里，户口亦數萬計。淮右襟喉之地，江北視爲脣齒。同上。腹巢湖，控渦、潁，膺濡須，枕潛、皖。宋韓元吉《風鶴亭記》。濡水上源，淮江津要。《寰宇記》。

鳳陽府

由府治上至帝京一千九百八十五里，東至泗州盱眙縣界一百八十里，西至潁州府潁上縣界二百四十八里，南至廬州府巢縣界一百五十里，北至徐州府蕭縣界三百二十三里。

東西廣四百二十八里，南北袤四百八十里。

舊轄五州十三縣。今析泗州爲直隸，以盱眙、天長、五河三縣屬之。析潁州爲府，以潁上、霍(邱)〔丘〕、亳州、太和、蒙城屬之。舊州二、縣六，新設縣一，共轄州二、縣七，附郭爲鳳陽。東二十里爲臨淮，西七十里爲懷遠，南九十里爲定遠，東北一百六十里爲虹縣，西南一百八十里爲壽州、爲鳳臺，西北二百四十里爲宿州，北二百里爲靈璧。

鳳陽縣　東十里至宋家灣臨淮縣界，西五十里至陶家店懷遠縣界，南五十里至卸甲店定遠縣界，北七十里至濠岡鋪靈璧縣界。

臨淮縣　東五十里至上店鋪泗州盱眙縣界，西一里至西土壩濠水鳳陽縣界，南五十五里至沙澗定遠縣界，北至北關淮水河中流鳳陽縣界。

懷遠縣　東三十里至蚌埠鳳陽縣界，西九十里至寨頭鋪西潑村潁州府蒙城縣界，南九十里至黑河南陳家岡壽州界，北七十里至澥河中流宿州界。

定遠縣　東七十里至岱山鋪滁州界，西九十里至北爐鎮壽州界，南六十里至高塲鄉廬州府合肥縣界，北四十五里至湛澗鋪臨淮縣界。

虹　縣　東四十里至上塘集泗州界，西四十里至長直溝靈壁縣界，南三十里至界溝集泗州五河縣界，北六十里至許家庄徐州府睢寧縣界。

壽　州　東接新分鳳臺縣界，西六十里至正陽鎮潁州府潁上、霍(邱)〔丘〕二縣界，南一百三十里至桑科廬州府合肥縣界，北接新分鳳臺縣界。

鳳臺縣　東五十里至陳家崗懷遠縣界，西六十里至楊家腦潁州府潁上縣界，南與壽州同城，北九十里至界溝集潁州府蒙城縣界。

宿　州　東六十里至徐園鋪靈壁縣界，西一百里至新安鋪河南永城縣界，南八十里至淝河懷遠縣界，北九十里至胡辛庄徐州府蕭縣界。

靈壁縣　東三十里至長直溝虹縣界，西六十里至葛家店宿州界，南一百三十里至淮河中流鳳陽縣界，北一百三十里至雙溝集黄河涯徐州府界。

形　勢　鍾離天險。元魏邢巒《表》。建鄴肩髀。《隋書》。淮海内屏，東南樞轄。唐羅珦《德政碑》。

長淮引桐柏之源横其北，石梁會衆水之流環其西。宋連南夫《修城記》。阻淮帶山，爲淮南之險。《元史·地理志》。

潁州府

由府治上至帝京一千八百二十里，東自潁上至鳳陽府壽州界一百六十五里，西至河南省沈（邱）〔丘〕縣界一百二十里，南過淮接河南固始縣界一百二十里，北至河南省商（邱）〔丘〕縣界二百六十里。

東西廣二百八十五里，南北袤三百八十里。

舊隸鳳陽府。新改州，爲阜陽縣，析潁上、霍（邱）〔丘〕、亳州、太和、蒙城隸之，陞爲府。轄州一、縣五，附郭爲阜陽。東南一百二十里爲潁上，一百八十里爲霍（邱）〔丘〕，北一百二十里爲亳州，北二十五里爲太和，東北一百八十里爲蒙城。

阜陽城　東六十里至彜陵溝潁上縣界，西二百一十里至銅陽城鋪河南省汝陽縣界，南九十里至朱臯鎮河南省固始縣界，北一百里至白魚港鋪亳州界。

潁上縣　東四十五里至劉家樓鳳陽府壽州界，西六十里至六十里鋪阜陽縣界，南二十五里至廟臺集過淮接霍（邱）〔丘〕縣界，北八十里至江北店阜陽及壽州界。

霍（邱）〔丘〕縣　東七十里至隱賢集大河中流鳳陽府壽州界，西九十里至芙蓉山嶺河南固始縣界，南一百八十里至三尖山嶺六安州界，北四十五里至廟臺淮河中流潁上縣界。

亳　州　東一百二十里至蒙城縣界，西三十里至河南省鹿邑縣界，南八十里至阜陽縣界，北三十里至河南省商（邱）〔丘〕縣界。

太和縣　東三十里至三塔集蒙城縣界，西六十里至界首集河南沈（邱）〔丘〕縣界，南二十五里至界牌集阜陽縣界，北九十里至淝河口亳州界。

蒙城縣　東六十里至寨頭鋪鳳陽府懷遠縣界，西九十里至江家集亳州界，南九十里至大興鋪鳳陽府壽州界，北五十里至趙家鋪鳳陽府宿州界。

形　勢　襟帶長淮，控扼陳、蔡。《風土記》。東連三吴，南引荆、汝。晋王淮《論》。梁、宋、吴、楚之衝，齊、魯、汴、洛之道。陶弘景《信州記》。平原曠野，土沃壤饒，水陸四通八達。豫在九州之中，其風土常安逸也。《文獻通考》。

滁　州

由州治上至帝京二千二百五里，東至江寧府六合縣界一百二十里，西至鳳陽府定遠縣界七十里，南至和州界一百八十里，北至泗州盱眙縣界一百九十里。

東西廣二百九十里，南北袤三百七十里。

轄縣二：南五十里爲全椒，東北四十里爲來安。

全椒縣　東二十里至界首江寧府江浦縣界，西九十里至沙河廬州府合肥縣界，南三十里至後河中流和州界，北二十五里至清塘本州界。

來安縣　東三十里至施官集橋江寧府六合縣界，西五十里至嘉山泗州盱眙縣界，南五十里至烏衣河北本州界，北七十里至長店集泗州盱眙縣界。

形　勢　環滁皆山。宋歐陽修《醉翁亭記》。淮北勝地。宋呂元中《紫微泉記》。清淮灌其北，烏江蕩其南。宋林希逸《白鶴觀記》。形勢深秀。《慶〔歷〕〔曆〕前集跋》：群峰環於西南，清溪注於東北。形勢深秀，實甲淮海。

和　州

由州治上至帝京二千二百八十里，東至江寧府江浦縣界六十里，西至廬州府巢縣界一百二十里，南至廬州府無爲州界九十里，北至滁州全椒縣界一百一十里。

東西廣一百八十里，南北袤二百里。

轄縣一：州西六十里爲含山。

含山縣　東三十里至司基橋本州界，西四十里至界首鋪廬州府巢縣界，南八十里至新淵圩廬州府無爲州界，北六十里至後河本州界。

形　勢　鎮曰梁山，浸曰歷湖。瀕江畫中流爲水疆。俱唐劉禹錫《廳壁記》。當江淮水陸之衝。

宋郭祥正《含山縣記》：方用兵時，含山爲内險之地，當江淮水陸之衝，故鋭師宿將，嘗屯營於此。爲姑孰金陵藩蔽。《宋・地理志》。

廣德州

由州治上至帝京二千七百八十里，東至浙江湖州府長興縣界三十里，西至寧國府宣城縣界一百里，南至湖州府孝豐縣界六十里，北至鎮江府溧陽縣界七十里。

東西廣一百三十里，南北袤一百三十里。

轄縣一：州西九十里爲建平。

建平縣　東四十五里至白茅嶺本州界，西五十里至南碕湖湖中寧國府宣城縣界，南九十里至鴉山保唐梘嶺寧國、宣城二縣界，北四十五里至定埠鎮江寧府高淳縣界。

形　勢　吴之西疆，故鄣之墟。宋曾鞏《鼓角樓記》。靈山泉石，甲於一郡。舊志。三峰拱其前，溪流枕其後。《桐汭志》。負山爲郡。郡志。

六安州

由州治上至帝京二千九百五十里，東至廬州府合肥縣界五十里，西至潁州府霍(邱)〔丘〕縣界七十里，南至安慶府潛山縣界一百八十里，北至鳳陽府壽州①界七十里。

東西廣②百二十里，南北袤二百五十里。

舊隸廬州府。今隸以英山、霍山二縣，隍直隸州。轄縣二：州西南三百六十里爲英山，九十里爲霍山。

英山縣　東三十五里至隘口嶺安慶府太湖縣界，西一十五里至落梨河湖廣羅田縣界，南四十里至雞兒河湖廣蘄水縣界，北一百二十里〔至〕③分水中界嶺霍山縣界。

霍山縣　東四十里至山王河本州界，西一百八十里至界嶺英山縣界，南一百八十里至界嶺安慶府潛山縣界，北三十里至小七畈本州界。

形　勢　東南④龍穴，西有武陟。霍嶽鎮乎南，沙河縈其北。萬山疊嶂，遠控荆、湖。千里平途，直連梁、宋。實金陵之屏障，英、霍之本原也。

① 「鳳陽府壽州」，《四庫》本作「鎮江府溧陽縣」。
② 《四庫》本「廣」下有「一」字。
③ 據《四庫》本補。
④ 「南」，《讀史方輿紀要》卷二十六作「有」。

泗州

由州治上至帝京二千一百九十九里，東至淮安府清河縣界四十里，西至鳳陽府虹縣界一百二十里，南至龍窩集合盱眙縣界一百二十里，北至淮安府桃源、徐州府宿遷二縣界一百五十里。

東西廣一百六十里，南北袤二百七十里。

舊隸鳳陽府。今隸以盱眙、天長、五河三縣，陞直隸州。轄縣三：州南一里爲盱眙，東南一百五十七里爲天長，西一百三十里爲五河。

盱眙縣　東九十里至蔣家集天長縣界，西一百二十里至愛棠集鳳陽府臨淮縣界，南一百二十里至自來橋滁州來安縣界，北一里至淮河中本州界。

天長縣　東四十五里至泰欄鎮揚州府江都縣界，西四十五里至汊澗鎮盱眙縣界，南四十五里至瓜蔓鋪江寧府六合縣界，北四十五里至銅城鎮揚州府寶應縣界。

五河縣　東三十里至浮山本州及盱眙縣界，西七十里至順河集鳳陽府靈璧縣界，南七十里至浮橋鳳陽、臨淮二縣界，北四十里至界溝集鳳陽府虹縣界。

形　勢　北枕清口，南帶濠梁，東達維揚，西通宿、壽。江、淮險扼，徐、邳要衝。水陸都會之地。伏滔《北征記》。

江南通志卷十一

輿地志

山川 一

江寧一府

自昆崙南幹以江爲限，其分而趨北之支，自浙之仙霞嶺，北爲黄山、爲九華，並江而東爲鍾山。中幹以河爲限，其岐分中支，自河南之桐柏山，東南爲大蜀、小蜀，爲天柱。而諸山在江南北者，又從分支縷析，翔伏蜿蟺，大抵複嶂抱流，雙渠環阜，而人文物産之興，此其脉絡也。歸有光論區宇混一，修書宜倣《禹貢》《周官》，序山川必先其原委。此又以山川之原委明，然後備禦疏浚，可得而詳也。

若夫海湧地肺之峰，笠澤通波之水，我朝德教光華，倍增靈秀，聖祖仁皇帝翠華臨幸，天章神翰，藻采輝賁，山川奠寧，萬世長新矣。

江寧府

鍾山在府東北十五里朝陽門外。本名金陵山。據庾闡《揚都賦》云：山時有紫氣，故又名紫金。山高一百五十八丈，周回六十里。東連青龍，北接雉亭。諸葛亮云「秣陵地形，鍾阜龍蟠」是也。漢秣陵尉蔣子文，吴爲立廟此山，因改爲蔣山。又曰聖遊山，又曰北山，即南齊周顒隱處。明嘉靖中，詔改爲神烈山。

兩峰秀起。北一峰最高，其上爲太子巖，即昭明讀書臺。八功德水在其下，一清、二冷、三香、四柔、五甘、六净、七不饐、八蠲痾。梁以後取供御案。南有岡，曰獨龍峰，曰玩珠。山半有井，曰應潮，或云其水與江潮爲盈縮。麓有霹靂溝，有曲水，晋海西公疏以宴百僚。宋時三月三日，祓除於此。《通鑑》胡三省注：自山趾築道坡陀以登山，名曰龍尾，一名龍廣。山北五里爲蒼山，挺秀殊衆。《唐地理志》云：江南道其名山：衡、廬、茅、蔣。朱子亦云：「天下山皆發源於岷山，蔣山實其脉之盡者。」自六朝以來最稱佳麗，琳宫梵宇，計七十餘所。

功德水南曰半山墩。半山者，王安石舊宅所謂報寧禪院也。自城中上鍾山，此爲半途，故曰半山。夾道皆長松髯甲，夭矯如蛟龍，往往數百年物。

太子巖西曰栽松峴。《輿地志》云：蔣山本少林木。東晋令刺史罷還栽松百株，宋時令刺史栽松三千株，郡守以下各有差，至今爲盛。山後有洞，曰朝陽。上有商飈館、九日臺。

附　元胡炳文《鍾山遊記》

江以南形勝無如昇，鍾山又昇最勝處。予至昇，首過上元，謁明道先生祠。禮畢，即度關遊山。

夾路松陰，亘八九里，清風時來，寒濤吼空，斯須寂然如故。路左入半山。先是謝太傅園池，荆公宅之，捐爲寺，至今祠公與傳法沙門等。

出行三四里，又入一寺，弘麗視半山百倍。龕鏤壁繪，光彩奪目，詭狀萬千。兩廡級石而升四五十丈，始至寶公塔。塔邊有軒，名木末。履舄之下，天籟徐鳴，浮嵐暖翠，可俯而挹。下有羲之墨池，投以小石，遠聞聲出叢葦間。其徑荒蕪，遊客罕至，獨拜塔者累累不絶。長老云：寶公巢生，里人朱氏取而子之，後成佛。凡禱水旱、疾疫如響。語多不經。

由塔後循山而左，過安石讀書所。山石崛壘，忽敞平原，脩篁老檜，萬緑相扶。風鳴交加，猶作當時唔咿聲。又行數里，休於觀音亭。其旁八功德泉，有聲鏘然汩汩。至亭下，則困然以涵。或謂病者飲此立瘳。衆相飲，予以無疾不飲，遂回塔後。

攀松升磴，六七里，至山椒。鉅石人立，予登石以坐。鳳臺、鷺洲，渺不知在何許。但覺繚白縈青，隱見煙霧間，城中數萬家樓閣如畫。其間曠無人處，六朝故宫也。北視揚子江頭，一舟如葉，行移時，不翅浪楫風帆，想數十里遥。蟠龍踞虎，亘以長江，其險也如此。黄旗紫蓋，有時而終，令人淒然。

久之下山，至七佛庵。白雲淒潤，囂壒不來。一僧嘘石爐灰點茶，鬚眉如雪。一僧蓬跣岸邊，拾松子以歸，語客質木，絶不與前寺僧類。聞其下有猛公庵、子文廟，山水稍奇麗，率爲事神若佛者家焉。欲訪猿鶴山堂，莫得其處，遂朗吟小山《招隱》，循故道，御天風而下。兩袂如飛，亟入關，復至明道精舍，少憩而歸。

因喟喟曰：昇自紫髯翁以來，幾興衰矣。眼前花草，無復當時光景。伯子春風千年，猶將見之。至若熙寧相業，非不焯焯然炫人耳目，迄不如主上元簿者，復祠於學，何哉？

國朝李蘭《鍾山賦》

粤稽望秩之典，載考《職方》之書。維名山之峻極，乃作鎮於雄都。越江表而遐觀，覽鍾阜兮盤紆。映斗宿之靈曜，跨金陵之奥區。擬崇隆於嵩霍，齊名勝於匡廬。洵瑰奇之所宅，實神異之攸居。

爾乃觀其形勢，偉麗雄秀，萬壑奔騰，千巖輻輳。牛首峙其前，雞籠居其右。温泉湧其左，(元)〔玄〕武帶其後。水淙淙以赴澗，雲容容而出岫。湍流可枕，礪石堪漱。俯臨城郭，近接田廬。朝煙倏變，暮景全殊。晴雲掩映，陰靄濃敷。或見或隱，或卷或舒。騰幻質於俄頃，極異態於須臾。

至若怪石星羅，奇峰陣列。淩跨霄漢，蔽虧日月。鳥道逶迤，羊腸曲折。路攲側而可通，逕盤旋而忽絶。崎嶇百疊，宛轉千回。既嵯峨而巀嶪，復巃嵸而崔嵬。履險途而趦趄，陟磴道而徘徊。循嶽之麓，傍山之隈。近矚心怡，遠眺懷開。意眇八紘，志狹九垓。

憑高峰而極目，對天際之長江。觀波濤之澎湃，睹洲渚之蒼茫。泛估舟與官舫，盡楚舶與吴檣。當其乘風而破浪，儼若夫飛隼之翱翔。迨夫風恬而浪静，又似乎游鳧之頡頏。閲層波之渺渺，歎逝水之湯湯。亘終古其如斯，緬水德之靈長。此乃川瀆之壯觀，而與兹山並著於巖疆者也。

乃有茂林陰翳，灌木成叢。丸丸翠柏，落落青松。春深緑樹，秋盡丹楓。曲水流觴，遡晋朝之盛事；遊山射雉，仰齊代之遺踪。沈僕射之郊園，但餘渌水；蕭德施之書邸，祇對秋風。靈谷之寺，建於山側。梁帝之所遊豫，志公之所駐錫。梵宇煇煌，琳宫崒嵂。街號琵琶，泉名功德。入門而松逕十里，仰瞻而塔光五色。洵净域之偉觀，實香城之絶特。

若夫春日載陽，風融景和。遊人雜遝，士女駢羅。逍遥乎林之藪，放蕩乎山之阿。以偃以息，載嘯載歌。又有高士携笻，幽人命駕。或踞乎山之巔，或立乎雲之下。悵景物之遞新，感時序之代謝。聊登山而臨水，庶寫心而銷暇。

於是移高就下，越陌度阡。離離坂隰，每每原田。農夫荷臿於隴畔，稚子饁餉而往旋。咸含哺而煦煦，盡鼓腹以便便。歌詠太平之福，優遊豐稔之年。耕食鑿飲，以安於熙皞之化；出作入息，而忘於知識之天。

蓋盛世之德周而仁溥，斯山川之祥集而瑞全。故記有之：天不愛其道而降甘露，地不愛其寶而出醴泉也。

伊斯山之奇特，匪筆墨之能究。惟仁者之是樂，實廣大而博厚。體既立静，效亦宜壽。保不虧而永固，表綱紀於宇宙。

維登高之作賦，羡古昔之名賢；兹搦管以敷陳，希追踪而比肩。彼夫玉樹青葱，子雲貽譏於往論；盧橘夏熟，長卿見笑於前編。要體宏而用大，原無事於侈言。撰斯文以志勝，任評隲之媸妍。

覆舟山　在府東北太平門内，形如覆舟，故名。《方輿勝覽》云：覆舟山東連鍾山，北臨（元）〔玄〕武湖。一名龍山。宋元嘉中，嘗改名（元）〔玄〕武山。陳大建中，又改爲龍舟山。舊有甘露亭、瑶臺、閬風亭、藏冰井。

雞鳴山　在府東北覆舟山之西。其北臨（元）〔玄〕武湖。《寰宇記》云：西接落星澗，北臨培（元）〔玄〕塘。本名雞籠山。宋元嘉十六年，徵廬山隱士雷次宗至建康，開館於雞籠山，使聚徒教授。南齊竟陵王子良於雞籠山西邸，集學士抄五經百家，依《皇覽》例，爲《四部要略》千卷，即此。《府志》

云：明初於山巔建觀星臺，賜名欽天山。左右列十廟，繚以朱垣。其東麓爲雞鳴寺，有普濟塔。國朝康熙二十三年，聖祖南巡幸雞鳴山，登北極閣，御書「曠觀」二字。

雉亭山　在府東北二十五里。石邁《古跡編》云：齊武帝東遊鍾山射雉，因名。舊志云：吴大帝時，蔣山神執白扇乘馬見於此，又呼爲騎亭山。

祇闍山　在府東北，舊有祇闍寺。

白山　在府東北三十里鍾山北、攝山南。《輿地志》云：山産白石，可爲碑礎。《南史》云：梁散騎常侍韋載有田十餘頃，在江乘縣之白山，築室屏居。即此。

臨沂山　在府東北四十里，與雉亭山相接，西臨大江。其西南有臨沂舊縣，因名。

衡陽山　在府東北四十五里清風鄉。《府志》云：昔朗法師居此，有衡陽神女來聽講，後爲此山之神，因名。

攝山　在府東北四十五里。山多藥草，可以攝生，因名。《輿地志》云：攝山形方，四面重嶺似繖，亦名繖山。西北有水，注江乘浦，入攝湖，即秦始皇所從渡江者。《南史》云：齊明僧紹居此山，後捨宅爲棲霞寺。齊時隨石大小，鑿佛像千餘，名千佛嶺。右爲天開巖，有白乳泉、白鹿泉，又有般若堂、明月臺、宴坐石，高下相望，勝處極多。東巖下有畫石山，中有石穴曰花洞，相傳與句容華陽洞通。

落星山　在府東北。舊《圖經》云：昔有大星落此，因名。西臨大江，吴時建樓。《吴都賦》曰：

「數軍實於桂林之苑，享戎旅乎落星之樓。」劉逵注云：樓在建業東北十里。《宫苑記》云：桂林苑在落星之陽，吴苑也。

觀音山　在府北觀音門外，北濱大江。連亘幕府諸山，皆峭削壁立，形如錯繡。有觀音閣嵌懸巖上，昔時江流閣下，今隔洲渚移去里許矣。

大壯觀山　在府北十八里。東接鍾山，南臨(元)〔玄〕武湖。陳立大壯觀於此。《南史》云：陳太建十年，帝幸大壯觀閲武。是也。

直瀆山　在府北二十五里。旁有直瀆，吴主孫皓所開，因以名山。其流北注於江。

四望山　在府西北十里定淮門外。南接石頭，北連獅子。吴大帝嘗與葛(元)〔玄〕共登。《晋書》：温嶠討蘇峻，築壘於四望磯，以逼石頭。按《府志》云：山下有磯也。

幕府山　在府西北二十里得勝門外。《通鑑注》：即晋王導迎琅邪王東渡建幕之處，故名。北濱大江，與直瀆諸山接，爲建業門户。《梁書》：齊師至鍾山龍尾，陳霸先自率麾下出幕府山，齊人大潰。即此。東南麓有武帳岡，古宣武場地，宋文帝曾於此閲武。仙人臺、虎跑泉，皆在其上。又有夾蘿峰、達摩洞，相傳達摩折葦葉由此渡江。山多石，居人煅以爲灰，又名石灰山。

盧龍山　在府西北二十五里，一名獅子山。山嶺緜延，遠接石頭，晋元帝謂似北地盧龍，故名。明太祖嘗伏兵，大破陳友諒於山下。按宋濂《閲江樓記》云：京城西北有獅子山，自盧龍蜿蜒而來。則盧龍、獅子，似爲兩山，所謂本同末異者也。

馬鞍山　在府西北，與盧龍相接。《府志》云：山以形名。

土山　在府東南二十里，一名東山。無巖石。《建康實録》云：吴景帝自會稽還曲阿，即日進至布塞亭，孫綝迎於土山之野。《晋書》云：謝安於此山營立樓館，往來遊集，以擬會稽東山，與侄(元)〔玄〕圍棋賭墅在此。有謝公墩，即安與王右軍所登，悠然遐想處。

附　明顧起元《金陵東山考》①

會稽、臨安、金陵三郡皆有東山，俱傳以爲謝安携妓之所。按謝安本傳：初，安寓居會稽，與王羲之、許詢、支遁遊處，被召不至，遂棲遲東山。唐裴冕與吕謂等鑒湖聯句，有「興發還尋戴，東山更問東」，此會稽之東山也。

本傳又云：安石嘗住臨安山中，坐石室，臨濬谷，悠然歎曰：「此與伯夷何遠？」今餘杭縣有東山。東坡有《遊餘杭東西岩》詩，注云：「即謝安東山。」所謂「獨携縹緲人，來上東西山」者是也。此臨安之東山也。

本傳又謂：及登臺輔，於土山營墅，樓館林竹甚盛，每携中外子姓遊集。今土山在建康上

① 此篇已見宋人《詩話總龜》《韻語陽秋》，顧起元編類書《説略》卷一引録之，故誤爲顧作。

元縣崇禮鄉，載《建康事迹》云。安石於此擬會稽之東山，亦號東山。此金陵之東山也。

然《南史》載宋劉勔經始鍾嶺，以爲棲息，亦號東山。金陵遂有兩東山矣。

張山　在府東南三十里淳化鎮北。《南史》云，齊明敬皇后葬江乘縣張山，即此。旁有虎洞，下有玉泉。

石硊山　在府東南三十里，山壟皆石。《祥符圖經》云：「硊」，一作「櫃」。此山横據秦淮之上，以扼水勢若櫃然，故名。孫盛云：自方山至此，是秦所鑿斷處。《府志》云：一名竹山。

青龍山　在府東南三十五里。山趾石堅而色青，郡人多取爲碑礎。唐李白詩「白鷺映春洲，青龍見朝暾」指此。又《南唐書》「後主獵青山」，戚光《音釋》引《郡志》曰：青龍山。是青龍亦名青山也。

祈澤山　在府東南三十五里。東連彭城，北連青龍。《舊經》云：山有祈澤寺。初，法師嘗結茅於此，有神女來聽講，神泉湧出講座下，後遂爲水旱祈禱之所。

方山　在府東南四十五里。山周二十七里，高一百一十六丈，四面方如城，吴葛仙翁所居。上有石龍池，下有葛公井，一名洗藥池，秦鑿淮水經其下，山頂方正。《丹陽記》云：形如方印，故名天印。

彭城山　在府東南四十五里祈澤山東。有水下注成渠，上有橋，舊有彭城館。

湯山　在府東南六十里。湯泉出其下，大小凡六穴。張渤《吴録》云，丹陽江乘縣有湯山出泉，即此地也。四時常熱，草木灌之愈鮮茂。宋劉義恭有《湯泉銘》。

雁門山　在府東南六十里，西連彭城山。《金陵新志》云：山勢連亘，類北地雁門，因名。《輿地志》云：山東北有温泉可浴，飲之能治冷疾。一名陽山。按唐李白《金陵江上》詩云：「緑水向雁門，黄雲蔽龍山。」雁門即此雁門山。金陵龍山有二，覆舟、巖山舊皆有龍山之名，註者失之耳。

竹堂山　在府東南七十五里。《輿地志》云：白山、雁門、竹堂，並連帶建康縣北，綿延三四十里。

武岡山　在府東南二十五里。石邁《古迹編》：上有石佛十餘軀，舊傳唐武后造。按《晉書》，武岡，王導所封，山以導得名，如幕府之類，疑近是。

苻堅山　在府東六十里。《府志》云：謝(元)〔玄〕破秦歸，謝安問其方略，(元)〔玄〕指此山曰：「此若苻堅駐軍之山。」因以爲名。

大城山　在府東七十里。西接雁門，北連竹堂。

雲穴山　在府東八十五里。南有水流入石驢溪，有洞穴甚幽邃，天欲雨則穴中雲出，因名。

以上俱上元縣。

石頭山　在府西二里石城門内。《丹陽記》云：石頭因山爲城，因江爲池，謂之石首城。又名石城山。後漢建安十七年，城石頭。劉逵《吴都賦》注云：石城，石頭塢也，在建業西，臨江，其中有庫藏軍儲。《輿地志》云：即楚金陵邑地。吴、晉時江流山下，最爲險要，其上築城以守之。下有龍洞，又名桃源洞。山後有駐馬坡，諸葛亮嘗駐此以觀形勢，謂之「石頭虎踞」是也。東麓有虎踞關。《江乘記》云：石頭城山嶺嶂相重，游歷者以爲猶楚之九嶷云。

清涼山　在府西六里清涼門内。上舊有清涼臺，俯瞰大江，南唐翠微亭遺址在焉。

冶城山　在府西石城門内。本吴冶鑄處，六朝時有東、西二冶。《元和郡國志》云：王導移冶於石頭東髑髏山，以故地多園亭，太元十五年建冶城寺於此，謂之冶亭。陸游《入蜀記》云：天慶觀在冶城山之麓，觀西有忠烈廟，卞壼廟也。東北有忠孝亭，並以壼二子死父難也。天慶觀，即今朝天宫。又有東冶亭，在半山寺後。王安石詩云：「遥望鍾山岑，應知冶城路。」謂東冶亭也。

陰山　在府西南十二里，臨大江。《府志》云：晉王導至此，山神見夢於導，以其事聞，爲立廟，故名陰山。舊時江水自三山東入，沿陰山、石子岡北流，以達於石頭，故元時有陰山運道。

湖山　在府西南三十里。上有湖，久旱不涸。

龍口山　在府西南三十五里。《戚氏志》云：山有季琮墓，前有三城湖。

車府山　在府西南四十里。《府志》云：六朝嘗於此山藏車乘器甲，因名。

三山　在府西南五十七里。《吴志》：晉王濬伐吴，順流而下，直指三山。是也。大江從西來，勢如建瓴，此山突出當其衝，有三峰，吴時津戍處。《輿圖志》云：其山積石森鬱，濱於大江，三峰行列，南北相連。唐李白詩「三山半落青天外」，即此。

雲臺山　在府西南六十里。《府志》云：山南有古松，夭矯百尺，儼若圖畫。下有泉，澄泓可愛。西迤十里曰虎肱洞，有巨石若困蓋。復有石丈人，春社報賽，爲勝蹟云。

白蕩山　在府西南七十里，北接高墟山。

烈山　在府西南七十里。《乾道志》云：山近烈洲，居大江中，四面峭絶，風濤洶湧，商旅嘗泊舟依山以避之。山頂舊有侯將軍廟，祀陳將侯瑱。《金陵志》云：瑱嘗破王琳於此，功烈甚大，故名烈山。宋寶祐初，有僧建庵其上，自名爲江心護國寺。晁無咎以比潤州之金山。

白都山　在府西南八十里，西臨大江。《輿地志》云：昔有白仲都，於此學道昇仙，故名。下有白都湖，上有仲都祠。

慈姥山　在府西南一百十里，與當塗縣界。《輿地志》云：山臨大江，巖壁峭絶。山南有慈姥神廟。陸游《入蜀記》云：慈姥磯，磯之尤巉絶峭立者。徐師門①有《慈姥磯》詩序云：「磯與望夫石相望。正可爲的對。」

天竺山　在府西南一百二十里，東有水下注慈姥浦。《府志》云：本名多墅山，唐上元間有天竺福興寺僧道融駐此，因名。

鳳臺山　在府西南聚寶門内。宋元嘉中，王顗見異鳥集於山，時謂鳳凰，遂起臺焉。陸游《入蜀

①「門」，陸游《入蜀記》作「川」，是。

記》云：保寧寺有鳳凰臺、攬輝亭，臺有李太白詩。

聚寶山　在府南聚寶門外。山産細石如瑪瑙，因名。其東巔爲雨花臺。《輿地紀勝》云：梁武帝時，雲光法師講經其上，天爲雨花。山麓爲梅岡，晉豫章内史梅頤家於此上。或謂之梅陵，相傳爲梅鋗屯兵處。舊多亭榭，自六朝迄今，爲郡人遊覽勝地。

戚家山　在府南聚寶門外。《景定志》云：在天禧寺東。《南唐遺事》云：韓熙載居此。按天禧，即今報恩寺。

梓桐山　在府南十五里。山下有謝氏詩樓及翻經臺基，尚存。《府志》云：本名梓樹山，山北爲石子岡。

紫巖山　在府南，與梓桐山相近。陳軒《金陵集》：南唐李建勳有《春日紫巖山期客不至》詩。

翠屏山　在府南十五里。山色碧如翠羽，因名，古新亭在焉。

相近有韓府山，韓憲王葬此。舊名鳳凰山。

夏侯山　在府南二十里。《府志》云：梁儀同夏侯亶嘗愛其風景，卜居山下，因名。

牛首山　在府南三十里。舊名牛頭山，兩峰峙如雙角，即佛書所稱「江表牛頭」者也。晉王導以其遠對宣陽門，指爲天闕，故又名天闕山。梁武帝建寺於石窟下，更名仙窟山。有兜率巖、芙蓉嶺，文殊、辟支二洞，白龜池、虎跑泉、昭明太子飲馬池。由山麓石磴數百級，杉檜森夾而上。有弘覺寺，寺有浮圖二殿宇，依山而構，望之如畫屏。又有含虛閣，前對三山，大江旁繞，尤爲勝處。《通鑑》：

晋人築南郊壇於巳位。宋大明二年，詔徙於牛頭山，直宫城之午位。宋建炎中，岳飛設伏兵於此，以拒兀术①。明武宗南幸，嘗駐蹕山中。

附　明都穆《遊牛首山記》

金陵多佳山，牛首爲最。山據城之南，初名牛頭，以雙峰並峙若牛角然，佛書所謂「江表牛頭」是也。晋王丞相導嘗指曰：「此天闕也。」後又名天闕山云。

丁卯七月二十有三日，吏部主事顧華玉，與予約客户部員外郎王子和、朱升之，國學士陳魯南，而予兒元翁侍焉。遂共出鳳臺門，南行十五里，至塘灣。又南行十里度嶺，又三里抵山舍。西上二里，達弘覺寺。門内二井，其左曰白龜池，右曰虎跑泉。後僧以其險，更甃爲井。而虎泉尤清洌，寺衆汲於此。躋石級庭中，銀杏一株，圍可二丈。

午食畢，登浮圖，至其巔，有聯句詩。經修廊東行，緣②石魚貫上，登觀音閣。憑欄俯視，第見浮圖之尖。再上聞有捨身臺，及辟支佛足跡，以峻險，不及觀。下至兜率巖，空洞上突出如

① 「兀术」，《四庫》本作「烏珠」。
② 「緣」，《四庫》本作「緑」。似作「緣」者近是。

屋。久之，至文殊洞，前有屋一楹，衆復聯詩書壁上。既而，登山之脊，觀蕭昭明飲馬池。徑可丈餘，冬、夏不涸。下而西至辟支洞，廣差勝文殊，石浮圖立其前，辟支舍利所藏處也。老僧言，少嘗見舍利放光，今數十年矣。浮圖有石刻二，其一宋皇祐二年記，不著撰人，中載志公答宋明帝語，云昔辟支佛冬居於此。其一乃如愚居士詞，字絶類黄太史。居士殆隱逸之儔。與①西下，經禪堂旁，室闔其門，有竅如錢，日光射浮圖影，倒掛佛案紙上，不可曉也。

夜燕方丈，予以倦睡去。衆作詩，韻險，至雞號乃罷。

二十四日早，出寺而南，山路極峻，馬屢前却。時雲霧四興，遥視山足，則日光在田，禾黍映之，繚黄縈碧，如僧伽黎。予笑語三君：「不知身之在人間世也。」五里，至獻華巖，石益奇麗。中虚，深可十步，儼若堂宇。相傳唐高僧嬾②融嘗居其中，有百③鳥獻華之異，巖因以名。山故有幽棲寺，今廢。成化間，山東僧道興至，堅坐不動，有財者樂爲之施，寺由是復興。今名華巖。巖之南曰屯雲亭。又南曰芙蓉閣，閣嵌巖石，登其上，群峰攢簇在目睫，山之最佳處也，衆共飲焉。北下僧廬，其扁曰「無邊風月」，可坐眺遠。又下有軒，曰「無塵」，仍飲賦詩。

① 「與」，《四庫》本作「其」。
② 「嬾」，《四庫》本作「法」。
③ 「百」，《四庫》本作「白」。

又二里，出山。是爲記。

花巖山　在牛首山南五里，即祖堂山。《金陵志》云：牛首之南爲祖堂，周四十里，高百二十七丈。本名幽棲，唐貞觀中改名。沿山一石橋入，山徑至花巖寺，右有石窟甚深廣。佛書云：唐貞觀中，法融師居之。大雪時，忽有奇花二莖，生於巖側。又有白鳥獻花之異，因名獻花巖。《府志》云：山有芙蓉峰、拱北峰、天盤嶺、西風嶺、中峰，伏虎洞、神蛇洞、象鼻洞，息泉、太白泉、長庚池諸勝。明成化中，葺興幽棲寺，賜額「華巖」。因法融得道於此，爲南宗第一，改爲祖堂山。舊志分爲二山，非是。

巖山　在牛首山東北。《建康實録》云：吴天璽初，嘗立石刻於巖山紀功德。《丹陽記》：巖山東有石碣，長二丈，折爲三段，乃吴大帝《天發神讖碑》。或云：皇象所書，段石岡名以此。宋孝武改曰龍山，景寧陵在焉。

青山　在牛首山南十里。《建康實録》云：梁置幽巖寺。《大毗曇師傳》云：承聖二年，法師入秣陵青山，始創舍，名曰幽巖，與佛窟寺相近。《南唐書》：後主嘗獵於此山，還如大理寺，親録繫囚，多所原釋。《郡志》云：山在城東三十五里。然城南四十里亦有青山。

觀山　在府南三十里，東有水下注新林浦。一名觀子山。

吉山　在府南四十五里，西臨大江。宋將軍建城侯吉翰葬此，因名。

朱門山　在府南七十里。

又有男山、女山、姑山，與此山並相聯絡，森秀挺①拔。

銅山　在府南七十里。《府志》云：昔人採銅於此，因名。《慶元志》云：山南名金牛坑。

鼓吹山　在府南八十里。《縣志》云：宋孝武大明七年，自江寧南登此山，奏鼓吹，因名。

横山　在府南一百二十里。西接太平，南連溧水，四方望之皆横，又名横望山。有十五峰，正峰頂有陶弘景丹井。《春秋傳》楚子重伐吴之所至也。

以上俱江寧縣。

附　明陳沂《金陵諸山圖考》

《唐志》稱東南名山衡、廬、茅、蔣，金陵有二焉。蔣山，故名鍾山，實都邑之鎮，武侯所謂「鍾山龍蟠」是也。

宋周應合《山川》序云：鍾山之左，自攝山、臨沂、雉亭、衡陽，以達於東。又東爲白山、大城、雲穴、武岡，以達於東南。又南爲土山、張山、青龍、石硊、天印、彭城、雁門、竹堂，以達於南。

① 「挺」，《四庫》作「聳」。

又南爲聚寶、戚家、梓桐、紫崖、夏侯、天闕，以達於西南。綿亘至三山，而止於大江。所謂「龍蟠」之勢也。

鍾山之右，近之爲覆舟、雞籠，在宫城之後。又北爲直瀆、大壯觀、四望，以達於西北。又西北爲幕府、盧龍、馬鞍，以達於西，是爲石頭城。亦止於江，所謂「虎踞」之形也。

然考其山之遠近，城之連脈，亦少有不合者。蓋東南之山，闕城重抱，山勢連屬，不可一一次序言之。且古之江水，自三山東入，沿陰山、石子岡北流，以至於石頭。又自石頭，沿馬鞍、四望、盧龍、幕府東折，至於觀音。又由臨沂、攝山，直抵京口。二百餘里，山勢不絶。浮江而觀之，三山據於西南，石頭據於西北，秦淮中出，乃天限之門户也。

今江水西流，沙洲曠邈。馬鞍、鳳臺爲民居日削。而陰山則陶冶爲澤，漸不可尋矣。此則圖其形勢之大者焉。

茅山　在句容縣東南。高三十里，周百五十里。《真誥・稽神樞》云：句曲山古人謂爲金壇之虚臺、天后之便闕，山形似「己」，故以句曲爲名，又名己山。相傳漢時茅氏兄弟三人得道於此，因名。唐明皇敕稱爲嶽。《吴越春秋》云：禹巡天下，登茅山以朝群臣，曰會稽。其山逶迤磅礴，同出而異名者，良、常、秦望、海江、仙韭之屬，凡二十有六，實一山也。其最高者曰大茅峰，又中茅、小茅，其他爲洞，爲巖，爲泉，爲澗，爲岡，爲峪，不可勝紀。道書所謂第八洞天、第一福地、金陵地肺是也。漢光武建武元年，遣使以黄金五十斤，獻三茅君。山頂有埋金處，又有丹砂鎮此山。山泉皆赤色，飲之延年。幽奇瑰偉，絶異群山。許邁以爲潛通五嶽，允爲江南之鎮。梁陶弘景隱居於此。國朝康熙四十四年，聖祖南巡，御書「第八洞天」四字。中峰之北有桃花崦，春時華卉紛敷，不減武陵源。

彭山　在句容縣南七里。峰巒秀聳，泉水環流。上有白巖寺。

秦山　在句容縣南三十里。有明月灣通秦淮。張鉉《新志》云：謝安月夜乘舟釣於此。

石屋山　在句容縣南六十里。《乾道志》云：吴王使歐冶鑄劍於此，西有鑄劍坑。

青龍山　在句容縣南七十里。一名洞山，上有石窟。《真誥》云：與華陽洞通。其中堂、臺、簾、竈及仙人掌，俱因石狀以名。傍有峴曰牧門，洞前怪石森列，而流泉貫其中，歷旱不竭。

絳巖山　《唐書·地理志》：在句容西南三十里，有絳巖湖。絳巖，故赤山，天寶中更今名。按：《舊志》謂：山一名赭山。漢丹陽郡有赭山，漢丹陽郡、縣取名本此。今考漢丹陽縣治，在今府西南五十里，俗謂之小丹陽，非今句容縣境。《晉書志》：丹楊縣丹楊山有赤柳，在西也。項安世《家説》云：丹楊以多赤柳在丹楊山。《晉書》《南史》並用「楊」字，與句容之絳巖懸隔矣。

甲山　在句容縣西南五十里。宋景定間，僧行昱愛其山奇勝甲於左右諸山，因名。

姜石山　在句容縣西北二十五里，有梁南康簡王墓。

射烏山　在句容縣西北五十里。湯、水二泉，其源皆出此。又有巖山，近琅琊城。

胄山　在句容縣北三十五里。其山高聳如介胄，因名。俗訛紂山。

華山　在句容縣北六十里，與上元縣界。亦名花山。《戚氏志》云：秦淮之水源於此。《方輿記》云：梁武帝登此山，問何如蔣山？高薛對曰：華山高九里，似與蔣山等，泉水倍多。《府志》云：明萬（歷）〔曆〕中，李太后夢登一山皆蓮，遍訪得此山，建銅殿一，與武當金殿同賜額「聖化隆昌寺」。今藏經尚存。

竹里山　在句容縣北六十里。《元和郡國志》云：山間有長澗，高下深阻。《方輿記》云：山途欹險，號曰翻車峴。晉劉牢之至竹里，擒王恭帳下督顔延；宋武帝軍於竹里，破桓（元）〔玄〕將吴甫之。是也。六朝時，京口至建康，皆取道於此。

戍山　在句容縣北六十里，北臨大江。《府志》云：相傳劉宋沈慶之曾此防戍。

崙山　在句容縣東北五十里。《府志》云：東連騎驪山，四十二福地也。《金陵志》云：唐肅宗時，謁者伍達靈在此山得道，去後記於絶頂。石壁今尚存，髣髴可辨。下有伍達靈壇。

虎耳山　在句容縣東三十里，一名苦耳山。

又十里爲騎驪山。

〔以上俱句容縣。〕①

① 據上下文體例擬補。

中山　在溧水縣東十里。《元和郡國志》云：山出兔毫，爲筆精妙，唐、宋皆充貢。宋周邦彦《插竹亭記》謂：中山爲溧水之勝。《圖經》云：一名獨山，謂孤聳不與群山接也。或轉訛爲濁山。

東廬山　在溧水縣東二十五里，山形似廬。唐《十道志》、《寰宇記》皆云：嚴光曾結廬於此，因以爲名。有水源三：一入秦淮，一入馬沉港，一入丹陽湖。《丹陽記》云：縣東有廬山，故謂之東廬山，非以東廬欲别匡廬也。

鸞山　在溧水縣東南二十五里。《縣志》云：巔有育德泉，渟渟一窟，味甚甘洌。中有蜥蜴，歲旱取水，禱雨輒應。

相近有石城山，舊有石城院、冷水亭遺址。

回峰山　在溧水縣東南四十里。《金陵新志》云：上有龍池，下有龍泉，東有水注平陸。

仙杏山　在溧水縣東南四十里。《舊志》云：絶頂有杏林及仙人足跡，因名。又有三仙壇三所，及丹井清泉流入丹陽湖。一名仙壇山。

觀山　在溧水縣東南五十里。山形陡峻，有石屋可容多人，上有泉注池，四時不竭。

芝山　在溧水縣東南七十里，並界高淳、溧陽。《景定志》云：山産芝草，故名。有洞數十。梅仙洞者，漢梅福居之。又有李洞，泉出沸湧。有燕洞，産石燕。《金陵志》云：宣州田頵舉兵，邑人避難於此。

國朝蕭秉晋有《芝山記》：

芝山在邑治東南七十里，跨溧陽境。遠視之，隆然數阜也。山多怪石，皆黝色，鱗次疊疊成波紋。大者如獅象，如馬牛，小者如猿狖，如禽鳥。嵚崎變態，起伏橫側，疑神工鬼斧，刓刻以成。

每巨石聚處，即隱洞穴，舊謂有三十六洞云。今可尋者僅六七耳，非土人導之不克入，入必令一人執松火而前。初入之如墮深井，闇若長夜，先後踵頂相接而下暗。中有石級可尋，忽至坦處，可容數十百人。石色紺赤，光絢駭目，即震澤石不過也。

所稱古燕洞，亦名堆霞。入穴數十武，忽排空矗起丈餘。轉數武，又變一狀。每一折，旁引一門。下坦可數十武，中有石臺，平起如席、如几云。是仙子棋枰，遊者至此，得以甜焉。仰視之，螺旋而上，火光漸弱，憾不能窺其頂也。石燕見人輒驚飛，鳴聲殷雷，久之潛入竇穴。昔黃山人所謂仍落爲石者，妄也。旁列三門，亦漸狹，委蛇陡峻。其盡處，一水如帶，闊可五六尺，深淺莫測。遥望若有岸相對，人莫敢踰，所謂仙、凡隔處，端在此矣。

黃龍洞僅如竇。數折而下，有巨石懸覆如板，廣三四丈，其色白，作龍蟠形。皆石液所凝，宛如刻畫者。又一竇直上有大士像，懸石壁間，名觀音洞。

梅仙洞初入險陡如鋸鋒，客橫行其上作蠏狀，手攀東則足抵西，下視深闇如無底。而坦處又堪坐卧。

天井洞景獨外露，不類他洞。峰石疊甃，如崩，如墮。忽一坦處，方幾畝，仰視高三四丈如天井，故名。旁有穴，兩折而下，不甚深，平如屋，風雨不及，可陳几榻。

凡此數洞，皆在邑界跨溧陽境者，不悉志。大約此山洞皆通連，或爲榛莽所封，或爲亂石壅塞，安得遊人如謝康樂之好事，柳子厚之於馬退諸山，則靈跡異境，必標而出之，不致隱晦爲幽壤耳。

又洞中最異者，山泉泇濕，泥水滴瀝，疑污人衣履。然入者苟不言，則不稍染。又絶無蚊豸虺蜴之屬，誠一邑之奇觀。惜地界僻左，名流罕至，莫紀其勝。晋故從所睹，而率記之。

蠶船山　在溧水縣南十二里，一名感泉山。《建康志》云：山陰有青絲洞，泉脈澄泓，四時不竭。南有張、沈二士書堂井臼遺址，不知何時人。

杜城山　在溧水縣南十二里。《縣志》云：隋大業末，杜伏威嘗屯兵於此，因名。明末有僧結廬其巔，曰巢雲庵，泉木幽勝。

無想山　在溧水縣南十五里。上有唐建禪寂寺，南唐韓熙載讀書臺址，古檜銀杏，皆唐、宋間植。

清洪山　在溧水縣南三十里。山頂有泉，下注巖石間成瀑布。有招雲亭，元謝瑛爲記。上有石龍潭，土人嘗采石於此。

方山　在溧水縣南六十里，與芒山青龍洞相接。

石羊山　在溧水縣西南三十七里。《府志》云：舊名金華山，即黄初平叱石成羊處。有牧羊仙洞。

臙山　在溧水縣西南六十里。《府志》云：跨石臼湖，東接鳳棲，西迎雀壘，山翠湖光，極雲水煙嵐之勝。鳳棲山近石臼湖，雀壘在湖中。

乳山　在溧水縣西三十里，巖石巉削。山下有玉乳泉，渟注澄澈，味極佳，明末閩人林茂之隱此。

烏山　在溧水縣西北二十五里。

赤虎山　在溧水縣北三十三里。《金陵志》作「赤龍」。

大人山　在溧水縣北三十五里。《瀨渚筆乘》云：一峰崛起，聳拔特立，淮水繞其前，遥望蔚然深秀。

〔以上俱溧水縣。〕①

鎮山　在高淳縣東北一里。《縣志》云：高淳，古鎮也，山因以名。自石臼湖迤邐而來，濱於固城，縣治在焉。

學山　在高淳縣東一里。先爲朝元觀，後建儒學，因名。

大遊山　在高淳縣東三十五里。欲雨上出雲氣，頂建北極廟。南有石牛古蹟。

① 據上下文體例擬補。

遊子山　在高淳縣東四十里。《金陵志》云：山周十里，上有石壇，舊傳孔子適楚經此。

遮軍山　《金陵志》云：高五十五丈，周二十二里。在高淳縣東五十里。山北有水入固城湖，湖濱有畫眉山，與此山並峙。

城門山　在高淳縣東五十里。

又荆山，在縣東六十里。

木城山　在高淳縣東六十里。《縣志》云：突起平地，甚奇峻。昔紅巾之亂，民樹柵其上守之，因名。

相近有饒山，有泉，水旱不涸。

秀山　在高淳縣東南三十里。《金陵新志》云：西南有水，下注平陸。舊傳有仙過此，以鞭畫路，形如「之」字，四面皆應，今四「之」字見存。山上松柏，旋伐旋生，亦異驗云。

花山　在高淳縣東南四十里。上産白牡丹，名曰仙花，舊傳有看花臺。

大山　在高淳縣南六十里，其水北流入固城湖。

〔以上俱高淳縣。〕①

鳳凰山　在江浦縣治後。相傳有鳳凰集此，因名。又名曠口山。岡嶺回環，與定山、西華、龍洞

① 據上下文體例擬補。

諸峰，綿亘數十里，爲一邑屏障。南望長江，右有泉，名清惠。

平山　在江浦縣浦子口東門外二里。大江奔注，此山適當其衝，壁立千尺。其上有平山閣。

陰陵山　在江浦縣南五十里。《舊志》云：相傳項羽迷失道處。

四潰山　在江浦縣西南七十里。《舊志》云：項羽從二十八騎走東城，至此爲漢兵所圍，羽依山爲陣，潰圍奔烏江，因名。石上有馬迹。一名四馬山。

以上二山亦見和州。

馬鞍山　在江浦縣西十里。列嶂若屏，其巔有飲馬池，冬夏不竭。山後有觀音洞。

西華山　在江浦縣西十五里。《縣志》云：峰巒巍峙，特冠群山。有蓮華峰、丈人石、藏雲塢、北澗、南澗、玉井泉諸勝，爲邑之最。

龍洞山　在江浦縣西二十五里。西接天井，東連西華、馬鞍、定山，綿亘甚遠，怪石巉巖。中有石洞相連，洞中産龍，禱雨多應。

天井山　在江浦縣西三十里龍洞山之西。上有石罅，深不可測。

東龍山　在江浦縣西四十五里。《縣志》云：上有祈澤壇。清泉白石，林壑幽美。唐張籍讀書處，尚有遺址。

對峙者有西龍山。

又縣西六十里有翠雲山。

福龍山　在江浦縣東北十二里。一峰陡聳，俯瞰大江南北，如出牖下。怪石巉巖，中饒巖洞，上有龍池，冬夏不竭。陳廷策《記》云：上徑仄陡，忽轉平衍爲玉虛觀，納光激景，神居福地，於斯爲勝。

定山　在江浦縣東北二十五里，以北屬六合。有獅子峰、達摩宴坐石、珠泉諸勝，明莊文節㫤居此。

其右有玉屏山，平衍可坐千人，眺矚甚遠。

〔以上俱江浦縣。〕①

六合山　在六合縣南六十里，即江浦定山也。有寒山、獅子、石人、雙鷄、芙蓉、妙高六峰，對峙環合，縣以此名。按：江浦縣，明洪武九年析六合縣、滁、和二州置。今五峰在縣境，唯獅子峰入江浦境中。山多泉石巖壑之勝。

宣化山　在六合縣南六十里，有宣化鎮。按《六合縣志》載：《嘉定志》云，晉安帝置秦令於六合宣化鎮，舊志據之而改秦令爲秦郡，以六合故棠邑，安帝改爲秦郡也。然《宋書·志》有秦令，元嘉六年以臨涂併秦，即六合之地。况鎮名宣化，冠以六合，則六合何名？若是縣名，則名從隋始。詳考《通鑑·隋紀》，晉王廣帥大軍屯六合，鎮桃葉山。張舜民曰：桃葉山，即今瓜步鎮之境。唐季又有六合鎮將張約，則是瓜步鎮又名六合鎮。《宋史》云，張浚議築宣化城，即宣化鎮。《地理通釋》：吴

---

① 據上下文體例擬補。

氏曰：大江之南，十郡之間，其要不過此渡。下流最緊者，建康之宣化，本六朝鎮戍之要地。當是《嘉定志》云「六合、宣化二鎮」，傳寫脱「二」字也。

桃葉山　在六合縣南六十里。《舊志》云：隋伐陳，詣冶山祇垣寺，問解脱禪師：「何以克陳？」對云：「乘桃必克。」乃造桃葉舟渡江，息此山傍，故名。

晋王山　在六合縣南六十里。《府志》云：舊有晋王城，相傳即隋伐陳時晋王廣所築。山之西爲宣化山。

瓜步山　在六合縣東南二十里。陸游《入蜀記》云：瓜步山蜿蜒蟠伏，臨江起小峰頗巉峻。絶頂有元魏太武廟，廟前大木，可三百年。一井已眢，傳以爲太武所鑿，不可知也。太武以宋文帝元嘉二十七年，南侵至瓜步，鑿瓜步山爲蟠道，於其上設氊廬，大會群臣，疑即此地。周世宗伐南唐，齊王景達自瓜步渡江，距六合二十里設柵，亦此地也。

小帆山　在六合縣東南四十里。《寰宇記》云：即小石山也。大江中流，矗起石峰，參天若張帆然。又以白石如礬，俗呼礬山。上有落帆將軍廟，又名石帆。《舊志》云：山北有出佛洞。山之東即黄天蕩，江流至此甚險。今則洲生江狹，稍爲安瀾矣。

赤岸山　在六合縣東南四十里。《寰宇記》云：山高十二丈，土色皆赤，臨大江，故名。晋郭璞《江賦》：「鼓洪濤於赤岸。」羅含詩：「赤岸若朝霞。」杜甫《山水圖歌》：「赤岸水與銀河通。」王維詩：「帆映丹陽郭，楓攢赤岸村。」皆指此。

靈巖山　在六合縣東十五里。《嘉定志》云：山無鋭峰巖巒，層聳四面如一。郲滂以爲巖峻，常有靈瑞，故名。有偃月巖、蔡老人洞、龍王泉、鹿跑泉、瑪瑙澗。

方山　在六合縣東四十里。四面平正，故曰方山。宇文周置方州。梁建寺其上，曰興雲。古樂府云：「聞歡遠行去，相送方山亭。」即此地也。

横山　在六合縣東北三十里。山形平望若横，與江寧縣南横山頗相類，故亦名横山。《府志》云：元魏於此置横山縣。山陽有禪證寺，即梁昭明讀書堂也。

馬頭山　在六合縣東北三十五里。山峰雄秀，絶頂一石高丈餘，中一穴水清而不竭，莫測深淺，世傳有龍居焉。

荷融山　在六合縣東北三十五里。《嘉定志》云：荷融嘗城此，因名。俗作芙蓉城。距五里有塔山。

冶山　在六合縣東北五十里。《府志》云：巑岏九十九峰，跨六合、天長二縣，相傳吴王濞冶鑄處。今上有漢爐韝將軍廟。蜀岡自此始。〔以上俱六合縣。〕①

白土岡　在上元縣東北十五里。北連鍾山，南接秦淮。其土色白，故名。《隋書》云：賀若弼於

① 據上下文體例擬補。

此擒蕭摩訶。國朝順治十六年，總督郎廷佐大破海寇於岡下。

金陵岡　在上元縣西北龍灣路上。《金陵新志》云：秦厭東南王氣，鑄金人埋於此，後莫知所在。

落星岡　在江寧縣西南三十里，一名落星墩。《南齊書》云：陳顯達平旦以數千人登落星岡，新亭諸軍遁還。又唐李白《金陵江上遇蓬池隱者》詩，自注云：時於落星石，以紫綺裘换酒爲歡。按：落星石在此岡之下。明焦竑《落星岡懷古》詩：「樓堞新亭戍，山川自昔多。曾聞沽酒客，一著綺裘過。」可兩證也。

土門岡　在江寧縣聚寶門外長干里，即宋楊邦乂殉節處。今有褒忠祠，及「剖心處」三字石碣。墓在岡上。

石子岡　一名石子墩，在江寧縣南十五里。《吴志》云：建業南有長陵在石子岡，孫峻害諸葛恪，投於此。《輿地志》云：宋大明中，起觀風亭於上，云即新亭岡，古送行處。按石子岡有三：西岡在安德門外，與白楊路近；東岡雨花臺下梅岡是也；中岡乃諸葛恪所投處，即城南之鳳臺岡。

大鳳岡　在溧水縣西五里。《舊志》云：春秋時有鳳凰飛至此岡，故名。或傳「大」爲「待」。

桃花岡　在高淳縣東南十五里，上有九十九墩。

蜀岡　在六合縣東北三十里。南接儀徵，東連江都，綿亘數十里。一名昆崙岡。鮑照《蕪城賦》云：「軸以昆岡。」即此。蓋六合爲蜀岡之首，而蕪城其尾也。

黄悦嶺　在江浦縣北十五里。《縣志》云：兩峰高聳，石脊連亘，地號險阻。明初始鑿山開路，遂成南北孔道。

駱駝嶺　在江浦縣東北二十五里定山之北。重山複道，石磴崎嶇。東葛城達浦子口必經此地，爲大江以北門户。

燕子磯　在上元界觀音門外。磴道盤曲而上，丹崖翠壁，淩江欲飛。絶頂有亭，能攬江天之勝。聖祖仁皇帝南巡，屢幸此。

附　明吕柟《遊燕子磯記》

己丑二月，王子崇邀陸伯載及予同遊燕子磯，登弘濟寺。寺西則觀音巖也，怪石礌垂，蒼黛參差，上接雲霄。而大江自龍江關西來，直過其下。觀音閣亦傍巖下，就江滑築基，上又豎九柱皆丹，柱上棚棧構閣。閣三面皆欄杆，憑之瞰江，若在樓船頂立也。是時晴，見萬里日映碧流，江豚吹浪上下。西望定山如蛾眉，東指瓜步如(邱)〔丘〕垤，他山皆閃閃冥冥，如落雁蹲鴻，不可辨矣。昔予在解州，嘗遊龍門，眺砥柱，登流丹亭，汲河烹茶，以弔禹墳。至此，乃勃然興懷，將天下奇觀尚有過斯二者乎？

閣東厓有白巖，喬公篆書刻石上。而子崇、伯載至，乃復同升閣上，流覽歎賞。列席懸巖上，對江而酌，酒肴既行，卒爵，欲往遊燕子磯。

乃招二篙師泛舟，行至觀音港，登漢壽亭侯廟。先至水雲亭，其扁爲予友景前溪書，精采如神。乃面江小坐，遂上謁漢壽亭侯祠。左有大觀亭，亦前溪書。至此看江，日隱斷雲，煙霞霏微，蒼茫無際矣。

遂攀松捫蘿，以上燕子磯。磯皆巉石壘起，水圍三面，其石罅猶見江轉磯底，可以高覽八極也。乃坐中磯。道士曰：五七年前，江衝磯前，深不可測。自立關廟後，水頗遠磯而去，今南徙磯東數百家矣。

二君皆補和前詩。子崇又命行酌。興酣，北望泰山，東瞰滄海，灝氣縈回，靈光掩映，不知此身之在天地間也。

赤石磯　在江寧縣東南城外。長河東來，有赤石枕中流。居人競種石榴花，每盛夏時，緣堤岸燦若霞錦，爲畫舫歡遊之所。

華陽洞　在句容縣茅山。《泉洞記》云：洞内東西四十五里，南北三十五里，四郭上下皆石，空懸百七十丈。陰路所適七塗九源①，四方交通，五門闔闢，小徑阡陌不計也。飛鳥交横，風雲蓊鬱，

① 「源」，《四庫》本作「原」。

原阜壟堰、草木水澤，與外無異，所謂「第八洞天」以此。

青龍洞　在句容縣茅山。洞前多怪石，奇秀森列，流泉歷旱不竭。《乾道志》云：洞口纔二尺餘，僅可容人傴僂而入。其中平廣，深不可測，與諸洞暗通。洞外大石有洼處狀如人跡，俗呼仙人跡。

大江　《金陵志》云：府城在大江東南。自府西南一百十里之慈姥山，至府東北之下蜀岡，凡二百餘里。一名揚子江。《江乘記》云：大江自縣西一百二十里，承當塗分鯌浦上田爲界，紆回二百九十三里，與和州烏江及揚州、六合並分中流爲界，西引蜀流，南下交廣，東會滄溟，北達淮、泗，自大禹所鑿之跡，無不通焉。《吴録》云：魏文帝至廣陵，臨江觀兵，權嚴設固守。帝見波濤洶湧，嘆曰：「固天所以限南北也！」遂歸。

胡三省《通鑑注》云：江水東流，自武昌漸漸向北。蓋南紀諸山所迫，陂池之勢，漸使之然也。至於江寧，江流愈北。建康當其下，望歷陽、壽陽皆直西，故建康謂歷陽皖城以西，皆曰江西，而江西亦謂建康爲江東。建康謂采石爲西州，京口爲北府，皆地勢然也。

《府志》云：今府境之江南岸，上自慈姥浦，下至下蜀港，二百里而遥。北岸上自浮沙口，下至采溝，不及二百里。江之支流旁出者，大曰河，小曰港，曰溝，曰渡，石激水曰磯，水中可居者曰洲，兩山間曰夾，縈回曰套，水所注曰浦。江流南北遷徙，今昔迥殊。異時江泊石頭，後徙而北，今又漸南，然尚去石頭十餘里。

兹志其可知者，自慈姥浦而東下，爲鐮刀灣，爲烈山港，有磯突出湍間，名亂石磯。又東北即白鷺洲。其南岸曰犢兒磯，上接江寧、浦口，下爲大勝河。自大勝河以東，有水數曲，曰響水溝、燈盞溝、上新河、中新河、下新河，皆瀕江要地。其北岸則芝麻河、穴子河、王家套、八字溝，皆列墩瞭望處也。又有洲曰長洲，白沙、梅子、句容、秀才、火藥等洲，皆在江浦境。南岸自下新河而東，爲草鞋夾。其外爲道士洲，上有屯駐處，曰江心營。近南曰護國洲、中口洲，自道士洲直抵北岸爲浦子口。

又東以達於瓜步，其濱江諸洲，曰攔江，曰工部官洲，老洲、柳洲、趙家洲。曰匾擔洲，洲東爲匾擔河，其北即滁口河也。江流至此亦曰宣化漾，有洲亦名新洲①。其下爲礬山，山屹立中流，石色白，類礬，故名。又數里爲西溝，近黄天蕩爲東溝。二水自江出，皆折而西，與儀徵縣接。六合江盡此矣。

南岸中洲口而下，有山踞江而出者，曰焦家觜。又東曰觀音山，水曰觀音港。港口聳石，下瞰江水，曰燕子磯。歷濤山、唐家渡、袁家河、東陽港，遂接黄天蕩。中有洲，屬上元縣，其上爲草場。自龍潭而東，洲渚限隔，有斜膓洲、太子洲，洲外爲老鴉夾。又東爲天寧洲，皆句容界。其支水分流曰白家溝、楊家港、雙溝港、羅泗港，而邪溝尤爲津要。自此而東，遂與鎮江接。此近時江道之可紀者也。

① 「洲」，《四庫》本作「河」。

珍珠河　在府北宋行宫後。《金陵志》云：陳後主泛舟遇雨，水生浮漚，宫人指爲珍珠，因名。通護龍河，南唐築城後，惟西北僅存。

護龍河　在府東北。宋鑿，即舊子城外三面濠也。《府志》云：在上元縣治東，北引而南合於青溪。今堙廢逾半。

靖安河　在府東北靖安鎮。宋吴聿記：自金陵抵白沙，江流曠數百里，波濤洶湧，其尤者爲樂官山李家漾。宣和六年，發運使盧公得古漕河於靖安鎮之下缺口，取徑道於青沙夾，取北岸穿丹月港，由港尾越北小江，入儀徵新河，以易大江百有五十里之險。

以上俱上元縣。

新開河　在府治西南。韓世忠《碑記》云：宋建炎四年開，自三山橋，歷石城、定淮諸門，由草鞋夾以達於江。即下新河也。

新河　在府西江東門外五里，通大江，曰中新河。又名直江口，設關防禦。稍南出大江，曰上新河，以通市舶。

以上俱江寧縣。

胭脂河　在溧水縣西十里。《府志》云：其地有胭脂岡，因名。明初，命崇山侯李新鑿石穿流，通蘇、浙糧運於此。

〔以上溧水縣。〕①

胥河　在高淳縣東南四十里。《縣志》云：春秋時，伍員伐楚，鑿河由鄧埠抵廣通鎮，因名。

澄溝河　在高淳縣西三十五里。宣水由此入蕪湖、太平，近宣岸水濁，此水獨清。

〔以上俱高淳縣。〕②

浦子口河　在江浦縣東二十里。源出定山，由浦子口西入江。

沙河　在江浦縣東三十里。《府志》云：宋天禧中，范仲淹領漕事，以大江風濤之險，開此河引江水，支流下至瓜步入江，即六合縣之長蘆河也。按《宋會要》：天聖三年，發運使張綸請開真州長蘆口河屬之江。與志異。

後河　在江浦縣西北三十五里。源出廬州舊梁縣，至縣境茅塘橋出瓜步。《府志》云：即滁河之下流也。

〔以上俱江浦縣。〕③

冶浦河　在六合縣東三里。自冶山流入，與滁水合。

① 據上下文體例擬補。
② 據上下文體例擬補。
③ 據上下文體例擬補。

滁河　在六合縣西南。源出廬州舊梁縣，經滁、和界流入，東南三十餘里至瓜步入江。滁，古作「涂」。《通鑑辨誤》：吴作堂邑、涂中堨，令涂中之水以爲塘也。今滁州之全椒、六合，古堂邑地，三國時謂之涂中。又北齊太建五年於秦郡置秦州，州前江浦通涂中，唐滁州六合縣即其地。

〔以上俱六合縣。〕①

後湖　在府北二里，即（元）〔玄〕武湖。《南史》：元嘉二十三年，築北堤，立（元）〔玄〕武湖於樂遊苑北。《宋史·河渠志》云：知昇州丁謂言：城北有後湖，往時給爲民田，凡七十六頃，出租錢數百萬，蔭溉之利遂廢。今欲迹舊制，復治岸畔，疏爲塘陂以蓄水，使負郭無旱歲。詔從之。《六朝事蹟》：吴寶鼎元年，開城北渠，引後湖水流入新宫。今城北十三里有古池，俗呼爲後湖是也。《丹陽記》云：後湖一名練湖，晋元帝時爲北湖，肄舟師於此。宋元嘉中，有黑龍見，改爲（元）〔玄〕武湖。又名蔣陵湖、秣陵湖、習武湖，及昆明池、飲馬塘、放生池諸名。吴、宋皆嘗引其水以入宫牆苑囿。《南唐近事》云：周回四十里，山川掩映如畫，六朝舊迹多出其間。明初，貯天下圖籍於湖中洲上。

---

① 據上下文體例擬補。

附　明計宗道《過後湖記》

天下版籍，盡載貯後湖。南京户部官，率歲一往磨勘。正德壬申秋，予叨職寄斯役，自八月至十月始訖事。凡過湖必出太平門，命舟行，可七八里許，一望渺漫，光映上下，微風播揚，文漪聿興。蕩漾煙波之上，莫不情暢神爽，若遊仙焉。

予間立〔四〕①顧，其嵯峨霄漢之表，王氣鬱葱而峙乎東南者，鍾山也。疊連如屏如幃在西北者，幕府山也。巒嶺偃蹇，盤伏於地，而松森其上者，覆舟山也。挺拔而凸出城頭，殿角參差，浮圖聳空者，雞鳴山也。山東西一帶，列如懸榜者，世傳臺城也。崚嶒冒水而出者，島嶼也。傍視三法司，隱隱錯落雲水之湄，重岡疊阜，遥連於其外，巋然而鸞鳳峙，騰然而蛟龍走矣。其中遠近芳洲，相聚如五星，紅紫煙花，畢絢如匹錦。鷗鷺鳧鴻，載飛載鳴。鰷鱨鰋鯉，以潛以泳。則已目飫而心怡矣。

忽驚風暴作，洪濤舂撞。篙人惶懼，挐舟艤岸而行。經敗荷間，香氣猶襲人。浮藻亂荇，牽舟綴楫。乃引入曲渚，兩岸薈蔚。須臾，抵小陂，遂捨舟以陟焉。

命隸翦荆分莽，排霧穿雲，逡巡而進。見數處頹垣廢址，意前朝遺跡，令人慨歎。而叢林蒙

① 據《古今遊記叢鈔》卷十五校補。

翳，追探前路尚空，衆共憊焉。或藉草坐茵，箕踞少憩。復乃①望一高(邱)〔丘〕，隸指曰：「此相傳郭仙墩也。」衆狙猱以上，四圍樹林蔽日。復下故道，向新建册庫。過石橋，延佇其上，騁望雲水茫茫，清颸颯颯，遂相與携手，入舊庫之洲。攝齊而升(元)〔玄〕武廳，則黄門趙君惟賢已先渡，見予輩殊訝。既而聞述所遇，則又曰：「是何奇也！予往反數矣，而未有若諸君所遇者。」衆亦相與慰喜，以爲非因風之故，則誰使之一探此奇哉！

凡以事②晨至，及暮而歸，則見日光射水，晚霞相蕩。回視湖上諸宇，在蒼煙香靄間，不啻蓬萊、閬苑然，豈不信爲勝地哉？昔歐文忠公以金陵、錢塘山川、人物之盛，各爲一都會。錢塘莫美於西湖，金陵莫美於後湖，固遊冶之所趨也。我皇祖奮出江表，收天下版籍，建庫而儲之於此，特設科部官司之禁，非公遣不得至。則凡好遊者，雖慕幽遐瑰瑋之觀，無因可及。而吾儕今獲因公而至，而又探奇於無心之會，豈非至幸哉？

① 「乃」，《古今遊記叢鈔》卷十五作「進」。
② 《古今遊記叢鈔》卷十五「事」上有「公」字。

國朝余賓碩《(元)〔玄〕武湖詩序》

《建康實録》云：吴寶鼎二年，開城北渠，引後湖水，流入新宫。《丹陽記》云：後湖一名練湖，一名蔣陵湖。徐爰《釋問》云：本桑泊，晉太興三年始築長堤，以壅北山之水。又名北湖。宋元嘉中，黑龍見，立三神山於湖上，更名(元)〔玄〕武湖。孝武大明中，肄舟師於此。亦謂之昆明池。復於河側作竇，通水入華林園天淵池。《南唐邇事》云：金陵城北有湖，周回數十里。一日，馮謐舉(元)〔玄〕宗賜賀監三百里鑑湖曰：「余非敢望此，但得賜後湖，亦暢平生也。」徐鉉曰：「主上尊賢下士，常若不逮，豈惜一後湖？所乏者，知章耳。」熙寧八年，王安石奏廢爲田，開十字河，立四斗門，以泄湖水，跨湖爲橋，以通往來。歲久湮塞，今所存者十分之二耳。明初，置庫於湖中，以貯宇内版籍。今廢。洲傍有小(邱)〔丘〕，名郭公墩。或云，郭璞葬此。

太子湖　一名西池，又名樂遊池，在府北六里，吴宣明太子所創。晉明帝爲太子修西池，養武士於内。

張陣湖　在府治西北石頭城後。《府志》云：相傳晉軍與蘇峻戰處。

穩船湖　在府治西北金川門外。《府志》云：明初引江水瀦以泊舟。

半陽湖　在府東北四十里，一名半湯泉。《南徐州記》云：水同一壑而冷熱相半，民引熱水溉稻，一歲再熟。

以上俱上元縣。

莫愁湖　在府西三山門外。相傳盧莫愁居此，因名。

附　明顧起元《莫愁湖考》

江左今有莫愁湖，在西城南。按：古樂府有《莫愁樂》、《石城樂》。《唐書·樂志》曰：石城有女子名莫愁，善歌謠。《石城樂》第二歌云：「陽春百花生，摘插環髻前。捥指蹋忘愁，相與及盛年。」《莫愁樂》云：「莫愁在何處，莫愁石城西。艇子打兩槳，催送莫愁來。」尚未詳也。莫愁，盧家女子，善歌唱，嘗入楚宫。李商隱詩：「如何四紀爲天子，不及盧家有莫愁。」是也。莫愁村，今在承天府漢江西。石城，在州西北，晉羊祜所建。鄭谷詩：「石城昔爲莫愁鄉，莫愁魂散石城荒。江人依舊棹舴艋，江岸還飛雙鴛鴦。」王横詩：「村近莫愁連竹塢，人歌楚些下蘋洲。」又沈佺期詩：「盧家少婦鬱金堂。」即此也。

按《通考》載梁武帝詩「洛陽女兒名莫愁」，云：莫愁，盧家女，洛陽人。則莫愁又有兩人矣。

三城湖　在府西南七十三里龍口山下。湖中舊有三小城，因名。

婁湖　在府東南十五里。《輿地志》云：吴張昭所鑿，昭封婁侯，因名。宋時築爲苑。《南史》云：沈慶之有園舍在婁湖，一夜携子孫徙居之，以宅還官。《陳書·紀》云：太建十年，立方明壇於婁湖。

以上俱江寧縣。

絳巖湖　在句容縣西南三十里，一名赤山湖。《府志》云：吴赤烏中，築赤山塘，引水爲湖，歷代修築。唐天寶時改爲絳巖。《唐書·地理志》云：麟德中，令楊延嘉因梁故隄置，後廢。大（歷）〔曆〕十二年，令王昕復置，周百里爲塘，立二門以節旱潦。

江城湖　在句容縣西北六十里。

〔以上俱句容縣。〕①

丹陽湖　在溧水縣西七十里、高淳縣西南三十里。《府志》云：湖周一百九十五里，東連石臼、固城二湖。其源有三。出徽州府黟縣者，爲舒泉。出廣德州白石山者，爲桐水。出溧水東廬山者，爲吴漕。水俱匯合於丹陽湖，分二流：一西出蕪湖，一北出當塗姑孰溪，俱入江。

石臼湖　在溧水縣西南四十里、高淳縣西二十里，西連丹陽湖。《府志》云：一望渟泓，中有軍山、塔子山、馬頭山、雀壘山。

〔以上俱溧水縣。〕②

① 據上下文體例擬補。
② 據上下文體例擬補。

固城湖　在高淳縣西南五里。西通石臼、丹陽二湖，與當塗、宣城分界。湖水舊由宜興入太湖，後築五壩，遂與太湖隔。

〔以上高淳縣。〕①

秦淮　在府治東南，相傳秦時所鑿。《丹陽記》云：秦鑿金陵方山，斷處爲瀆。即今淮水。經城中入大江，是曰秦淮。《建康實録》云：秦淮水舊名龍藏浦，有二源：一出句容華山南流，一出溧水東廬山北流，合流於方山埭，貫城中，西注大江。其水經流三百里，地勢高下屈曲，自然不類人功，疑非始皇所鑿也。孫吴至六朝，都城皆去秦淮五里。吴時夾淮立柵十餘里，史所稱柵塘是也。梁天監九年，新作緣淮塘，以防漲溢。又作兩重柵，皆施行焉。自石頭至方山，運瀆總二十四渡，皆浮航往來，亦曰二十四航。楊吴時，改築金陵城，乃貫秦淮於城中。

横塘　在府治東南。《金陵覽古》云：吴大帝自江口緣淮築堤，謂之横塘。左思《吴都賦》所云「横塘查下，樓臺之勝，天下莫比」者也。自横塘而北，接於柵塘，即今秦淮逕口矣。

以上俱江寧縣。

青溪　在府治東七里。《南史》作「清溪」。《建康志》云：「青溪水發源於鍾山，接於秦淮，逶迤

① 據上下文體例擬補。

九曲，有七橋跨其上。」《建業實録》①云：吴赤烏四年，鑿東渠通北塹，以泄(元)〔玄〕武湖水，逶迤十五里，名曰青溪。自楊吴城金陵，青溪遂分爲二：今自竹橋西入舊城城濠者，乃從潮溝西南流之故道。自舊内旁南流，經淮清橋入秦淮者，城中所存之一曲也。

長溪　在府東南六十里。《丹陽記》云：湖熟前有長溪，受句容赤山湖水，入秦淮。

梅花水　在府治北觀音門内興善寺，源自石罅中出。

烏龍潭　在府治西北石城門側。潭畔園林環列，亭榭參差，爲遊覽勝處。《府志》云：相傳有烏龍見，故名。

下蜀港　在府東北百里，一名官港。

以上俱上元縣。

大城港　在府治西南。《府志》云：合板橋、新林等浦水，由大勝關入江，爲江流險阨處。旁有隴阜，亦曰大城岡②。

蔡洲　在府西南十二里。《府志》云：蔡洲周回五十三里，一名蔡家涇。其別渚爲張公洲。《通鑑》：晋咸和五年，陶侃舟行直抵石頭，至蔡洲。胡三省注云：蔡洲在石頭西岸。又梁承聖元年，王

① 「建業實録」，疑當作「建康實録」。
② 「岡」，《四庫》本作「關」。

僧辯督諸軍至張公洲。注云：張公洲，即蔡洲。

白鷺洲　在府西三里，與新林浦相對，宋曹彬破南唐兵駐於此。《建康志》云：秦淮源出句容、溧水兩山間，合流至建康之左，分爲二支。一支入城，一支繞城外，共夾一洲曰白鷺，太白所謂「二水中分白鷺洲」者也。《府志》：近以三山門外西關中街水環繞處，當爲白鷺洲，蓋沿襲舊名，非其地矣。

烈洲　在府西南七十里，以在烈山下名。内有小河，避風泊舟。

以上俱江寧縣。

蟹浦　在府西北十六里。《輿地志》云：白下城西南有蟹浦，源出鍾山北流，九里入江。齊崔慧景軍敗，單騎走蟹浦是也。

江乘浦　在府西北十七里。《史記》云：秦始皇東遊還過吴，從江乘渡，即此。其浦發源石城山，東入江。舊因爲縣名。

白社浦　在府東北二十五里。《金陵故事》云：發源鍾山，西注秦淮。一名鍾浦。

以上俱上元縣。

新林浦　在府西南二十里。宋開寶中，曹彬破南唐兵於新林浦，即此。《水經注》云：江水經三山，又湘浦出焉。水上南北結浮橋渡水，故曰版橋浦。江又北經新林浦。《輿地志》云：梁武帝從新亭鑿渠，通新林浦。胡三省《通鑑注》：建康府城西南、江寧鎮北有版橋市，其地與新林相近。謝

（眺）〔朓〕①所云「新林向版橋」。張舜民曰：出秦淮西南行，循東岸行小夾中，十里至版橋店。《建康實録》云：新林南上十里至孫林，又南上十里至版橋。

查浦　在府西石頭城南十里，大江南岸。《建康實録》云：晉陶侃屯查浦，李陽與蘇逸戰於查浦，盧循犯建業，宋武帝栅石頭、斷查浦以拒之，皆此浦。南上十里即新亭。

秣陵浦　在府南五十里。《輿地志》云：浦以縣名。源出竹堂山，北流八里入葛家湖。又十里入長溪，合於秦淮。

江寧浦　在府南七十五里。《府志》云：源出當塗縣界，長三十里，經故江寧縣入大江。《南史》云「侯安都襲破齊兵於江寧浦口」是也。

蘼蕪澗　在府治東南青龍山南。《唐故事》云：齊處士劉瓛居此，爲儒林之宗。年四十未婚，其友爲娶王氏，乃就澗折蘼蕪而去。

躍馬澗　在府南五里。一名南澗，宋有南澗樓。

以上俱江寧縣。

芳草澗　在六合縣東，水入冶浦河。

瑪瑙澗　在六合縣靈巖山下。石有五色，瑩秀可愛。

① 據《南齊書》四七、《南史》一九改。

桐樹灣　在府東秦淮上鎮淮橋東。舊植桐樹甚繁，因名。宋人稱爲桐林。

汝南灣　在府東八里，當秦淮曲折處。晋汝南王渡江，家於此。

運瀆　在府治西。《運瀆志》云：吴赤烏三年，使左臺御史郄儉引秦淮抵倉城，以通運道。今斗門橋南，乃秦淮入運瀆處。經太平橋、内橋，與青溪合。

潮[1]溝　在府治西。《客座贅語》云：吴赤烏中鑿潮溝，以引江水連青溪。南抵秦淮，西通運瀆，北接後湖。今舊内城下流入竹橋者，其故迹也。

以上俱江寧縣。

河子溝　在六合縣東南二十五里。舊名急流江，宋淳熙初所開新河之下流，入於江。

〔以上六合縣。〕[2]

珍珠泉　在江浦縣東北二十里定山西南山麓。其地有泉，噴出若散珠，遂以爲名。東流入於江。

湯溝泉　在江浦縣北三十里駱駝峰北，流入三義河達於江。

① 「潮」，《四庫》本作「湖」。下「潮」字同。
② 據上下文體例補。

〔以上俱江浦縣。〕①

附　明陳沂《金陵諸水圖考》

金陵在大江東南，自慈姥山下至下蜀渡，古稱天塹巨浸，此江②之境也。秦鑿淮，吴鑿青溪、運瀆，楊吴鑿城濠，宋鑿護③龍河，宋、元開新河，國朝開御河、城濠。今諸水交錯互流，支脈靡辨。據經考之，自方山之岡壟，兩涯北流，西入通濟水門，南經武定、鎮淮、飲虹三橋，又西出三山水門，沿石城以達於江者，秦淮之故道也。自太平城下，由潮④溝南流入大内，又西出竹橋，入濠而絶。又自舊内旁繞出淮⑤清橋，與秦淮合者，青溪所存之一曲也。自陡門橋西北經乾道、太平諸橋，東連内橋，西連武衛橋者，運瀆之故道也。自北門橋東南至於大中橋，截於⑥

① 據上下文體例補。
② 《四庫》本無「此江」二字。
③ 「護」，《四庫》本作「濩」。
④ 「潮」，《四庫》本作「湖」。
⑤ 《四庫》本無「淮」字。
⑥ 「武衛」以下至「通濟城」凡二十一字，爲《四庫》本所無。

通濟城内旁納秦淮，又自通濟城外與秦淮分流，繞南經長干橋，至於三山水門，外與秦淮復合者，楊吴之城濠也。自昇平橋達於上元縣後至虹橋，南接大市橋者，護龍河之遺跡也。自三山門外達於草鞋夾，經江東橋出大城港，與陰山運道合者，皆新開河也。東出青龍橋，西出白虎橋，至柏川橋入濠者，今大内之御河也。若城外落馬澗諸水，不能悉載焉。

江南通志卷十二

輿地志

山川 二

蘇、松二府

蘇州府

陽山　在府城西北三十里。一名秦餘杭山，一名萬安山，一名四飛山，以四面視之，勢若飛動也。顧元慶《新録》序云：去城三十里，蟠矗特異。以其背陰面陽，故曰陽山。大峰十二，箭闕最高。《戰國策》云：越王以散卒三千，禽夫差於干隧。今萬安山有隧山，即其地也。箭闕下有文殊寺、白龍塢，嶺西有龍母冢，前有龍湫，白龍廟在焉。東北有白鶴山，以丁令威宅名山。有白墡可用圬墁，潔白如粉，唐時歲以供進，故亦名白墡山。

東北過金芝嶺曰管山，山北大石湧出如蓮花，下有雲泉。西爲陽抱山，西北爲彭山，北爲雞籠山、甑山，東南有象山，即福壽山。

又徐侯山在陽山西北十里，一名卑猶。《吴越春秋》云，越王以禮葬吴王夫差於卑猶，即此。

東南過鳳現嶺，爲鳳凰山。

又南爲賀九嶺，相傳吴王登此賀重九，壁有「賀九嶺」三大字。

高景山　天平支隴也，《越絶書》作高頸山。其西麓對花山匡谷盤拱處曰金盆塢，宋魏了翁墓在焉。其南爲斜堰嶺。

金山　亦天平支隴也。初名茶塢山，晋宋間鑿石得金，易今名。有石梁橫架兩壁，脈理不聯，無所根蒂，其下空洞通人行。或以爲類天台石梁山，故多美石，採之者衆。近已殘毁。

白豸山　在府西北三十二里滸墅之北。按《越絶書》，舊名胥女山，春申君封吴，更名。今名爲白石山。

以上長洲縣。

虎（邱）〔丘〕山　在府城西北九里。《吴越春秋》云：闔閭葬此，以扁諸、魚腸劍三千爲殉。越三日，金精結爲白虎踞其上，故名。又曰海湧山。絶巖聳壑，茂林深篁，爲江左（邱）〔丘〕壑之表。初，山踞平疇中，唐白居易始鑿山麓引水，四周溪流回映，緣山南一徑而入，遂有遥深幽邃之致。其最勝者爲劍池，兩岸劃開，中涵石泉，深不可測，世傳秦皇鑿山求劍處也。稍前爲千人石，高下平衍，可坐千人。神僧竺道生講經於此。有點頭石。生公講經時，聚石爲徒，石輒點頭，因名。左有千葉白蓮池、秦皇試劍石、憨憨和尚泉、清遠道士養鶴澗、陸羽石井泉。東晋爲王珣別墅，山下因有短簿祠。劉宋何求兄弟，陳顧越，唐史德義並隱此。上有浮圖雲巖寺、梅花樓、小吴軒、平遠堂、仰蘇樓、五臺山千頃雲、小竹林諸勝。聖祖仁皇帝南巡，屢幸是山。上建行宫萬歲樓，御賜匾額：雲巖寺曰「連雲」，梅花樓曰「澹香樓」，山門曰「虎阜」，禪寺二山門曰「路接天閶」，天王殿曰「香界連雲」，大殿曰「仙景澄輝」，關帝閣下曰「雲光臺」，禪堂曰「水雲深處」，行宫内曰「静遠」、曰「晴巒飛翠」、曰「含輝山館」，萬歲樓曰「青雲鏡」，曰「天光雲影」。又有御書亭碑，勒御製《虎（邱）〔丘〕山詩》。

附　梁顧野王《虎（邱）〔丘〕山序》

夫少室作鎮，以峻極而標奇；太華神掌，以削成而稱貴。若兹山者，高不概雲，深無藏影。卑非培塿，淺異疏林。秀壁數尋，被杜蘭與苔蘚；椿枝千仞，掛藤葛以懸蘿。曲澗潺湲，修篁蔭映。路若絶而復通，石將頹而更綴。抑巨麗之名山，信大吴之勝壤。

若乃九功六義之興，依永和聲之製。志由興作，情以詞宣。形言諧於韶夏，名文暢於鐘律，由來尚矣。未有登高能賦，而韜斐麗之章；入谷忘歸，而忽鏗鏘之節。故總轡齊鑣，競雕蟲於山水；雲合霧集，争歌頌於林泉。

於時風清邃谷，景麗修巒。蘭佩堪紉，胡繩可索。林花翻灑，乍飄颺於蘭皋；山禽囀響，時弄聲於喬木。班草班荆，坐磻石之上；濯纓濯足，就滄浪之水。傾縹瓷而酌旨酒，剪緑葉而賦新詩。肅肅若與三徑齊踪，鏘然似共九成諧韻。

盛矣哉！聊述時事，寄之翰墨。

宋王禹偁《劍池銘並序》

虎(邱)〔丘〕劍池，泉石之奇者也。《吴地記》引秦王之事，以爲詭説，考諸舊史，則無聞焉。矧儒家者流，不可語怪，因爲銘以辨之。銘曰：

茂苑之側，震澤之瀕。巖巖虎山，沉沉劍池。峻不可以仰視，深不可以下窺。疑乎太極作怪，化工好奇。水物設險，山妭忌危。陷其泉也，蓋取諸坎。礫其石也，以象乎離。艮有止兆，蒙無亨期。構此屯難，成乎險巇。直恐夏后，弗能導之。豈惟秦王，而能肇兹？蓋其始也，一氣發泄，兩儀分别。争融鬥結，擊搏而裂。斷壁雙揭，摩雲不徹。翠秃青殘，挫鋭而中絶。寒流下咽，犇山未決。雪壅雷收，抝①怒而曲折。蹙束湍瀨，枒槎洞穴。鰌翻成窟，龍戰有血。匪自

① 「抝」，《四庫》本作「拗」。

人力，蓋從天設。誰謂一拳登之維艱，誰謂一勺挹之不竭。池實自然，劍何妄傳？① 勒銘山嶺，破衆惑焉。

尹山　在府葑門外十八里。

大姚山　在府東南葑門外三十五里。

張林山　在甫里鎮，離城五十里。

周和山　在府婁門外三里。

白蜆山　在府城東三十里。

唯亭山　在府城東三十五里。

以上元和縣。

玉遮山　在陽山南。橫列如屏，今呼遮山，舊志謂之查山。其南有案山、化山、苦竹山，其北有蜀山，東南有貞山，東有官山、馬山。

又東爲雅宜山，本名雅兒，唐青州刺史張濟女雅兒葬此。

---

① 據范成大《吴郡志》卷十六，此下諸句爲：「我欲涉道，如池之淵。我欲立節，如石之堅。位以道取，名以節全。濡筆池心，勒銘山巓。破衆惑焉，言余志焉。」

其南有朝山，又東則五城山。又東則真如塢，與小白陽相連。

錦峰山　在陽山西南。山産異石，霞駁雲燦。宋兵部尚書鄭起潛居此，淳祐中理宗書「錦峰」二字賜之。

鄧尉山　在錦峰山西南，去城七十里。漢有鄧尉者隱此。其地爲光福里，故又名光福山。北有龜山，光福塔在焉。山之西北爲虎山，中通一溪，跨以石梁，曰虎山橋。其東麓有七寶泉。鄧尉西行，歷鳥山、觀山、朝山塢、西磧山、彈山，過長旂嶺、竺山，至〔元〕〔玄〕墓，出入湖山間。居人愛植梅樹，花開時，數十里如積雪。

諸山惟西磧最高大。其旁又有鐵山、吾家山、石帆山，皆附鄧尉。

又馬駕山，在鄧尉之陰。又青芝山，在鄧尉西南。群山環拱中，稍豁一隅，致爲佳勝。

附　明徐枋《鄧尉十景記》

虎山橋

凡遊鄧尉者，必由虎山橋。虎山，固鄧尉諸山之始也。其地四面皆山，中匯二堰，以受諸山之水。回環上下，約二十餘里。有石梁，在亂山中雄跨二堰間，層巒疊嶂，映帶無已。而左右巨浸，波光極目，正如長虹(天)〔夭〕①矯，横亘碧落。每一登眺，不復知此身之在塵世矣。余每謂鄧尉二堰，實不減西子湖，以其山水相得也。然西湖諸山奇麗處，正如子瞻所云「淡粧濃抹」，猶能擬似。若鄧尉二堰，則如仙真勝流，不可方物矣。余酷愛鄧尉山水之勝，一歲中嘗三四過之，每至虎山橋，輒徘徊不能去也。

司徒廟

司徒廟柏，千年物也。雄奇偃蹇，各極其致，有非圖畫之所能盡者，殆不減杜少陵所咏孔明祠前柏也。零落空山，榛蕪滿地。昔人祠宇，湮没無聞多矣，而此獨以柏樹得傳，不亦異乎？或曰，此漢高密侯祠也。

銅坑

過虎山橋爲龜山，龜山之麓，直接平堤。夾岸榆柳，皆在下堰中。遥望水面②，有物如螺，雜樹蒙之，浮廟墩也。堰之盡，長虹縹緲如綫，銅坑橋也。外則太湖具區矣，煙水淪漣，山林杳冥，而輕帆出没，直浮天末，亦一山之絶。

銅井

①　據《四庫》本改。
②　「面」，《四庫》本作「際」。

鄧尉支山，銅井最勝，以其有①石有泉也。其頂高出諸山，獨有二大樹冠之，遠見三十里。石磴盤紆，拾級而上。既陟其巔，有巨峰橫偃，大如十間屋。其高幾丈，嵌空崚峋，作勢奇妙。峰下有泉二，俱在石罅中。石皆青碧色，其質細潤如古銅器。而泉深如井，故云銅井。一云泉底有銅，故水味常澀，要不可考也。峰側有古廟，居二大樹下。廟旁精舍三四楹，坐卧食息，與奇峰相對，而煙雲出没，皆在足底，真殊境也。

石壁

鄧尉諸山，苦少奇石，故石壁雖在僻遠，而遊屐之所必到也。先自平疇，躡山麓而上，數折至山之半，闕徑如砥，夾路皆松杉也。上倚巉巖，下俯太湖，湖水淵湃，吞囓山足。風起則谷嘯水湧，聲聞甚遠。盤山而行二里許，將至石壁下，又有一峰隔之。再轉而入，其徑最狹。過數武，忽有平地，周數畝，上即石壁也。石固遜銅井之靈妙，而獨以雄峭作奇，嶄巖如削壁，色正黄，勢回抱，當不減赤城矣。中有精舍，遊者至此，必止息焉。

槎山

鄧尉看梅名勝處，(元)〔玄〕墓稱絶，餘則馬家山、董墳、朝元閣、槎山、磡上，皆其選也。然馬家山、朝元閣皆有梅花，而無太湖。山不得水，其勢不奇。磡上固臨湖，然一面取致，曠而不

① 《四庫》本「其」下無「有」字。

深。惟槎山則三面皆崇山峻嶺，復自平田中突起一小山。山之麓直入湖中，登山瞰湖，則遠水兼天，一望無際。而回顧三面，凡巖壑壁塢，籬落叢薄，幽深窈窕，曲折層疊，無非梅也。春日既麗，花光照眼，正如玉波雪浪，洶湧青巒碧巘間，自與澄湖萬頃争奇矣。

七十二峰閣

明顧文康墓在潭山之麓，七十二峰閣即丙舍也。閣傍多長松巨石，後有峭壁，雄據閣背。山面湖，一望而七十二峰之勝皆在目矣。黛眉螺髻，縹緲煙波間，吾不能爲形容也。

西灣

西灣在(元)〔玄〕墓之西，太湖至此一曲，故名。西灣其地，爲鄧尉山中最僻處，人跡罕到，而多隱者。依山而村，山家野店，無不樸古。山多叢竹，彌衍數里①，亦諸山所無也。余喜其地之僻，嘗遊息焉。地在湖滑，每中秋，濤聲直薄於枕，意即唐張潮所詠之西灣也。隔湖即鳳凰山云。

磡上

磡上亦名東灣，以與西灣相對也。多高崖，拔起湖中。亦有平沙，浮衍波面。崖上下皆山家，屋宇籬落，井井行列。屋後皆高山，循山皆梅花，數里中無雜樹。軒窗乍啓，波光如射。而

① 「里」，《四庫》本作「萬」。

蒹葭離披，天水俱永，直移我情矣。

(元)〔玄〕墓

《名勝志》云：吴之中，惟(元)〔玄〕墓最僻，亦最奇。面湖險隩，丹崖翠壁，望之若屏。又名鄧尉法華障。其前銅坑青芝迤邐，其左遊龍界，其右岡連嶺屬，詭狀殊態，不可殫述。余以爲此固仙山之所有也，未足盡其勝也。若以梅花爲香國，回環百里皆梅，與山水相間，此天下之山之所無也。而尤奇者，以漁洋爲屏，太湖爲沼，左右開障，其整如列眉。此種氣象，苟非開法王座，則何物足以當之？勝國末，萬峰和尚駐錫於此，故(元)〔玄〕墓亦名萬峰。歷年三百，昔之祇林覺路，蕪没於荒榛衰草中，不可復問。今剖和尚繼之，而法席愈盛。於是危樓傑閣，遍滿山崖矣。

國朝汪琬《遊馬駕山記》

馬駕山在光福鎮西，與銅井並峙，山中人率樹梅、藝茶、條桑爲業。梅五之，茶三之，桑視茶而又減其一。號爲光福幽麗奇絶處也。予入山，與諸子循鄧尉之陰，前行數十步，輒有平原曲澗，回流倒影，澄澈見底，心稍稍喜。於時，遊人輿者、騎者，屣而從者，不絶於道。

既至山麓，則其境益奇，界以短畦，藩以叢竹，陰森蔚薈。裁通小徑，不能受輿、騎，率皆捨而徒步矣。前後梅花多至百許樹，香氣蓊勃，落英繽紛，入其中者，迷不知出。

稍北折而上，望見山半累石數十，或偃或仰，小者可几，大者可席，蓋《爾雅》所謂砦也。於是遂往，列坐其地。俯窺旁矚，濛然晹然，曳若長練，凝若積雪，綿谷跨嶺，無一不佳。又有微雲弄白，輕煙繚青，左澄湖以爲境，右崇嶂以爲屏，水天浩漾，蒼翠錯互。然則極鄧尉(元)〔玄〕墓之觀，孰有尚於兹山者耶？惜乎地深且遠，莫有治廬其址者，故不能信宿於此，以窮其幽，盡其變，此則予之恨也。

馬駕山不載郡志，或又謂之朱華山云。

(元)〔玄〕墓山　在鄧尉西南六里。東晋青州刺史郁泰(元)〔玄〕葬此，故名。按《姑蘇志》引《聖恩庵開山記》，「(元)〔玄〕墓」作「袁墓」，上有聖恩寺，丹崖翠閣，望之如屏，絶頂可攬全湖之勝。康熙二十八年，聖祖仁皇帝南巡，駐蹕寺中，賜御書「松風水月」四字。其山陰與至理諸山相連，直抵吕山。

西則孫家嶺諸山，漸入於湖。南爲周山。

又法華山，在(元)〔玄〕墓山南，一名鉢盂山。三面皆在湖中，峰塢幽閴，遊者鮮至。其東有横山、漁洋山，與周山相屬。

彈山　在西磧之左。發跡湖濱，横亘六七里，直接青芝瀕湖處。有七十二峰閣，所據極勝。

茶山　一名繡裘山。狀類土阜，而通體皆石。南去太湖不百步，浮六小峰如翠螺，摇曳水面，歷歷可拾。

花山　舊名華山，一名天池山。距陽山東南五里。山石峭拔，巖壑深秀。《續圖經》云：華山於群山獨秀，望之如屏。或登其巔，有石蓮花狀，以此得名。或云，晉太康中曾生千葉蓮花也。《老子枕中記》云，吴西界有華山，可以度難。疑即此。上有石屋二間，四壁皆鑿浮圖像。又有虎跑泉、蒼玉洞、桃花澗、洗心泉諸勝。其南爲鹿山，西有清流山，東南爲隆池山。聖祖仁皇帝南巡幸此，御製詩刊於華山寺。恭紀首卷。

支硎山　在縣西十五里。晉支遁嘗隱此山，得道升雲而去。《蘇州志》：平石爲硎，山多平石，故因支遁以支硎爲號焉。山有石室、寒泉、放鶴亭、馬跡石，別有南峰、東峰等峰。唐建支山院處，南有三巨石，屹立如門。下有觀音寺，故亦名觀音山。

又定山，在支硎西，相傳支遁創報恩寺，於此禪定，故名。《續圖經》謂：支硎一名報恩山。

天平山　在縣西二十里。《方輿勝覽》云：巍然特高，群峰拱揖，郡之鎮也。林木秀潤，更多奇石，有卓筆峰、飛來峰、五丈石、卧龍峰、中子峰、毛魚池，大小石屋。《盧志》云：山頂正平，有望湖臺，圓石面湖者曰照湖鏡。有白雲泉、一綫泉、華蓋松，又有穿山洞、蟾蜍石及龍門。南趾有白雲寺，范仲淹祖墓在焉。

其西有筆架峰，其後群石林立，名萬笏林。

又仰天山，在天平西數里，舊名馬鞍山。宋范成大營墓於此，慕仲淹爲人，遂改今名。

天平之西又有寒山，明處士趙宧光鑿石爲澗，引泉爲池，山之勝境也。

附　明高啓《遊天平山記》

至正二十二年九月九日，積霖既霽，灝氣澄肅，予與同志之友，治饌載醪，指天平山而遊焉。山距城西南，水行三十里。至則舍舟就輿，經平林淺塢間，道傍竹石蒙翳，有泉伏不見，作泠泠琴筑聲。予欣然停輿聽，久之而去。至白雲寺，謁魏公祠，憩遠公庵，然後循其麓由狙杙以上。山多怪石，若卧若立，若搏若噬，蟠拏撑拄，不可名狀。復有泉出亂石間，曰白雲泉，綫脈縈絡，下墜於沼。舉瓢酌嘗，味極甘冷。泉上有亭，名與泉同。草木秀潤，可蔭可息。過此則峰回磴盤，十步一折。委曲而上，至於龍門。兩岸並峙，若合而通，窄險深黑，過者側足。又其上有石屋二，大可坐十人，小可坐六七人。皆石穴空洞，廣石覆之如屋焉。既入，則慄然若將壓者，遂相引以去。至此，蓋始及山之半矣。

乃復離朋散伍，競逐幽勝。予居前，益上，覺石益怪，徑益狹，山之景益奇，而余之力亦益以憊矣。顧後者不予繼，乃獨褰裳奮步，窮山之高而止焉。其上始平曠，坦石爲地。拂石以坐，則見山之雲浮浮，天之風颼颼，太湖之水渺乎其悠悠。予超乎若舉，泊乎若休，然後知山之不負於兹遊也。

既而欲下，失其故路，樹隱石蔽，愈索愈迷，遂困於荒茅叢篠之間。時日欲暮，大風忽來，洞谷唅呀，鳥獸鳴吼。予心恐懼，俯下疾呼。有樵者聞之，遂相導以出。至白雲亭，復與同遊者會，衆莫不尤予好奇之過，而予亦笑其恇怯頹敗，不能得兹山之奇絶也。

小白陽山　在府城西，一名伏龍山。左抱靈巖，右帶穹窿，前瞰太湖，爲吴中勝處。舊有寄心庵，今廢。

秦臺山　在天平山之右，與萬笏林相鄰。相傳秦皇遊會稽嘗登此，故名。其南則羊腸嶺，嶺右爲白羊山。嶺南爲赤山，長可數里，土石多赭色。其東南爲博士塢、彌陀嶺、竺峰嶺，又東南則獅子巖，又南則野芝塢，皆連屬靈巖山。

胥山　在府西三十里太湖口。《寰宇記》云，子胥既死，吴人立祠江上，因名。胥山下有九折路，南出太湖，吴王所闢以望太湖者也。按《越絶書》云：闔閭之時大霸，築吴越城，城中有小城二，徙治胥山。然則胥山之名，在闔閭時已有之矣，未必因於子胥也。

姑蘇山　在府西三十里横山西北。一名姑胥，一名姑餘。古姑蘇臺在其上，司馬遷嘗云「登姑蘇之臺，以望五湖」，即此。

岝㟧山　在府城西南金山之東。《圖經》云：形如獅子，故亦名獅子山也。《水經注》以爲岝嶺山。《吴地記》云：吴王僚葬此。山南有大石，相傳爲墜星山。右有土阜曰鈴山，左曰索山，皆以「獅子」名。《續圖經》云，山南有思益寺，白居易嘗遊之，今廢。

何山　在獅山北一里。一名鶴阜山，其地舊爲鶴邑墟也。梁隱士何求、何點葬此，故改今名。

横山　在府西南十一里姑蘇山東。《隋書・十道志》云：山四面皆横，故名。一名踞湖，以其背臨太湖若箕踞也。《續圖經》云：此山鎮郡西南，臨湖控越，吴時要地。隋開皇中，嘗遷郡於横山東，以山爲屏蔽，周圍甚廣，環以佛刹如薦福、楞伽、寶華、堯峰之類。有五塢，芳桂、飛泉、修竹、丹霞、白雲也。

堯峰山　在横山西南。吴劉鳳《記》云：堯嶺者，記堯時水所至也。其高踰千仞，蓋洪水汩原，東南下卑，其勢必滔墊，古有所識也。煙霞瀰漫，不辨晴雨。有清暉軒、碧玉沼、多景巖、寶雲井、白龍洞、觀音巖、偃蓋松、妙高峰、東齋、西隱十景。今僅有存者，上爲聖壽寺，下爲興福院。康熙二十三年，聖祖仁皇帝南巡，賜翰林院編修汪琬御書一卷，因建閣於山西麓。

又西爲鴨踏嶺，嶺下爲石塢，中産文石。其南有寶華山長旂嶺，其東有感慈塢。

又東爲吴山。其南有桃花塢，臨太湖；白楊灣，與吴江分界。

楞伽山　一名上方山，在吴山東北。上有浮圖。

東南麓有丁家山，唐人丁公著父喪，負土成墳，故名。

其北爲寶積山，又北爲吴王郊臺，東北爲茶磨山。

黄山　在茶磨山北四里胥塘之北。諸峰高下相連，俗稱筆格山。周必大《遊山録》謂有法雲寺及浮圖，今皆無。

靈巖山　在府西南三十五里，一名硯石山。《越絶書》云，吴人於硯石山作館娃宫，即其處也。《續圖經》云，山西有石鼓，故又名石鼓山。登其巔俯瞰具區，煙濤浩渺，一目千里，而碧巖翠塢，點綴滄波之間，誠絶景也。《續圖經》云，山頂有三池：月池、研池、玩華池，雖旱不竭。昔吴王置離宫於此，有琴臺、館娃宫、西施洞、響屧廊、吴王井遺蹟。其石壁峭拔者爲佛日巖，平坦處有靈巖寺。康熙二十八年，聖祖仁皇帝南巡幸此。

穹窿山　《續圖經》云：在縣西南六十里，兩嶺相趨，名曰同嶺。産自然銅，又曰銅嶺。《越絶書》云：赤松子採赤石脂於此。又《神仙傳》：秦穆公魚吏赤鬚子食柏實、石脂，絶穀後往吴山升仙去。即穹窿山也。山高而平，其頂方廣可百畝。半山有泉，名法雨，可以灌田。東嶺下有盤石，高廣丈許，相傳有朱買臣讀書臺。其北有紫藤塢、百丈泉。

香山　在府西南七十里。北連穹窿山，南近太湖爲胥口。《吴地志》云：吴王遣美人採香於此。或云，種香處下有香水溪。今名箭涇。

洞庭西山　在太湖中。一名包山，又名夫椒山。《漢書》云：下有洞穴，潛行水底，無所不通，號爲地脈，故謂洞庭山。道書以爲第九洞天，周回百三十餘里。重岡複嶺，縈洲曲溆，諸峰無不奇挺，而縹緲峰爲最高。緣山擇勝，名刹凡十有八，而林屋洞、毛公壇、桃花塢、消夏灣、崦裏諸跡尤著。中涵緑野，自成村聚。居人以桑、梔、橘、柚爲常産，每秋高霜餘，丹實與茂林相差於巖壑間，望之若金翠。《圖繪》云：林屋洞有三門，同會於一，有金庭、玉柱。又有石鼓、石鐘，其聲清越。漢劉根於此學道。以洞故，一名林屋山。

西洞庭之北，曰横山，曰陰山，晋陰長生煉丹處。東爲禹期山。或云，禹會諸侯於此。南有大雷、小雷。《五湖賦》云：大雷小雷，湍波相逐。又有金庭、玉柱等山。

洞庭東山　亦在太湖中。周六十餘里，《史記》謂之莫釐山，相傳莫釐將軍居此。《盧志》一名胥母山。《越絶書》云，「闔閭旦食於紐山，晝行於胥母」是也。以洞庭在西，故今稱爲東洞庭。視包山差小，而岡巒起伏，廬聚物産，大略相似，論者謂稍遜西山之清潤云。其東麓曰武山，本名虎山，吴王養虎於此。西南曰三山，有三峰相連，昔有稱此湖爲三山湖者以此。

又有澤山、厥山。

以上吴縣。

明王鏊《洞庭兩山賦並序》

楚之湖曰洞庭，吴之山亦曰洞庭，其以相埒耶？將地脈有相通者耶？郭璞云：「包山洞庭，巴陵地道，潛達傍通。」是未可知也，而吾洞庭，實兼湖山之勝。始，山特爲幽人韻士之所棲，靈山佛子之所宅。至國朝，名臣徹爵，往往出焉。豈湖山之秀，磅礴鬱積，至是而後泄於人耶？

東岡子曰：「山川之秀，實生人才；人才之出，益顯山川。顯之維何？蓋莫過於文。兩山者秘於古而顯於今，其實有待，子無庸辭。」余曰然，乃爲之賦。其詞曰：

吴越之墟有巨浸焉，三萬六千頃，浩浩蕩蕩，如滄溟澥渤①之茫洋。中有山焉，七十有二，渺渺忽忽，如蓬壺、方丈之彷彿，日月之所升沉，魚龍之所變化，百川攸歸，三州爲界，所謂吞雲夢八九於胸中，曾不帶芥者也。客曰：「試爲我賦之。」

夫太始汈穋，一氣推遷，融而爲湖，結而爲山，爰爲群峰，散見疊出於波濤之間。或現或隱，或浮或沉，或吐或吞，或如人立，或如鳥騫，或如龜鼉之曝，或如虎豹之蹲。忽起二峰，東西雄據，有若巨君彈壓臣庶，又若大軍之出千乘萬騎，旌幢寶蓋，繚繞奔赴。東山起自莫釐，或騰或倚，若飛雲旋飈，不知幾千百折，至長圻蜿蜒而西遊。西山起自縹緲，或起或伏，若驚鴻翥鳳，不知幾千萬落，至渡渚回翔而北折。

試嘗與子登高騁望，近則重岡複嶺，巉岈庨豁，縈洲枉渚，蜜蟺緬邈。遠則煙蕪渺瀰，天水一碧，帆影見而忽無，飛鳥出而復没。靈巖則返照孤稜，弁山則輕煙一抹。此亦天下之至奇也。若乃長風駕浪，歕山欲野，足使人魂驚而汗駭。及其風日晴熙，縠紋漣漪，又使人心曠而神怡。至於瑶海上月，流光萬頃，星河倒懸，蕩漾山影，又一奇也。遥山霽雪，凝華萬疊，玉鑑冰壺，上

① 「澥渤」，《四庫》本作「渤澥」。

下相合，又一奇也。風雨晦明，頃刻異候，煙雲變滅，咫尺殊狀。雖有至巧，莫能爲像。

試嘗與子弔古尋幽，則有回巖穹壑，窈窱相通，琳宫梵宇，暮鼓晨鐘，壽藤靈藥，美箭長松，金庭、玉柱，石函《寶書》，靈威丈人之所窺也。貝闕珠宫，縹縠鳴璫，柳毅書生之所娩也。翠峰杜圻，范蠡之所止息。黄村、角頭，綺皓之所從逝也。而闔閭、夫差之跡尤多，存者玩月之渚，消夏之灣，牧馬之城，圈虎之山，練兵之瀆，射鴨之巒。出金鐸於淺瀨，逸梅梁於驚湍。他若毛公燒丹之井，蔡經鍊藥之墩，聖姑絶粧之塘，雪竇降龍之淵。其石則岌嶫嶙峋，瘦漏嵌空，牛奇章有甲乙之品，宋艮岳有永固之封。其泉則囷淪觱沸，甘寒澄碧，墨佐君表無碍之名，天衣禪留悟道之跡。

斯地也，孫尚書欲卜居而不能，范文穆思再至而不果。豈如吾人，生長兹土，依巖架棟，占野分圃，散爲村墟，湊爲闤闠，桑麻交蔭，雞犬鳴吠。里無郭解、劇孟之俠，市無桑間、濮上之音。婚姻相通，若朱陳之族。理亂不識，若武陵之源。佛貍之馬跡不到，周顒之俗駕自旋。星應五車，地絶三斑。盧橘夏熟，楊梅日殷。園收銀杏，家種黄柑。梅多庾嶺，梨美張谷。雨前芽茗，蟄餘萌竹。水族則時裏之白，膾殘之銀。魴、鱸、鮒、鯊，自昔所珍。吾且與子摘山之毳，掇野之茸，割湖之鮮，釀湖之醲。泛白少傅月夜管弦之舟，扣天隨子「太古滄浪」之歌。弔吴王之離宫，叩隔凡之靈窩。淩三萬頃之瓊瑶，覽七十二之嵯峨，其亦足樂乎！

彼岳陽、彭蠡，非不廣且大也，而乏巍峨之氣；天台、武夷，非不高且麗也，而無浩渺之容。

蓋物不兩大，美有獨鍾。茲謂人間之福地，物外之靈峰。是固極遊觀之美，而未知造化之工。

且夫天地之間，東南爲下。非是湖爲之尾閭，泄之瀦之，則泛濫横溢，江左之民其爲魚乎？懷襄之世，湖波震蕩，非是山爲砥柱，鎮之繞之，則奔激暴嚙，湖東之地其爲沼乎？唯夫天作之寬，以納以容；地設之隘，以襟以帶。禹順其流，分疏别派。三江既入，萬世永賴。而後吾人乃得優遊於此，蓋至是而始知造化之意深，神禹之功大。

《七十二峰記》

太湖之山，發自天目，迤邐至宜興入太湖，融爲諸山。湖之西北，爲山十有四，馬蹟最大。又東爲山四十有一①，西洞庭最大。又東爲山②十有七，東洞庭最大。馬蹟、兩洞庭，望之渺然世外。即之，茂林平野，閭巷井舍，仙宫梵宇，星布棋列。

馬蹟之北，津里、夫椒爲大，夫差敗越處也。西洞庭之東，禹期、鼋山，其北横山、陰山、葉余，長沙山爲大。長沙之西，衡山、漫山爲大。東洞庭之東武山，北則餘山，西南三山，厥山、澤

① 「一」，《四庫》本作「二」。
② 「山」，《四庫》本作「四」。

山爲大。此上有居人數百家或數十家。

馬蹟、兩洞庭，分峙湖中。其餘諸山，或遠或近，若浮若沉，隱見出没於波濤之間。馬蹟之西北，有若積錢者，曰錢堆。稍東曰大矶小矶。與錫山若連而斷，舟行其中，曰獨山。有若二鳧相向者，曰東鴨、西鴨，中爲三峰。稍南大隋、小隋。與夫椒相對而差小，爲小椒，爲杜圻，范蠡所嘗止也。

西洞庭之北，貢湖中有兩山相近，曰大貢、小貢。有若五星聚，曰五石浮，曰茆浮，曰思夫山。有若兩鳥飛且止者，曰南烏、北烏。其西兩山，南北相對而不相見，見即有風雷之異，曰大雷、小雷。横山之東，曰干山、紹山，曰曈浮，曰東獄、西獄，世傳吴王於此置男、女二獄也。其前爲粥山，云吴王飼囚者也。有若琴者，曰琴山；若杵，曰杵山。大竹、小竹。與衡山近①若物浮水面可見者，曰長浮、癩頭浮、殿前浮。與鼋山相對而差小者，爲龜山。有二女娟好相對，曰謝姑。有若立柱巀嶭者玉柱，稍卻金庭。其南爲峐山，爲歷耳。中高而旁下者筆格，驤首若逝者石蛇。有若老人立石公。石虵、石公石最奇。與鼋山、龜山南北相對曰鼉山，旁曰小鼉。若螺者青浮，二鼉之間若隱若見曰鷩籃。

東洞庭之南，首鋭而末岐者，曰箭浮。若屋欹者王舍浮、苧浮。又南爲白浮。澤蕨之間，有

① 「近」，《四庫》本作「若」。

若笠浮水面者蒻帽。有逸於前後追而及之者貓、鼠。有若碑碣横者曰石牌。是爲七十二。然其最大而名者，兩洞庭也。

蔡羽《銷夏灣記》

山以水襲爲奇，水以山襲尤奇也。再襲之以水，又襲之以山，中函池沼，寬周二十里，舉天下之所無奇之奇，銷夏灣是也。

灣去郡城且百二十里。春秋時吴子常從避暑，因名銷夏。自吴迄今垂二千年，遊而顯者不過三五輩，其不爲凡俗所有可知已。

湖之山莫大於包山，山之峰莫大於縹緲，峰高不知其幾里，袤五十里有奇。峰之南水道三十里爲茗溪，其弗能與茗溪參者，諸巒抱其外也。茗之北，舟行三十里，以求縹緲峰，其弗能與縹緲峰直者，亦諸巒爲之拒也。四面峰巒交萃，獨以一面受太湖，其中虚如抱甕。其南列門闕焉，由門闕東西盼，西爲龍頭山，其次爲小洞庭，爲石蛇，爲舍，爲蕪，爲鼠門之石，不得而名焉。東則大小明月灣，爲石公，爲澤，爲蕨，爲三山，不得而名焉。

明月之灣，其背爲梭山，厥土墳壚，厥産林檎、鴨脚、櫻桃、柚、柹、梨、棗。龍頭之背爲圻村，厥土白礫，厥産玉石、盧橘。

當銷夏之腹，印浮其上，乍有乍無，爲衆安之洲。帆落洲上，則四面環合，爲屏爲翰，聳妍效譎，以與縹緲相拱。峰之巔有草無木，其麓多木無草。丹宫梵室，蒙蔽林靄，鐘鳴鼓應，然後知仙釋之廬。魚行鳥過，形影交徹，帆翔其上而莫之知避也。

夫天地既異而處其僻，信乎遊者之難至矣。向使移而置之附郭，則撰壺觴、秣車馬者，日不暇給，豈獨爲吾灣哉？人將僬乎劍負以趨，萬物失所矣。

夫造化，無意者也。設是灣如有意，鬼神之能不得而與，非冥契其事，孰能樂之？嗚呼！非惟世之人不得而樂，灣之人亦莫得而樂也。余世居灣上，有所獨得，私志之。

龐山　在吴江縣東南三里，其北即龐山湖。

虞山　在常熟縣西北里許。虞仲居此，故名海虞。或云海嵎，亦名海巫，又名烏目，皆此山也。雖無峰巒，而蜿蜒起伏，略如卧龍。今縣跨山爲城，分踞巖壑。城内有仙人洞，城外有拂水巖。崖石陡峻，水奔注如虹，淩風飛濺，最爲奇勝。山陽有寶巖灣，山陰有桃源洞。又有三沓石，與石城、石門諸峰錯峙。下有石壇。

破山　在常熟縣虞山北六里。相傳龍鬥而山破，故名。上有鬥龍澗，傍有硃沙洞、放生池。東北有空心潭。又有舜井。

頂山　在常熟縣破山北十二里。上有齊女峰，相傳齊景公女葬此。又有白龍池、水簾洞，南有烏目澗，皆虞山之别峰支嶺也。

福山　在常熟縣西北四十里。俯臨大江，與通州之狼山相望，境特雄。本名覆釜，唐改爲金鳳，五代吴越改今名。山麓有東嶽行祠。

壽山　在常熟縣西北四十里。與福山相連，北濱大江。又名陶山。

河陽山　在常熟縣西北四十里。一名鳳凰山。高一百二十丈，上有秀峰、醴泉，又有梁時古檜及唐狀元陸器讀書臺。

志山　在常熟縣，與河陽山相峙。按《盧志》，居民鑿池，得唐斷碑，有「鷲山」之語，則「志」當作「鷲」。

塔山　俗呼箬帽山，在河陽山南。晋處士夏統、宣城太守邴臻嘗居此。

范山　在常熟縣北三十六里。相傳梁范冀兄弟居此，故名。

常熟山　在常熟縣北三十七里。本名銅官，或云洞觀，唐改今名。

石家山　在銅官山北。

茯苓山　在常熟縣西北六十五里。下有龍潭，石闌猶存。相傳舊産茯苓，故名。

宛山　一名苑山，在常熟縣西五十里。産石，堅潤可爲硯。

顧山　在常熟縣西北五十里。連無錫、江陰二縣界，俗呼三界山，亦曰香山。

烏(邱)〔丘〕山　在常熟縣東南二十七里，去昆承湖三里。或作塢山。

秦柱山　在昆山縣東南三十里。按《圖經》：秦柱山在海鹽縣東南三十里。而《寰宇記》又云：

縣南三十里有秦柱山。又《吴録》云：一名秦望山，秦始皇登此望海，故名。《盧熊志》云，今千墩寺佛殿有山，高二丈者是。或以千墩去海甚遠，雖陵谷變遷，古今不一，未敢信其必然也。

又東山在縣東南車塘里。宋范良遂讀書築亭其上，扁曰「墨莊」。

馬鞍山　在新陽縣西北。廣袤三里，高七十丈，孤峰特秀，極目湖海。上有慧聚寺，又有華藏寺及浮圖七級，玉泉井，大小石浮圖。南有桃源洞，北有鳳凰臺，西有一綫天，東有東巖。又有紫雲巖、桃源洞、長陽洞、文筆峰。始，縣以昆山得名，今昆山割隸華亭縣界，遂呼馬鞍山爲昆山。産玲瓏石。康熙四十四年，聖祖仁皇帝巡幸，登文筆峰，因建皇殿於上。

大海　在昭文縣東百里。自白茆港口而下，爲江海交會處。

三江　一名三江口，在府東南三十里。舊説東江、松江、婁江，皆自太湖分流。今由吴江縣東北流經長洲、昆山，東入嘉定界者爲松江，一名吴淞江。自吴縣北入運河，經郡城東過昆山，至太倉州境者爲婁江。唯東江不可考，或以黄浦當之。詳見《河渠志》。

以上係吴縣。

姚城江　在吴江縣東南三十里。由松江分派以達於白蜆，二江吞吐衆流，經鼋蕩入澱山湖，凡三十餘丈。

大江　在昭文縣北。西接江陰之涸瀆浦，東至太倉界之撑脚浦，福山港居其中。北對通州狼山，最稱險要。

新江　在昆山縣，宋嘉祐間所開。其西接松江，南入陳湖，北入鰻鱺湖。又有四十二浦，西北之陽城南之澱山湖水皆納焉。

新洋江　在新陽縣。出自松江，而流於横塘，通小虞浦、大虞浦。

吴淞江　在新陽縣南九里。

運河　在震澤縣南。自嘉興石塘北流，經郡城爲胥江、爲南濠。又北繞白公堤，出望亭，入無錫界，《續圖經》謂之邗溝。按：隋開江南河，通龍舟以巡會稽，即此河也。

陽城湖　在府東北二十里。所納之浦凡十，視諸湖蕩爲大。東爲包湖，爲傀儡蕩，二水與陽城合而爲一。又東爲巴城湖，北爲鰻鱺湖、施澤湖。

沙湖　在府東二十里，一名金沙湖。湖雖小，而與吴淞江諸水吞吐。有青(邱)〔丘〕、戴墟二浦。以上長洲縣。

澹臺湖　在府西南十八里太湖之東。《史記》云：澹臺子羽南遊至江。《索隱》注：吴國東南澹臺湖，即其故址。《吴地記》以爲子羽宅所陷。自此東經寳帶橋入運河，分流入黄天蕩及陳湖。又東爲獨墅諸湖，又東爲尹山諸湖。

尹山湖　在府東南二十里尹山市東北。

漕湖　本名蠡湖，在府西北四十里。《寰宇記》云：范蠡伐吴，開蠡瀆通此，故名。其稱漕湖，不知何始，或以其通漕運故也。《唐書・地理志》云，元和八年孟簡開太伯瀆，並導蠡湖，故以瀆爲孟瀆，湖爲孟湖，其實古之蠡湖也。其東有蠡口。湖之西屬無錫，而其浸皆在長洲。以上元和縣。

太湖　在府西南三十餘里。《禹貢》謂之震澤，《周官》《爾雅》謂之具區，《國語》《史記》謂之五湖，其實一也。《越絶書》云：太湖三萬六千頃。《水經注》：韋昭云：方圓五百里。踞蘇、常及湖州三郡地，中有七十二山，居民環匝。北有百瀆，納常、潤諸郡之水，南有諸漊，納天目、宣歙諸山之水，爲東南巨浸。楊修《五湖賦》云：頭首無錫，足蹄松江，負烏程於背上，懷大吴以當胸。數言可作圖經也。昔稱五湖多異説，不足據。然今亦有菱湖、莫湖、游湖、貢湖、胥湖五湖，又有梅梁、金鼎、東皋里等名，而統曰太湖。其水由長橋口注松江，東入於海。

附　明王鏊《五湖記》

吴郡之西南，有巨浸焉。廣三萬六千頃，中有山七十二，襟帶三州，東南之水皆歸焉。其最大者二，一自寧國、建康等處入溧陽，迤邐至長塘，並潤州、金壇、延陵、丹陽諸水，會於宜興以入。一自宣、歙、天目諸山下，杭之臨安、餘杭，湖之安吉、武康、長興以入，而皆由吴江分流以入海。

一名震澤，《書》所謂「震澤底定」是也。一名具區，《周禮·職方》「揚州之藪曰具區」，《山海經》「浮玉之山，北望具區」是也。一名笠澤，《左傳》「越伐吴，吴子禦之笠澤」是也。一名五湖，范蠡乘舟出五湖口，太史公「登姑蘇臺望五湖」是也。五湖者，張勃《吴録》云：間行五百里，故名。虞仲翔云：太湖東通長洲淞江，南通烏程霅溪，西通宜興荆溪，北通晉陵滆湖，東連嘉興韭溪，水凡五道，故謂之五湖。陸魯望云：太湖，咸池、五車之氣，故一水五名。然今湖中亦自有五湖，曰菱湖、莫湖、游湖、貢湖、胥湖。莫釐之東，周三十餘里曰菱湖；其西北周五十里，曰莫湖；長山之東，周五十里，曰游湖；沿無錫老岸，周一百九十里，曰貢湖；胥山之西南，周六十里，曰胥湖。

外又有三小湖。夫椒山之東曰梅里湖，杜圻之西、魚查之東曰金鼎湖，林屋之東曰東皋里湖。而吴人稱謂，則惟曰太湖云爾。

陳湖　在府東南三十五里曠野之區，接昆山縣界。

石湖　在府西南二十里，白洋灣所匯也，界吴縣、吴江之間。有茶磨諸峰映帶，頗爲勝絶。《吴郡志》云，范蠡從此入五湖處。宋參政范成大居此，孝宗書「石湖」二字賜之。其東一溪北流橫塘，曰越來溪。與木瀆水合，出橫塘橋，東入胥門外運河，爲胥江，亦曰胥塘。北流閶門運河，曰綵雲港。自横塘北入運河，曰洞徑。

胥塘之水又會爲沙溢潭，與虎(邱)〔丘〕山塘水合，曰射瀆，相傳吴王嘗射於此。亦名石瀆。又北爲長蕩，轉入婁江。

胥口　自太湖東出於香山、胥口之間。又東爲木瀆，香水溪在焉。又東與越來溪會，曰横塘。以上吴縣。

鮎魚口　在吴江縣太湖之北。北流經鱸塘入盤門運河，東至分水墩，東流入長洲界，爲柳胥港，即夾浦，轉入澹臺湖，南流入吴江縣界，爲龐山湖。

龐山湖　在吴江縣。自分水墩南流，入甘泉橋匯於此。其下流爲黎湖、菱湖、葉澤湖、新湖。葉湖之東爲九里湖，亦名同湖，急水港杓頭潭、清水蕩在焉。

澱山湖　在吴江縣，界長洲、昆山之間，吐納東南諸水。《玉峰續志》云：湖屬華亭，惟北岸隸蘇郡。其北爲范青漾，爲度城湖，北入新洋江。

汾湖　在吴江縣，一名分湖，以分屬吴江、嘉興也。其東流入謝宅蕩、蕁菜蕩、南陽港。又東通三泖，入華亭界。北入三白蕩。

鶯脰湖　在震澤縣西南。其源自天目，東流至荻塘，會爛溪水，併出平望，匯於此。以其形似鶯脰，故名。亦名鶯門湖。

又有震澤湖、唐家湖、蠡澤湖、沈張湖，並在縣治。

昆承湖　在常熟縣東南五里。自無錫以東、長洲以北之水，匯流於此。

洚溪　在震澤縣西南。西受烏程諸水，東分爲橫古塘，又東合於南潯荻塘，會十四港以入於湖。

白茆港　在昭文縣東七十里。自縣城内運河分流，西合山塘、尚湖、昆承諸水，東至沙營塘，吴中諸水北流者皆由此以達於海。宋、明至今，相繼修治，詳見《水利》。

許浦　在常熟縣北七十里。西接梅李塘，會昆承諸湖水以達於海。宋孝宗時，設水軍寨於此。

又黄泗浦、蔡浦，在縣西北，俱西接江陰，北入揚子江。

七浦　在昭文縣。一名七浦塘，一名七鴉浦，泄陽城諸湖之水以達於海。

千墩浦　在昆山縣東南四十里。新洋諸江之水匯流於此，接吴淞江入海。明永樂中，太常少卿袁汶奉詔浚之。今南流注於澱山湖。

黄涇　在昭文縣北，自陳家市南流至七星橋。

又新開洪，西自七星橋，沿湖港至沈浜，東流入白茆港。

耿涇　在昭文縣坊浜，流至大江口。

琴川　在昭文縣治。橫港七派，如琴弦然。皆發源虞山，東注運河，今多湮塞。按《述異記》云：梧桐園在吴宫，本吴王夫差舊園也。本名鳴琴川，後省「鳴」字，沿稱至今。

松江府

昆山　在府西北二十三里長谷之東。陸氏之先葬此，世謂山因二陸如「玉出昆岡」得名。然士衡詩已有「婉孌昆山」之語，則山名已在前。山形圓秀而潤，傍無附麗，望之如覆盎然。其上有三聖閣，下瞰大泖在几席間。山陰有二陸故居。初，梁時置昆山縣，遂誤以馬鞍山爲昆山。其實昆山在華亭不在彼也，松人反以小昆自名。山有九峰。九峰者，一鳳凰；二陸寶，今以厙公當之；三佘、四細林①、五薛、六機、七橫雲、八干、九昆也。在唐宋未名，自元淩嵓作《九峰詩》，楊維貞、陶宗儀亟稱九峰，於是大著。

以上華亭縣。

橫雲山　在昆山東北。本名橫山，唐天寶中易今名。或云以陸士龍名也。其巔有白龍洞，潛通瀫湖，深不可測。下有祭龍壇，歲旱禱焉。

小橫山　顧《志》云：在橫雲東。中限一水，巉然而興，由絕頂至東北，皆峰巒隱起，壁立數仞，色盡赭，人呼爲小赤壁。盡壁斬然一罅，如虎(邱)〔丘〕試劍石狀，前有石，可踞而坐。下瞰小澗，亦九峰奇絕處也。《陳志》云：山之麓有小山招隱，元孫稷所居。又傳有僊雲館、凝翠軒，爲蘇東坡遊賞處。今廢。

機山　顧《志》云：在橫雲後。南北相望，以陸機得名。山下有平原村，亦以機爲平原内史也。前有陂澤，人家散布汀岸若圖畫。

① 「林」，《四庫》本作「麻」。

干山　在機山東。九峰中最爲高大，或傳干將曾此鑄劍。舊《圖經》則云，有干姓者居此，故名。又以形如天馬，稱爲天馬山。上有浮圖七級，登覽者極江海之觀。山頂有雙石魚，相傳風雨化去。其脅有泉，掬以頮面，能明目。

鍾賈山　在干山東。一水左限沈涇塘，與盧山對峙。相傳以鍾、賈二姓居此得名。又名中介山，以介在九峰間也。

盧山　在沈涇①塘，疑亦以盧姓得名。

以上婁縣。

柘山　在金山縣柘湖中。湖已涸，山在平陸，生柘樹，因名。鄉人祠三姑之神於此。

秦山　在金山縣張堰鎮西。俗謂秦皇曾登此望海，故又稱秦望山。山之陽有仙人洞。

查山　在金山縣張堰南稍東，去秦山十餘里。舊名遮山。錢袞定爲「查」，據《集仙外傳》云：查玉成煉丹海上小山中。今山臨海，上有浴丹井，而鄉名又曰仙山，其當爲「查」無疑也。

金山　在金山縣海水中。舊志云：去府九十里，周康王嘗於此築城，其北即古之海鹽縣，後淪於水。山有平坡可坐。其北有寒穴泉。明初設衛於華亭，以金山爲名。

又小金山亦在海中，元楊維楨云「淞之南有大金、小金，出没於雲海之中」者是也。

① 「涇」，《四庫》本作「經」。

又金山東有許山，西有浮山、勝山。

又有竹嶼山、達岸山、蘇山、羊山，西北距金山衛七八十里，皆在海中，而羊山爲尤大。

澱山　在青浦縣。舊《通志》云：在薛澱湖中，山形四出如鰲，上建浮圖，下有龍洞，云通太湖，山屹立湖中。今山在平田，去湖益遠。向有十景，俱廢。

細林山　在青浦縣。舊名神山，唐天寶間易名細林。元時仙人彭素雲宅此。昔有「神鼉仙館」四字，筆法奇異，或云吕純陽書。明錢溥有《細林八景詩》。甘白泉在東麓。《陳志》云：又西北一小山，山皆石骨，名箕山。

附　梁簡文帝《細林山銘》

神山本名秀林山，或稱辰山，在華亭西北二十餘里。列九峰第四，僻在一方。雖非巨麗，未經標品，而自古神仙往往托跡，實震旦之靈阜也。余以幾暇，結駕遊衍，覽兹佳勝，睠焉有懷，乃作銘曰：

閣號天井，山稱地維。碧雞金馬，越瀆梁池。懷靈藴德，孕寶含奇。此亦仙岫，英名遠攡。昔有鶖窟，不燒净土。邁彼高踪，構兹法宇。引葉成帷，即樹爲柱。石砌危横，崖階斜竪。白巘途遠，丹源路深。長林萬頃，偉木千尋。竹窗看博，松間聽琴。捐氛蕩累，散賞娱襟。

佘山　在福泉縣。舊傳有佘姓者，養道於此，故名。按《吴興志》亦有佘山，上有東漢佘將軍廟，好事者遂指此爲東佘云。其高與干山等。東、西二峰，延亘數里，招提蘭若，隱見其中。望之穠郁深秀，明陳繼儒、施紹莘隱此。土宜茶，有泉名洗心，甚清冽。産筍香如蘭。康熙五十八年，聖祖仁皇帝南巡，賜御書「蘭筍山」三字，額懸於宣妙寺。

薛山　在福泉縣佘山東，中限一水。《吴地記》云：昔薛道約居此，因名。嘗掘地得石志，曰「玉屏山」，形亦肖，故又稱玉屏山。下有羅池，産藕甚佳，今池已竭。

鳳凰山　在福泉縣。《圖經》云：山之鎮曰鳳凰。以其據九峰之首，延頸舒翼，宛若鳳翥，故名。東枕通波，西連玉屏，修峻特起，群山拱揖。左有青壁，高數十仞，勢如削成，其上多虬松古藤。

厙公山　在福泉縣鳳凰山南，昔有厙公隱此得名。《陳志》云：土宜盆盎，可栽蘭竹。

陸寶山　在福泉縣。本陸氏家山，界鳳凰、玉屏之間。向列九峰之一，後以取土，夷爲平陸。

辥山　在福泉縣鳳凰山北顧會浦東，距府三十六里。上海之境自此始。《嘉禾志》作「竹辥」，俗呼「北辥」，又訛爲「北干」，以南有干山也。舊云：土宜美箭，故名。或傳産鐵，今皆無。山有玉竇泉，甚清冽。有雨華洞，宋張頭陀隱居於此，今塞。

福泉山　在福泉縣辥山北，以有美泉得稱。山下皆黄土，青浦分縣爲福泉，以此名。

大海　環府之東、南二境，淞江與黄浦會而入焉，其會處曰蹌口。其南與紹興、寧波相望，耆老云：深夜籟寂時，越中雞犬之聲相聞。今天日晴明，南岸諸山皆歷歷可指。

自金山東過勝山爲南洋，又東至洋山，又東南爲南大洋。北至高家嘴爲蘇州洋，又東爲東大洋。宋元間，諸番貢道皆由青龍市舶司。今於上海設海關。

松江　在府北七十四里上海縣界，府因以名。一名吴淞江，亦曰松陵江。其源出太湖，自吴江長橋東流，至尹山北流，至甫里東北流，至澱山北合趙屯浦，東合大盈浦，又東合顧會浦、崧子浦、盤龍浦凡五大浦，至宋家橋東南流與黄浦會而入海。將入海，别爲滬瀆。在上海縣北十里，上有城壘。

附　宋葉清臣《松江賦》

澤國秋晴，天高水平。遥山晚碧，極浦寒清。循遊具區之野，縱泛吴淞之澨。東瞰滄海，西瞻洞庭。槁葉微下，斜陽半明。樵風歸兮自朝暮，夕溜滿兮誰送迎？浩霜空兮一色，横霽色兮千名。

於時積潦未收，長江無際。澄瀾方興，扁舟獨詣。社橘初黄，汀葭餘翠。鶩鷺朋飛，别鵠孤唳。聽漁榔之遞響，聞牧笛之長吹。既覽物以放懷，亦思人而結欷。

若夫敵寇初平，霸圖初盛。均憂待濟，同安則病。魚貪餌而登鈎，鹿走險而忘命。一旦辭禄，揚舲高泳。功崇不居，名存斯令。達識先明，孤風孰競。

又若金耀不融，洛塵其蒙。宗城寡捍，王國争雄。拂衣洛土，震耀江東。拖翠綸兮波上，艣蟬翼兮梓中。倘即時之有適，遑我後之爲恫。

至如著書笠澤，端居甫里。兩槳汀洲，片帆煙水。夕醉酒壚，朝盤魚市。浮遊塵外之物，嘯傲人間之世。富詞客之多才，劇騷人之清思。緬三子之清徽，諒隨時之有宜。非才高見棄於榮路，乃道大不容於禍機。申居臨河而蹈乖，伯夷登山而食薇。皆有爲而然爾，豈得已而用之？別有執簡仙瀛，持荷帝柱。晨韜史氏之筆，暮拂使臣之斧。登覽有澄清之心，臨遣動光華之賦。何從欲之流滋，慰遠遊之以懼。肇提封之所履，屬方割之此憂。將濬流而匯川，其拯濟乎畛疇。轉白鶴之新渚，據青龍之上遊。濯埃垢於緇袂，刮病膜乎昏眸。左引任公之釣，右援仲由之桴。思勤官而裕民，乃善利之遠猷。彼全身以遠害，蓋孔臧於自謀。鮮鱗在俎，真茶滿甌。少回俗士之駕，亦未可爲茲江之羞。

國朝任辰旦《吴淞江賦並序》

蓋三江爲禹治南條之一，而吴淞又爲禹治三江之一也。按諸水利，實綦鉅焉。嗣廼興廢靡常，釁臻平陸，自國朝受命以來，江南卿大夫皆名賢，諮濬故道，規畫咸備，厥功茂矣。及余筮仕申江，復奉令而踵成之。爰爲之賦，其辭曰：

亶禹跡之遠敷，睹江流而思邈。衍壙垠於平沙，啓辰曜而光矚。匝三吴以運靈，衆流奔匯而注之壑。爾廼瀉具區之橫波，開天臺之筦鑰。納銷夏，引松陵；合薛瀫，繞茸城。三泖就谷，長蕩迅騰。澉浦下潤，風渚地行。以暨青龍、白鶴之派，群分條縷，莫不趨焉而共寧。況乎月盈而潮汐，渟乾而放盈。可淯瀦以當雨，抑陂障以衛耕。溉田疇之繡錯，利帆檝之舟乘。舳艫艅舠之接榜，稼禾華實之滋榮。是誠南州之普澤，而吴會之弘津也。

當夫四序之代移，所在靈源之各適。漲濱澳於桃花，蕩焱景於神宅。蒲荇延青，芷蘋摇白。漁火羅星，連歌起拍。旋且白帝降而寒澄，（元）〔玄〕女翔而凝澤。揚水窟之商颸，濯蘆洲之蟾魄。西爽清肅而水下，朔風沍冽而水積。托神理於漣漪，咸順令而應節。歎觀瀾之變遷，逝如斯而不息。爾乃鷗鮁鶡雞鵁鶄之羽，殊千名以應化；鯪鰩鰱鯿鱣鮪之鱗，辨萬族以隨時。觜蠵龜蛣貝螺之異種，虬蚢蛟蜉狸豕之離奇，洵稱寶藏不測之府，皆紛蕃詭誕而莫能知。

若夫陽侯列陣，江妃奮武，風烈雷殷，砂簸雲聚。濤翻駕電之輪，浪拊靈鼉之鼓。澉潏潡湙以駭目，湧汗洗滭以肆怒。隄岸於焉若撼，客子於焉慄股。斯又塹險之巨浸，爲涖土者責永祐。

惟是皇清定鼎，上聖下賢。習坎向離，括坤包乾。既河清而海宴，方祥集而瑞全。文教丕播於海童，豐功昭格於水仙。則江靈之效命以朝宗，固將配有夏而億萬斯年。

青龍江　在福泉縣東北。《吴志》云，孫權造青龍戰艦於此，故名。昔通滬瀆入海，浩瀚無涯，韓世忠曾駐軍於此。其上爲巨鎮，置市舶司，其佳麗擬於杭州。元以後江既阻隘，鎮亦遂廢。明嘉靖間，建青浦縣於故址之西，後徙，今猶稱舊青浦。

日月河　在府城中普照寺南。古讖云：「日月河通出狀元。」河久湮塞，明代成化間知府樊瑩濬之，錢福果狀元及第。後復淤，萬（歷）〔曆〕間知府許維新又濬之，張以誠狀元及第。

倉河　在普照寺後。明代軍儲北倉在其陽，故名。西南通豐樂橋，東北通波塘，與（邱）〔丘〕家灣水合。

玉帶河　横貫府學中如帶，故名。其源自仙鶴，西北行轉而東，與集仙門水合。

運鹽河　在金山縣。自城北流至張涇橋，與城河接，長六十三里。凡西南諸水，皆由之以入於浦。

按府別有運鹽河，在青村西。

又東運鹽河，在亭林南。

舊西湖　在府西。本名瑁湖，因陸子璋養魚地，故名。相傳葛稚川嘗煉丹其上，故湖中嘗有五色泉，郡人見之必擢高第。王安國、梅詢、許尚俱有題詠。後跨一石梁其上，即所謂瑁湖橋。

以上華亭縣。

柘湖　在金山縣。運鹽河，見《古蹟》。

鶯竇湖　在上海縣西南五十五里。周五里。舊有邢、竇二姓居此，故名。今已淤塞，訛爲櫻桃匯，一作鶯脰湖。

薛澱湖　在青浦縣。一名澱山湖，以中有澱山也。其源自長洲白蜆江，經急水港而來，周圍幾二百里，實古來鍾水之地。北由趙屯浦，東由大盈浦入於松江；東南由爛路港以入三泖。

蓮湖　在青浦縣境。東通澱山，西通金澤塘。

三泖　在金山縣。太史公云：「泖之爲言茂也。」晉陸機對武帝云：「三泖水冬温夏涼。」有上、中、下三名。又曰圓泖、大泖、長泖。又谷水，一名華亭谷。《吴地記》謂，陸氏世居於此，故名。機詩所謂「髣髴谷水陽」者是也。其西南受浙西諸水，西北受澱湖諸水，由華亭界入於黄浦。論者以爲即三泖，故谷水又一名谷泖云。

横泖　在福泉縣。自北曹港分支，經唐行鎮絶大盈浦，東流爲東横泖，爲横塘，入盤龍浦。

南蹌浦　在上海縣東北三十六里。其支流爲東溝浦、西溝浦。

都臺浦　在上海縣鹹塘東，故曹家溝也。明天順中巡撫都御史崔恭所濬，上有行臺，因名。

黄浦　在南匯縣西六十里。戰國時楚黄歇所鑿，土人因稱爲黄浦。一稱春申浦。其首曰潢潦涇，上源爲黄橋斜塘，爲三泖，爲澱湖，爲急水港，爲白蜆江。其下流經奉賢、南匯、上海之境而北，會吴淞江入海，名上海浦。此水視淞、婁二江爲大，故論者以爲即古之東江云。海潮一日二至，從浦出入。詳見《水利》。

趙屯浦　在福泉縣澱山湖北。舊直受湖水，瀉於松江。其闊至五十丈，通江五大浦之一也。今自北曹港分支北流，愈北愈隘，浦口東以石梁，僅通舟楫而已。

大盈浦　在福泉縣澱山湖東。起自南曹港口，北與北曹港合，過青龍江，又過白鶴匯，入於松江。

顧會浦　在福泉縣大盈之東。其上源曰通波塘，出府城北流爲祥澤塘，遂別爲崧子浦。至上海縣界，合青龍江，入於松江。自青龍江既微，而其流遂入於泖。盤龍浦亦然。

崧子浦　在福泉縣。舊名崧塘。自顧會浦分流，注於松江。

盤龍浦　在福泉縣崧子浦東。其上流曰盤龍塘，自府城東北流入於松江，其入江處曰盤龍匯，介華亭、昆山之間。步其徑才十許里，而回旋迂緩，逾四十里，如龍之盤，故名。

青村港　在奉賢縣南橋塘東，達於縣城。

龍泉港　在奉賢縣招賢涇東。

急水港　在青浦縣西南五十里。長二十餘里，闊處至三十丈。西接吴江白蜆江，乃東江之上流也。

南曹港　在福泉縣。即舊鹹魚港。自澱湖東南何家港，東流納龍河水，東北爲斜瀝，入北曹港。又東北爲大盈浦，南接柘澤，東爲諸家塘。

北曹港　在福泉縣西南，與昆山分界。西合何家港、三分蕩、斜瀝港諸水，東過縣城入橫泖。一支北爲新河，入趙屯浦；一支入大盈浦。自蕩而東，至西虹橋，皆宏闊迅駛，湖水賴以宣泄。

白龍潭　在府西谷陽門外。廣可十餘頃。相傳有龍蟄其下，水深而清，可淪可釀，歲旱禱之有應。

泗涇　自祥澤塘北折而東，合盤龍塘又北，東爲蒲匯塘。元時爲水道之要，今皆淤淺。

以上婁縣。

奉賢涇　在奉賢縣洮港東，北流入運港。華亭分縣爲奉賢，以此名。

招賢涇　在奉賢縣奉賢涇東。

從令涇　在奉賢縣横瀝東。

朱涇　在金山縣。承嘉善、平湖、長泖諸水，貫市橋東流，水勢湍悍。東爲横涇，又東爲蕩涇。

其北流者入於横潦涇。

歸涇　在金山縣胥浦塘北。

新涇　在福泉縣横濼東。古名新涇浦。南通蒲匯塘，北入松江，其支渠甚多。

巨漕　在奉賢縣南橋塘北。

范家浜　在上海縣東，即大黄浦。明尚書夏原吉所開。

馬家浜　在上海縣。南通都臺等浦，西入吴淞江。東北至界浜，與嘉定分界，有寶鎮堡在焉。

張堰　在金山縣北。

江南通志卷十三

輿地志

山川　三

常、鎮、淮三府

常州府

横山　在府治東北三十五里。舊曰芳茂山，晋右將軍曹横葬此，因易今名，而芳茂特爲一峰之號。《風土記》又謂之大横峴。北五里曰三山，三峰相連，中一峰尤峻拔。又十里曰高山，俗名舜山。

孟城山　在府北八十里。或云晋孟嘉嘗隱於此。俯瞰大江，孟河經其下入江。

山相近有嘉山，山有白龍潭，鄉人歲旱禱雨於此。

孟河東有黄山，亦臨大江。

黄公山　在府治東南八十里，相傳爲楚黄歇封地。

又南有章山，又東南有鼉山，又南有梅堂山。

以上武進縣。

官長山　在府東南。其峰雄冠諸峰，若官長然，故名。上有龍泉、仙人洞、獅子巖。

夾山　在府治東南七十里。中包秦、陽二小山，因名。半屬江陰。

馬跡山　在府治東六十里太湖中。其西麓地名西青，石壁屹立。下有四穴，圓徑盈尺，深六七寸，水落則見，相傳以爲神仙馬跡云。

夫椒山　馬跡之從山也。東曰夫，南曰椒。春秋吴敗越於夫椒，即此。

津里山　與馬跡山相連。舊名秦履山，相傳始皇嘗自夾山登此。唐邵偃《記》云：山連馬跡、夫椒，峰巒圍合，波影映帶，實爲奇觀。按江陰縣西南二十里有秦望山，俗稱茶岐山，蓋即此山也。

以上陽湖縣。

錫山　在無錫縣西五里，惠山之支隴也。陸羽《志》云：山東峰當周、秦間大産鉛錫，漢興始殫，遂以名縣。山下有錫山澗，流第二泉之水。

惠山　在無錫縣錫山之西。一作「慧」。一名古華山，又曰歷山，又名西神山。山有九隴，蜿蜒如龍，故又名九龍山。南北連亘百餘里，磅礴甚遠。舊志謂其北十里爲龍山者，誤也。山上爲九峰，下有九澗。有惠山寺，第二泉在焉。其第七峰爲石門，水簾洞在焉。第二泉之上有若冰洞，深不可測。或云泉發源於此。有方、圓二池，其中相通，而圓池最佳。以唐陸羽所定，故又曰陸子泉。暗渠東出，流分爲二，一下雙河，一入梁溪。泉上有亭。康熙二十三年聖祖仁皇帝南巡，駐蹕汲泉、先進兩宮，然後酌而嘗之。二十八年，聖駕自浙還，復臨泉上，御書「品泉」字，命諭德秦松齡刻於漪瀾堂，賜秦氏寄暢園二額，一曰「山色溪光」，一曰「松風水月」。山西北爲龍尾陵道，楚春申君所築，上有白龍潭。惠山之陽爲青山、粲山、章山、墨潭山，上有石池，其水如墨。又南爲唐山。歷山名爲華峒口，在無錫縣惠山南二十里。其西有柯山。《風土記》云：吴仲雍六世孫柯相所治，與歷山相望，俗合名曰舜柯山。按《漢志》，無錫有歷山春申君祠，正謂今之惠山也，後代乃指此爲歷山耳。

獨山　在無錫縣西南十八里。東爲五里湖，西爲太湖，其三面皆山，而勢不相屬，故名。北與管社山相望，爲浦嶺門。南與充山相望，爲獨山門。凡梁溪之水入五里湖而西，皆由二門以入太湖。

又獨山西曰三山，亦在湖中。

横山　在無錫縣西南二十里。東與龍山勢若相附而中斷，爲平疇通華峒口，梁溪入太湖之所經也。其下有大①小澗，名盤龍。

南有鎮山。鎮山東有管社山，南入於湖。

寶界山　在無錫縣西南二十五里。一名漆塘山。東盼五里湖，西臨震澤。上有通惠泉，太白、老人、躍鯉諸峰，宋知州錢紳卜築於此。

其南爲大浮山。東南爲石塘山，下即石塘，枕長廣溪。

路耿山　在無錫縣石塘山北，於群山中特高。上有石池，不盈不涸。前長廣溪，後太湖，左五里湖，良爲勝景。

南爲許舍山。

華藏山　在無錫縣西南三十五里。其陰又有青山。東臨太湖，舊有雲海亭，即望湖亭也。青山西有韓灣、孟灣諸山。

閭江山　在無錫縣西南四十里。《南畿志》云：下有太湖别浦，名閭江，因名。山麓有天井泉，故又名天井山。

其西爲胥山。又西有歸山，吴王既浮子胥於江，國人於此山望其歸也。

軍將山　在無錫縣西南四十里，濱於太湖。《南畿志》云：南唐時戍兵於此，以備吴越，故名。

---

① 「大」，《四庫》本作「太」。

山下有甲仗塢。

其支峰爲象山，相接者有五浪山、白茅山、羊祈山。

又軍將東南斷而復起者，爲長泰山。

吴塘山　在無錫縣西南五十餘里白茅之南，西臨太湖。下山東南三里許接長廣溪，遂入於湖，曰吴塘門，遂至鸈鳩山。

大小雷山　在無錫縣西南太湖之濱，延入里許，危崖三面，波濤衝激，訇若殷雷。小雷西有盤塢山，其形盤曲，窅然而深，樵者裹糧而入。

竹山　在無錫縣太湖之濱。長林怪石，勝冠群山。下有石，跨立水次，其廣倍虎〔邱〕〔丘〕千人石。

琴山　在無錫縣東五里湖東，隔湖與寶界山相望。

皇山　在無錫縣東五十里。《吴地志》云：泰伯所葬。西有吴王墩，即梅里，一稱鴻山，謂東漢梁鴻曾居此。東嶺有梁鴻井。

香山　一名顧山，在無錫縣與常熟、江陰界。上有龍潭。

安陽山　在無錫縣西北五十里，與府治界。《風土記》云，周武王封周章少子贇於安陽，即此，卒葬其下。山勢峻拔，有峰名文筆。又有龍湫，廣袤三丈。《南徐記》云：山産石，堪作器，江東數州皆藉之。

膠山　在金匱縣東四十里，與惠山東西相望，宛若翠屏。《九域志》云：山嶺路南有梁蕭侍郎故宅，今爲興化寺。有泉二，一曰竇乳，一曰滌硯。

其西爲鳳凰山，西南有白檐山。

芙蓉山　在金匱縣東北二十五里。芙蓉湖在其下，山以湖名也。上有二峰，一名龍井，一名天乙。

金匱山　在金匱縣城中，向謂邑之鎮也。産石玲瓏，採取傷耗，今爲土阜矣。金匱分縣，以此名。

君山　在江陰縣北二里，君謂春申也。亦名瞰江山。突起平野，横枕江流，四望無際，延攬可爲雄勝。宋有松風亭，今廢。又有浮遠堂，取東坡「江遠欲浮天」之句以名。

青山　在江陰縣西十里，秀鋭孤立。《寰宇記》云：上有九爐，爲干將冶鑄之所。

觀山　在江陰縣西南二十里，相傳吴王之所遊觀也，故名。西與府之觀山相屬。

由里山　在江陰縣東南十五里。或訛爲「遊鯉山」。其巔出雲，以爲雨候。上有白龍洞，山側有瓠子岡。

白龍山　在江陰縣東南五十里。其上有龍洞，歲旱禱之時應。

綺山　在江陰縣東十里。《宋志》云：昔吴王泛舟至此，見野花如綺，因以名山。有善利泉，清洌甘美。

敔山　在江陰縣東十五里。山上有堆阜，纍纍相比，以形如敔而名。俗謂耙齒山。

定山　一名女山，在江陰縣東二十五里。舊志以敔、女爲一，誤也。唐法響禪師駐錫於此。有玉乳泉，又名虎跑泉。

稷山　在江陰縣東三十里。又名薛山，相傳唐薛稷別業在焉。相近爲覆酒山，又名爲覆舟山。

沙山　在江陰縣東四十五里。初本平陸，晉、宋間江潮湧沙而成。楊吴敗吴越兵於沙上，即其地。

白鹿山　在江陰縣東五十里。《宋志》云：昔吴王出獵，得白鹿於此，因名。

黄山　在江陰縣東北六里，亦取春申君姓爲名。上有席帽峰。《輿地志》云：上有石室，爲楊吴時烽火之所。遺址猶存。下有郭景純故宅。

西北相接者爲大石、小石二山，其下有石，離立俯潄江濤，奇險清絶。

蕭山　在江陰縣東北十五里。一名小山，祭江臺在焉。

其東有彭公山，《宋志》云，彭越東征營此，故名。

真山　在江陰縣東北十五里。《祥符圖經》作「甄山」。《十道志》云：石筏山，梁時建至真觀於上，改今名。山下有石如牌懸江中，故又名石牌山。

香山　在江陰縣東北三十里。《吴地志》云：吴王遣美人採香於此，上有採香徑。其地又爲香灣，楊吴時張可琮敗吴越兵於香灣，即此。

山西七里曰鳳凰山，又西七里曰蟠龍山。

浮山　在江陰縣東北揚子江中。西臨石矴，東控巫門，爲江海門户。

盤龍山　一名蛟山，在江陰縣東十五里。《源山須知》云：唐垂拱中，有黄龍盤其上三日。

荆南山　在宜興縣西南荆溪之南。《縣志》云：東漢陽羨長袁玘有善政，其殁也，天降銅棺。或云：山昔産銅，有司采之，故名銅官，後人乃譌「官」爲「棺」也。山高而大，巖洞絶勝。上有龍池，歲旱禱雨輒應。其北有善行洞。山之東麓爲静樂山，其南爲芙蓉山。西爲横山，一名大盧山。北爲南嶽山，孫皓既封國山，遂禪此山爲南嶽。其地爲古陽羨産茶處。

附　明都穆《南嶽銅官二山記》

己未，從潘氏村東南十里行山峽間，竹樹陰翳，無往來者，所值惟樵人。一二里至南嶽山。按南嶽本衡州之衡山，吴孫皓以陽羨山石裂爲瑞，遣使封之，改曰國山，遂禪此爲南嶽。蓋漢武嘗移衡山之祭於灊霍，皓竊其義耳。

南嶽寺在山之麓，因山以名。門有卓錫泉，旱歲不竭。又有稠錫樹，極高大，枝葉與他木絶異。相傳唐天寶中，有稠錫禪師自桐盧來築庵，演法寺與樹皆其遺跡。每季春，縣官祀山之神，然後以茶入貢。蓋其地即古之陽羨，茶産此獨佳。宋鄒忠公自嶺外歸，東遊愛之，欲誅茅不果。

而李丞相綱亦留詩山中。寺近頗廢。法堂後舊有天然井，泉甚甘潔，已塞於僧，予爲之惋惜。大抵庸僧必敗毁山泉景物，以絶遊者，此其恒態，不特一井然也。

寺之左三百步有飛瀑千尺，如白龍下垂，匯而爲池。僧言稠錫禪師剖腹洗腸之處，今名洗腸池。

予欲南上登銅官山，路陡峻不可以輿。循厓而行，旁無草木，下視甚危。時東風横發，四山圍之，力益勁。予與隸僕屨仆，相顧皆大駭，扶携而前。七里達僧庵，一僧已出，童子煮茶供客。其側有善行洞，昔善行尊者之所居也。洞深數丈。坐石小飲，午飯於僧庵。庵之後巨石如偃，其隙流泉涓涓，不息晝夜。僧引之以竹，終歲仰給，殆天授歟。

山高百八十五丈，周十五里，爲一縣之鎮，予所歷僅及其半。聞山巔池有三足鼈、六目龜，詢之，山人云：今不復見，惟蜥蜴遊其中，縣官值旱禱雨輒應。輿盡，不暇登陟。

銅官之説，《縣志》謂漢令袁玘有善政，其殁也，天降銅棺，遂葬於是。今山南巨石高壘若冢狀，咸以爲玘墓所在，殊不經意。昔者兹山産銅，有司採銅於山，如鐵官、鹽官之類，後之人訛「官」爲「棺」云。姑識之，俟博識者。

煙山　在宜興縣西南三十里。諸峰環峙，南曰羅漢，北曰雞籠，東曰仙人，西曰紫雲。有魚磯，下臨深谷，世傳孫堅嘗釣於此。

唐貢山　在宜興縣東南三十五里，東臨罨畫溪。山産茶，唐時入貢，故名。一名茶山。有金沙泉在其下。

香蘭山　在宜興縣東南五十里。南曰大蘭，北曰小蘭，皆産蘭。與香山相接，後遂合而名之。其北麓濱於太湖，名曰蘭渚。

相近者有大潮山，一名南山。其西有楚山。

岊山　在宜興縣東北二十五里，上有龍池、龍祠。其東爲虞山。東北爲金鵝山，唐改義興爲鵝州以此。

陽山　在宜興縣東北三十五里。《風土記》作峄山。上有周子隱試劍石，淬劍遺迹具在。

㠣山　在宜興縣西北七十里，西界溧陽。漢建武中，嘗封蔣澄爲㠣鄉亭侯，即此。其對峙者爲卧牛山、荆山、安樂山。

柚山　在宜興縣西北八十里，昔多橘柚。懸瞰洮湖，與二坏山對峙。二坏皆在洮湖中，曰大坏山、小坏山，四面水環，蹴浪如雪。湖濱又有漸山，峰巒亦奇。

甑山　在荆溪縣西南二十五里，有南甑、北甑。其形如甑，雲湧若炊煙然。

小心山　在荆溪縣西南三十五里。一名敷金嶺，君山之西峰也。《寰宇記》云：金硎承小心，以山下有泉流砂，其色如金，故名。即金砂泉。

國山　在荆溪縣西南五十里，東接芙蓉。據《吴志》當名陽羡山，吴天璽元年，有石裂成室，孫皓遣官封禪，改曰國山，立石頌德。蓋仿漢武移衡山之祭於灊霍也。山形如鼓，篆文環繞其上，今多漫滅不可讀。

其地又有離墨山，以古鍾離墨得道於此而名。或以爲即國山。

龍池山　在荆溪縣西南七十里，山高五里。南曰白雲巖，稍西曰伏虎巖。上有二池，相傳以爲龍之所潛，山所由名也。

章山　在荆溪縣西南七十里，舊稱黄山。《風土記》云：即今方巖也。與沸泉、武花二山連亘入寧國界。《通典》云：陽羨有章山。

又武花西北有礪山，形如礪石，下亦有金沙泉。

茗嶺山　在荆溪縣西南八十里。一名象山，一曰閩嶺。自新安而來，至廣德入縣界。東西支分，爲衆山之宗。

西十五里爲馬耳山，遥看尖聳，登其上則寬平。

又西五里爲天頂山，以其特高於諸峰，故名。

伏牛山　在荆溪縣西南百里。一名金牛嶺，與晨山皆界溧陽。

晨山北爲蔣山、錦山，又北爲大小俞山。

又分界山，亦在西南百里，入廣德界。

頤山　在荆溪縣東南三十五里。唐陸希聲退隱於此，謂此山東走震澤，震爲雷，魚龍之所蓄，有頤之象，故名。著《二十七詠》，記臺池泉石林木之勝。有偃月嶺，希聲詩有「山嶺依稀偃月形」之句。

蜀山　在荆溪縣東南三十八里。山特峙無附麗，原名獨山，宋蘇軾愛其風景類蜀，爲改今名。山東連洞靈諸峰，屬於蜀山。山麓有東坡書院。

義山　在荆溪縣東南六十里。東臨太湖，西抵垂脚嶺，有義鄉城遺址。南入長興界。

孤山　在靖江縣東北二十里。初峙江中，距山百步有石碇，明成化八年潮沙壅積，山與石碇連爲平陸矣。

垂脚嶺　在宜興縣南六十里，入長興忻溪界。《十道志》云：陟者多重跰，故名。旁有仙人臺及洞。

楊梅嶺　一名山花嶺，在荆溪縣君山西。昔産蜜楊梅，齊、梁間入貢。任昉謂其病民，奏罷之。

黄埠墩　在無錫縣運河中流寺塘涇口。康熙二十八年，聖祖南巡，駐蹕墩上。有佛殿，賜御書「蘭若」二字額。

仙蠡墩　在無錫縣梁溪之南，舊傳范蠡曾泊於此。一名仙女墩。

善卷洞　在宜興縣國山東南，一名龍巖。舊經以爲周幽王時，洞忽自裂，異形奇狀，若飛若墮，見者無不凛然。外峭中坦，其廣可坐千人。壁間皆鑱佛像。有石筍高丈餘，謂之玉柱。洞有三，曰乾洞，石室也。又大、小水洞，泉深不可測。三洞相承如重樓，宋熙寧間有僧求洞之深，行三十里許，見石碓、石床甚異，未竟而返。

附　明都穆《三洞紀遊》

義興山水甲於東南，而善卷乾洞及大、小水洞，尤號勝絶。歲癸亥夏四月乙卯，予始至宜興，欲爲三洞之遊。丙辰，遂與客泛舟，西南行四十里，午食抵玉帶橋。舍舟北折，渡石橋，長松夾道，其大有合抱者。二里達善權寺，寺在國山東南，齊建元中建，蓋祝英臺之故宅也。門有榜，曰「龍巖福地」。行松間數百步，泉上有亭翼然，曰「湧金」。小憩久之，復行，上圓通閣。左祀唐李司空蠙，宋李忠定綱、李學士曾伯，及我朝周文襄忱。四公皆有惠於寺，而司空則義興人也。閣之下多唐宋碑刻，不暇悉讀。後稍右，古柏仆地如蒼虬欲走，不可控豢。自是登釋迦佛殿，其規制與今絶異。山之僧方策近於柱礎下見刻字，云創於大中十年七月，蓋自唐迄今幾七百年。山路邃僻，不罹兵燹，其巋然獨存，宜也。

相傳昔創殿時，雷震其處，柱有字者凡三，一曰「詩米漢」，一曰「謝鈎記」，一曰「詩米漢謝鈎之記」。字皆倒書，大可徑尺，非篆非隷，深入木理。或謂三者皆雷神之名，不可曉也。正統間，周文襄來遊，見之，戲命削「謝鈎記」三字。隨削而字隨入，文襄異之，乃止。今柱上削處猶洼。鄉民恒摹榻以去，云佩之可以愈瘧。入三生堂，觀李曾伯書扁。右偏石壁刻「碧解庵」三大字，即祝英臺讀書處。而李司空亦藏修於是。

寺之後亂石離立，泉交流其間。數十步至小水洞，上飛巖突出，巉峻可二十仞，而大石翼其左右。其中有竇，形類偃月，深莫可測，水由是出。客投以瓦石，輒闃然鳴。李司空碑謂，微時親見白龍騰出洞中，蓋龍穴云。水出洞潛行石下百步，乃見其一南注，經寺中鐘樓，一東注至於寺門，一自湧金南下，與東流匯，至玉帶橋入於溪，鄉之人資以灌田甚利。暮宿策房。

丁巳，寺後東北上山里許，經九斗壇，昔梁武帝嘗於此禱雨。五代時爲道士所據，僧爭之，至聞於朝，遂復爲其有。西北循石磴而下，至乾洞，石崖有刻字，曰「仙李巖」。下小洞如甕，覘之無所見。洞左峭壁百丈，一古木葉類榆朴，根緣壁下垂，附石而出，復産枝葉，人不知其根也。

洞門巨石中峙，其通明處可容千人。上流乳凝結，詭狀不一。其下石紛錯交互，青緑眩目，顧接不暇。左一石，類象特巨。背復有石，類佛趺坐，兩目可辨。右巨石與左石相向，類獅子張頤若肆齧者。行百步即深黑，童子秉炬前導。約數十步，有石柱崇幾二尋，大六圍，光潔如玉。唐張承吉詩所謂「玉柱闕靈根」是也。稍前，有鹽堆、米堆，及仙人丹竈。鹽堆、米堆者，皆以石色晶瑩，取其形似。

恐炬滅不可久留，出乾洞北下五十步，草木蒙翳，聞泉聲，怒如轟雷。衆皆膽掉股慄，幾不能措足。又西南下八十步，至大水洞，上即所謂乾洞，仰視之如石樓然。其前湧泉犇赴石上，濺沫如銀，注入洞中，流出小水洞。一石卧當泉衝，洞穹然高敞，口石立如臯，頗類乾洞。上有懸石欲墮，觀者竦懼。而石之白而方者，高下井井，儼如經畫，曰仙人田。瀦水尺許，冬夏不枯，客争取以潤目。仙人田左下有池，圓徑一丈。其北壁石，如渴獸欲飲於池。策云：自此而入，可聞寺中雞犬聲。而石滑湍急，足不能進。午刻飯方丈，明日遂歸。

予性好遊。嘗讀山經、地志所載三十六洞天、七十二福地，雖不能遍歷，然往往見不逮聞。如三洞者，怪奇偉麗，乃平生之所未見，而不列於洞天福地。予因是又有以感士君子之修德樹功，或不幸而滅没無聞，不得顯暴後世如三洞者，夫豈少哉？

雖然，蒐奇覽勝，以足予之平生，則斯遊之幸，亦已多矣。故叙而記之。

張公洞　在宜興縣東南五十五里。相傳以爲風雷所開，高六十仞，周五里。三面皆飛崖絶壁，惟穴其北向，遊者秉炬而入。歷百磴至燒香臺，仰視天光，自竅中下屬。大石縱横離立，不可名狀，皆作碧緑色。有仙人房、(元)〔玄〕武石、芝田、丹灶、錦屏、瑶草諸異。行三里許，南有小洞，可徑以出，道書在天下福地之數。《風土記》云：張道陵嘗修道於此，故名。其側有會仙巖，峭石壁立數仞。宋紹聖間，有見二仙倚石者，因名。巖下有泉，寒冽淵澄，極旱不竭。明代有人於此闕地得石，刻「玉泉」二字題，始知爲古泉也。

附　明都穆《遊張公洞記》

戊午，從潘氏早食，欲爲張公之遊。舟遂經東溪，風逆甚。四十里至湖汊鎮，微雨。予與不可遏，乘肩輿冒雨東南行。群山在目，蒼翠可挹。五里，避雨天申宫，舊名洞靈觀，嘗有後唐明宗題標，及宋韓熙載撰碑，今皆不存。而殿宇亦已傾圮，所存惟三星石門而已。須臾雨霽，道士隨予南行，至盂山，舍輿而登。路多草莽，約半里抵張公洞。詢道士洞之得名，云唐仙人張果老得道之所。予嘗覽周處《風土記》，爲漢張道陵修仙於此，而郭景純亦稱陽羨有張公洞，則知名洞始於道陵，不以果也。

洞面西北，其周五里。脣有石相距丈許，上一石横亘，宛若門闕。俯身從石級南下數十步，上皆飛巖峭壁，嵌空邃深，駭人心目，莫敢端視。予足弱，附石小憩。盤旋而下又數百步，洞益空豁。石壁三面，儼如堂宇。其通明處，方可四丈，謂之天窗。雜樹蒙翳，天光下垂，傳爲赤烏中震霆所霹。上石乳萬株，異形詭狀，不可摹繪。時有泉下滴，人默承之，出洞衣潔如故。稍有言其滴處遂痕，歸必浣滌，亦甚異也。中一臺，崇三丈，面可坐百人，宋縣令趙伯淳築以息遊者。

坐飲久之，俯瞰冥窅，足不能措。命童子秉炬，前後扶携而下。臺南石刻「張公福地」四字。道書謂天下福地七十有二，此其五十八也。臺之下怪石紛錯，敧而倚者，鋭而出者，郤而後者，顛而欲仆者，拔而起者，横理者，端莊而拱者、偃者、夷者，將斷而復續者，與石乳皆蒼緑一色，傅染不逮。又有如筍之植，如鳳之騫，如獸之怒而走、飢而噬，蓋洞之妙至此咸萃，而遊者亦多止是。洞西壁斜裂，下多亂石。其東一穴類洞而小，人不敢入。正南壁下，其深黑處，云可通後洞。出洞半里東折，觀後洞門石頗隘，予疲極不能入。又東南數百步，至會仙巖，孤峰側立數仞，横理若鑿。道士言昔有人見一叟，倚石遯形而入，因以名巖。其空洞有泉出焉，自右而趨，潺潺有聲，極可聽。一斷碑卧草際，乃元延祐四年重修會仙亭記。與客共酌巖下。日巳迫暮，聞多虎，不可久留，遂返。

君陽洞　在荆溪縣君山之陽，因名。唐陸希聲自稱爲君陽遁叟。

大江　在府北五十里、江陰縣北一里，而靖江之東南也。西自丹陽入界，經府治北，東抵江陰，東北與通、泰州相對，行郡境百八十餘里。《漢志》所謂毘陵東北入海爲北江是也。

得勝新河　在府西十八里。舊名烈塘河，宋紹熙間浚治置閘，明重浚改今名。

又府西北有白龍河，東通澡子港。有剩銀河，北流入江。皆與得勝新河合。

孟瀆河　在府西三十里奔牛鎮。唐刺史孟簡因故渠開此瀆，因名。宋至明，屢加疏治。久復患淤，國朝康熙二十年，江撫慕天顔奏請重浚建閘，復故道焉。

鳴鳳河　一名直瀆，在府西三十里奔牛鎮東。北接運河，南通白鶴溪。

運河　在府南。自望亭入無錫界，流經郡治，西北抵奔牛鎮達於孟河，行百七十餘里，吳夫差所鑿。隋大業中，自京口穿河至餘杭，擬通龍舟，此其故道也。自唐武德後累濬，爲江南之水驛云。

西蠡河　在府南，一名浦陽溪。北枕運河，南經陳渡橋入滆湖。宋單諤《水利書》：爲范蠡所開。

惠明河　在府城内。西南受荆溪，自西水門入，經郡治前，稍東出靈雉橋，與後河合流入運河。

又府西南有平原、談村、佘澤、孟津諸河，俱入滆湖。以上武進縣。

網頭河　在府西青山門外。延袤六十五里，入無錫、江陰界。其支流有四，皆入於江：一自通江橋東北流，爲澡子港。一自楊頭鄭陸橋東流，爲利港。一自後塘橋東北流，爲申港。一自三山石堰東北流，爲新溝。

又府東丁堰河，自運河北行來會府東北黄汀河，東入江陰，西與網頭河合。

順龍河　在府南三十里。東通採菱港，西接西蠡河。志謂舊通荆溪，自東壩既築，而其流遂微。

又府南有永安、永興二河，俱合於此。

薛堰河　在府南七十里。自周橋分流，經唐橋折而南，所稱薛堰通津也。稍南爲白馬涇河，上渡至下浦港入湖。

又縣東南有太平河、華渡河、黄堰河，俱與此合流。

水礎河　在府東四十里。東南接運河，北過無錫入江陰界。

後河　在府城内，一名市河。《宋史》云：慶（歷）〔曆〕中，郡守李餘慶始穿龍塘河，經大市引惠明河東注，出裏虹橋，與運河合。

以上陽湖縣。

雙河　在無錫縣北五里。一西北通河滸錢橋，貫直湖港，入武進界。一東南與梁溪合流。其支流又分爲南、北二邗溝，而皆合於南陽湖。

五瀉河　在無錫縣北十四里。南接運河，出上湖大陂，北經府治暨江陰界，又北至申港入江。潮汐所至，可勝二百石舟。宋元祐間，治芙蓉湖爲田，置閘於此。今則架橋其上，名曰高橋。

潭塘河　在無錫縣東三十五里。自鴨城河旁注而北，貫興塘港，與新河接。

新河，南宋時所開，北通大江，今塞。

直河　在金匱縣。又名弦河，以其側有弓河、箭河而名也。昔未有城時，糧運由此，故亦名運河。

長河　在江陰縣，一名東河。自新河分流而西，截蔡港、清溪等口入由里涇，西接黄田港入於江。

長壽河　在江陰縣東南四十里。南接黄塘河，北通長河。

東新河　在江陰縣東南八十里。由無錫界經長河，而合於谷瀆港入江。

又有南新河，自西陽至習禮橋，與東新河合。

九里河　在江陰縣南二里。南抵蔡涇閘，北接黄田港。以江潮東西經此合趨邪涇，捲湧沙土，壅積兩間，隨浚隨淤。

漕港河　在江陰縣西南三十五里。自無錫界四河分流，西行折而北，出山塘河西口趨石堰，以達於申港入江。乃無錫、武進、江陰三縣之分界河也。

崇溝河　在江陰縣西十里。自三山石堰而東，徑秦望山合夏港入江。

横河　在江陰縣城東。宋天禧中，知軍崔立開以通漕，凡六十餘里。

南轉河　即江陰縣城濠。自朝宗門循城西流，轉而北至澄江門，接黄田港入於江。商、漕諸船出江者，皆由此。

學前河　在江陰縣。始鑿於宋之元豐二年。歲久湮塞，明正德初邑令劉紘浚其遺跡，復引江潮入泮。

通澤河　在宜興縣東二十里。明嘉靖間，邑令馮惟訥以東溪風波險惡，浚此西接荆溪，東連太湖。

便民河　在宜興縣西南二里。西通浒洑湁，東入荆溪。相傳漢袁玘所鑿，以避西溪之險，民甚便之，因名。明成化中，邑令袁道重濬，名後袁河，謂袁玘不得專美於前也。

東蠡河　在荆溪縣東十五里。北接餘皮湁，東南入於太湖。宋咸平中浚。

滆湖　一名西滆，又名沙子湖。在府西南三十五里。半屬宜興，東連太湖，西通蕪浦港。郭璞賦所謂「具區洮滆」是也。

宋建湖　在府東南三十里。舊志云：宋高宗時所治，故名。

又府東南有青城河，自採菱港分流入於此。

以上武進縣。

太湖　在府東南。暨宜興、無錫二縣，俱控太湖。其東爲長興，南爲蘇州。

陽湖　以近陽山得名。在府東五十里，界無錫縣。湖之東北爲北陽湖，西南爲南陽湖，今多淤爲田。

芙蓉湖　在府東五十五里，界於蘇、常之間。一名上湖，一名射貴湖，一名無錫湖。《越絶書》稱其大萬五千三百頃，自宋以後，居民屢增，堤堰塞而爲田。《寰宇記》云：其流東南爲五瀉水。

以上陽湖縣。

濠湖　一名鵝湖，俗名鵝肫蕩。在無錫縣南六十里，與常熟分界。

漕湖　一名蠡湖。在無錫縣東南五十里，與長洲分界。《唐・地理志》云：元和八年孟簡開泰伯瀆，並導蠡湖。故亦名孟湖。

五部湖　在無錫縣東北十里。東西二十里，南北十里，其源濁而流清，溉田百餘頃。今湮。

洮湖　在宜興縣西北九十里。一名長塘湖。周回百有餘里，上受溧陽、金壇之水，下通太湖、松江入於海。《風土記》云：陽羨西北有洮湖。宋庾業爲義興太守，西討孔顗至長塘湖，即此。

白鶴溪　在府西南二十里。北通運河，南入滆湖，西接丹陽界。

梁溪　一名梁清溪，在無錫縣西門外。源出惠山，南入太湖，北合於運河。梁大同中浚，故名。

長廣溪　在無錫縣南十八里。北自石塘通五里湖，東合蠡口河，南經下澤橋，出吴塘門而入太湖。《吴地記》云：陳勳所導。

東溪　一名東九，在荆溪縣東。西南諸山水東入太湖者，並匯於此。

東瀉溪　在荆溪縣東南三十六里。陸希聲《頤山録》謂，山前百餘步，衆流合而東，故名。舊稱兩岸多藤花，春時照映水中，青緑可愛，故亦名罨畫溪，一名五雲溪。

荆溪　在荆溪縣南，以近荆南山得名。上通蕪湖，下注震澤。《漢書》謂中江出蕪湖，西南東至陽羨入海，即此溪也。周處斬蛟在此。自明中葉以後，水口阻隘，其流日以淤澀。昔唐杜牧嘗作水榭於是溪之上，宋蘇軾又欲買田種橘其間，蓋山水致爲佳勝。

附　明李東陽《荆溪賦》

有谿來自西南兮，勢奔騰而蜿蜒。界甸服以爲中江兮，稱義興之名川。上源出於蕪湖兮，下通流於震澤。乃雲雨之是興兮，亦蛟龍之攸宅。歷松江以入海兮，渺不知其所極。棹蘭舟而遐騖兮，與群山而逶迤。畫屏爛其前陳兮，錦帳紛其後隨。樓閣倒景其空青兮，沙石分明而陸離。彼魚與鳥其何心兮，亦水泳而雲飛。

惟夫君子好修兮，禀坤輿之清淑。鍾世澤於名門兮，蔭嘉林於喬木。泓一鑑以爲池兮，結重茅以爲屋。朝攬秀於山顛兮，暮搴芳乎水曲。抱經濟以用世兮，出觀光於上都。躡瀛海之高踪兮，覽長江之壯圖。歎墨突之不得黔兮，念陶園之將蕪。列魁象於三台兮，寄高情於五湖。

余養癖於林泉兮，每探奇而索奥。考兹地於山經兮，恨不高飛而遠到。重文靖之盟言兮，亦惟斯人之爲好。慕楚頌之遺風兮，矧蜀山之惟肖。孰使谿之名荆兮，復洞庭之是號。豈不懷乎三湘兮，莽風濤之浩浩。楚人聚而咻之兮，功垂成而不告。

歲忽忽其屢更兮，竟罔罔而莫宣。時寐往而寤歸兮，宛兹谿之在前。吾將探石髓於神仙兮，尋勝景於桃源。佇飛舄於王①喬兮，遡歸槎於張騫。雲幢霧節不可以久駐兮，恍若送乎登仙。

荆溪主人聞而歌曰：余之谿兮故鄉，余之莊兮此堂。抱余甕兮水傍，洴兮練兮中央。進則用兮退有藏，修吾道兮相與翱翔。招美人兮不來，渺余懷兮天一方。

余亦從而和曰：荆之溪兮孰使爲清，荆之山兮孰使爲靈？人與地而俱佳兮，文與獻而俱徵。彼信美而非吾土兮，悵無樓之可登。感妙思於吴歌兮，歎騷辭於楚聲。

① 「王」，《四庫》本作「左」。

西溪　一名西九，在荆溪縣西。上受潤州、廣德，匯縣西境諸山澗之水，繞郭流經東溪，以入太湖。

採菱港　在府東南十二里。東入於陽湖，運河自此分流，而南合龍遊、徐湖、中村諸水。世傳隋時所鑿。

戚墅港　在府東三十里。南接運河，東南入於太湖。又自水月河，通北陽湖。

三山港　在府東三十里。東北界江陰，南接運河，西北入於申港。

以上陽湖縣。

花渡港　在無錫縣西北三十五里。東接運河，西貫直湖港，入於陽湖。

雙牌港　在無錫縣西北四十五里，與武進分界。北接運河，南入陽湖。

大渲港　小渲港　在無錫縣西南十六里。皆分自梁溪，西爲大渲，東爲小渲。又南行二十里，至青祁滰始合，居人於此植芰荷爲遊觀云。

石頭港　在江陰縣東三十里。自三河口導長河而南，經横河入於江。

又有雷溝港，在縣東三十五里。又東二里曰陳港，又東十一里曰蔡港。俱南達横河入於江，宋濱江置戍處。明洪武中重浚。

谷瀆港　在江陰縣東六十四里。源有二：一自無錫界，北經新河。一自長河而東，會於三河口，北入於江。又支流自東南，循顧山入常熟界。

令節港　在江陰縣東六十五里，自谷瀆港東北入江。

夏港　在江陰縣西十里。南引五瀉堰，過青陽，歷崈鎮，出蔡涇閘，北入於江，迤邐七十五里。界縣境而中分，爲江陰百瀆之宗。

申港　在江陰縣西三十里，一名申浦。舊志云：春申君所開，以導江南流。其水東入無錫五瀉河，西入武進戚墅堰，合於三山石堰，又北流入於江。

利港　在江陰縣西五十里。自武進界鬼涇口，東北行二十五里入於江。明弘治癸丑，浚申、利、桃花三港，以行溢水。嘉靖間，復與桃花港同浚。

桃花港　在江陰縣西六十里，合立埭河西北行五里入於江。

黄田港　在江陰縣北三里。傳爲黄歇所開，引江水以溉田，因名。舊志以此爲運河，直抵無錫漕渠。

瀾港　在靖江縣。西接城河，南通大江。

新港　在靖江縣。東五里曰東新港，西二十八里曰西新港，西十五里曰南新港，西北五里曰北新港。

又小新港，在西北；大新港，在西南。

玉女潭　在荆溪縣張公洞西南三里，深廣逾百尺。舊傳玉女修煉於此。唐權德輿稱陽羨佳山水，以此爲首。

金牛潭　在荆溪縣張公洞後，其水渟泓不竭。舊傳有金牛入於此，又名伏牛潭。南唐韓熙載《洞靈觀碑》所謂卧金牛於潭底是也。

白茫潭　在荆溪縣西四十五里。廣數百畝，受金壇、溧陽諸水。

龍泉灣　在府南七十里。四時瀑水飛流，雖旱不竭。

蠡瀆　在無錫縣東南。其水通太湖，由梁墓涇達於運河。《寰宇記》云：范蠡伐吴所開。其支分而爲蠡口河。

泰伯瀆　在無錫縣東五里。西連運河，東達蠡湖。唐刺史孟簡嘗浚之，袤九十里，廣十有二丈，溉田千頃。其支流爲香涇、梅花浜、延祥等河。

百瀆　在宜興縣西南七十五里爲上瀆，北六十里爲下瀆。舊以荆溪居數郡下流，遂於太湖濱疏百派以分其勢。又開横塘，袤四十里以貫之，瀕湖畎澮皆通焉。單諤《水利書》云：自蕪湖、溧陽五堰達吴江，猶人之一身，五堰爲首，荆溪爲咽喉，百瀆爲心，震澤爲腹，蓋謂脉络相貫也。今多湮廢。宋治平中，樓閲知宜興，所浚者四十二瀆。明弘治中，亦浚三十餘瀆而已。

解崇泉　在江陰縣東十八里。迴入山谷，湛潔靚深。

金沙泉　在宜興縣，凡有三處，色皆如金。一在小心山，一在唐貢山，一在礪山。

餘皮渰　在宜興縣東十八里。廣十餘里，受荆溪、湛瀆之水，東入於湖。

洴淛渰　在宜興縣西二十七里。受溧陽諸流，注於荆溪入湖。

湖㳇渚　在荆溪縣東南五十里。其流北折，而東入於太湖。

張渚　在荆溪縣西南七十里。發源章山，合流於潼渚，匯於荆溪。

孟涇　在宜興縣西北四十里。唐刺史孟簡所浚，以避滆湖風浪之險，因名。

鎮江府

北固山　在府北。下臨長江，迴嶺斗絶，其勢險固，故名。又名北顧山，因梁武帝改京口城樓曰北顧樓得稱。《元和志》云：北望海口，實爲壯觀，宜爲顧也。晋謝安、蔡謨鎮此，並於山上作府庫，儲軍實。山有寺曰甘露，西有秋月潭、走馬澗，相傳漢昭烈曾走馬於此。西南有鳳凰池、天津泉、狠石。山後有鐵柱峰，一名石帆，觀音洞在其下。又旁有甘露、跨鰲二門。又府治有陽彭山。

附　明湯寅《北固山賦》

汩長江而東騖，截堆埼以孤稜。負崇構而傑起，峙㟥岃而嶔嶔。緬張氏之行役，云托植於金陵。乃其指天目、循迴龍，紆京峴而右剆，稱别領於鮫宫。跨黄鶴而南沿，淩寶蓋而西雄。没天津之伏流，圻海涵之沖瀜。迅風切而落響，旭日起而升紅。邈飄飖於紫煙，蹴磊砢之南松。挺萌臺之妮妮，沾流泉而灑沬。漾颯沓之疏鐘，恍四山之鏜鞳。顧青螭而依依，遂憑階而造闥。

曬葢葍而何象，儼白榆之可剡。爾乃杖金策，側角巾。侵蕭瑟之寒曦，納亭皐之芳春。採江蘋而斜渡，蹙潛波而涣鱗。經眇睋而躑躅，俄陟阻而無硍。

始凸悚而坳驚，漸地蜷而縷曲。拂乎天之胎禽，攀九垓之仙躅。遠嶧微而迎茜，石路欹而銜緑。樓臺羃而高騫，諸峰迴而起伏。

其前則千雄萬堞，綺列鱗次。伍兩雲屯，翟葆風厲。千畝之廛，五都之市。白地紞纆，珠緋縪璲。隱隱輷輷，澀譶糾刺。大胥之所不能名，隸首之所不能記。芝楣繡桷，麗厥芸堂。轆轆乎其干霄，視奞宿而迷方。鳴鐘食鼎，淇園玉圃。雜卉葳蕤以疏途，叢英阿那而分户。彫俎冪勺，留賓歌舞。甞瓊禾而詎甘，進臛鱗而停箸。七盤紛而近郁，管絃嘐而遐赴。延郛蔽郭，朱甍碧抽。荆杞憑原而隆翠，溝塍界路而承流。横唐頽之青葱，俯丹華之彫鎪。

其後則多景之樓，清暉之閣。枝岸峉而交撑，結碟峗而如托。瀰漫轇轕，矘焉神愕。曲磬盤根於虛空，神鷹奮飛而下掠。窺望江之危亭，並蛾眉而依約。吴檣楚舶，於山之阿；前迎後距，擊汰揚波。集布馭而槺操，哦風風𦤎於盤渦。（元）〔玄〕冥蕩日，颼颷風多。亮朱明之不燠，宜披裘而婆娑。朝暾夕櫝，旁睨邪眺。絢雲霞而作壁，插層濤之浩浩。潤煙生而迆颺，混太虛而皛渼。西則浩旰歙赩，浮玉相望。竦重巒於波底，壓消沸而爲堂。東則焦巖蓊茸，仿佛乎懷襄。嵌霧樹於飛滂，漭眩碭於中央。惚兮惘兮，衈乎湯湯。㵾曲江之鉅麗，控海門之微茫。

其左則殷殷繹繹，坡陁直下。隱弁之（邱）〔丘〕，曠罠之野。崇岡列而嶓嶷，平林嘝而瀟灑。

道安遁跡，宋玉誅茅。制龍經而泉沸，企曳尾而心遥。承密葉以爲幄，榷蒼松而爲橋。杳乎翳薈，畫爲阡陌。忽巘嶫而高緣，捫峛崺而低迫。間墝碑之田疇，惑沍淪之大澤。藏鐘籠而有人，帶修巒之重碧。嘉樹列，蔦蘿延；倚雲皃，傍潺湲。鍜浮圖之崢嶸，見圖汝於東軒。信恢㒵以儻閬，朔句曲以相纏。

其右則岷嶺分派，波濤南析。川迤澮隱，霜葦風荻。噲乎其隅，湜乎其室。捷獵趹蔓，亭碕榭磧。濟濟鏘鏘，飈馳轂擊。斥闐闐之紛紜，肆嘗獶而相敵。歸蒜山之晴雲，停酒罌之勁翮。走馬之澗，硍乎中開。隔四空而閟跡，巨靈啄其崔嵬。狀庨豁以崆峣，驚矆睒而徘徊。扳葛而驚條掛雨，捫壁而温霧縈苔。仰硱磳之若墜，頫窋窕以頻猜。慄猥猥而屏息，蹠硴硍而成雷。怪石帷舒，乍前乍却。峮嶙嶙峋，躋空欲落。硿磅磅以敷青，疊硱硱而獻萼。披半角而垂鋩，倬芙蓉之初削。

其上則列刹言言，鬱紆曲布。事存天監，名仍甘露。鏤粢有㛚嘆之鱗，碧題有不彫之樹。栱撩習其斜錯，枅栭詭其扠枒。龐㢋宿月，金輪棲霞。叢篠皺其閌，櫨檷杌其隈。軼摩伽而遜製，豈般爾之能裁？堂則雷音護敕，實實翼翼。弘綵緻而翬飛，揭離樓而並飭。亭則鎮海臨江，居山之陽。懸旅楹於崛岉，敞磊硌而磅硠。其他曲檻燠房，填擿丹餚，詭形而殊狀者不可殫述。出柳溪之遊鰻，懷北軒之暮笛。法序㟪而增高，月潭液而清洌。鋺嵩(邱)〔丘〕之鏗鏨，入江聲而爭急。栟櫚溽暑而扇陰，樫椐艷陽而呈繪。丹楓悽其憯惻，樅栝欹其晻藹。花餘四時，目鐃崎睞。瑀鶥則戒夜而鳴，鶡鴣則葉庇其背。他若六霙縈盈而溢素，蝃蝀霍濩而吹帶。赤松匿景而垂絲，纖阿馳輪而眩采。

其下則培塿東走，落景西明。巋層櫨於石壁，勢縱巎而究升。面翠薜以啓牖，接倒樹以安亭。幽篁觸砌而戛玉，菡萏灑露而鋪星。虛洞積香而中窈，鳳池含藻而波澄。雨華垂青，海嶽淨名。纍以密檜，圍以山櫻。文以翡翠，聲以和鶯。援鵁鶄之孤嶼，翯啄玉於遥汀。任公詹父，草樹爲廬。乘舟容裔，風水當居。騰淼漫以天浮，杳浰減而卑趨。設罶罩，施罾罛。鈎必逮雙，網必盈艄。潛鱗爲之駭徒，天吴爲之欷歔。估客之船，落帆之浦。疊槳聯篙，明滅洲渚。沙鴇漂其奄忽，楚岫濛而霞吐。蟹堁之田，多黍多稌。既腴壤之浖洝，況編町於兹許。眠碌碡於雲根，理耰鋤於繁楚。

秩秩斯干，講武之堂。製弘敞以窅窱，映蘭薄而襟江。吉日維戊，干戈戚揚。於是鐵杖之倫，超距之士，竝集洶湧，魚服象弭。驚帆逸足，照夜騄耳。金鍜餙而濩略，桃花縟而千里。乃踰唐陂，導坑衡。彎青檀而弸彇，奮軒礚之驚霆。百金命中，貫月穿星。虖弩具，臂銲並。搴旗格猛，其徒如林。足以詟海，若悸百靈。耀五兵於設險，榮李花而迄今。若夫衛公之柏，車蓋無存。明皇之像，遺真已諼。物既往而代非，愴靡徵而不尊。僧繇、探微，是留殊繪。吴生擅場，妙麗神會。踐狠石之如羊，葼阡眠於蕭艾。悵典午之更非，感孫劉而一慨。九陽屆節，有鳴倉庚。於以修禊，於江斯清。於京斯依，彯然華纓。載忻載燕，鼓瑟吹笙。亦有婢如姣好，先施陽文。細腰善步，其從如雲。曳絅縞之纖袿，髾綺紈而夕熏。婉徐步兮袢袢，樂莫樂兮青春。

然則茲山者，綜其所宜，而程其所用。首籍籍於過江，永神皋之均重。徒觀其山形，而勢嵬巢屼嵲。修竹良材，參差欁矗。足使甯封頤神而不返，支遁布金而存朴。總二善以同規，陋褦襶之往復。至於地非金闕，夙標名勝。謝(元)〔玄〕釣艫以冥志，令則淩雲而寄興。米顛托病以栖閒，客兒紛遊而竊詠。美令軌於曩賢，實青(邱)〔丘〕而並競。若夫閬風層城，峨眉積雪。香罏恒霍之奇，女几天台之別。雖名羨於山經，終險巇而遼僻。未有聳城闉而邇峙，攬曲涯而吐納。果擇勝而逍遥，庶茲土之尤絶。

國朝湯斌《陽彭山春望詞跋》

京口形勝甲東南，金、焦、北固其名特著，故畫舫籃輿日萃其下，而未有知所謂陽彭山者。是山也，雖無奇峰危巘、深澗絶壑之觀，然登其上，而三山雲樹，環翠如屏，長江洶湧，風帆隱見。與潤州城堞樓櫓，煙火十萬餘家，無不近在几席。俯仰指顧，亦登臨之勝概也。特其名不見於山經、輿志，故騷人之遊屐不至。即或至焉，而文字不足以發之，世亦莫得而傳焉。則山川之幸不幸，豈不以人哉？

戊申三月，董子文友來自毘陵，與何子雍南、程子千一偶登此山，乘春騁望，各賦詩十章，曰《陽彭山春望詞》。三子皆以詩文擅名當世，其詞雖記一時聞見所及，而江山形勝，如指諸掌。

余聞京口盛時，名家巨族競選山水靚冶之區，治園亭臺榭，極歲時遊覽之娛。自海艘告警，山川如故，風景頓殊。三子懷古睠今，感慨係之，宜其詞之婉麗而淒愴也。

夫天下幽巖邃壑，徒爲樵夫漁子所棲遊者多矣。此山南望則米元章之遺墓在焉，其西則昭明太子讀書處也。風流文章，想見其人。何後來遊者，篇什零落乎？此詞流傳於世，吾見尋奇探幽者詫爲奇聞異蹟，必將載酒登高，窮極眺望，墨版淋漓，侈爲遊覽盛事。四方聞而不得至者，與金、焦、北固同入夢想也。故余謂仙宫佛窟，士女繽紛，不可言遊。遊陽彭山者，自三子始。書此，所以慶此山之遇也。

石公山　在府北九里。瀕江，與焦山對峙。下有石檻山，形如雙象，一曰象山。有象山洞。

蒜山　在府西五里。《元和志》云：臨江壁絶，山多澤蒜，因名。或曰：算山，謂周瑜與諸葛亮議拒曹操之所。東晋末，孫恩浮海至丹徒，劉裕大破其衆於此。山本寬廣，宋、元間淪入於江。今西津渡口水中孤峰獨峙者也。

附　明林魁《蒜山考》

蒜山在丹徒縣西三里，北臨江，上無峰嶺。山生澤蒜，因以爲名。按晋孫恩浮海，奄至丹徒，率衆登蒜山。劉裕奔擊，大破之，投崖赴水死者甚衆。唐劉展叛，田神功將三千軍於瓜洲，將濟江，復將步騎萬餘陳於蒜山。又徐知誥常遊蒜山，除地爲廣場，編虎皮爲大幄，率僚屬會於下。舊志又謂，蒜山松林中可卜居。蘇子瞻詩：「蒜山幸有閑田地，著此無家一房客。」觀此則舊寬廣可容萬人，宋時猶可居止，不知何年淪入於江也。

銀山　在府西江口。舊名土山，唐劉禹錫詩「土山京口峻」是也。元時以與金山對峙，易今名。今亦名雲臺山。

山側爲鎮屏山，下有潮音洞。其別阜曰玉山。

金山　在府西七里大江中。初名浮玉山，風濤環繞，勢若飛動，岩、洞、泉、石，皆名勝也。《九域志》云：唐裴頭陀於此開山得金，因賜今名。然梁天監四年，僧祐、高、寶志於金山修水陸會，則金山之名當在唐前。又名伏牛山。宋真宗夢遊其山，又改名龍遊山。旋復故名。其頂有金鰲、妙高等峰，浮圖冠其上。有泉名中泠，陸羽以爲天下第一。山之東有日照巖，一曰朝陽洞。東麓有善才石，一曰鶻峰。西有石排山，隱出水面若簰筏然，相傳郭璞墓在焉。自康熙二十三年聖祖仁皇帝南巡，建有行宫，屢經駐蹕，先後賜御書匾額：天王殿曰「敕建江天寺」，大雄寶殿曰「動静萬古」，行宫曰

「江山壯觀」、曰「吐納萬象」，留雲亭曰「江天一覽」，暢遂樓曰「澄懷日新」，佛印山居曰「水天清映」，龍洞曰「松風石」，御書樓曰「浮翠樓」，大悲殿曰「禪棲」，朝陽洞曰「雲峰」，禪堂曰「祇樹」。御製《恭侍皇太后駕臨金山記》。恭紀首卷。

五州山　在府西三十里。晋永嘉後，幽、冀、青、並、兖五州之人，流寓京口，故顔延之《車駕幸京口》詩云：「望幸傾五州。」疑山名緣起於此。梁武帝曾幸焉，輦道尚存。山有泉，其流所匯曰夕溪。

又府西四十里有香山、鐵爐山。五十里有曹山，明成祖嘗駐蹕其下。

黄鶴山　在府西南三里。一名黄鵠山。宋武帝微時遊息於此，有黄鶴飛舞其上，因名。宋戴顒隱黄鶴山，文帝每欲見之，曰：「吾東巡，當宴戴公山下。」故又名戴公山。

磨笄山　在黄鶴山東南。宋戴顒女於此磨笄，誓不適人，因名。

菊花山　在磨笄山南。其對峙者爲天福山。

長山　在府西南二十五里。上有靈泉，其流與練湖通，溉田甚多。

南有塔山。

高驪山　在府西南五十里，亦名句驪山。

相近爲覆船山，舊志以爲即酒嬰山之異名。

招隱山　在府南七里。本名獸窟山，宋處士戴顒隱焉，故名。《寰宇記》云，梁昭明太子讀書於此，石案猶存。下有真珠泉、虎跑泉、鹿跑泉，又有昭明所開古井。及玉蘂亭，唐李德裕《玉蘂花詩》刻石今存。

西有峴山，與招隱聯勢，俗稱大峴、小峴。

又相近鳳凰山、迴龍山、夾山、福田山。

白兔山　在府東南十五里。舊志云：宋刁約葬此，有白兔躍出，因名。相近爲唐山。

馬蹟山　在府東南三十五里，道書第四十九福地也。山有青童君馬蹟，故名。又有葛稚川煉丹井，有黃龍、青龍二洞。

花山　在府東三里。一名東山，皇甫冉詩云：「北固多陳迹，東山復勝遊。」即此。

又府東三十里有雩山、大瀆山，六十三里有華山。舊志云：即樂府所謂「華山畿」者。

京峴山　在府東五里。京口、京鎮，皆因以名。一名丹徒峴，或稱荊峴。國朝順治十六年，大敗海寇於此。

北有汝山，相近者釜鼎山、鼎石山。

焦山　在府東北九里大江中。舊傳以東漢焦光隱此得名。《寰宇記》、《通典》亦謂之譙山，亦曰浮玉山，與金山對峙，相去十五里。上有焦仙嶺、三詔洞，以焦光三詔不起也。又有獅子、海雲、觀音、羅漢、棧道等巖，青玉塢、碧桃灣。山之餘支東出，並立於波間者，曰海門山。康熙中聖祖南巡，臨幸山中，賜御書匾額：山門曰「定慧禪寺」，大雄寶殿曰「香林」、曰「法雲慧日」。御製《焦山詩》三首。恭紀首卷。

圌山　在府東北六十里。濱大江，江流自東而西、而北，轉屈之間，層峰峭壁，俯瞰湍波，京口之咽喉也。山有上、下二箭洞，下有東霞寺。《宋史》張世傑與元兵戰於江中，不利，退奔圌山，即此。

日精山　在府學内，上有日觀遺址。

月華山　在府治西南，一名萬歲山。晋刺史王恭建萬歲樓於上，至唐猶存，宋初稱爲月臺，今遺址在焉。下有秦潭，宋爲放生池。

壽(邱)〔丘〕山　在府治西南。宋武帝故宅所在，即位後築丹徒宫。南麓有龍華寺，即其地。今建丹徒縣學，國朝改名聖像山。

觀音山　在丹陽縣東北三里，一名惠山。中有玉乳泉，爲中泠之亞。其後爲甘草山。

經山　在丹陽縣東北三十里。昔有異僧講經於此，故名。一名金牛山，《輿地志》謂漢時金牛出山之東，馳至曲阿。上有金牛洞，洞口僅容一人，其中甚廣。下有泉，甚清洌。

繡毬山　在丹陽縣東北三十六里，三山相連如繡毬。上有白鶴泉。

陳山　在丹陽縣東北四十里，下有玉龍泉。

又水漸山、黄連山，皆在縣東北。

沈山　在丹陽縣東北四十里。南唐沈彬所居，今廣教寺其遺址也。旁有石壁，高千仞，若翠屏然。下有赭山、丹井。

又縣東北有雞籠山。

九靈山　在丹陽縣東北四十里。下有桃花澗。有仁静觀，唐魏法師嘗居此。

金雞山　在丹陽縣東北四十五里，下有顯忠廟。

嘉山　在丹陽縣東北四十五里。舊志云：境中諸山，嘉山最高。其上出雲，土人以爲雨候。中有龍湫，久旱不涸。

又鳳山。又巖山，一名白雲山，皆在縣東北。

隨駕山　在丹陽縣東北五十里經山之西，或謂秦皇所遊也。

白鶴山　在丹陽縣西十里，孫鍾墓在焉。

論山　在丹陽縣東南。道家三十八福地，謂神仙所都也。

彭山　在丹陽縣東三十五里，下有龍池靈異。

茅山　在金壇縣西六十五里，漢三茅君得道之所。道書云，秦時名爲句金之壇，以洞天内有金壇百丈，此縣所由名也。其東及南屬金壇，西及北屬句容。自大茅一峰東來，蜿蜒而下，勢如龍尾，故有龍尾山。陶隱居云：大茅以南韭山、竹山、吴山、方山，自此疊嶂，遥接於吴興天目諸山矣。餘詳見《江寧府》。

顧龍山　在金壇縣南五里。前望白龍蕩，故名。一名烏龍山，俗稱土山。明太祖東征，嘗駐驛焉。

大坏山　小坏山　二山在金壇縣南三十里長蕩湖中，屹然孤秀，望之若浮，又曰大、小浮山。亦曰大、小巫。是山界於宜興、溧陽。

雲泉山　在溧陽縣東南三十五里。山上有泉，雲氣出焉。下有雲泉寺，唐貞觀舊蹟也。

鐵山　在溧陽縣東南五十里。《唐書·地理志》云「溧陽有鐵」，即此，今有坑冶遺址。

又東南八里有銅官山，《唐書》云「溧陽産銅」是也，今無之。

又縣西南七十里有鐵冶山，一名鐵峴，相傳前代鑄鐵處。

三鶴山　在溧陽縣東南六十里。舊經云：有潘氏兄弟得道於此，化鶴飛去。一名仙山。

又有結都山，亦在縣東南，産石煤。

錫華山　在溧陽縣南四十五里。一名小華山，形勢雄偉，有流泉草樹之勝。

又天井山，在縣南六十五里，中空如井。

五松山　在溧陽縣南七十里。舊名松山，李白改今名。

石屋山　在溧陽縣南七十里。有鑄劍坑。《圖經》云：吳王使歐冶子鑄劍於此，山其遺迹也。

石門山　在溧陽縣西南二十里，兩山相峙如門。

桂林山　在溧陽縣西南三十里。宋汪藻《挹秀堂記》云：南則翠巘晴嵐，與人應接者，桂林諸山也。

荆山　在溧陽縣西南四十里。山南有二峰，怪石峻削，名曰東、西二柱。又有泉，可資灌溉。

盤白山　在溧陽縣西南四十里，晋仙人李盤白飛昇於此。一名高邃山，山有高邃洞，其深叵測。唐開元間，建會仙亭。宋大中祥符初，敕改爲太虚觀。

三王山　在溧陽縣西南五十里，一曰三首山。

伍牙山　在溧陽縣西南六十里。《輿地廣記》云：伍子胥伐楚還吴經此山，故名。《建康志》云：子胥齒美，避楚慮人識，以石擊牙，神護之不毁，故名。亦名護牙山。

茭山　在溧陽縣西六里。有龍潭，可禱。東畔石壁臨溪，奇秀映發。宋丞相趙南仲父子與賓從宴遊於此，題石猶存。

巖山　在溧陽縣西十里，北連姥山。

又平陵山，在縣西三十五里，西有平陵城。

大石山　在溧陽縣西十四里。舊志云：上有石刻「龍洞」二字，淳祐間汴人趙昕書。下有龍池，雖旱不涸。

黄山　在溧陽縣西四十三里。舊志云，黄鶴仙人得道於此，因名。

又九龍、鳳凰等山，俱在縣西。

曹山　在溧陽縣西北八十里，瀨水發源於此。山有聖姥祠，相傳聖姥曹姓，故一名曹姥山。

相接有分界山，縣與溧水分界處。

雷山　在溧陽縣北三十七里。巖石隱秀，泉流澄潔。俗傳雷公鑄劍於此，一名雷公山。

瓦屋山　在溧陽縣北八十里。山形連亘，兩岸隆起如屋。李白遊白湖亭望此山，有詩。又縣北七十里有黄金山，雨後土色如金。二山皆界於句容。

丫髻山　在溧陽縣北八十里。東與仙几山連，兩峰聳秀如髻。

𡵂山　在溧陽縣東北二十五里洮湖之上，界於宜興。《集韻》云：「𡵂」音「殿」，溧陽山也。縣志作「岂」，誤。

白龍岡　在府治獸窟、迴龍兩山間。又有白龍洞，一名蓮花洞，爲南山佳境。

夾岡　有二。在丹徒縣南者曰小夾岡，在丹陽縣北者曰大夾岡，皆漕河所經也。

金牛嶺　在溧陽縣南七十里。在四山中，長亘十有餘里，與廣德界。

大江　在府治西北六里，即揚子江也，一名京江。東注大海，北距揚州，郡城臨其南岸，金、焦障其中流。魏文帝將南征，見波濤洶湧，歎曰：「此天所以限南北也。」

海鮮河　在府治西北。宋嘉定間，郡守史彌堅請於朝，開此以泊防江之舟。西北通京江，東南接漕渠。復重濬歸水澳，以輔漕渠，時蓄泄。

漕河　自江口至南門九里，又南至丹陽九十里，水道經大、小夾岡，上下有京口、吕城二閘。舊志謂始秦鑿曲阿，其後隋大業中穿而廣之，擬通龍舟，即丹徒漕渠也。詳見《河渠志》。

胥溪河　在溧陽縣西八十里。春秋吴伍員開運道於此，故名。其後五代楊吴作五堰。詳見《河渠志》。

珥瀆河　在丹陽縣南七里。自漕渠經珥村鎮，達於金壇，俗稱七里河。

新豐湖　在府東南三十五里，一名新豐塘。《元和志》云：晋大興四年，晋陵内史張闓所立。始其地少陂渠，田多蕪穢，此湖創而成灌溉之利。

練湖　在丹陽縣北，即古曲阿後湖。湖所名練，《記》云由孔子登泰山，觀吴門若匹練然。而謝宣城亦稱：「澄江静如練。」以水容目之耳。周四十里，納丹徒長山、高驪諸山之水，凡七十一流，匯而爲湖。唐時居民築堤湖中爲田，遂分上、下二湖，後上湖久廢。國朝康熙中，民漸占下湖爲田，奉旨仍留蓄水，遂復爲湖。今湖心築墩，建聖恩亭，立石曰《萬世永賴之碑》。

高湖　在金壇縣西北十里。周百餘頃，北受五十瀆，南流十二里入大溪。

思湖　在金壇縣南六里，一名白龍蕩。舊常寬衍蓄水，近以居民築埂，擅菱藕之利，稍失其舊矣。

長蕩湖　在金壇縣南三十里，即洮湖也。與宜興、溧陽界。詳見《常州府》。

梁城湖　在溧陽縣西六十里。俗名三塔漈。周四十里。

千里湖　在溧陽縣東南十五里。一名千里漈。陸機云：「千里蓴羹，未下鹽豉。」即此。今已淤矣。

蜃溪　在府西北。匯四十八汊之水，而爲練湖餘流，入金壇境。宋人避孝宗嫌名，改爲辰溪。

夢溪　在府治朱方門外。宋沈括嘗夢至其地，後謫居於此，因名。

白鶴溪　在丹陽縣東南，金壇縣北。上承金陵、句曲之水，東流入常州。一名荆溪。

大溪　在金壇縣西二里，東南流入長蕩湖。王樵云：「今縣西有青蒲河，通昆崙河，入長蕩湖。」即故大溪也。

直溪　在金壇縣西三十五里。受茅山丁角諸水，東南通大溪，入長蕩湖。俗名直里河。

又縣西南三十里有唐王溪，亦受茅山水，流入大溪。其側有唐王村，故名。

瀨溪　在溧陽縣西北三十六里，一名瀨陽瀆。上接三塔諸瀆水，東入太湖。

白雲溪　在溧陽縣東南十里，一名白雲涇。縣境之水，匯流於此，清澈可鑒，東流入荆溪。

又縣南二十里有高友溪，源出廣德諸山，經黄墟蕩，合於白雲溪。

又縣南六十里有金陵溪，亦發源廣德，至新橋入河，流亦會於荆溪。

京口港　在府西北江口。

丁卯港　在府南三里。上有丁卯橋，運道所經也，唐許渾居此。

丹徒港　在府東南十五里。南抵漕河，有壩，北入於江。

安港　在府東北八十里，通大江。

甘露港　在府治北固山下。通大江，宋轉般倉在此。史彌堅嘗濬之，今淤。又新港，在京口、甘露二港間，明弘治中濬。

蕭港　在丹陽縣東二十七里。

包港　在丹陽縣東七十里。北通大江，南連嘉山。

燕子港　在金壇縣東四十里。舊志云，通長蕩湖者舊有八十餘港，隸金壇者十二，此其一也。

溧水　一名瀨水，在溧陽縣西北四十里，即永陽江也。《漢志》注云：溧水出南湖，舊縣在水北，故曰溧陽。《水利考》云：永陽江，亦曰潁陽江，古名中江，今謂之九陽江。

潤浦　亦曰東浦，在府東一里。隋置潤州，以此浦名。

簡瀆　在丹陽縣南五里，一名香草河。南接延陵鎮諸水，東北達漕河。唐置簡州，以此瀆得名。

丁義瀆　在丹陽縣南三十里。自白鶴溪，分流溉田。

涇瀆　在溧陽縣北三十里。金壇、溧陽之水，會於此入洮湖。

百丈溝　在溧陽縣南五里，一名百步溝。源出燕山，東流入白雲溪，設壩儲水，以資灌溉。

天津泉　在金山甘露寺西南。始寺取水山下，明永樂中忽得美泉，因以太祖「甘露生泉天降津」之句名之。

雙井　在丹陽縣東南二里。其泉最古，相去數尺，南者色赤，北者色黃。

沸井　在丹陽縣南四十四里。井有四，二清二濁，晝夜騰湧不絕。

繰車涇　在溧陽縣南十里。西接黄墟蕩，東北屬於白雲溪。明成化中重濬。

古縣湌　在溧陽縣南十五里，晉永世縣故址。與千里湌相連，亦産美蓴。

淮安府

鉢池山　在府治西北十五里。府志云：相傳王子喬煉丹於此。岡阜盤旋，以形似名。

老子山　在清河縣東南百里。舊志云：世傳老子煉丹於此。山西有仙人洞，深二丈許，下臨淮水，四壁如削。

霍山　在老子山南，跨盱眙、清河之間。

鐵柱岡　在鹽城縣北二里海岸上，世傳秦皇繫馬柱也。或云蛟龍畏鐵，作此鎮之。

沙岡　在鹽城縣西北。縣境無山，惟有沙岡一帶，南抵岡門鎮，北距海，延迤起伏五六十里。

九里岡　在桃源縣西北四十里。

白鶴墩　在清河縣西北八十里，相傳有仙人控鶴之事。

三台墩　在清河縣。縣治踞其中，左、右輔以二墩。

竹墩　在安東縣東北四十里。

鳳凰墩　在安東縣北十五里中漣河西。相傳昔有鳳凰集此。

燕麥墩　在安東縣北三十里。

金牛洞　在府西北十里。周顯德四年，世宗親征南唐，嘗宿兵於此。

大海　在府東二百里。爲大海口，是淮河入海處。府治與鹽城縣皆東濱於海，鹽城自海浦出洋東北五十里，乃元人海運故道也。

澗河　在府東南五十里。上泄三城瀦水，下通濱海舟楫。

永濟河　一名新河，在府南十里。明萬〔歷〕〔曆〕中開以通漕。

涇河　在府南五十里，西通運河。

淮河　在府西南五里。自泗州龜山東流，匯爲洪澤。又東至清口，黄河自北來會，東北入於海。

黄河　在府西北。自邳州入桃源界，至清河縣合於淮，東北抵安東縣雲梯關入海。

運河　南自寶應界，抵郡城西北，又西達於淮。爲吴邗溝、隋山陽瀆遺跡，明平江伯陳瑄之所導也。

草灣河　在府西北二十里淮河北岸，南對清江浦。初黄、淮水大，常至逼城。明萬〔歷〕〔曆〕初，兵備副使舒應龍開此河以殺其勢，而安東復有直射之患。

官河　在鹽城縣西南四十里。源於大踪湖，北爲鹽河，東入東塘，其下流入射陽湖。

封子河　在鹽城縣西十八里岡門鎮西，自①馬鞍湖、運鹽二河流入。景泰中，太守（邱）〔丘〕陵疏其湮塞。

蘆溝河　在鹽城縣西北六十里。縣西有東、西二塘，俱源於大踪湖，流爲是河，北入於射陽。

汊河　在鹽城縣北門外。自通泰北經鹽河東塘，入於射陽。

泗河　亦名清河，在清河縣治西。自山東泗水縣，由徐、邳經桃源縣，至清河縣西北，分爲大、小清河。大清河由縣東北，小清河由縣東南，俱入於淮。弘治初，黄河入小清河，其水遂濁，至今猶名清口。

漣河　在安東縣北三里。有東、西、中三漣河，闊皆數十丈，源自西北大湖，東南入淮。

官河　在安東縣北三十里。源自西漣來，南通中漣，東流散入遏蠻等河入淮，北通海州諸鹽場，舟楫便之。

支家河　在安東縣西十五里。南通山陽新溝及孫村浦入淮。又縣西有大防河入於此。

崇河　在桃源縣北四十里，相傳晋石崇嘗立倉於此。其源西接宿遷劉老澗，東入安東漣河。

白洋河　在桃源縣西六十里。上通汴河，下達黄河鎮，西界宿遷。

白馬湖　在府治西南。

① 「自」，《四庫》本作「白」。

管家湖　在府城西望雲門外。又謂西湖。《嘉定志》云，即仁濟橋之北湖，是也。

洪澤湖　在府西。界山陽、清河、桃源、盱眙四縣。本名洪澤，當淮水下流，左右有數十湖，匯而爲一，土人統名曰洪澤湖。泗州城陷於其中。其東南爲淮、揚兩郡，高堰之設，所以障此水也。

射陽湖　在阜寧縣城北。《漢書》云，廣陵王有過，其相勝之奏奪其射陽陂，即此湖也。周三百里，寶應、山陽、鹽城三邑界之。其下流由廟灣新豐市入海。

大踪湖　在鹽城縣西南百里。南北徑三十里，東南廣十五里，與興化界。

馬鞍湖　在鹽城縣西三十里，北入侍其汊以達射陽。

富陵湖　在清河縣南。有溝通淮，淮漲輒與湖合。澤廣魚繁，歲委官量船納料，以備魚油翎鰾之税。

又縣南九十里有北萍湖，與淮水通流。

又縣東北有四鋪湖，周十五里，入淮。有五昌湖，周十里，入湯家澗。

又縣西北有三角湖。縣境湖澤相連，大小以數十計，其下流皆達於河、淮。

碩項湖　在安東縣西北百二十里，世傳秦時所陷。一名大湖。廣袤數十里，界海州、沭陽、安東，東南達於淮。

倉基湖　在桃源縣南七里，東流會丁家溝達河入淮。

大莊湖　在桃源縣東南三十五里，黄河餘流所匯也。通丁家溝入淮。

赤鯉湖　在桃源縣北七十里，通漣水入於河。

黄浦　在府南六十里。東南至故晋口入射陽湖，西達三角村入雙溝。

清江浦　在府西北三十里。舊爲沙河，土名烏沙河，古運道自郡城東北入淮。舊志云：宋轉運使喬維岳，開此直達清口。明永樂初，陳瑄重濬置閘，更名清江浦。千軸叢集，居民夾岸，爲水陸之孔道。

建義港　在府東北八十里。東南流合通濟溝入射陽湖，北入於淮。

蘆浦港　在府東北百二十里。東南入射陽湖，西入淮。

推蝦港　在阜寧縣東九十里。

當尖港　在阜寧縣西六十里。

雙洋港　在阜寧縣北百二十里。

建港　在鹽城縣西北七十里。自大踪湖北經馬長汀，過射陽湖入海。

棠梨涇　在府治淮陰廢縣東九十五里，唐長慶初開。

高良澗　在府西南九十里。其水本入於淮，明萬(歷)〔曆〕中置閘，泄淮水東注寶應諸湖。

三洲　在府治山陽灣對岸。有上洲、中洲、下洲，或云《詩》所謂「淮有三洲」是也。

通濟溝　在府東北六十里。東經馬邏港入射陽湖，西自横溝入淮。

楊家澗溝　在清河縣北四十里，達於淮。本河也，元末用兵，於高郵開以濟運，今湮爲溝。

泗溝　在清河縣東八里。或作泗口，晋時其地爲重鎮。

三里溝　在清河縣東南三里。入淮，置閘通運。

響水溝　在安東縣西一里。北接支家河，引沭水、大湖、中漣，南流入淮。水流有聲，因名。

甘泉井　在府治豐登橋側，水與淮、湖爲消長。

真君井　在桃源縣城南。水味甘美，旱亦不竭，俗傳劉真君所鑿。

江南通志卷十四

輿地志

山川 四

揚、徐二府　太、海、通三州

揚州府

金匱山　在府城西北七里。郡邑舊志云：明秀水吴秀守揚州，濬河積土而成。樹以梅花，名曰梅花嶺。嶺前有史可法墓，蓋藏衣冠處也。

北洋山　在府西三十里。一作白洋山。

蓆帽山　府西北十二里。

得勝山　在府西北三十里。宋紹興初韓世忠軍捷於此，因名。

小金山　在府城北門外。《名勝志》云：其地有雲山閣、環碧亭、平野堂諸勝，爲郡人遊觀之所。今廢。

浮山　在府城内西隅。石色如鐵，不生草木。

康山　在新城内東南隅，相傳濬河時積土所成。明正德中，武功康海罷官來此，與客讌飲彈琵琶處。有康山草堂。

以上江都縣。

甘泉山　在府西門外三十里。嘉靖《維揚志》云：山有七峰，聯絡如斗，平地錯落，諸圓岡凡二十八，如列宿拱斗然。北上有井，泉甚甘，故名。分縣得名亦以此。

盤古山　在府南門外三十里劉家集。

烏山　在府城西九十里。

以上甘泉縣。

天目山　在泰州東四十里。相傳有王仙翁嘗居此。山上有雙井，相對如目，水甚清洌。

泰山　在泰州西南。壘土而成，其高數仞，以州名也。亦稱太山墩。

羅浮山　在泰州西北五里。《南畿志》云：在藪澤中不爲水没，遥望如羅浮然，因名。

茅山　在泰州東北六十里。嘗生香茅，因名。

中洲山　在泰州東北百二十里西溪鎮北。范文正公監税日，壘土爲山。東觀滄海，西望沃壤，爲一鎮之勝地。

神居山　在高郵州西南六十里。舊志云：南齊亘公嘗結庵於此，有煉丹井。又有排牙石，人計其數輒忘。山不甚廣，而股趾盤礴甚大，傍占數墟，遂爲州境之望。

東山　在高郵州治東北隅，上有文游臺。

城子山　在儀徵縣北六里，其形似城。《南畿志》云：魏文帝於此築東巡臺。

臘山　在儀徵縣北三十里。上有天井池，冬夏不竭。又有白龍廟，宋郡守王大昌禱雨有應。

小山　在儀徵縣西北十五里，宋大中祥符間奉詔建天慶儀真觀地。

大銅山　小銅山　在儀徵縣西北二十五里，二山相接。《南畿志》云：相傳爲吴王濞鑄錢之所。

冶山　在儀徵縣西北四十里。林疏而秀，其上多石。北有牛頭山，聳峭屬雲，其峰九十有九。二山皆接六合縣界。

雞留山　在儀徵縣西三十五里。舊志云：伍子胥欲報浣紗女，而不知其家，乃留雞於此山祀之，因名。

横山　在儀徵縣西三十五里，元魏於此置横山縣。與方、丫二山鼎峙，俱接六合縣界。

方山　在儀徵縣西四十里，有王子石、鳳凰橋、黄龍池。舊志云：隋六宫駐此，遂置方山府。

丫山　在儀徵縣西四十里，以兩峰形似而名。一名鵶山，俗謂之奶山。舊志云：唐末黄巢屯兵其間，寨基猶存。

靈巖山　在儀徵縣西七十里。舊志云：唐僧神建立道場於此，曰靈巖寺。山有偃月巖、鳳凰臺、鹿跑泉、白龍池、瑪瑙澗。

瓜步山　在儀徵縣西七十里，臨江峭絶。互見《六合縣》。

青山　在儀徵縣西南二十五里，南臨大江。

神山　在儀徵縣西南二十五里。山産細石，五色皆具。上有九江王廟。

焦家山　在儀徵縣東北五里。舊志云：林壑葱秀，亦可登眺。上有三將軍廟。

昭陽山　在興化縣西四里。有昭陽廟，相傳楚令尹昭陽食邑於此。

雲山　在寶應縣西南百二十里，接盱眙界。山能興雲雨，故名。上有白龍潭，水常不竭。又有白龍廟、仙人洞。

駱駝嶺　在府北一里，今建縣學。

蜀岡　在府西北四里。綿亘四十餘里，西接儀徵縣界，東北抵茱萸灣，隔江與金陵諸山相對。上有平山堂。一名昆岡，鮑昭《蕪城賦》「軸以昆岡」是也。洪武舊志云：揚州山以蜀岡爲首，上有蜀井，相傳地脉通蜀。《寰宇記》云：蜀岡有茶園，其味甘香如蒙頂，蒙頂在蜀，故以名岡。郡人藝花者，亦多居此。

國朝潘耒《平山堂賦》

伊兹堂之締構，洵宏敞而寡儔。超埃𡍼而特起，踞名都之上遊。崇臺瑰其天造兮，華榱鬱乎雲浮。窮地勢於南條兮，見江山之相繆。苞牽牛而絡婺女兮，納埃風乎不周。怊惝怳於虚無兮，渺仙靈之所留。

爾其託體，則平岡陂陁，西走滁、濠；支阜屹立，削成增高。其面勢則宅岡之陽，居乾之位；觀宇回環，林薄周被。

爾乃斬懸巖以累砌，規廣阿以築堂。旁羅桂楣，仰承杏梁。飛宇周閣，鱗鱗將將。觚稜枍詣，若騰若翔；塗丹錯碧，反景流光。遠而望之，巃嵸參差，若神山之出海，見銀闕也。仰而闚之，硼磳巍峨，若射的之在空，植箭栝也。容兮如幄，崒兮如冠，霧翕雲舒，不可乎得原。

若乃踐平臯，經長坂，步廣除，臨絶巘，瀏覽有無，獨察近遠。前瞻揚土之博大兮，原隰紛其錯重；綴麗譙於連星兮，壯千雉之金墉。天塹劃夫神臯兮，屬赴海之白虹。層山回顧於秣陵兮，矗三茅之仙峰。左眺海陵，原田每每；熬波漉鹽，利盡東海。右瞰揚子，銅陵嶕峣；即山鑄冶，吴濞以饒。後巨浸之湯湯兮，沐日月於中央。泄斗門於邗溝兮，轉舳艫於帝鄉。泛歷覽其無垠兮，蹇躊躇以相羊。

至如朝光絢野，暝色騰陸。晴景澄鮮，微陰霢霂。變合一瞬，態窮萬族。長楊垂絲，大隄水平。芙蕖含華，的皪芬馨。怒濤瀺灂於曲江兮，風雪颯灑於蕪城。物無隱之能遁，狀無奇而不呈。耳目爲之滌蕩，天日爲之開明。斯誠臺觀之巨麗，海表莫之與京者也。

於是邦伯郡牧，來遊來豫。弭節停騶，怡情遣慮。賓從詳雅，尊俎有序。突①觀夫風土之清嘉，與民物之阜庶，山川之形便，謡俗之遷注。調燥濕於徽絃，齊六轡之柔馭。遥興遠思，超乎獨踰。

其或大夫君子，善辭能文，比才曹劉，方藻卿雲。期春秋之佳日，聊整駕而索群。參萬象於靈府，吐(元)〔玄〕黄之繽紛。亦有都人士女，嬉春競往。税青驪，泊蘭槳，采蘼蕪，搴宿莽，睇關河，結遐想，極泛濫，沛自廣。

至如遷人放客，經奇瑰材，鬱風雲乎未感，臨岐路而徘徊。塊獨遺此羈愁兮，憑高望遠穆乎登臺。悵民生之多故，羡天地之無涯。歲月忽其如流，羌長吟而遠懷。

原夫揚之爲土也，襟背江淮，綰轂水陸；百貨所輳，土膏衍沃。故漢代疏以爲國，隋帝巡而作宫。唐藩宋閫，承侈席豐。經營窮乎地軸，雕斫極夫天工。璿臺瓊館，穆若神居者，蓋不知其幾？而今皆影滅光沈，山移壑徙。際天驚沙，覆地白葦；螢飛秀麥之園，兔穴枯桑之壘。

惟斯堂也，創自隆宋，著於歐陽，遺澤在人，勿翦樹棠。五百年乃有賢牧，實景德而齊光。

① 「突」，《大明寺志》作「究」。

考圖索乎故址，新廈屋於崇岡。華不侈心，儉不陋目；高不絶陵，深不藏谷。不勞民而就，不糜財而足。形勢盡東南之美，風聲表士庶之愛。續前薪於無窮，宜可久而可大。

嗟夫宇宙之悠遐兮，惟令名爲不刊。德業若大車之載兮，文采輪轂而使前。或鎸功於銅柱兮，或沉碑於深淵。金石弊而名存兮，孰轇轕之使然。披竹素之寥廓兮，得兩嫰①其猶比肩。承休風而結撰兮，尚有述於後賢。

夾岡　在府城東北七里。東接灣頭鎮淮子河口，與蜀岡相屬。

桃花岡　在府南十五里。《寰宇記》云：上有吴王墓。

龍岡　在高郵州西南九十里新開湖，西界天長、泗州。

虎墩　在泰州海場。范文正築捍海堤，起虎墩，即此。

蒙谷　在府東北五里竹西亭北。

皂角林　在府南三十里。《輿地紀勝》云：宋劉錡伏兵卻敵於此。

馬鞍山　在府西北三十五里。

① 「得兩嫰」，《大明寺志》作「曠千載」。

大海　在府東北，泰州、興化俱瀕於海。

大江　在府南四十里西南。由六合縣小帆山入儀徵境，過江都，東至泰興。西界江寧，東界鎮江。即揚子江也。儀徵西南當江濤壯闊之處，爲黄天蕩；江心水名南澪水。

伊婁河　在府南十五里。《輿地紀勝》云：即揚子鎮以南至江之運河也。隋以前楊子鎮臨江，至唐江濱積沙與瓜洲連，開元間遂開此河。

三汊河　在府西南十五里。江都、儀徵、瓜洲至此水分三支，故名。亦名茱萸灣。

淮子河　在府東北十二里。一名懷子河。自儀徵陳公塘來，西北分派，接雷塘，下達淮子河入運河。

槐家河　在府東北十五里。本槐姓所開者。自陳公塘引雷塘水，東匯淮子河，入於運河。

運鹽河　在府東北二十里。始於漢茱萸灣遺跡。茱萸灣者，吴王濞開此通海陵倉，隋仁壽中復開以通漕。今曰灣頭。自灣頭起，東入泰州，又東至海安，入如皋縣界。又東南至通州，又東至海門，又東達吕四場。其支派通各鹽場者皆是。自運鹽河而東，聯絡貫注於通、泰、興、鹽各場者，統名之曰串場河。

山洋河　在府東北六十里，瀕宜陵鎮。一曰山陽河，相傳即隋之山陽瀆也。北經高郵入射陽湖。

白塔河　在府東北六十里。南通揚子江，北入高郵州界。明平江伯陳瑄所穿，以行漕舟。

芒稻河　在府城東三十里。納諸湖之水，以泄於江。

沙河　在府城東十里。宋轉運使喬維岳所開，自運河達揚子江。今遺跡尚存。

運河　在府治東南，即古邗溝也。《吴越春秋》云：吴將伐齊，掘江通淮運糧之河也。故爲漕河，一名官河。其南水道有二，一自儀徵東行，一自瓜洲鎮北行。二河合流於揚子橋，北經府城，凡六十里而入邵伯、高郵、寶應。又北至黄浦入山陽縣界，由清江浦達於淮。

晏溪河　一稱西溪，在泰州東北百二十里。東通梁垛場，西入運河。有西溪鎮，宋相晏殊嘗監西溪鹽倉，民思之，因名。

濟川河　在泰州治南，入如皋縣境，通揚子江。

康濟河　在高郵州城北，亘四十餘里。明弘治初，侍郎白昂開複河於高郵堤東通運舟，以避甓社湖之險，孝宗賜名。蓋即官河之别名也。

閘河　在高郵州治北，舊名運鹽河。東抵興化，西通新開湖，即今之東河也。宋郡守毛澤民於此置斗門蓄泄，堤之南北皆爲良田。

秦蘭河　在高郵州西六十里。發源天長之冶山，東入武安、新開等湖。

横京河　在高郵州東北七十里，亦名海陵溪。東通興化，西入於射陽湖。

靖安河　在儀徵縣西南，即沙河也。《宋史》云：宣和中，發運使盧僔請開此河，以避大江樂官山、黄天蕩之險。今湮入於江。

長蘆河　在儀徵縣西四十里。其上流爲沙河，宋天聖中發運使張綸開以入江。

梓新河　在興化縣東南十五里。自塘港西入得勝湖，達於運河。

蚌沿河　在興化縣南三十五里，與泰州分界。

山子河　在興化縣西四里。通海陵溪，轉入射陽湖。

王瓊河　在興化縣北三十五里，與既濟、盧家、陳圖、鳳凰等河俱入大踪湖。

成子河　在寶應縣東南十八里。西北接望直港，南入章師蕩。

弘濟河　在寶應縣西，即寶應越河。明萬（歷）〔曆〕中，築堤建閘，賜今名。

陰隲河　在寶應縣汜光湖西。明萬（歷）〔曆〕中邑令耿隨龍開，既避湖險，且資灌溉，民德之，因名。

新城湖　在府西北四十五里，東通官河。

邵伯湖　在府北四十五里。與艾陵、白茆、新城、甓社諸湖相接，旁有邵伯埭。

黄子湖　在府北六十里。東通官河，西至末口。

艾陵湖　在府東北四十五里邵伯鎮。東北通緑洋湖，西接官河。

又府東北五十里有朱家湖，亦通官河。

白茆湖　在府東北四十五里。官河水涸，則引湖水以濟漕運。

緑洋湖　在府東北六十五里。西南接艾陵湖，東北入高郵州界。《水經注》作「陸陽」。

又西有甕子湖。

於祈湖　在泰州東北三十里，亦曰淤溪。阮勝之《記》云：湖以村名。其下流入雞雀湖。

包老湖　在泰州東北四十里雞雀湖東。《南畿志》云：水清無滓，雖與他水會而不雜，挈壺氏當以此水供滴漏。

小西湖　在泰州起雲樓下。宋紹興初重濬，堤植芙蓉、桃李，仿佛如杭西湖。

張良湖　在高郵州北二十里，通鵝兒白湖。

新開湖　在高郵州西北三里，即高郵湖。天長以東諸水，盡匯此湖，而達於淮。常有風濤覆溺之患，康濟河所以避此險也。湖中有洲，可百餘畝，水雖漲不能没。

樊梁湖　在高郵州西北五十里。自天長石梁河流入州界，瀦而爲湖。與新開、甓社合稱三湖。

石臼湖　在高郵州西北五十里，通甓社湖。

甓社湖　在高郵州西三十里。宋崔伯陽有賦叙云：宋孫覺家於湖陰，夜讀書，覺窗明如晝。循湖求之，見大珠，其光燭天。是年，莘老登第。後此屢見，州人連掇大魁。舊志云：珠見則有休咎之應。

五湖　在高郵州西六十里。通天長縣銅城河。黄魯直詩云：「九陌黄塵烏帽底，五湖春水白鷗前。」蔣之奇詩云：「三十六湖水所瀦，其尤大者爲五湖。」是也。

珠湖　在高郵州西七十里，通五湖。

平阿湖　在高郵州西八十里。其東南爲五湖。或又合新開、甓社、樊梁、珠、平阿爲五湖云。

武安湖　在高郵州西南三十里，通露筋河。

鼉潭湖　在高郵州東北九十里，通海陵溪。又仲村湖通於此。

平望湖　在興化縣北二十里。湖中有平岡，可四望，故名。按古志云：湖中高阜有古墓，人每得陶器，製甚古。又得一劍，屈之首尾相就。識者曰：此即繞指柔也。

吴公湖　在興化縣北三十五里，西入海陵溪。舊志云：昔有吴公隱此，因以名湖。

大踪湖　在興化縣北四十五里。與鹽城縣分界，西北入射陽湖。

得勝湖　在興化縣東十里。舊名率頭湖，宋建炎中張榮以舟師敗金將於此，因改今名。

廣洋湖　在寶應縣東南五十里。東南通沈垛港，入博支湖。

博支湖　在寶應縣東南九十里，北接馬長汀，會射陽湖。

又高郵州東北有郭真湖。志云：蓋「博支」之誤，即《郡國志》所謂射陽有博支河者也。

津湖　在寶應縣南六十里。東通運河，南接高郵界。

清水湖　在寶應縣西南。東會運河，西南連氾光湖。

氾光湖　在寶應縣西南十五里。南會津湖，西通灑火湖。

灑火湖　在寶應縣西南四十里。西通衡陽河，東北通氾光湖，南接安宜溪。

白馬湖　在寶應縣北十五里。東北會運河，北接黄浦溪。

射陽湖　在寶應縣東六十里。北界山陽，詳見《淮安府》。

樊梁溪　在高郵州治北。自天長流入界，東流入樊梁湖。

石梁溪　在高郵州西北。發源天長縣，入新開湖。

海陵溪　界高郵、興化、寶應、泰州。南受泰州、邵伯、高郵諸水，西北入射陽湖。其在泰州者，一名浦汀河。

南溪　在興化縣南，即滄浪溪。宋范仲淹有《南溪馴鷗》詩。

精陽溪　在興化縣東北四十五里，自白駒場入運河。

黄浦溪　在寶應縣北二十里黄浦鎮南。西通運河，東入淩溪，又東北入射陽湖。

深港　在府南十五里，明洪武中兵部尚書單安仁濬。又相接有馬泊港，亦洪武中濬。

七里港　在府城東北十里。《舊唐書》云：唐敬宗時王播鎮揚州，於此開河，通舊官河，以濟漕運。

羅塘港　在泰州東四十五里，今姜堰河是也。

馬踏港　在高郵州東北七十里。東通海陵溪，西入射陽湖。

西塘港　在興化縣東南六十里。南北横亘，通梓新河，入得勝湖。

東塘港　在興化縣東六十里。南通泰州運河，北達鹽城。

望直港　在寶應縣東十五里。西接宋涇，東南通成子河。宋嘉定中縣令賈涉重濬。

花師潭　在高郵州北十里故縣村新開湖堤旁。其地又有清水潭。

瓜洲　在府南四十五里。《名勝志》云：瓜洲渡，昔爲瓜洲村，揚子江之沙磧也，沙漸長，民居其上。唐爲鎮，今其上有城。

新洲　在儀徵縣東南五里江中。宋志云：武帝微時，伐荻於此。其北有北新洲，上爲沙漫洲。又縣南十里江中有天寧洲，與新洲相映帶。

旗干蕩　在興化縣東十三里蘆洲之南，宋岳飛曾駐師於此。

章師蕩　在寶應縣東南四十里。南通廣洋湖，西接成子河。

馬長汀　在寶應縣東九十里。東北界鹽城，南接博支湖，北會於射陽。

宋涇　在寶應縣治中。受二閘所入之水，貫於城而東注望直港，即市河也。

張綱溝　在府東三十里。《寰宇記》云：漢張綱爲廣陵太守，開此溝引大石湖水灌田。以此得名。

子嬰溝　在高郵州北七十里，東南入射陽湖。

夾溝　在高郵州西二十里。昔人開築，以避武安湖之險者。

長沙溝　在寶應縣東二十五里。東入廣洋湖，西通運河。

小海池　在泰州西溪鎮廣福寺之東北。捍海堰未築時，其水直通於海。

第五泉　在府西北大明寺前，唐張又新所品。

附　宋歐陽修《大明水記》

世傳陸羽《茶經》，其論水云：山水上，江水次，井水下。又云：山水乳泉石池漫流者上，瀑湧湍漱勿食，食久令人有頸疾。江水取去人遠者，井取汲多者。其説止於此，而未嘗品第天下之水味也。

至張又新爲《煎茶水記》，始云：劉伯芻謂水之宜茶者，有七等。又載羽爲李秀卿論水次第，有二十種。今考二説，與羽《茶經》皆不合。謂山水上，乳泉石池又上；江水次，而井水下。伯芻以揚子江爲第一，惠山石泉爲第二，虎(邱)〔丘〕石井第三，丹陽寺井第四，揚州大明寺井第五，而松江第六，淮水第七，與羽説皆相反。

秀卿所説二十水，廬山康王谷水第一，無錫惠山石泉第二，蘄州蘭溪石下水第三，扇子峽蝦蟆口水第四，虎(邱)〔丘〕寺井第五，廬山招賢寺下方橋潭水第六，揚子江南零水第七，洪州西山瀑布第八，桐柏淮源第九，廬山龍池山頂水第十，丹陽寺井第十一，揚州大明寺井第十二，漢江中零水第十三，玉虛洞香溪水第十四，武關西水第十五，松江水第十六，天台千丈瀑布水第十七，郴州圓泉第十八，嚴陵灘水第十九，雪水第二十。如蝦蟆口水、西山瀑布、天台千丈瀑，皆戒人勿食，食之生疾。其餘江水居山水上，井水居江水上，皆與羽《經》相反。

疑羽不（尚）〔當〕①二説以自異。使誠羽説，何足信也？得非又新妄附益之耶？其述羽辨南澪岸時②怪誕，甚妄也。

水味有美惡而已，欲求天下之水，一（二）〔一〕③而次第之者，妄説也，故其爲説，前後不同如此。然此井爲水之美者也。羽之論水，惡渟淺④而喜泉源，故井取汲者。江雖長，然衆水雜聚，故次山水。惟此説近物理云。

徐州府

九嶷山　在府北五里，一名九里山。舊傳有穴，潛通瑯邪王屋。有峰形如伏象，故又稱象山。稍西爲團山，東爲寶峰山，西北爲孤山、看花山，竝與九嶷相屬。

赭土山　在府北三十五里。《禹貢》「徐州貢五色土」，即此山土也。有楚元王冢，亦曰楚王山。

境山　在府北四十里。相傳徐之封境界於此，西臨泗水。北數里有烏羊山、焦山、絳山。

---

① 據《文忠集》改。
② 「時」，疑「特」字之誤。
③ 據《文忠集》改。
④ 「淺」，《四庫》本作「浸」。

又黄山，在府北七十里，半屬沛縣。

又梁山，在府東北三十五里。與境山連，漕河所經也。今有梁境閘。

大彭山　在府西三十里。古大彭氏封此，山左右猶稱大彭村。

又西十里爲陶山，有漢徐州牧陶謙墓。

丁塘山　在府西南二十五里。其東有丁塘，故名。一名拔劍泉，土人稱爲龍湫，祈雨時應。

任山　在府西南三十里。唐咸通時龐勛陷徐州，迎敕使自任山至子城，即此。

雲龍山　在府南二里。州志謂：山有雲氣，蜿蜒如龍，故名。朱澤民《記》謂：宋武帝微時，憩息此山，有雲龍旋繞之異。此爲得之。東巖中有大石佛，故一名石佛山。唐末朱全忠遣子友裕，敗徐州節度使楊溥軍於石佛，即此。宋張士驥隱焉，有放鶴亭、飲鶴泉。山陰爲黄茅岡。山西南麓有流碧泉，極甘美。距城里許爲戲馬臺，高數十仞，廣袤數百步。舊志云：可屯戍，與城相表裏。

大山　在府南三里，視州境諸山爲最大。兩峰中闢一徑，爲南北孔道。

胡山　在府南三十餘里，有拔劍泉。

又南二十里有桃山，山陽有驛。

徐山　在府南六十里。一名武原山，相傳徐偃王嘗至此，故名。

奎山　在府東南四里。横枕泗水，與對岸駱駝山爲徐門户。

吕梁山　在府東南六十里。下臨吕梁洪，洪上有雲夢、梁王二城。或曰雲夢謂韓信，梁王即彭越也。

稍東南有鳳冠山，雙峰如鳳，翅相連。

又有塔山、峰山。

子房山　在府東。《景定志》：一名雞鳴山，世傳張良計散楚軍處。

定國山　在府東四里。梁貞陽侯蕭淵明禦燕慕容紹宗於此。

聖水山　在府東八里，與青頂山、尖山相屬。其間有石潭，世傳潛通泗水，宋蘇軾嘗禱雨於此。

聖龍山　在府東十餘里，一名勝雲山。有石孔二，如龍眼，久旱泉流不涸。

彭城山　在府東北三里，上有黄石公廟。

桓山　在府東北二十七里。亦名魋山，東臨泗水，宋桓魋作石椁於此。俗又稱洞山，相連聖女山。

寨山　在府東北三十餘里。有羊山、張孤山、内花山、梁山、龜山，四面環之，相距各一二里。

龜山有石洞，深晦莫測，俗稱仙人洞。

又稍東北有石山，舊有驛，今廢。

稍東爲檀山、鳳凰山。

又東北十里有二郎山。山北麓有泉二，曰拔劍，曰馬跑，其水由運鐵河達於泗。

盤馬山　在府東北九十里，相傳漢高帝盤馬於此。山産鐵，漢鐵官、唐鐵冶、宋利國監俱置於此。其陽有運鐵河。

白茅山　在蕭縣北。石壁峭立，前有平石，稱爲三仙臺，故又名三仙臺山。其右爲香山，左爲鸜哥山，竝列縣治之後。

聖泉山　在蕭縣西北二里。上有聖泉，僅一勺而不枯。山半有書聲洞，相傳昔有聞誦讀之聲者。其西有桃花洞。

箕谷山　在蕭縣西南十里。又曰冒山，翹峙衆峰中。山麓有石，嵌空玲瓏如太湖石。

明山　在蕭縣西南二十餘里，一名彩鳳山。山半有穴，俗稱虛窟，甚深，天將雨，輒出雲霧。其南十餘里爲昇高山，山陰有黑塢三畝許，夏、秋積雨，其水染人衣即黑。

丁公山　在蕭縣西南二十餘里，即楚將丁公追漢高祖處。其地亦名丁里村。

鼉山　在蕭縣西南三十里，一名元鼂山。其西南爲相山，與宿州界。

浮綏山　在蕭縣南三十里。其東爲焦子山。又東爲天門山，谿谷幽邃，林木蓊鬱。

龍岡山　在蕭縣天門山南二里，綿亘數里。深谷中有果老洞，又南二里曰龍駒嘴。衆山環繞，中闢一峪，有雙龍泉，只隔片石，左甘右苦。去龍駒嘴六里有白米山，又東爲獐鹿山，又東爲雙頂山。龍駒嘴相連爲黄桑峪，亦名爲藏峪，相傳漢高帝曾藏此，遊者稱幽勝。

永固山　在蕭縣東南四十里。下有永固鎮永固湖，俗稱海眼。

霧豬山　在蕭縣東南五十里。下有霧豬泉，淵匯數畝。

椒山　在蕭縣東南八十里。相近曰騫山。

爛石山　在蕭縣東十里，其下爲爛石。舊志：汴河舊迹也。

又小蒙、大蒙、里仁諸山，並相聯屬。

綏輿山　在蕭縣東三十里。下有綏輿里，宋劉裕，其里人也。

碭山　在碭山縣東南七十里，與河南永城縣界。

其北八里曰芒山，山有紫氣巖，即《史記》《漢書》高帝避隱處。

其東有戲山，西有狼牙山，又南爲保安山，西爲平頂山，皆芒碭之支也。

白駒山　在豐縣東南十五里。相傳漢高帝大會父老於此，歌白駒以留賓，故名。明代屢經河決，山漸平。

東華山　在豐縣東南三十里。山有三峰，其巔石方平，稍西削壁千仞。又西爲華陽洞，深杳莫測。洞西口有石室，中峰特起，有自然石級可登。山陽又有洞五，皆極幽勝。

微山　在沛縣東南三里。相近爲黄山、沛縣無高山大阜「，多平原」①。

戚山　在沛縣西南三十里，縣之鎮山也。

其東爲青龍桂籍山，高僅尋丈耳，有飲馬池，舊傳鄭侯牧馬處。

葛嶧山　在邳州西北六里。《禹貢》云：「嶧陽孤桐。」《地理志》云：葛嶧山在下邳西，古文以爲嶧陽是也。

茸山　在邳州西北九十里，上有唐時藏梅寺遺址。

顯陽山　在邳州西北九十里。其山高聳朝陽，故名。

倚宿山　在邳州西北百一十里。世傳韓信經此，倚山而宿。

勝陽山　在邳州西北百二十里。其山高聳秀麗，勝於顯陽，因以爲名。

黄石山　在邳州西北百二十里，上有黄石公廟。

相近爲穀城山。

磬石山　在邳州西南八十里。近泗水，或云所謂「泗濱浮磬」者也。

艾山　在邳州東北百里。山多産艾，故名。按春秋時齊、魯相會之艾，在山東蒙陰，縣志引之誤也。

① 據《四庫》本補。

鐵佛山　在邳州北百五十里，上有三鐵佛。

馬陵山　在宿遷縣北二里。陵阜如馬，自山東迤邐而來，爲邑之鎮。其岡脉曰靈傑山。

峒峿山　在宿遷縣北七十里。漢以「司吾」名縣，因而得名。上有石洞，鑿其口爲螭，水噴不絕。宋紹興末，守領張榮屯此，以拒北兵。

峒峿之南爲五華峰，又南爲斗山，又南爲峰山。

塔山　在宿遷縣東九十里，與沭陽界。上有土城，相傳爲五代時郭彦威屯兵處。

象山　在睢寧縣北四十五里，三面據河。

羊山　在睢寧縣北五十里。面臨黄河，一名陽山。

絆河山　在睢寧縣北五十七里。其下河流三面縈帶，因名。或訛爲「半戈」。

劉胡山　在睢寧縣北七十二里。舊志云：昔有劉胡將軍寓此，故名。

龍虎山　在睢寧縣西北六十五里，二山相屬。國朝康熙二十四年，河臣靳輔於此鑿爲石閘，名曰天然。

鳳凰山　在睢寧縣西北七十里，山形似鳳而名。

張龍山　在睢寧縣西北七十里。上有張龍神廟。下有塘，其三面障以石，復蓋以石，或曰龍潭也。

大黄山　在睢寧縣西北七十里。山高而長。舊志云：爲邑中河北諸山之宗。

南二里爲鯉魚山，以其形似游泳於河上也。

龍泉山　在睢寧縣西北八十里，高聳環亘岸外。舊中山之陽有上、中、下三泉，冬、夏不涸。

黄山　在睢寧縣西北八十里。有黄華洞，可容數十人。因地近圯橋，相傳黄石公曾隱於此，又名黄石峒。

九頂山　在睢寧縣西五十里。以九峰相連，故名。環抱如城，中含平曠。

仙掌山　在睢寧縣西六十里。上有掌痕尺餘，蓋仙迹也，偶然而見，尋之則無。

孟山　在睢寧縣西南六十里孟山湖中，與靈壁界。舊志云：睢水由此入境。

池山　在睢寧縣東南四十里。以四面臨河如池而名。其南入虹縣界，别名赤山。

初月阜　在碭山縣西里許。中高四下，形如初月。俗名靴尖阜，乃當時築以捍城者。

水墨巖　在蕭縣石盆澗上。石皆墨花如畫，似大理石。

泗河　在府東北。由山東歷沛縣，至府城東北，受汴水，合流而東南入邳州。韓愈詩所謂「汴泗交流郡城角」是也。

黄河　在府東北。自河南虞城流入碭山界，經蕭縣至府東北，在邳州南二里合於泗水，東經宿遷，南入于淮。當其衝者睢寧，累受其害，詳見《河渠志》。

汴河　在府北。由河南歷碭山、蕭縣，至州東北合泗水而南。

運鐵河　在府東九十里。宋鑿，後淤，明嘉靖間復濬，通新挑溝。

西流河　在蕭縣南二十里。浮綏諸湖之水由此入山西湖，會於兩河口入汴。

淇河　在蕭縣西南五十里。東北流達於州境，而會於兩河口。

禮河　在碭山縣東北二十里。舊名夾河。元末韓林兒與父老别於此，稽首爲禮，故名。北五里爲桑葉河。

又縣有陳霜口、三里、白川、段莊、新岔等河，大抵皆黄河之支流所經也。

運河　在沛縣東北。

武河　在邳州西北五十里。源自山東嶧縣馬旺湖，流經州西北二十五里，匯爲蛤湖。

又州西北二十里有鰻湖，亦武水所注也。引流五十里，由乾溝口入於泗。

泇河　在邳州西北九十里。源出山東嶧縣，東會沂水，接州東之直河。又東南入宿遷縣境之黄墩湖、駱馬湖，從董、陳二口入於黄河。詳見《河渠志》。

成子河　在邳州北五十里。源自沂州蘆塘湖，流經營河，入於武河。

營河　在邳州北百里。出自沂州抱犢堌，經黄石山泇口考究泉入運河。

直河　在邳州東五里。

漕河　自山東臺莊，抵邳州東南，歷泇口鎮，由直河東，經宿遷之小河，會於黄河。

曲吕河　在邳州東南四十里。源自壩頭，入洪河，又會直河入泗。其流瀠洄往復，因而得名。

清水河　在邳州護城堤南。內通城河，舊黄河所經也。與睢寧中分爲界。

白洋河　在宿遷縣東南三十五里，即小河之支流也。

皂河　在宿遷縣北四十里。源出縣之港頭社，流入於泗。以土黑，故名。

汴塘湖　在府東北百餘里，南流入邳州沂河。

黄山湖　在府北八十里。黄山東水漲，則與沛縣之昭陽湖通，溢入運鐵河。

雁麥湖　在府西南四十里。相連張塘湖、馬溝陂，接蕭、碭之境。冬、春爲平原，夏、秋爲巨浸。

鵝兒湖　在府東五十里辛賈山下。州東北四十里有柳泉，南流入鵝兒湖。

浮綏湖　在蕭縣南二十里浮綏山東。

南爲永固湖，又南爲梧桐湖，稍西南爲時村湖，又南爲土形湖，皆南合於睢水。其匯於西南者，爲山西湖；匯於東北者，爲姬村湖。連絡瀠洄，頗稱巨藪。

昭陽湖　在沛縣東北八里，俗稱刁陽湖。山東鄒、滕二邑之水，咸匯於此。下與薛水合，至金溝口達於泗以濟運。

吕孟湖　在沛縣東南四十里。

又有張莊、微山、赤山諸湖，與昭陽湖並爲瀦水濟運之處。

白鹿湖　在宿遷縣西南五十里。由小河入運河。

駱馬湖　在宿遷縣西北四十里。由陳瑶溝入運河。

黄墩湖　在宿遷縣西北。源自南旺湖，由徐州荆山口，至全河汴塘入州境，經成子河入於運河。

諸葛湖　在宿遷縣西北八十里。每春月陰晦，時常有城池、廬舍，隱隱可見，如海市之狀。

管坊湖　在宿遷縣北四十里。歲旱即通車馬，爲青、齊要路。明萬(歷)〔曆〕中建石橋其上，泥淖乃免。

峰山湖　在宿遷縣北四十五里。明洪武中主簿陳世能疏通，以去水患。

侍(邱)〔丘〕湖　在宿遷縣東五十里。一名東湖，饒魚蝦之産。又縣東南有茅滋湖，受侍(邱)〔丘〕之水入於運河。

合湖　在睢寧縣西北七十里。合沂水南入黄河，故名。近葛嶧山，故又名葛湖。

白山湖　在睢寧縣西北七十里。山水所匯，向爲大湖。後因河決沙淤，半成田畝矣。又縣西北有白馬莊湖、黄山湖，皆如之。

睢水　在府南六十里。自蕭縣流入境，又東接宿州界。項羽敗漢軍於睢水，即此。其東出者曰穀水，南出者曰蘄水。

豐水　在豐縣北，與泡水接。

泡水　在沛縣南，其上流即豐水也。自山東單縣流入豐縣界，東經縣城，至泗亭驛入於泗。亦曰包水。

漷水　在沛縣東北。自山東滕縣流入昭陽湖，又東南達於薛水。

薛水　在沛縣東南十里。自山東滕、薛之境西流，會昭陽湖，達於泗。明嘉靖末開新河，因築石堤，横截其流，南注微山、吕孟諸湖。

泗水　在邳州南二里。源於山東泗水縣，流經彭城，至州西會沂水，東至清河縣入於淮。元、明而後，其下流遂爲黄河矣。

沂水　在邳州西一里。源於山東沂水縣，西南流至州西入泗。

龍潭　在蕭縣東南七十里。出龍岡山，其水瑩澈皎潔如月，土人稱爲「龍潭皎月」。

百步洪　在府東南二里，一名徐州洪，泗水所經也。水中亂石巉巖，與驚湍相激，舟行病之，凡數里始静。洪形如「川」字，中曰中洪，西曰外洪，東曰裏洪。亦曰月河。相傳唐尉遲敬德所鑿。

吕梁洪　在府東南五十里。有上、下二洪，相去七里。巨石齒列，波濤洶湧。《莊子》所謂「吕梁懸水三十仞，流沫四十里」是也。尉遲敬德嘗疏鑿以殺水勢，今尉城其遺跡。明成化間，主事費瑄疊石爲堤，歸水於洪，吕梁之險十去五六。

境山溝　在府東北二十里。源出馬跑泉，西南流三十里，徑境山鎮，又南入於漕河。

境山之北，又有池浜溝。

北溜溝　在府北六十里。

其南十里曰南溜溝。

又有謝溝、秦溝、夾溝、大彭溝、皮溝，皆在州北，爲昔時大河決溢處，通塞不時。

李家溝　在府東南三十里。鵝兒湖水分流出此，入大河。

又響水溝，在州東南七十里。源出雙井、白塔二泉，入於泗水。

狼矢溝　在府東二十里。又東十五里，有磨臍溝，黄水暴漲，時從此溢入。明萬(歷)〔曆〕中，於溝口築堤防護，衝決之患少息。

鴻溝　在蕭縣西北四十里。源於山東滕縣，流注薛水。

龍扒溝　在碭山縣東南三十里。舊通汴水。明嘉靖中，又開從三龍口至西鎮澱，過蕭縣境，入湖澱溝，與大彭等溝爲州西北之五河，俱大河衝溢處也。

草狼新溝　在宿遷縣南，泄侍(邱)〔丘〕湖之水。明萬(歷)〔曆〕中曾濬之。

龍泉溝　在宿遷縣峒峿山下。分爲二：東入沭河，西入皂河。

太倉州

穿山　在州東北五十里。中有石洞，通南北行。《臨海記》云：昔有浮海揚帆於其中者。明正統間，居民鑿地得桅，其末徑尺有二寸，蓋海中小島也。今山在平陸，去海二十餘里。

鎮洋山　在鎮洋縣。明弘治十年，知州李端築。今分縣，以此名。

附　明祝允明《鎮洋山記》

弘治十年，蘇州府新建太倉州成，遵詔命也。堪輿肆其樞，蒸黎矢其謨，而巡撫右副都御史朱公瑄建白之，太守曹公鳳主維之，同知萬公祥等申畫之。所以造規考工，凝績垂遠，咸出於州守李公也。

初，治廨既立，百具皆作，而相維沿州之東，滄溟環輸，揺汩滔渼，萬古不休。雖新邦呀然，傲睨踞壓，而萬井衡夷，無標極之形。於是即廨宇後築爲崇巒，肖象三山，中隆夾亞，堅壤豐積，樂石奇疊，材木蔚章，鳥獸馴集。岌乎摩蒼霄，嶷乎跨黄祇。風蟠氣回，情愜勢到，足以聯絡地軸，支控鯨渤。而又爲亭者三：居山之前曰迎仙，首曰來仙，西偏曰遊仙。爲洞一，居山之麓，曰集仙。既成，州人讙聳，征商歸矚，夷倭附服，艅舶安流。伯若興寶，龍魚帖居。乃稽勳名山，謂之鎮洋。同知州事周君明等，令義官鄭餘慶請記。

夫兩儀育物，而川岳奠位。王公設險，則城隍作藩。肇州封山，其來久矣。又況唯洛食而周鼎定，咸陽峙而漢闕依。形相之方，孰可違廢？然而不藉賢宰，疇匡聖圖，故龍門砥石，禹成舜功；南交銅柱，援標漢業。厥今沙海漸暨，揚波不聞。所謂龜筮協從，神鬼受職，因民而利，職競繇人。然非深不足以經遠，非明勿庸以輔幽。有如兹州俶構，斯山罔興，化機物情，未云周審。今則地理順謐，水土平康。物性克而形勢暢，陰陽和而陵犯解。《易》曰「后以財成天地之道，輔相天地之宜，以左右民臣」也者，承君之義以致之民者也。

則鎮洋之創，我后知始，群公作成，乾坤交宜，人物攸賴。豈不謂「財成輔相」者歟？非天下之至深至明，其孰能與於此？

惟李公抱英荷傑，直氣凜凜，殆乎海其知而山其仁者也。公名端，字表正，東陽人。

應奎山　在嘉定縣學南。初，學與留光寺逼處。明天順間，築土山以障之。嘉靖時又增築焉，引橫瀝涇環其下。

寶山　在寶山縣。明永樂十年，平江伯陳瑄督海運，築此以達烽堠。

附　明成祖《寶山碑記》

嘉定瀕海之墟，當海流之會。外即滄溟，浩渺無際，凡海舶往來，最爲衝要。然無大山高嶼，以爲之表識，遇晝晴風静，舟徐而入，則安坐無虞。其或晝夜煙雲晦冥，長風巨浪，帆檣迅疾，倏忽千里，舟師弗戒，瞬息差失，觸堅膠淺，遄取顛躓，朕恒慮之。

今年春，乃命將士相地之宜，築土山焉，以爲往來之望。其趾東西各廣百丈，南北如之，高三十餘丈。上建烽堠，晝則舉煙，夜則明火。海洋空闊，遥見千里。於是咸樂其便，不旬日而成。周圍樹以嘉木，間以花竹，蔚然奇觀。

先是未築之前，居民恒見其地有山影。及是築成，適在其處，如民之所見者。衆曰：是蓋有神明以相之，故其兆先見，皆稱之曰「寶山」。因民之言，仍其名而不易，遂刻石以志之。

詩曰：滄溟巨浸渺無垠，混含天地相吐吞。洪濤架山巖嶼奔，巨靈贔屭相噓歕。揮霍變化朝爲昏，駭神褫魄目黯皆。蒼黄拊髀就爲援，及起兹山當海門。孤高靚秀猶昆崙，千里示表鬱焞燉。永令泛濟無憂煩，寶山之名萬古存，勒石悠久同乾坤。

蛇山　在崇明縣東北海中。一名長山，一名茶山。舊志云：有二峰，東峰不可上。其西峰頂有石，大數畝，五十七松環之。南有《吕純陽碑》。

洋山　在崇明縣蘇州洋，與蛇山相近。其别有十八嶼，可泊海舟，避颶風。

鶯遊山　在崇明縣淮河口，爲崇明江淮會師汛地。

金鳳山　在崇明縣三沙。舊名金鰲，取宋高宗航海所至之山爲名，後廢。國朝康熙三年，總兵張大治重築。

岡身　在州東曰上岡身，曰下岡身，曰歸吴岡身；在新安鄉曰青岡，在惠安鄉曰王家岡。《續岡經》云：瀕海之地，岡阜相屬，謂之岡身。天所以限滄溟而全吴人也。

拋沙墩　逃鹿墩　在州城北門外，皆童阜也。

東岡　在嘉定縣東南二里。縣無山而有岡，海水積沙之所成也，土人名爲岡身，四境皆有之。

大海　在州東北。及嘉定之境，俱東際於海，而内地水道無不通潮汐者。

崇明東沙之東，所謂蘇州洋也。

其東北有淡水洋，即揚子江尾，味甘如惠泉。東南爲鹹水洋。

大江　在州境東北入海。

婁江　在鎮洋縣南。自昆山縣流入州境，環城南而東爲劉河口入海，凡一百八十里。受震澤西來諸水。一名下江。元時海運道此。或曰「婁」，「劉」音訛也。

吴淞江　在寳山縣，自昆山東抵縣界。又東過黄渡江灣，又東北入海。

大通河　在崇明縣東三十里。

又縣東四十里有惠民、富民二河，八十里有天仙河，此内地之支河也。

施翘河　在崇明縣北。西自長沙，逶迤達於袁、孫、吴三沙，此沿海之幹河也。

鐺脚港　在州東北。受諸涇之水，東流入於海。

七鴉浦　在州北三十六里。一名七丫，又名七浦。太倉之水，七鴉浦爲大，通常熟、昆山二邑。諸水西承巴城湖，東入於海。

顧浦　在州西南五里。引吴淞江水入吉涇。又東折而北爲戚虞涇，與南鹽鐵、張涇、横瀝諸水，俱入婁江。

三槎浦　在嘉定縣南三十里。有上、中、下三槎。

半涇　在州東三里。南入婁江，北經湖川、楊林，至於七浦。自張士誠開九曲河，而半涇漸淺涸。

橫瀝　在州東南。南經婁江入吉涇塘，北經七浦入常熟。

海　州

朐山　在州城南四里。秦置朐縣。以此二峰如削，俗呼馬耳山。按《史記》云：始皇立石東海上朐縣，以爲秦東門。或謂秦立石朐山之上，誤。旁有五龍潭、青龍澗。

石棚山　即朐山之東北嶺也。舊志云：有巨石覆岩成室，可容十數人，山嶺甚峻。初無花木，宋石曼卿判海州，讀書於此，乃以泥裹桃核爲彈擲之，數年間花發滿山。

大伊山　小伊山　在州南百里。南北相向，距二十里許。

虎山　在州西南五十里。山東南有龍山，皆以形名也。

弁霧山　在虎山東北。雲霧在上，望之常如冠弁。

華蓋山　在弁霧山東，以形如蓋而名。

沃壤山　在華蓋山北，近石城村。西北連海，山下潮水往來，滋溉民田。

牛山　在州西南七十里，産水晶石。

北望山　在州西南百六十里。上有石臼二，俗謂始皇洗頭盆也。《名勝志》云，山上馬跡猶存。

白玉山　在州西百里羽山之南，其石潔白如玉。

馬嶺山　在州西百五十里，與郯城界。

羽山　在州西北百餘里，相傳舜殛鯀處。《禹貢》云：「羽畝夏翟。」《鄭註》云：羽山之谷也。下有羽潭，《左傳》所謂「羽淵」也。

巨平山　在州北三十里。《州志》云：一名由吾峰。南接東海，北抵墟溝，上有白龍潭。又棲雲山，即巨平之北嶺，昔有僧結棲雲精舍於此。

朱紫山　在州北四十里。丹崖赤壁，自相輝映，望之若朱紫然。

鬱洲山　《州志》云：在州東北海中。有大洲，謂之鬱洲，一名郁州。一名蒼梧山，俗以爲自蒼梧來也。

雲臺山　在州東北四十里。幽深秀特，常冠雲氣。一名青峰頂。山北有望日峰，昧爽時可見初日。

國朝帥顏保《開復雲臺疏略》

爲籲復雲臺，上助漕運，下存孑遺事。

據淮揚道副使黄桂呈詳到臣。該臣看得：淮安府海州生員江之蓰等呈稱：雲臺一山，上建三官祀廟，砥柱江河，默翊運道。緣順治十八年，概入遷撤，海邊各口，嚴釘樁木。浮葦浪草，遇椿存滯，沙淤河淺，尾閭不泄，以致桃源諸堤屢潰。民遭水厄，淮、揚九載水災。爲治河計，莫善於復雲臺而清海口。等情。臣隨批行各官酌議。復經移咨督撫、河提諸臣，會商前來。

查此山實與州城甚近，比別島遠在海中者不同。其山週圍共計三百餘里，物産民聚，向稱豐腴稠密。且係屏障海口，爲黃、淮之尾閭。自從廢爲禁地以來，壅沙日積，黃、淮漫決。以致淮、揚水患頻仍，而運道民生，俱有堪虞。今應否開復雲臺山爲内地，統候部議。

小高山　在州東北六十里。孤峰特秀，三面壁立，俯臨深谿，惟東隅可通人行。上有田横岡。又有平山，在州東北百里。

鷹遊山　在州東北海中，去平山十五里。一作嚶遊山。元時海運之所經也。

孔望山　在州東。《輿地要覽》云：孔子問官於郯子，嘗登此山以望東海。又名古城山。《地理新書》謂即古海州故城。

社林山　在州東六里。以上有土穀神祠，故名。

其東北有浦山。

銀山　在州之石湫鎮九洪橋北。其山近海，多白石，日出照耀如銀。

罘山　在州東五十里。按山東登州府有之罘山，乃始皇射巨魚處，舊志誤引於此。

盧石山　在州東南六十里。山多黑石。《漢書》云：韓信爲楚王，鎮於三盧。即此。宋張耒云：三盧者，此與伊盧、句盧二山也。

大星山　小星山　在州東南七十里。二山相對，舊傳爲星所墜。

伊盧山　在州東南八十里。上有龍祠，多石罅，清水漾於罅中，禱雨多應。《史記》云：鍾離昧家在伊盧。

東陬山　西陬山　在州東南百里。二山對峙，東陬居海中，西陬居海隅。

蠣山　在州東南百里海中，潮至則没其半。山多蠣，故名。

夾谷山　在贛榆縣西四十里。舊以爲齊、魯會處，本《寰宇記》之譌也。山東濟南府淄川縣有夾谷山，一名祝其，乃齊、魯會處。

紀鄣山　在贛榆縣西七十里。《春秋》云：齊師伐莒，莒子奔紀鄣。即此。

吴山　在贛榆縣西北三十里，巒壑奇秀。舊傳有吴姓者居此，殁而靈異，遂以名山。

大金山　在贛榆縣治。縣北面跨山而城，號爲雄麗。

又縣北二十里有小金山，河在其北。

懷仁山　在贛榆縣北四十里。東魏置懷仁縣，以此。

青山　在贛榆縣北四十餘里，舊贛城在其北。

阿夜山　在贛榆縣東北七十里，有水簾洞。對峙者爲欄頭山，其山有石欄，可障海濤。

丫髻山　在贛榆縣東北七十里，兩峰相對。

秦山　在贛榆縣海中，去岸四十里。舊傳始皇登此求仙，勒石而去。水底有神跡三十餘里，闊數尺，自岸抵山。俗謂秦人所築，洪波浸激，迄今不圮，潮落可褰裳而涉也。

武强山　在贛榆縣南三十五里。昔有海寇登岸，鄉民黄雄率衆禦之。既殁，而民祀之，嘉其保障之功，因以名山。

建陵山　在沭陽縣西北百里。其山東西狹，南北長，上多陵阜，漢立建陵縣於此。其南有神山。

塔山　在沭陽縣西北百里，界宿遷。

韓山　在沭陽縣東北六十里。世傳韓信追項羽於此，故名。南有楚王廟。又縣東北七十里有孤山。

分水嶺　在贛榆縣北七十里。有水一綫自石間射出，分爲東西二流。一名分泉。

獅子巖　在州北二十里。有濯纓泉。下有鬱林觀，相傳有徐生學道於此，一夕仙去。

大小二島　在州北五十里。兩山對峙，潮生則没。

竹島　去州城八十里。在海中，上多小竹。

大海　在州東境。南接朐山，北連贛榆。往來渡處名黑風渡，廣二十餘里，必擇日致祭，乃敢渡焉。

景濟河　在州東南二十餘里，運鹽河也。

又穿心河，在板浦鎮，南通此河，北接雲臺。

官河　在州東南四十里，自新壩南入安東支家河。

板浦河　在州東南四十里，與白蜆、芹支二河俱自官河東流入海。

界首河　在州南。其源西自太湖，東入官河。

莞瀆河　在界首河北。其源西自官河，東流入海，通運鹽舟楫。

石湫河　在州南二十里。舊時州境之水，皆匯此以達於海。

漣河　在州西南。上引沂、沭及桑墟湖之水，經石湫及黑土灣入海。

房上河　在州西南六十里。與魯蘭河俱源自馬嶺山，東入官河。

薔薇河　在州治西一里。其源自羽山來，内接州城市河，北通贛榆，東入於海。

一帆河　在官河東北，南至安東入於淮。

小沙河　在贛榆縣南六里。源出山東莒州，上接沭河，下流爲青口河入海。

大沙河　在贛榆縣南五十里，舊名廟灣子沙河。源自山東郯城縣，從大沙河鎮東入海，沿河有堤。

臨洪河　在贛榆縣南六十里，通薔薇河。明景泰間疏導通海，舟楫甚利，今復塞。

朱汪河　在贛榆縣北二十里，下流爲龍王河。

荻水河　在贛榆縣北七十里。源自山東莒州，東流入海。

孫家河　在贛榆縣東南四十五里，武强山諸湖之水由此入海。

碩項湖　一名大湖，在州西南。西達桑墟湖，南界沭陽安東。亦見《淮安府》。

桑墟湖　在州西南九十里，與沭陽界。

金湖　在沭陽縣東南五十里。

宿城浦　在州北七十里。四面俱山，舟楫遇風宿此。

沃壤浦　在州北七十里。

又有白溝、大義、山陰、當路、溪雲、社林諸浦，俱通海潮，便魚鹽。

徐瀆浦　在州東北四十里，納巨平諸山之水入海。

蕘水　在贛榆縣西南八十五里。又有劍水。二水皆源自山東沂州，流入縣界，合而東注於海。

沭水　在沭陽縣東南。自郯城流至縣境，又東入於桑墟湖，《周官》所謂「青州之浸」是也。

張家溝　在沭陽縣西五里，即沭河分流處。

品泉　在州南門外。三井鼎連，其味甘洌，或謂近於惠泉。

温泉　在州之博望鎮西五里，冬、夏如湯。

通　州

狼山　在州南。《圖經》云：與劍、軍等五山相屬。又名狼五山，相傳有白狼居此。或云，山形似狼也。形勝甲淮南，蓋一方之鎮也。其嶺有文雲塔，塔前有明初敕建江、海神祠，其左右皆軒亭覽勝之所。山之陽有獅子石、松岡、千人洞、紫石海、月觀音諸巖。又有神人鞭石處，世傳秦皇時事也。

附　宋劉弇《狼山記》

白狼五山，距通州城南十里。率不百步，則嶄然迭起，若踞若躩，若前拱後負，若期而赴，有待而不相躐。而五山者，通人能道其名：仙蜕其上者，曰仙女山；闔廬曩軍其旁者，曰軍山；形鋭且中罅者，曰劍脊，曰馬鞍；至臨以佛宇，則號寶塔山，秀絶可喜。而好事者往往取以矜遊客，謂狼嘗擾而居也。

元豐四年冬，弇按田山旁，至則求觀所謂五山者。入寺東廡，得乳泉，號幻公井。幽光浚發，若上噴狀。茗飲者利其甘，争至赴汲。井自開山僧知幻所鑿，故名。方丈東阿有石，僅十尺許，長倍，廣三之二。昔從山椒墮，號飛來石。自堂折而少北，貫以澀道，躡之纚纚如絙縻上縈。道左，閣曰棲雲，庵曰海桐，亭曰半山、曰望江。皆森爽谽谺，可蔭以休。而閣加於庵之廣，亭加於閣之峻者倍且半。又卻轉，得楣埒，更澀屐，小覺酸軟。度非三休，不至絶頂，因力躋焉。

方是時，朝日初上，曈曨如曜金發莽蒼中。洞視上下，不隔襟𧜌。佛螺姝眉，附地別出，則南峙之福山也。排天決雲，吞嚼淮、吴，則東浮之三濡也。稻畦葭澤，潮汐上下，沮洳斥鹵之所淫溢，與夫疏篁茂木，穨垣廢(邱)〔丘〕，皆得於轉瞬之頃。於是，惝然忽疑從樊籠中出，〔而思古人所謂登泰山而小天下者，亦宜有是，而非特寓言」①也。

絶頂之北，有石若圮而中留，踐之令人善畏而得瞀，則定心石也。山後有石卵港、觀音洞、朝天巖、去思亭，皆利下觀，而醒石尤以名著。石廣、厚略等，可坐十輩其上。醒石之西有紫石巖，石紫赤色相錯雜，而紫爲多。以遊至者悉攦名其上，今亦頗可別識。

劍脊、馬鞍二山，遊者罕至。獨峭壁隆隆發數十仞，疑造物者於此喜爲斫刻以驚世也。軍山宜山茶花，號多蕨薇。仙女山最外峙，有穴通中。頃歲嫗有自龍舒來者，年七十餘，獨食息其中，似得道者。山有拇迹、鞭痕，皆著石。或云秦始皇履是山，且鞭以投海中，俗之好怪乃如此？

而僧語余曰：今之山跗，雖皆平陸，然前五十載，海也。其深蓋碇絲千尋莫能測。而自軍山左轉，皆閩艘吳艦，與渡而漁且漕者之所出入。山前後石罊若鐘釜然者，皆水所湔漱。而巖有鑱「天祚」者，五代姚存艤舟時題識也。余聞而異焉。且淮海方數千里，自江都走海陵，絶吳會，其間以佳山川著稱無幾矣。至是而僅得五山焉，則又皆盤礴吐吞於窮海僻陋之濱，若遯而肥與畏名而逃焉者，獨何耶？

然五山當潮，波撼一方，如唇齒傳脰咽。使通民恃以不怵，而間則蒸油雲，泄膏雨，以利生物。其作鎮此土，殆天意，非可私智測也。

① 據《五山志》補。

余也服吏役，一投足而五山之美，盡得於人跡之所不到。竊自比於醯雞，别舞甕外之一天，則亦不得而默矣。

劍迹山　在狼山東。一名刀刃山，世謂秦始皇淬劍於此。有磨劍石，今墜於江。東南有雙人峰，其下有燕子洞。

軍山　一名象山，在劍迹山東南，隔江數里。《一統志》云：越王嘗軍於此。新志云：秦始皇二十二年，巡行至此屯軍。中有卧雲窟、山茶灣諸勝。其東北麓有椒嘴石，長數十丈，以潮長落爲出没，相傳月明時聞笙簫之聲。

附　明嚴爾珪《五山拱北碑銘》

登五岳而小天下，登五山而小崇川，五山其通之五岳乎！大江洸蕩自恣，五峰盤峙如列掌，余每過之，幾片青芙蓉，奇秀萬狀，白狼居然長之。若劍迹，若黄泥，若馬鞍，皆其伯仲而鱗次者矣。

軍山在水中央，宛一旁伍。波臣溯湃，走五山之趾，狂欲吞山。山堅壁當之如諸葛壘，如岳家軍，森布嶙峋，撼之而不動。通以此俯瞰江流，差堪夜郎自雄，稱小五岳也。

州人士所疑者，謂山陽盤旋南向，其陰多巉嵒絶壁，怪石鼇牙，夫其情不屬我乎？余解之曰：非然哉。兹山爲江而設奇，爲通而岸江者也。故悉其峭雄勃窣之力，南走迎江，而故張其逶迤整暇之勢，分合奇正，與江水相持。要其所擁護而藩屏，神情未嘗不北拱也。譬猛將軍捍御邊陲，逢勁敵，旗鼓軍容無不向敵者。然則内地安瀾，數峰容與，山之輕裘而緩帶者也。而兹山獨處其勞，疊嶂層巒，跨江隘海，山之居重而擁强者也。而兹山孤奮其勇，山之拱通也亦至矣。州人士猶重疑之乎？余將酬山靈加勞焉。因題之曰：「五山拱北」。即山靈怏然，當以余言爲己知也。爰進銘之曰：

維通有山，巋兮森峙。固我邦圉，疇離厥祉。江濤怒攻，介人在此。忠而被謗，僉謂南指。珪來眺臨，雪其非是。五靈競呼，曰惟所使。爲通篤祜，有加於始。

塔山　在狼山西，俗名黄泥山。舊傳有女子得道於此，下有仙女洞。其西下有石刻「通濟門」字，蓋元時海運故道也。

馬鞍山　在塔山西。《一統志》謂以形似名。舊志云：隋煬帝征高麗，曾放馬於此。

東土山　在州東十五里。築土所成，樹蔭水繞，亦爲勝遊之地。

東山　在州海門鄉吕四場。相傳宋淳熙中孫道人所築，以術運米，建廟於山。

會聖山　在州海門鄉東三十里運河之北。

摩訶山　在如皋縣南百二十里大江中。水勢湍激。俗名蝦蟆山。初，山在縣南界，今江漲山遠，去岸逾五十里矣。

碧霞山　在如皋縣西北，上有碧霞元君祠。

又縣有三土山，一在安定鄉，一在豐利場，一在馬塘，與此皆築土所成。

孤山　在泰興縣東南七十里。石壁臨江，上多大竹，縣之鎮山也。今沙漲江遠，山與靖江連界矣。

高阜　在如皋縣北五十里。東西亘五十里，相傳古海岸也。

平阜　在如皋縣南江寧鄉。東西亘六十里，相傳古江岸也。上多竹樹，亦宜五穀。

大海　在州東北。北連泰州，東盡海門，諸鹽場循岸而棋布焉。

大江　在州南二十里。西自江都入泰興縣界，過如皋抵於州治，東至料角嘴入海。南與太倉州海口相望。

西亭河　在州東北二十里西亭場。

運鹽河　在州西北。自泰州東行百六十里，至海安鎮入如皋界。又東南行百一十里，至白蒲入州界。又東行百五十里，過海門鄉，達於呂四場。

金沙河　在州東三十里金沙場。與西亭河俱宋兩淮制置使李庭芝鑿。

石港河　在州西北七十里石港場。又爲新河，新河東爲仇家河。以上諸河，皆與海通，浸灌甚廣。自明隆慶中於海濱鑿串場河，而諸河皆謂之故河云。

山河　自州治南直達狼山。舊志云：海運故道，由此以入漕河。

葛堰河　在如皋縣東南二十里。東通十竈，西接運鹽河。

龍遊河　在如皋縣東南六十里，亦名九十九灣河。舊傳龍過而成河，其形環曲。北接運河，南通大江，故又名通江河。

立發河　在如皋縣北三十里。北接運鹽河，東至於海。

汊河　在如皋縣東北豐利場。南通運鹽河，北至於海。

姜溪河　在泰興縣東南，直達靖江界河。

新河　在泰興縣西南三十里，通大江。

得勝河　在泰興縣西南四十五里，通江。即盛大港。

芹湖　在如皋縣西安定鄉。北達溪河，西通泰興。今已湮塞。

祥符湖　在如皋縣東南六十里。亦名高陽蕩，西接運鹽河，東達於海。

瀛溪　在如皋縣北安定鄉。水繞洲如瀛洲然，故名。西通泰興縣，東接黄蒲溪。

蟠溪　在如皋縣北，亦古邗溝也。以洲渚灣環而名。西接運鹽河，東入於海。

瞿竈港　在州東金沙場。

又有唐竈港，又西亭場、餘西場諸港，皆與海通。

進鮮港　在州之海門鄉。諸港皆通江海，今多湮没。

石莊港　即天生港，在如臯縣南六十里。宋吴濛詩：「煙含樹色連沙嶼，風帶潮聲怒石矼。」

暇思港　在如臯縣西南七十里，國朝康熙六年開濬。

掘港　在如臯縣東百三十里。西通運鹽河，東抵海。其地爲廣陵東南門户。

石碇港　在泰興縣東南。

王家港　在泰興縣西南三十里。舊志云：與孟瀆河相對，商賈舟船之所必由。

又有蔡家、廟樹、柏家三港，俱於康熙六年開濬。

其北有洋思港，亦通於江。

廟港　在泰興縣西三十里，流經江都縣境入江。

又西十五里有過船港，又縣東南有印莊港，西南有小麥港，皆通大江。

白水蕩　在州東百二十里吕四場。其地廣闊，魚鳥鹿鶴所萃。

鄭公灘　在如臯縣東北百二十里豐利場。宋治平間，富鄭公弼判揚州，鑿以習水戰。

相見灣　在泰興縣東北，俗謂之龍開河。河形委曲，舟行雖有先後，至灣則帆檣相見，可呼而應，因名。

又馬橋河在縣南，與龍開河接。

度軍井　在如臯縣西十里。一名聖井。不甚深，汲將盡，擊其欄則溢出。宋岳飛經略通泰，駐兵於此，資給無匱。

江南通志卷十五

輿地志

山川　五

安、徽〔二府〕①

安慶府

大龍山　在府東北三十里。北障郡城，如列屏扆，皖封鎮山也。上有龍井，一名雷澤井，四時不竭，旱則禱焉。

① 據各卷標題命名體例擬補。

其東出者曰小龍山，由大龍中出。兩山相夾如門者，曰龍門山。其北四十里有白麟峰，又府北六十里有磨山。

柏子山　一名百子山，在府西北二十五里。群峰疊出，盤鬱聳秀。最高者爲雲峰，山口曰獅巖，奇石稜峭，下臨溪水，諸峰飛泉，皆從此出。山人種梅於此，曰梅溪。土性宜桃，春日爛開如霞。有嶺曰金坑，爲出山路口。又西北五里曰甑山、象山、馬鞍山。

鏡山　在府西北四十里，石色瑩澈如鏡。北有豹嶺，多喬松。又北有山，並峙笏立者曰雙峰，三峰疊秀者曰寨基山。

獨秀山　在府西北六十里。舊志云：形勢突兀，爲郡城衆山之宗。其近者爲桑山，中多巉洞如層樓。

黄山　在府西四十里。形如卧象，當冶湖之口，亦名象鼻山。

大雄山　在府西百里。地名釋迦坂，崒嵂峭拔，俯視群山，皆兒孫拱立。登絶頂，望皖水如帶。山之東四十里曰愚公峰，山之西曰俚子峰，左右夾峙。其相近有太平山。

騰雲山　在府西百三十里。其上常有雲氣，雩禱時應。

盛唐山　在府城中。漢武帝南巡江漢，至於盛唐，登禮灊嶽，出樅陽，作《盛唐樅陽之歌》。晋時郭璞登盛唐山，謂：「此地宜城。」唐因置盛唐郡。宋嘉定十年，以黄幹知安慶，請建城於盛唐灣宜城渡之陰，即此。舊志以爲山在桐城縣南，正其地也。云五里者誤。

環山　有二：西環山在桐城縣西十里，石門懸瀑最奇，明參政胡瓚三世居此。一名官莊山。東環山在縣東三十里，一名魯𦈢。林壑窅深，與官莊相望。舊傳魯肅遺蹟，有試劍石。又十五里有麻山。

龍井山　在桐城縣西十二里。有龍潭，深不可測，溪山明秀如畫。西有烏石山、栲栳山。又西有五聚山、王屋山，皆邑名勝。

碧峰山　在桐城縣西北七里。沿澗入南崖，壁立千仞。下有四洞，可容數千人。其側有披雪洞尤勝，瀑水懸崖如練。

龍眠山　在桐城縣西北十里。岩壑幽邃，擅名江北，與華崖山並峙。宋李公麟歸老於此，自繪《龍眠山莊圖》。縣有東、西兩龍眠，與舒城縣連界。

投子山　在桐城縣北二里。相傳吴魯肅有子，投此爲僧，因名。後爲唐大同禪師道場，有三鵶伺曉、二虎巡廊之異。上有趙州泉，趙州和尚飛錫得泉處。

石門山　一名石門沖，有石如門。瀑布尤爲奇絶。

北峽山　在桐城縣北四十里。即古峽石山，以在縣北，故曰北峽。兩崖相夾如關，又名北峽關。又西峽山在縣北四十七里，魏張遼救皖至此，築壘峽石，名南峽戍。

洪濤山　在桐城縣東北四十里。山高廣，每天雨，則水下沛若濤。

桐梓山　在桐城縣東三十里。峰巒明秀，雨霽尤佳。

大凹山　在桐城縣東四十里。平地突起突兀，嶙峋多怪石，爲東鄉群山之祖。

浮山　在桐城縣東九十里，一名浮渡山。《寰宇記》：其峰七十有二，有石龍、如來、抱龍諸名，而妙高最高。其巖三十有六，有會聖、金谷、九曲、首楞、晚翠、五雲、翠華、海島諸名，而大通、飛瀑最奇。鍾惺《記》云：以爲無巘不樹，無徑不竹，無石不苔，無澗不花也。西南有獨峰，直上千仞。

附　明方學漸《浮山賦》

皖襟三江，以山爲國。桐據其曲，四塞皆山：龍岳襟其南，麒嶺峙其北，華崖障其西，凸山表其東，崇峻瓌瑋，出霧蒸雲，壯觀具矣，(元)〔玄〕覽略焉。惟浮山盤鬱於中，勢不甚高，而嵓洞天開，石溪地湧，若神鰲失戴，瀛閬靡依，海潮乍驚，浮空洸蕩，奇踪異狀，不可殫述。名曰浮渡，所從來矣。仙侶釋徒，棲神代有，梵宫蹲址，道院負嶼，信巨靈之巧構，江滸之奇觀也。方生性癖雲山，結巢依麓，秋飆春煦，躡蹻孤登，曠矚怡懷，䵎然賦焉。

繄鴻蒙之未判兮，肆澒洞而沆漭；旋渾沌之肇開兮，峙者結而流者瀁。汜蓬瀛於瀚海兮，賴贔屭於巨鰲。曷吞釣於任公兮，致(元)〔玄〕聞乎漂滛。來吾桐而凝上兮，奠洪基於江曲。爰錫名乎浮渡兮，儼方舟而崛岪。表天柱以爲栓兮，索地維以爲纜。石崢嶸而夾桅兮，繫九嶷於潋灩。乍鯨濤之震憾兮，飛鼉浪之澎湃。走鮫鯪於白晝兮，嵐岌岌而駭潰。卧蟺蜒之磄磅兮，試虬龍於碧波。裊雲逕以上達兮，扶羊角而斜過。徐洞口之劈劃兮，柱嵯峨其竭石。羌龍虎以鍵關兮，若旆懸而骨立。湛玉蓮之爛熳兮，浴紫芝於(元)〔玄〕渚。鳴金雞於嵺廓兮，開繡闥於璚圃。

乃有危岩三十六兮，堪徙倚而遊之。别洞七十有二兮，各獻媚而争奇。越陸子而會勝兮，列崝嶙而淩漢。砑崔巍而嶕嶫兮，刻嶙峋而澶漫。窺杳閬之奥突兮，踞淋漓之石床。啓冰壺之洌井兮，濞沆瀣之瓊漿。麗層空而軒豁兮，挺複樓於岩表。結磊砢以爲廊兮，敞玉虛而浩渺。更石梯乎繞雲兮，幹星象而躡虹。鳥道疑其莫度兮，遠徑畏其難通。轉側升而附崅兮，乃旋近於桑日。誰杵藥而飛翰兮，留荒台於崒嵂。緬野夫之芳韻兮，巇丹穴以俟來。度仙橋於蚴蟉兮，布棋石於莓苔。盼龍池之孤穎兮，指拔茅之雄峰。睇華封於天外兮，控皖嶽於雲中。塹崇巔而汩汩兮，礴天池以成壑。似清淺而沉沉兮，泌靈湫而囦涸。偃兔宫以肖月兮，翥鸞鷟而朝陽。拂紫霞以度關兮，踞(元)〔玄〕豹而蹌踉。瀉明河之倒液兮，滴晴空之飛濡。誰濬源而長流兮，泄尾閭而焦沃。載高巖之逼斗兮，嵂岑樓以奠居。焕琳宫於金谷兮，宅深昧而於於。妙元會於總巖兮，盈方丈而備巧。閟日月於蓬壺兮，約勝概於眇小。何大冶之型埴兮，置馮夷於天台。激崇陵以瀇洋兮，奓蜃氣於層臺。爰縱觀乎寶藏兮，奚珍錯之不具？紛縱縱而萃萃兮，極霄壤以加富。

馴擾乎青麟，回翔乎朱雀，麌麌乎(元)〔玄〕麋，嘹嘹乎白鶴。龍隱乎石池，虎伏乎林薄。嘯月乎徂猱，吟風乎鴒鵲。蔽日乎松杉，參天乎梓柏。修竹乎緑漪，茂篠乎翠崿。馥鬱乎桂叢，芬芳乎蘭若。垣合乎千葩，辟盈乎百藥。

每青陽之啓運兮，流景輝而彌光也。遊士女而絡繹兮，道擊轂而聯裳也。即秋氣之摇落兮，擷群英而履霜也。飛鳥戢而崆峒兮，清風肅而琳琅也。逝朱陽于昧穀兮，若海曙之初陽也。返煙光而生色兮，何夕巘之多祥也。

是以仙命侶而乘勝，俯雲閣而下棲。釋緘經於密室，坐碧玉而忘機。騷人發其旬訇，宣金石而振響。哲士慕乎皋蘭，輕千里而響往。朔太古而罔徵，幻左慈於漢末。紆（宏）〔弘〕景之相猶，潤曹松之詩橐。巖屢托於前哲，墓猶指乎遠公。暨歐蘇與僧瑞，尤倡和以同風。若乃藉阨塞以屯戍，砦崎嶇而禦暴。翼威武於貔貅，匪祇靈之攸好。白沙嶺之卜築，陽明亦欲選奇，則有道之振鐸，樹兹土之鴻儀。睹華嚴之廢址，憐梵宇之荒唐。欽賢館之壯麗，將正學之寖昌。稟二儀以握珍，對千仞而仰止。期不負於斯山，暢幽懷而莫已。

亂曰：龐姿厚質，乃中虛兮。廓然有容，君子居兮。龍潛蠖伏，越群儔兮。勿謂險阻，君子求兮。清源洌洌，石其爛兮。君子飲之，渥若丹兮。巍峨屹屹，天柱尊兮。峻極穹窿，我則欽兮。先登者誰，陟其巔兮？漱泉枕石，洞其天兮。

青山　在桐城縣東百一十里。有金雞洞、石鼓。又有石屋寺，相傳晋裴仙修煉之所。草木秋冬亦青。

𡵨山　在桐城縣東百二十里，瀕江。又名蓮花峰。上有煉丹池、風洞。西有周家山，奇峰參天，元郡丞陳公寧墓在焉。

合明山　在桐城縣東百三十里。兩石相向，天欲雨則瑩然有光。西有柳峰山，勢如雲奔浪疊，奇秀特異。

黄公山　在桐城縣東南九十里。明建文時，黄觀靖難後顯靈此山，土人立祠祀之。

黄連山　在桐城縣東南百里。峙湖畔與樅陽山相望，懷、潛、舒、桐四邑之水，俱會於此，爲桐邑關鎖焉。

𢫬蒲山　在桐城縣東南百十里。有二石，各高六丈，如兩人相向𢫬蒲狀，因名。舊志：在縣東北十里。誤。

磨旗山　在桐城縣東南百二十里。世傳關公曾於此駐兵，有寨，有鎮。相近爲靈山，上有靈湫，俗名琵琶山。

灊山　在灊山縣西北二十里。一曰皖山，又曰天柱山。漢武帝南巡，登禮灊之天柱山以代南嶽，故一稱霍嶽，又謂之副南嶽①，《名山記》「明李元陽以爲其麓有漢祀壇」是也。山高千仞，廣二百

---

① 黄之雋《𢈪堂集》卷二十二《雜著·詹言下篇》「江南通志」條：「漢武帝禮灊之天柱山，謂之南嶽，在各六安州之霍山，《漢書》注之灊山縣。」

三十里，周五百里。六安霍邑在其北，安慶灊邑在其南，二邑皆以此山名縣，一灊、一霍，實無二山也。周大夫皖伯封國亦以此山名。上有左慈煉丹房。東有激水，冬夏縣流，瀑布萬丈，瑩然如雪，故又名雪山。下有九井，深不可測。旁有石牀，可容百人。計峰二十有二，嶺八，巖十有二，源四，洞十，池三，臺四。疊嶂層巒，空青積翠，瑰奇秀麗，不可名狀，實爲淮南江北諸山之冠。

其支山曰三祖山，有璨師塔。一名山谷，宋黄庭堅寓此，取以自號。

或有疑天柱山有二，漢所稱南嶽，乃霍山之天柱，與灊山之天柱無涉。而指霍之武陟、指封諸山爲証，云霍有登封遺跡，灊則無之也。按《漢書·武帝紀》云：元封五年，行南巡狩，至於盛唐，登禮灊之天柱山。自潯陽浮江，親射蛟江中，獲之。舳艫千里，薄樅陽而出，作《盛唐樅陽之歌》。《史記綱目》亦云：盛唐在今安慶府治内。潯陽、樅陽，乃灊山之上下境。向使武帝登禮天柱在霍，而不在灊，則胡爲必云「灊之天柱」？而上下所歷之地，皆在灊山，且胡不作「武陟指封之歌」，而獨歌《盛唐樅陽》乎？豈《史》、《漢》、《綱目》諸書，反不足信於雜説小記乎？山之北流曰沘水，亦名潩水，由霍入淮。山之南流曰皖水、曰灊水，由灊入江。今但云泛江，而不云泛淮，則燔柴昭事，必在今灊山境内可知矣。

彼又云：六安霍山，於漢、魏、晉、宋俱稱灊，所稱灊之天柱，即以霍山言也。然歷考諸史，六安本屬六國皖，灊乃安慶境地。東漢時，安慶屬廬江郡，隸揚州。唐元和二年，改爲六安國。

《續文獻通考》云：唐以霍山縣置霍州，後州廢，仍爲縣。梁改灊山縣，宋改六安軍。據此則六安名霍山，又名灊山，灊山爲六安，又爲霍山。《皇輿圖表》所云：安、六接壤，山川連跨，故諸書多互見之文是也。此灊彼霍，縣雖分屬，而天柱實無二山又可知矣。

據邑人金燕《記》云：《爾雅》云：霍即天柱山，灊水所出。《水經》云：霍山爲南嶽，在廬江灊縣西北。閱《衡山志》，别無霍山。則灊山亦名霍山矣。又按舊志謂皖、灊、天柱爲三山，燕曾親陟山椒，見峭拔如柱，屹然獨尊者一峰耳。曰灊、曰皖、曰天柱，即此山也。其飛來、三台等峰，具有名稱，且與此山絶不類。

從古説山者，曰舒州灊山最奇絶；曰青冥皖公山巉絶稱人意；曰天柱一峰擎日月。此一山三峰之左券也。脱以中一峰爲天柱，而以旁連者爲灊、爲皖，乃縣以灊得名，郡以皖得名，洞天以灊山名，周大夫稱皖伯，舍其大者，名其次者，必不然矣。

玉鏡山　在灊山縣北。《寰宇記》：唐貞元二年，從皖山東忽然暴裂，皎瑩如玉，行人遠見如懸鏡然。刺史吕渭奏聞，因改萬歲鄉爲玉鏡鄉，故一名玉照山。黄庭堅詩「仙人持玉照，留在灊峰西」是也。

山東有主簿山，相傳唐畢諴讀書於此。

鳳凰山　在潛山縣北十里，宋王珪故宅在焉。

又有黄山，以黄魯直得名。

牛眠山　在潛山縣北七十里，以形似名。麓有金鍾潭，甚深。又北三里曰水吼嶺，控天堂之勝。

天堂山　在潛山縣北百四十里。四壁高峻，中敞如堂。内有温泉、龍湫，又有黄沙、碎石、青風、飛旗諸嶺，及主簿原、雙乳峰。其相連者曰羅源、後霍、公蓋、金龜、鯉魚，及東山、後山、嬴山，左右環合，稱爲絶險。

閔山　在潛山縣西八十里。有果老嶺，産茶甚佳。

駕霧山　在潛山縣南三十里。山高峻，雲霧常出其下。

白雲山　在潛山縣南八十里。絶險壁立，上有平坡，懸橋以升。

龍山　在太湖縣西北三里。蜿蜒如龍，磅礴多石。下有龍湫，王安石詩：「吾欲鞭龍起，爲霖遍九州。」此山是也。

石船山　在太湖縣西北六十里。有石如船，多題咏。

司空山　在太湖縣西北六十里。高聳獨出，如在雲表。其上平坦可數畝，謂之司空原，淳于司空曾居此。有洗馬池，冬、夏不涸。有太白書堂。又有巨石，相傳爲釋慧可傳衣處。

新寨山　在太湖縣西十里。壁立險阻，元末立寨其上。

龍門山　在太湖縣西十五里，兩山對峙若門。上有龍泉，聲如雷激。又西五里有夾羅山，又五里有松山，又五里有九重山。

香茗山　在太湖縣南四十里。左曰小茗，右曰大茗。大茗尤高峻，産硃砂，險不可取。上有煉丹處，爲梅福遺跡。南與望江界。

去大茗十里曰嵯峨山，勢極嶙峋，故名。亦界望江。

四面山　在太湖縣東北十里，形方而鋭，四面如一。

又縣東北三十里有白雲山。

獨阜山　在太湖縣北四十八里，迥出群峰之上。有石刻「隴西」二字，舊傳李白曾避地於此。

百藥山　在太湖縣北七十里。相傳唐白居易曾居此，後以白樂名山。絶巘有洞，時聞異香，懸溜可愈熱疾。又傳高真人修煉之所，石牀、丹竈尚存。

珠子山　在太湖縣北百八十里。孤峭干雲，上有關，與英、六爲限。

孚玉山　在宿松縣東二里，邑十景所謂「孚玉青峰」也。

又縣東三十里有安峰山、月山。

鑿山　在宿松縣東十五里。有石洞玲瓏，口隘而中敞，稱名勝。

烽火山　在宿松縣東六十里。北齊及陳割以爲界，有警則舉烽火於此。

響石山　在宿松縣東南七里。履之輒響，如擊鼓然。

又縣東南十七里有天韭山，韭不蒔而生。七十里有金唐山，八十餘里有芙蓉山。

小孤山　在宿松縣南百四十里。初山在江北岸，與南岸澎浪磯相對，江流至此，湍激如沸，海潮不得上。元天(歷)〔曆〕中，立鐵柱於山，曰海門第一關。上有石級百十有一，紆回而登。明成化間，北岸衝決爲廣流，遂獨峙江中，勢分險殺，而山愈峻拔。

得勝山　在宿松縣西四十里，元余闕敗陳友諒於此。

翠眉山　在宿松縣西北五里。小巒獨立，河水環照，山影若修蛾見於鏡中。又五里曰靈隱山，相傳馬祖禪師於此卓錫。

銅鈴山　在宿松縣西北三十里。山界大路，爲八省通衢。外陡中平若城郭，明末撫臣史可法嘗駐此，防禦流寇，名曰同人堡。

西源山　在宿松縣西北五十里。上有九井，不竭。井側有龍祠，禱雨輒應。又縣西北七十里有摩旗山，其峰如捲旗。

陳漢山　在宿松縣西北八十里，與蘄、黄界。昔有陳漢者，結砦於此，因名。

嚴恭山　在宿松縣北三十里。上有石長數十尋，儼如人立，號石道人，相傳以爲修真者所化也。又縣北四十五里有石門山；五十里有白崖山，與太湖、英、霍界。六十里有張公山。

孝感山　在望江縣北十五里。《南畿志》云：唐貞元中，孝子徐仲源所居。旌其鄉曰孝感，亦以此名山。

磨叉山　在望江縣北三十里。有巨石，如駝象形。又有磨叉痕及馬蹄、人跡。亦有穴如錢①，空洞莫測。

寶珠山　在望江縣北五十里。巋然衆山中，圓浄如珠。

石灰山　在望江縣西北六十里，亦名石輝。相近有鷓鴣山。

值雪山　在望江縣西十八里。上有平岡，相傳李白遊此值雪，因名。

大茗山　在望江縣西北六十里。嶺有巨石廣數丈，屹立雲表，上平如底，煙嵐常翳其半。其旁出者曰小茗，有蓮花峰，峭峻秀麗。《南畿志》云：唐羅隱曾居此。

脊現嶺　在府北十五里。大龍山之脈，伏而復見，聳起如脊，故名。後訛爲「集賢」。

長安嶺　在府西三十里，路通潛山。宋王安石有《曉發長安嶺》詩，即此。相近又有龍見嶺。

子貢嶺　在府西四十里，相傳端木氏往楚道經此。又西有山，離立衆山中，如筍拔地，曰虞公峰。

峽石嶺　在府西五十里。山高數里，澗水潺湲，古木環澗，層鎖如入武陵源。

① 「錢」，《四庫》本作「泉」。

掛車嶺　在桐城縣西三十里。三國吴朱桓謂「硤石掛車，兩道險隘」，即此。

黄柏嶺　在桐城縣東百二十里。有南北二嶺。路通無爲州界。

又近城二十五里，亦有黄柏嶺，通舒城。

小隘嶺　在宿松縣西八十里。阻山臨河，路接荆、舒，爲防守要地。

分茅嶺　在望江縣北六十里，與太湖縣界。本作分畝嶺。

白雲巘　在桐城縣東百三十里。有東、西兩巘相峙。又有四峰、三洞、五小巘名勝，與浮山競勝。

相連有雙尖山、牛角尖，俱極秀聳。

雷公崖　在太湖縣西北六十五里，削立萬仞。相傳其上曾有獸如猿，色赤而小，喙尖翼短，狀類雷神，故名。

豎筆尖　在桐城縣東一百里。卓立如筆，奇秀峭拔，爲一方諸山之冠。

縣南百里外雞籠山側亦有豎筆尖，奇秀相等。

大江　上游自蘄、黄，東匯潯陽、彭蠡之水，至小孤山入宿松界，過望江，繞郡三面。至池口，經桐城之樅陽，東北至灰河，入無爲州界。

長河　在府西。有二源。一北自皖山，一西自司空山，俱會於石牌，行七十五里至皖口，又十五里入於江。

瀼河　在府西七十里。合灊水達長河入江。

青山河　在府西七十五里。出西源山，合灊水達瀼河入江。

積石河　在府西北三十里，俗名馬嘴石河。又東南流十里，匯爲石門湖。

高河　在府北八十里。合黄馬河諸水，達桐城之練潭，合樅陽河入於江。

雙河　在桐城縣東三十里。一曰東河，源出洪濤山。一曰西河，源出魯𡸣、麻山。至此合流，下經孔城，由樅陽入於江。

樅陽河　在桐城縣東南百二十里。西引石塘，北受練潭，連孔城河東入於江。

沙河　在灊山縣東六十里，下合桐城之練潭入於江。

九井河　在灊山縣西北二十九里。源出九井，合於灊水。

羅溪河　在太湖縣西北二十里。出司空山，流經縣西，匯於馬路河，東流至黄泥港會於灊水。

後部河　在太湖縣西北百二十里。納羊角、銀河之水，而東南流合龍灣河，達於馬路河。

又縣中洪渚、思常、棠梨、南陽、白沙、馬路諸河，與後部河俱匯黄泥港，合灊水流入於江。

三溪河　在宿松縣西北六十里。源出蘄、黄，流分爲三，匯於隘口。

又南三十里曰二郎河，上接三溪，下接清灣，爲郵傳要路。每遇山漲，急流深不可涉。

又至縣西一里曰鈎餌河。

楊溪河　在望江縣南五里。其水東泊湖之口，亦曰澉水口，有三十六斷。從縣南十五里之華陽鎮入於江。

埭溝河　在望江縣北六十里。受潭湖諸流，至皖口入江。

蓮湖　在府東十二里。亦曰段塘湖，多蓮菱，故名。上割江中水出長楓，下趨梅林，達樅陽入於江。

冶塘湖　在府西三十里。湖口有石庫渡，下流出皖口入江。

竹子湖　在桐城縣東百二十里。合白蕩、破堽二湖，達源入於江。

洋洞湖　在桐城縣東北百八十里。汪洋萬頃，故名。湖饒魚蝦之利。每遇大旱，自生蓮藕，環湖民賴之以濟。

又有楓林河、沙河、山西河，皆巨浸，水出灰河入江。

獨山湖　在桐城縣南六十里。又有松山、喜〔子〕①、團亭、鴨子、（石）〔古〕②石塘諸湖，與此水俱出樅陽。

南湖　在灊山縣南，一名靈湖。三面倚城，多古木，渟泓涵浸，宜於植蓮。

---

① 據康熙《桐城縣志》卷一補。
② 據康熙《桐城縣志》卷一改。

鮎魚湖　在宿松縣西南三十里。

又十里曰泥河，又五里曰牌湖，又十里曰麻湖，皆通大江。

鰔湖　在宿松縣西南八十里。周回①廣闊，産鰔魚，故名。西南入於江。

龍南蓮若湖　在宿松縣南四十里。中有小洲，曰浮笠洲，湧若螺黛，隨水上下。其水連白荆、棠梨、小黄諸湖，至望江縣入於江。

泊湖　在望江縣西四十里。自宿松縣界龍南諸湖，及縣西境之水，俱匯於此，經縣南楊溪河而東入於江。

泊湖西五里有鱭湖，亦自泊湖分流，達於楊溪河。

武昌湖　在望江縣東北三十里。受諸山水及縣北諸川之水匯爲湖，廣袤數十里。

又東北十里爲青草湖，接白土湖。

漳湖　在望江縣東北六十里。受武昌、青草、白土諸湖之水，北經埭溝河，至山口入於江。

桐溪　在桐城縣東。其源出龍眠、華崖，繞城西而南，達樅陽入於江。明永樂間，邑令胡儼所鑿，至今賴之。

長風港　在府東北四十里。引蓮湖、槐湖之水，下入於江。亦名長風沙，今有長風渡，自此渡江

① 「回」，《四庫》本作「圍」。

達池州。

源子港　在桐城縣東百四十里，出老洲，入於江。

黄泥港　在潛山縣西南三十里。太湖縣境之水，匯流於此，合潛水入於江。

皖水　在潛山縣西北二十里。源出皖山龍潭，下流爲崩河，合於潛水，南經府城，東至皖口入於江。

潛水　在潛山縣西北二十里。源出潛山，合皖水，達郡之石牌入於江。

白水　源在潛山縣潛山西南。衆山環之，飛瀑千丈，景物絶佳。

桃花潭　在宿松縣西二里上河口，相傳汪倫送李白處。

清官潭　在宿松縣〔南〕①三里。水清澈則官清，否則污濁，甚驗。

桑落洲　在宿松縣西南百二十里九江口。晉劉毅與盧循戰於此。

孟洲　在宿松縣南四十里。環洲皆湖地，廣饒宜畜牧。

其相近者曰黄陂洲，多黄壤。又南四十里曰楊柳洲。

盡忠池　在府西。舊名清水塘，元余闕殉難於此，因名。《南畿志》：童翼詩「遺老能言當日事，寒泉猶照死時心」，即此。

① 據民國《宿松縣志》卷二補。

洿池　在宿松縣東南六十里。衆水所匯，池環於山中，列市廛居，民饒魚鹽之利。

張富池　在宿松縣東南八十里。其水趨泊湖，達雷港入江。

大雷池　在望江縣東三十里。源出宿松界，東行二百餘里，經縣東南積而爲池，又東十五里入於江。一名雷港，亦名大雷江。

新溝　在宿松縣東南七十里。明初俞通海開溝三十餘里，引大河達涇江口入江。

徽州府

靈山　在府西北三十里。《寰宇記》云：山有香草，名曰靈草。上有靈壇，不燒香自然芬馥。《文獻通考》云：歙縣漢有靈山，有石如車蓋，天欲雨先聞鼓聲。

又有紫霞、浮（邱）〔丘〕、雲林、仙姑、豐山、葛山、小武夷、長春諸山，俱相近。

黄山　在府西北百三十里，舊名黟山，唐改今名。山盤踞宣、池、江、浙諸郡，而爲鎮於徽。高一千一百八十仞，世傳黄帝與容成子浮（邱）〔丘〕公煉藥於此，故有浮（邱）〔丘〕、容成諸峰。漢末會稽太守陳業遁跡此山。有三十六峰，水源如之。又有二十四溪、十二洞、八巖，詳具《山志》。《郡國志》稱天目高二萬仞，而低於黄山者，以徽郡已與天目齊，而此山又特高。鄰郡諸山，皆此山之支壟也。山上諸峰，有如削成，煙嵐無際，雷雨在下。其霞城、洞室、巖竇、瀑泉，則無峰不有，信爲靈仙之窟宅也。山中多黄連、紫術，有湯泉出香溪中，常湧丹砂，浴之愈疾。西北類太華，故前世亦名小華山。

附　元汪澤民《遊黄山記》

黄山在宣、歙境，雄鎮東南。山之陽逾百里爲歙郡治，其北三十里爲太平縣，又北抵宣治所二百四十里，不當通都大邑、舟車之走集，而遊者罕至。

今年四月九日，余始得遊焉。山西之麓，田土廣衍，曰焦村。蓮峰丹碧，峭拔攢蹙，若植圭，若側弁，若列戈矛，若芙蓉菡萏之初開，雲煙晴雨，晨夕萬狀。

由焦村南道二十五里至湯嶺，仰視群峰，猶在霄漢間。岡阜蟠結，鑿石開徑，嵁嵒欹危，瀑布①聲訇隱如雷。怪石林立，半壁飛泉灑巾袂，當新暑，淒然而秋。

又十里，憩祥符寺。寺前淙流走萬石間，山皆真松名材，藤絡莎被，蓊蔓蘢茸。下有靈泉，自硃砂峰來，依岩連二小池，上池瑩徹，廣可七尺，深半之，毫髮可鑒。泉出石底，累累如貫珠不絶，氣馝馞若湯，酌之甘芳，蓋非他硫黄泉比也。明日試浴，垢旋流出，纖塵不留，令人心境清廓，氣爽體舒。相傳沉疴者澡雪立瘥，理或然也。寺有南唐碑，初名靈泉院，宋祥符中改今額。又龍池距寺左三里許，奔流噴薄，瀉石潭中，亭午照燭，五色璀璨，誠靈物所居。夜聞啼禽聲甚異，若歌若答，節奏疾徐，名山藥鳥，下山咸無有。行寺旁，近見數峰淩空，僧指云：「芙蓉、硃

① 「布」，《四庫》本作「有」。

砂，其尤高者天都峰也。」上多名藥，採者裹糧以上，三日達峰頂。余心甚欲遊之，而鳥道如綫，不可乃止。

凡再宿寺中，還至焦村之二日，行十里，游翠微寺。古松修篁，石澗横道，僧橋焉，覆之屋，以息遊者。清冷静邃，已隔塵雜，余爲榜曰「翼然」。至寺，庭有井泉，僧言：「此麻衣師卓錫處。」泉亦清美，不涸不溢。一峰卓然獨秀，直峙東南隅，曰翠微峰。其條支迴互，寺居盤中，故諸峰俱隱不見。

明發，行十五里，過白沙嶺，往往攀崖壁，牽蘿蔓，或小木貼岩若棧而度，幾不容武。旁臨絶壑，惴惴焉不敢俯而窺。又七里至絶頂。頂平，廣倍尋。方據石少休，時晴雨旭霽，氣象澂潔，環視數百里，岡巒墟落，歷歷可數。九華緑翠，若蓮開陸。焦村向所見峰，皆平挹座間。俄頃，白雲滃起，遥山近嶺，如出没海濤，僅餘絶頂槎沂天漢中，倏又斂藏如掃。如是者三，可謂奇觀矣。日暮抵寺，亦信宿焉。

又二日，從村北十里，登仙源觀。至元中，新安吴萬竹習静兹壤，嘗衍易宛陵，誇詡其勝，余贈詩還山，今竹存而吴逝已久。林阜周密，南列翠峰，鍊形引年者，固其所哉。既還，憩吾宗公仲雲松樓。

越十日，逾輿嶺而南，所謂三十六峰者，駢列舒張，横絶天表，衆岫疊嶺，效奇獻秀，盡在一覽。行田疇竟，乃登横嶺，陟小(邱)〔丘〕，道在竹杉陰森中，小徑縈紆，屋纔數間。一僧奇龐近八十，煮茗進果，自言結構力田，閒則持經玩空，歷二十閏矣。門外營草亭，往來休焉。庳陋且①壞，余將改築。亭之右丈余，南峰翔舞迎乎前，北隴奔躍駐乎後，左右翼如，景益清，名之「芙蓉亭」而未暇也。循岩曲抵白龍潭，巨石谽谺，洶湧衝激，深不可測，歲旱禱雨立至。

又度板橋，有小庵，食澹苦修數輩居焉。嘗有逃空谷者，出奇方療人疾頗衆，既亡，瘞浮圖中。余特徵夫山水，轇繞自奥，可屏塵事，遂宿焉，聽泉而去。道途爲里若干，皆樵牧負販者，隱度云然，非有堠以步而計也。

昔大德戊戌歲，得兹山《圖經》，神思飛越。而因循皓首，甫幸一至，至又弗克久留而去。每登山時，宿雲收雨，紫翠如沐。山下之人，皆以爲山川靈英，有相之者。余亦竊自喜，因思向在南安之日，造南源山禱雨龍湫，跣揭亂石急流中。腰絙梯籐，登懸崖上，而後下至潭所，其巖險視兹行爲甚。是故樂清賞以酬宿昔，忘躋攀之勤，而不知高深之爲懼也。余當謝事，與二三子結宇讀書，以畢餘生。較之充詘於聲利，而不知止足者，不猶愈乎？

時至元再元之六年，庚辰歲也。

---

① 「且」，《四庫》本作「將」。

國朝錢謙益《遊黄山記略》①

黄山聳秀峻極，作鎮一方。江南諸山，天台、天目爲最，以地形准之，黄山之趾與二山齊。浙東西、宣、歙、池、饒、江、信諸郡之山，皆黄山之支隴也。其水東南流入於歙，北入於宣，南入於杭、於睦、於衢，自衢西入於饒，西北入於貴池。其峰曰天都，東、南、西、北皆有鄣。數千里内之山，巵者、巋者、岌者、峘者、嶧者、蜀者，皆黄山之負扆几格也。

余以二月初五日發商山，初七日抵湯院。其所徑寺曰楊干，臺曰容成，潭曰長潭，嶺曰石碪，石曰薌石，溪曰芳溪，村曰芳村。由長潭而山口，山率環谷，水率注溪，谷窮復入一谷。山與谷如堂如防，旋相宫又相别也。溪水清激如矢，或濆沸如輪，文石錯落，深淺見底。百里之内，天容泬寥，雲物鮮華，遊塵飛埃，望厓卻反，人世腥腐穢濁之氣，無從至焉。

右一。

自山口至湯口，山之麓也，登山之徑於是始。湯泉之流，自紫石峰，六百仞縣布。其下有香泉溪，泉口濆沸蒸熱，冷泉下注，涼温齊和，瀵尾湧出。折而西，竹樹交加，崖石撐柱，蒙籠羃歷，

① 本文《四庫》本未收，删節本只存「國朝」二字，標題與正文俱已被删，但書中完整保留了載有此文的空白頁，共三面半又二行。按清乾隆四十四年，錢謙益著作被列爲「悖妄著書人詩文」，當即因此被删。

如無人徑。行半里許，佘氏桃源庵在焉。庵之前，天都、青鸞、鉢盂諸峰，回合如屏障。

右二。

由祥符寺度石橋而北，逾慈光寺，行數里，徑硃砂庵而上，其東曰紫石峰，三十六峰之第四峰，與青鸞、天都，皆嶧山也。過此取道鉢盂、老人兩峰之間，兩崖合遝，彌望削成，呀然洞開，如辟門闔，登山者蓋發軔於此。里許，憩觀音崖，崖欹立如惻蓋。徑老人峰，立石如老人傴僂。懸崖多奇松，裂石迸出，糾枝覆蓋，白雲蓬蓬冒松起。僧曰：「雲將鋪海，盍少待諸？」遂憩於面峰之亭。雲初起，如冒絮，盤旋老人腰膂間，俄而滅頂及足。迎卻淩亂，彌漫匼匝。海亦雲也，穿漏蕩摩，如百千樓閣，如奔馬，如風檣，奔踴卻會，不可名狀。久之，雲氣解駁，如浪文水勢，絡繹四散；又如歸師班馬，倏忽崩潰，然不可復跡矣。

右三。

憩桃源庵，指天都爲諸峰之中峰，山形絡繹，未有以殊異也。雲生峰腰，層疊如裼衣焉。雲氣蓊翳，峰各離立，天都乃巋然於諸峰矣。並老人峰沿澗上，皆緣天都之趾。援危松，攀罅壁，折而陟臺，是爲文殊院，普門安公所荒度也。院負疊嶂峰，左象右獅，二羅松如羽蓋，面擁石如覆袈裟。其上有趺跡，其下下絕。桃花峰居趺足之右，桃花之湯出焉。其東則天都峰，其西則蓮花峰，西面曠如，浮煙矗靄，青蔥紺碧。已而煙凝靄積，四望如一。暮景夕嵐，無往而非雲海。向所沾沾于老人峰者，又存乎見少矣。

右四。

清曉，出文殊院，炤微、幻空兩僧從焉。行三里許，憩炤微茅庵。二僧踞磐石，疏記所宜遊者，曰由喝石居三里至一綫天，再折一里許，下百步雲梯，又一里，上大悲頂，出新辟小徑三里許，達天海。飯訖，東北行，上平天矼，五里上石筍矼，轉始信峰，經散花塢，看擾龍松，過師子林，上光明頂，復歸天海。少憩，登煉凡臺而還。一綫天石壁峭陋，水旁激如雨。雲梯當蓮花峰之趾，磴道歷七百級。磴陋而級長，下上攀援，後趾須前趾，前踵蹠後踵，旁瞰股栗，作氣而後下。始信峰踞諸峰之勝。陟其巔，茅庵欹傾，積雪撦拄，俯視雲氣，諸峰矗出。其最奇石筍矼也。《圖經》云：黄帝浮(邱)〔丘〕公上昇之後，雙石筍化成峰，可高千丈。今石筍攢立，不啻千百，拔地插天，譎詭化貿。豈造物者役使鬼神，破碎虛空，穿大地爲苑囿，鑿混沌之肺腑，以有此也？煉丹台之前，拱立相向者，煉丹峰也。三十六峰，側影旁軼，敷花如菡萏，丹臺藏貯其中，如菂中之薏。臺方廣可置萬人，三面剷削，前臨無地，目眴眩者久之。

右五。

晨起，風蓬蓬然。取道雲梯，面風逆上，負風而仆。仆而起，兩腋若有人相扶，不知其爲風力也。盡雲梯，則爲蓮花峰之趾。徑如荷莖，紆回藏峰腹中。磴窮，穿峰腹而出，如緣荷本上重臺也。至慈光寺，寺踞天都之隴，枕桃華、蓮華二峰，左則硃砂、青鸞、紫石，右則疊嶂、雲門，並外翼焉。

右六。

湯寺以上，山皆直松名材，檜榧楩楠，藤絡莎被，幽陰薈蔚。陟老人峰，懸崖多異，松負石絶出。過此以往，無樹非松，無松不奇。有幹大如脛，而根蟠屈以畝計者。有根只尋丈，而枝扶疏蔽道旁者。有循崖度壑，因依如懸度者。有穿罅穴縫，崩迸如側生者。有幢幢如羽葆者，有矯矯如蛟龍者。有卧而起，起而復卧者。有横而斷，斷而復横者。文殊院之左，雲梯之背，山形下絶，皆有松踞之。始信峰之北，一松被南厓，援其枝以度，俗所謂接引松也。其西巨石屏立，一松高三尺許，廣一畝，曲幹撑石厓而出，自上穿下，石爲中裂，糾結攫拏，所謂擾龍松也。石筍矼、煉丹臺峰石特出離立，無支隴，無贅阜，一石一松，如首之有笄，如車之有蓋，參差入雲，遥望如薺。奇矣詭矣，不可以名言矣！

右七。

黟山三十六峰，詳載《圖經》，學士大夫不能悉其名，所知者天都、蓮華、煉丹、硃砂十餘峰而已。石人峰訛爲老人，雲門峰訛爲剪刀，疊嶂峰訛爲勝蓮，又有以培塿而冒峰名者，始信峰也。李太白有詩《送温處士歸黄山白鵝峰》，今不在三十六峰之列。蓋三十六峰皆高七百仞以上，其二三百仞者不與焉，白鵝峰或亦諸峰之一也。山之巔曰海子，由平天矼循煉丹峰里許，名曰海門，光明頂爲前海，師子林爲後海，修廣可數里。

右八。

聖僧山　在府治西。舊志云：唐武德間僧慧明居此，故名。下有泉曰靈塘，左爲洗眼池。巔下有石曰仙人幢，南渡時有道人居此。明汪道昆爲僧自明創般若臺，馮夢貞謂之蓮花國土。又府西十里曰師山、曰太守山。

龍山　在府西二十里。宋處士鮑宗巖、子壽孫所居，父子遇賊，争死於此。揭傒斯以慈孝名其堂，上有慈孝松。見《古蹟志》。

黄羅山　在府西三十里。《府志》云：豐趾而鋭首，俗稱南極壽山。相近者爲黄牢山，所謂西有黄牢之塞也。《古蹟志》云：山麓有黄隱樓。距黄羅五里曰天馬山，又有魚袋山、文几山、南山，西四十里曰金竺山。

幔亭山　在皋嶺之巔。有黟石突雲表，古松蔭蓋，俯瞰群峰，攢簇如屏垣，汪道昆呼爲幔亭，詩云「烏石古松團翠蓋，黄羅絶巘入青雲」，指此。

城陽山　在府西南。《寰宇記》：城陽回環甚高，爲城郭襟帶。唐景雲中，許宣平隱山之南塢。一名南山，又號翠微峰，取宣平「穿雲入翠微」之句也。山椒有穿雲亭，上有仙姥峰①、分桃石、豐隆嶺、丹地、浴仙池諸勝。

紫陽山　在府南三里，高百九十仞。《府志》云：宋婺源朱松遊而樂之，後寓閩中，常以「紫陽書

---

①「峰」，道光《徽州府志》卷二之一作「谷」。

堂」刻其印章。其子熹亦以紫陽名其堂，示不忘也。山南有許真人丹池，池有翼魚，四足而色蒼，狀類蝘蜓。舊志謂即城陽山，誤。

萬紫山　在府南。《府志》：一曰鍾洪山。高數千尋。上有池曰天塘，旁有故址，傳爲竇志修道處。北有觀音巗，懸岩可蔽數百人。近岩有金雞石，矗立雲表，有赤文緑字，俗傳能讀此，金雞飛鳴。羅隱過之，果驗。

龍井山　在府南，亦名鶴頂山。《府志》云：横截練江，雄挾魚梁。其澎湃之音，驚川聒谷。古傳宣州刺史訪仙，待渡於此，俗所謂訪仙橋也。上建禹廟。

岑山　在府南十五里大溪之中，其頂平夷。《府志》云：元鄭玉嘗結屋其上讀書，更名曰小焦山。下爲鄭公釣臺，詳見《古蹟志》。

又南曰李田山；二十五里曰孔靈山，晋孔瑜讀書處；三十里曰石岣山。

石耳山　在府南四十里。《府志》云：峰石皆倒垂如蓮瓣，多藥草。

烏聊山　在府城内東南。一名富山，漢末邑人毛甘以萬户屯此。《元和志》云：上有毛甘故城。隋末，郡人汪華據郡，亦屯兵於此。今有汪華廟，亦稱廟山。下有仙姑井，宋鄭仙姑所居。

其北曰萬山；又東北曰斗山，一名七里山；又有東山。

問政山　在府東五里，一名華屏山。唐有于方外者自荆南掌書記，棄家學道於此。其從弟德晦刺歙州來訪之，德晦爲築室山上，號問政山房。山椒有高眉峰，有萬仞花屏、亭興道觀。又有鐘樓峰，峰後有寶相寺，有泉甚甘冽。

相近爲石壁山、紫芝山。

飛來山　在問政山西。相傳昔日有鳳飛來，於此生八子。上有鳳岡精舍，處士畢元所棲，商輅題額，即秀野莊也。入山小徑旁有朱子外祖祝氏舊居，祝遷崇安，朱子閩歸過之，題「舊時山月」四字，即兵馬使畢力忠長春園。

紫金山　在府東三十五里。《府志》云：舊名金紫山，相傳暮夜每有光見。宋紹興十八年，尚書章侯睹而異之，因取佛語，改名紫金，徙白蓮院於其上。旁有瀑布曰琲泉，九派飛流，鳴球發籟，如挹百斛珠。

又五里曰大金山，十里曰萬羅山。

玉屏山　在府治東北。端峙若屏，風泉傳響，常吐飛溜。下廣寬可屯軍，明太祖定徽，駐蹕山椒，前代謂之玉帳遺踪。京兆畢懋康構西清館。池產紅白並蒂蓮，又顏云「華芊山」。

又東南曰馬鞍山，又西曰白龜山。

雲嵐山　在府北七里。唐越國公汪華葬此，俗名雲郎。

又府北十五里有鳳凰山，舊産茶，名甘白香。

飛布山　在府北二十里。舊名主簿山，昔有主簿葛顯，率邑人保聚於此。唐天寶中改今名。上有甘露洞。

鳳凰山　在休寧縣西二里，一名靈烏山。《地理志》云：孫吴時，休陽縣治在此。

白嶽山　在休寧縣西三十里。奇峰四起，絶壁斷崖，有飛動之勢。遊齊雲者，必先登焉。

高湖山　在休寧縣西百二十里，南接婺源。山椒有湖，四時不涸，人稱聖湖。又西北五十里有鹿髀山。

率山　在休寧縣西百六十里。一名張公山，古云昔有張公隱此，故名。山由五嶺西北鬱積而來，高千數百仞，盤踞休、婺之間。鄱陽、浙江之水，皆源於此。古爲三天子都，亦稱三天子鄣。相近有黄竹嶺，岡隴盤鬱，連饒州浮梁界，常置巡司。

附　明吴度《三天子都考》

吾郡三天子都，亦稱三天子鄣，其説肇自《山海經》。諸家解釋，惟汪氏之記爲允。《經》曰：三天子鄣在閩西海北。又曰：浙江出三天子都，在率東。又曰：廬江出三天子都，入江彭澤西。張氏《土地記》云：東陽永康縣東四里有石城山，上有小石城，云黄帝曾遊此，即三天子都也。其説不足取。郭璞注云：今在新安歙縣東，謂之三玉山，浙江出其邊也。又云：浙江出新安黟縣南巒中，東入海。今錢塘浙江，是黟即歙也。其説操兩端，一謂在黟，一謂在歙。且謂黟即爲歙，尤爲背謬。蓋漢時吾郡止黟、歙二縣，其後析置諸縣。今休寧、祁門、婺源皆析自黟，績溪析自歙。疆理各别，豈容混稱。《一統志》引《經》云：三天子都在率山，今在休寧縣，俗名張公山。何喬遠《輿地記》云：休寧縣山曰率山，水曰率水。《山海經》：浙江出三天子都山，在率東。其説漸爲近之。

惟汪循《率山記》更爲詳確。《記》曰：或以績溪大鄣山爲《山海經》所稱三天子都，非也。《水經》：漸江水出三天子都，在率東。盧江出三天子都，入彭蠡。今惟率山之水，山陰山陽、一東一西而流入於江者，與古脗合。嘗遊率山，見巨石上鐫「三天子都」字，即三天子都也。其説詳確不可易矣。

大抵言山必徵諸水，言水必徵諸山。若《禹貢》導河積石、嶓冢導漾之類，徵諸水者也。南至華陰、東至砥柱之類，徵諸山者也。故《禹貢》爲千古記山水之要典。汪氏以浙江、盧江二水爲證，始知三天子都所在，得《禹貢》遺意矣。

近日吾邑有老生强謂解事，云三天子都分在三處，而黄山擅其一。其説亹亹可聽，而漫無根本。適吴下有顯者來遊黄山，遂取而載於遊記。不知吾邑溪水十餘支，皆編竹爲泭而行，惟休寧率山之水，足通舟楫。黄山雖奇秀，其趾有水，名豐樂溪，亦與衆溪相類。即《水經注》所謂小溪之一支耳。既非浙江所自出，與《經》不合，安得指爲三天子都乎？故言三天子都者，惟汪氏之《記》爲允。余故詳爲辨之，俾後人無滋惑焉。

戴公山　在休寧縣西南五十五里河村，戴彦明開爲三省通衢。

顔公山　在休寧縣西南六十里。古有顔公隱此，因名，中多異蹟。山之高，自麓至巔可三十里。

錦堂山　在休寧縣南十里。孤峰特立，趾圓而頂平。宋江慶受業胡瑗歸，結廬此山，以淑其徒。

白際山　在休寧縣南八十里。其山由五嶺而來，連峰不斷，下有元萬户吴納與胡大海戰地。

又縣南九十里曰雞籠山。

方原山　在休寧縣南百一十八里。本名黄土山，唐天寶六載改今名。又名馬金嶺。其陰則水北流入率江，其陽東流者入於睦之遂安，西流者入於衢之常山界，而皆趨於浙江。

又南曰烏龍山、陽昕山。

遊仙山　在休寧縣東南三十五里。平地特起，南有石壁，削成數百尺，呼之輒應，又名響山。

又東南七十里有仰山，路徑險絶，號十八盤。

萬安山　在休寧縣東十里。《府志》云：即萬歲山。一名古城巖，隋末汪華築郡城，自黟徙治於此。宋宣和間改今名。明洪武時，復名萬壽山。山麓兩石夾立如門。萬(歷)〔曆〕間，縣令祝世禄建還古書院。

梢雲山　在休寧縣東北二十三里，武洪之水出焉。舊名郎山，唐天寶六年改此。今名榔原山。

松蘿山　在休寧縣北十三里，俗名金佛山。蜿蜒數里，如列屏障於縣治後。山巔片壤産茶，爲天下最。

相連者曰天葆山，三十里曰萬松山。

東山　在休寧縣西北十五里。元趙汸從江西黄澤受《春秋》歸，築精舍於上，虞集記之。

白鶴山　在休寧縣西北城中。有李花塢，春月如瑤林。下有泉，名東山泉。

軍營山　在婺源縣城内西北隅，古志云有五代屯兵營址。山形類蚺蛇蟠結，昔稱蚺城，縣治立焉。

天堂山　在婺源縣西北四十里。爲邑治龍脉，山甚奇秀。

又十里曰船槽嶺峽，爲龍脈過峽處。明嘉靖後，居民鑿石燒灰傷脈，歷任邑令皆刻石嚴禁。

查公山　在婺源縣西城外。《府志》云：南唐宣歙觀察使查文徽及宋御史查陶二墓在焉。文徽與邑令廖平講學於此，後人刻其山之石曰「查公山」、「廖公泉」。

石老山　在婺源縣西六十里。三峰聳秀，頂上廣數百畝，有吴王墓，有龍潭。

濬源山　在婺源縣西百一十里，西南連浮梁、樂平界。又名鳳遊山。濬源之水出焉，山畔有大其東爲古城山，外峻中平，出口處僅丈許，宋岳飛嘗屯軍其中。

梅源山　在婺源縣西百二十里，一名翀山。山産楊梅充貢，梁任昉爲郡守，奏罷之。

相近有梅嶺，爲徽、饒通衢。

又有吴源山、嶸峿山，俱界樂平。

福山　在婺源縣西南四十五里，又名太極山。《府志》云：外翕内闢若城郭，厥土左剛右柔。明安洞。

粤東湛若水講學於此。有總靈洞、天窗洞。

其與福山對峙而隔溪相望者，爲善、惡二山。《祥符經》謂善山神爲王，惡山爲夫人，俗稱夫婦山。

桃源大衝山　在婺源縣東南六十里。《府志》云：懸崖飛瀑數百尺。西十餘里爲龍行石，石皆龍跡。又七里有龍洞，宋延祐中判官許松賦詩禱雨，有「民命望懸三尺水，神功願乞一年秋」之句，投洞中，雨隨至。

東有鷹嘴山。又有小歙山，接衢州界。

方山　在婺源縣東二里。五代士人朱寬讀書於此，墨池猶存，寬仕南唐。

又三十里曰黄連山。

石耳山　在婺源縣東九十里，界接衢州。其高不可仞計，山之南北各有八景。其支脈曰大鏞嶺，相傳洪水時有大鏞上此而名。按：府治亦有石耳山。

龍尾山　在婺源縣東百里，芙蓉嶺之支也。西連武溪。山石有羅紋，可爲硯，又名羅紋山，亦曰芙蓉溪。

蓮花山　在婺源縣東百里，接衢州界。群峰崒嵂，狀若蓮花。中有龍湫，禱雨時應。

五珠山　在婺源縣東北四十里。山形橫峙，凡五起伏，如貫珠然。有龍湫，旱禱輒應。舊名五株山。

相近汪口村東有煙樓峰，遠望可百里。宋岳飛軍於上流中平鎮，以此峰頂望敵人往來旌旗舉煙火，因名。

圓鏡山　在婺源縣北七十里。山頂連峰插天，山半頓起華蓋，其圓如鏡。南有石筍，突兀如圭璧。

相近有高貴山。

大廣山　在婺源縣北九十里，婺水出焉。一名大尖山。

又十里有金剛山，有黼峰，有九陽凹山。

浙源山　在婺源縣北九十里，一名浙嶺。邑中諸水，多西入鄱陽，惟此山之水東會休、祁、黟縣諸水，至歙浦又會績溪、歙諸水赴浙江，因名。

浙源之大灣，有平鼻嶺。

大連山　在婺源縣北百二十里。高四百仞，周九十里，接休、婺界。昔鄉人避難於此。

祁山　在祁門縣東北一里。三面皆石壁，上有二巘，曰棲真、曰青羅，旁有泉甘而洌。

鳳凰山　在祁門縣南。

又十里曰白石峰。又十五里曰王公峰，高出萬仞，不與諸峰接。

主簿山　在祁門縣西六十里。《方輿記》云：昔黟縣有主簿，愛此山幽奇，遂解印來隱，故名。

歷山　在祁門縣西八十里，西界石埭。山極高峻，巔有巨池，池中有石馬。

新安山　在祁門縣西百一十里。奇秀異衆山，郡名新安取此。與此山南北相望者曰九峰山。又縣西百二十里有西峰山，上有銅鼎、鐵笛、錫杖，唐五臺僧所遺。百四十里有五龍池山。

道人山　在祁門縣北二十里。山半有巘，巘前有池。又北十里有不老山，出方竹。

石新婦山　在祁門縣北三十里。有三石峰類人形，每霽色暉映雲霞，明媚則若彩服靚粧者，故名。

相近有石鐘、石筍，二山相對。

大共山　在祁門縣北五十里，界接石埭，大共之水出焉。其地又有禾戍嶺，界接太平，柏溪之水出焉。

林歷山　在黟縣西南十里。四面壁立，徑路危險。《吴志》云：漢末土寇陳僕、祖山等屯此，賀齊平之。今山上寨基牆壁①尚存，鋤者或得箭鏃。山之東有石洞，可容數十人，内刻石爲佛像。西瀑布自千丈崖瀉下。又有仙人、棋盤、石臼，常見金燈如千百流星飛墜，人多異之。

武亭山　在黟縣西南十八里，橫江水出焉。危巔削壁，宋時邑人黄元暉甃路，行者便之。

① 「寨基牆壁」，《四庫》本作「寨洞遺壁」。

碧山　在黟縣西北八里。北接石盂，南面靄峰，爲邑之鎮。

又西北二十里曰章山，章水出焉。

戢兵山　在黟縣北十五里。本名石鼓山，唐改今名。上有石鼓、石人、石驢，相傳石鼓能自鳴，則驢鳴人哭，後鑿破，遂已。

牛泉山　在黟縣北五十七里，東界太平。《輿地志》云：其山自麓至頂，每九里一頓，凡九頓。並山爲路，隘處才七八寸。臨不測之溪，上常多風，故木雖合抱，而長不及丈，惟南向有之。頂上有水，冬、夏不減，名曰牛泉。

又北三里曰五溪山。

三姑山　在黟縣東北十五里，一名吉陽山。上有三峰，其中峰有瀑布、泉。《新安記》云：天將雨，此山先有鼓角之聲。

東山　在黟縣東十五里，峭絶，人跡罕到。

又十里曰石燕洞，幽邃容百人。

石門山　在黟縣東南二十里。鑿石爲門，下瞰深潭，壁立千仞。緣崖鑿路，僅通人步，絶處以木爲棧，古號小劍門。有「建中靖國」年號鐫刻尚存。

魚亭山　在黟縣南三十五里。《方輿記》云：每歲江西魚船至祁門，以次泊山之東，故名。

復山　在黟縣南三十六里，一名阜巖山。《方輿記》云：山極孤峻，石壁四絶，僅通綫路。其絶頂有泉，常流不竭。昔鄉民常避亂其上，賊意山高無水，欲持久困之，鄉民投示以生魚，賊遂引去。

其南爲天潛山，以多隱君子得名。

石照山　在績溪縣東五里。有石壁立，方廣二丈，光可鑑物，故名。

山後有石屋山如屋，下如臺，前出爲流雲洞。

龍鬚山　在績溪縣東二十里。高五百仞，山頂一池，雖晴明亦有雲氣，旱禱輒應。

大鄣山　在績溪縣東六十里，一名玉山，是爲邑鎮。高五百五十仞，周百五十里。秦立鄣郡取此。

相連有雙峰山、湖田山。

距縣百餘里有龍塘山，麓從小徑入，縈紆嶮巇，懸絶處則倚水架梁而進。

唐金山　在績溪縣東南九里。三面臨水，有泉出石穴，極清冷，飲之可除煩熱。

翠眉山　在績溪縣西一里。兩山低平，横立左右如眉，故名。舊有翠眉亭，宋縣令蘇轍常吟咏於①上。

大會山　在績溪縣西四十里。高聳特出，衆山環峙莫能並。其巓晴霽時，可望太平、宣、池。

又西曰漂山、曰石鶴山、聖泉洞，又西曰古山。

---

① 「於」，《四庫》本作「其」。

徽嶺山　在績溪縣西北十五里。一名大尖山，徽水出焉。王安石有《度麾嶺》詩，作「麾」字。又詩「曉渡藤溪霜落後，夜過翬嶺月明中」，又作「翬」字。《太平廣輿記》載績溪大徽村，改州爲「徽」，取此。從「徽」字爲是。西北連凛山、佛論、新嶺，東抵叢山關，南接大鄣。水源有二：陰入旌德，陽流歙浦。

蘆山　在績溪縣西北四十里。山左之水，東流過旌德，入揚子江。右則南流經縣界，通錢塘江。

蒼龍山　在績溪縣北十里，一名蒼龍塢。深邃窈冥，常有雲霧。下有潭甚深，俗傳龍藏於中，因名。洞中舊有十景。

大獒山　在績溪縣北六十里。其山周回百里，前踞潭水，蹲形矯首，有獒象焉。山半有仙人崖。

巃嵸山　在績溪縣東北二十九里。其山四合，中一徑通寧國縣界。舊有寨，呼爲叢山關，下有巧溪。

披雲峰　在城陽山右。古志云：高接天宇，上篋雲簇。有披雲亭，唐宣歙副使魏弘簡爲張友正建。《古蹟志》：山麓有吕渭讀書堂。

登仙峰　《府志》傳爲仙曼都飛昇葬衣冠處。峰頂有飛龍坑，澗水宛曲，爲都浴處，名曰浴石。相近有春、夏、秋、冬四山。又有謝公墩，謝安曾訪曼都過此。

昱嶺　在府東南百二十里。山谷間無跬步夷曠者，宋岳飛開道由三嶺出，遂爲康莊。境接杭之昌化。

箬嶺　在府北八十里，上多箬竹。唐汪華所開，通旌德、太平，爲郡要衝。

又有雙嶺、烏泥嶺、巖嶺，俱相近。

塔嶺　在休寧縣南八十里，接婺源界。明正德中，邑令唐勳破桃源洞寇於此，更名得勝嶺。

芙蓉嶺　在婺源縣東八十五里。高幾千仞，周三十餘里。與對鏡、羊門、塔嶺及休之新嶺，名曰五嶺。其山之冢爲芙蓉峰，又名靈山，中有碧雲菴，旁有祖師石亭，亭上有石筍高二丈。其陽有五祖巖，爲南唐何令通棲真之所。

對鏡嶺　在縣東九十五里。

羊門嶺　在縣東一百五里。明萬（歷）〔曆〕中，邑令譚昌言以芙蓉往郡道險，更闢徑於江灣之左，近可十里，遂名譚公嶺。

赤嶺　在祁門縣西百里。嶺下有溪，《祥符經》云：昔人爲梁取魚，魚不得下，遂夜飛越嶺而去。人復張網嶺上，飛不過者化爲石。其色赤。《吴都賦》云：「文鰩夜飛而觸綸。」盖此類也。

櫛木嶺　在祁門縣東五十里。嶺下水分東、西，東入錢塘江，三百六十灘；西入彭蠡湖，亦三百六十灘。嶺雖平坦，以水勢觀之，高可知矣。

武陵嶺　在祁門縣西四十里。始極峻險，唐縣令路旻鑿爲盤道，至今便之。

墨嶺　在黟縣南十六里。上産石墨，土人採之，久而成井。

古巘　在府西二十五里寒山里。巖有石洞，其上丹崖層峙，鸞飛鵠立，稜稜露石骨。有巘横亘，形如覆屋，可容十許席。唐會昌中，建古巘院，名僧相繼出焉。

藺將軍巘　在府南十五里。舊志云：隋藺亮屯兵處。其地阻險。

齊雲巘　在白嶽西北。路回如綫，遊者緣梯以升，所經勝處極多，乃至於巖，黟、祁、歙、婺之山，一目可盡也。宋程珌書「雲巘」二字，刻於石前。一峰特起，爲香爐峰，又謂之淩虚巘。明嘉靖中，敕改曰齊雲山。山有五老峰，南一石卓立曰天柱。又獨聳巖北一石洞，屏榻整然，殆異人隱處。《府志》云：殿創自宋寶慶，其像爲百鳥銜花所塑。後兩經火，一髮不燬，其異如此。

石橋巘　在休寧縣西六十里，一名岐山。石壁千尺，横亘如梁。《府志》云：唐刺史韋綬立精舍，名石門寺。明湛若水講學於此，建天泉書院。有逼霄峰，有金紫、太極諸巖。

東密巖　在休寧縣南三十五里。周回絶壁如城，其頂平衍。《府志》云：唐末黄巢兵寇徽郡，程澐率衆立寨拒之。今水池、塹壘猶存。

黄墩　在府西三十里。晋新安太守黄積卒於官，子孫家此，故名，至今有墓存。明程敏政易爲篁墩，以地多修篁。其説無據。梁程靈洗、唐朱師古皆居此。程爲河南二程子之祖，朱爲婺源朱子之祖。明歙令劉伸、邑人趙滂修墓而建三夫子祠，曰程朱闕里。

靈巖三洞　在婺源縣西北百二十里。東北曰慶雲洞，巖竇皆五色。兩巖瀑流，上有鸞鶴雲霞之象。西曰蓮花洞，有大石室刻石像，傍有羽蓋旛節，皆乳石所成。南曰含虚洞，洞有二重，中有仙雲帳、雪崖、香嶺。又北曰瓊芝洞，以石堅白得名。實有四洞，詳戴銑《遊記》。又有六洞，合爲九。産硯，石色紫如肝瑩者，可擬端溪。

青苓洞　在婺源縣西八十里。南北門相通，中有物象如靈巖三洞。

練江　環繞郡城揚之、布射、富資、豐樂四水，分派合流，直瀉如練，而抵於城南，是名西溪。一名徽溪。其水注於漁梁，抵歙浦而合於新安江。

新安江　在府南。凡郡六邑之水，俱自歙浦流入爲新安江，下流至嚴州，合金華水入浙江。其水淺深見底，爲灘三百六十。《水經注》云：浙江又北，經歙縣東，水甚清深，潭不揜鱗。沈約詩「洞徹隨深淺，皎鏡無冬春」是也。

洋湖　一名陽湖，在休寧縣東南，屯溪衆水所會也。

黄墩湖　又名相公湖，在休寧縣西南四十五里，即梁程靈洗射蜃處也。

昉溪　在歙縣北四十里，因梁太守任昉得名。唐大中時，刺史盧潘改爲任公溪。上有石，爲任公釣臺。

屯溪　在休寧縣東南。會南、東二港之水，而東注歙浦。

白鶴溪　在休寧縣西二里。發源黟縣吉陽山，由白岳山下過藍渡，至縣界與夾源水合，東流於屯溪，與南港會，是爲東港。

績溪　在績溪縣東。翬水與揚之水交流於此，有如績焉。

南港　在休寧縣南。率水所會，及諸山嶺之水俱入於此。

東港　在休寧縣東。白鶴、夾源二水所會，及諸山嶺之水俱入於此，接於南港。

大小北港　在祁門縣。櫸根、九峰、西峰、五龍池諸山之水名曰小北港，王九嶺、赤嶺、良禾嶺、歷山諸水名大北港，俱會於大共水。

豐樂水　在府西三里。源於黄山湯溪，南會曹、阮二溪，過仙人臺，溢於昌堨，匯於狀元潭，流經巖鎮，潁水會之。又東南與富資水會流入於練江。

富資水　在府北一里。出歙縣篛嶺，會布射水入於練溪，下歙浦。

布射水　出歙縣黄蘗山。《元和志》謂出飛布山。南流至縣治，會揚之水，注於歙浦。

率水　發源休寧縣率山。其陽水南下而西流者，過饒州會於彭蠡。其北水源有二，皆自山巔瀑瀉而下：一從望仙巖流出梅溪口，入祁門界，合孚溪水。一從高湖尖流出彭沍坑口，東與梅溪、孚溪水會，又東至江潭溪，浙源之水赴焉，流經南港、東港，又會於率口而入於歙浦。亦名漸溪，即古之漸江也。

汊水　在休寧縣南。自璜源出汊口，與佩琅水合，匯入南港。一名紫雲溪。

五城水　在休寧縣南四十五里。源出婺源五嶺，流入縣境，達於龍灣溪口。

夾源水　發源休寧縣西北四十一里石拆山，南流環繞縣城如帶，與白鶴溪水會流，至屯溪入於歙浦。

浙源水　出婺源縣浙源山東，東流至休寧縣，會休、黟諸水，東入屯溪，又南入歙浦。

武溪水　出婺源縣浙源山西。爲浙源西水，會於武溪，流經樂平入鄱陽湖。

又廬源水出廬嶺，益陽水出浙源山，小歙水出小歙山，濬源水出濬源山，杭溪水出石龍山，俱入武溪。

婺水　出婺源縣大廣山。過石門灘，南繞於縣治，又南會於斜水，入武溪水。

大鏞水　出婺源縣大鏞嶺。有二：東流者至衢州入浙江，西流者合斜水入於武溪。

梅源水　出婺源縣梅源山。東會於浙源，西合武溪。

沱水　在婺源縣。其源有三：一出金剛山，爲黄村水。一出平鼻嶺，爲燕山水。一出九陽黼峰，爲理源水。合於三溪口，南流會浙源水。

繡水　在婺源縣城北。會諸山港之水，繞城三面，其文如繡，下流入於武溪。

大共水　源出祁門縣大共山。流至秀溪、霄溪，下閶門灘，會北港水，直注倒湖，入鄱陽。

又新安水，出新安山。盧溪水，出梅南山。俱匯於大共水。

赤溪水　在祁門縣魚亭山。有二：東流者入於屯溪，西流者會大共水。

又有榔木嶺水，亦東入屯溪，西會大共。

章水　出黟縣章山。東南會横江水，入屯溪注於歙浦。

横江水　出黟縣武亭山，東會於章水。

吉陽水　出黟縣吉陽山。東過噎潭，又東至白茅渡會横江水。又牛泉水合於此。

魚亭水　出黟縣魚亭山。東至魚亭口，會横江、吉陽二水，合於章水。

揚之水　出績溪縣龍叢山。其一北流，逕叢山關，入寧國界。其一南流，至大屏山，乳水注之。又南至靈山，翬水注之。又南至象山，又東會登源、西會上溪二水，合流入於練溪。

又大小母堨水，出靈山。綿溪水，出佛論嶺。昌溪水，出柳亭山。及休寧之武洪水，俱匯於此。

徽水　出績溪縣徽嶺。東南流爲徽溪，過來蘇渡入揚之水。

乳溪水　在績溪縣北。東流爲浣沙溪，入揚之水。

九龍潭　在府境丞相原。道中九泉，濆射破山而出，雷砰電擊，有若龍戰。

石印潭　在績溪縣南五里，潭中有方石如印。

玉龍潭　在績溪縣西北二十五里。潭中有巨石，文成白龍二，長丈餘。

歙浦　在府南十五里，今名浦口。練江、漸江合流奔駛，任昉赴郡，有「滄江路窮此，湍險方自兹」之句。

吕公灘　在歙縣東南十二里，一名車輪灘。湍悍善覆舟，唐刺史吕季重疏爲安流，遂名。

閶門灘　在祁門縣南。《寰宇記》云：衆水所注，有兩巨石對峙如門。其灘流常覆舟，唐縣令路旻開斗門，以平其險，人呼路公灘。後相繼疏導，今爲安流。

深渡　在府南四十五里，新安江經此。《寰宇記》云：與睦州分界處。峰巒掩映，狀若雲屏，實百城之襟帶。宋、元俱設巡司於此，明廢。

龍泉　在婺源縣北七十里，旱禱有應。唐呂洞賓大書「飛龍巖」三字，刻石尚存。

洗心泉　在婺源縣西四十五里福山寺右。有異僧卓錫湧泉，甃之則渾。舊志云：明湛若水講學於此。

湯泉　在北黟山東峰下香溪中。泉口大如碗，可燖鷄。一名硃砂泉。

江南通志卷十六

輿地志

山川　六

寧、池二府

寧國府

陵陽山　在府城内，岡巒回折。《府志》云：勢若蜿蜒，爲一郡之鎮。北自敬亭陂陀而南第一峰，府治據之。二峰在府治西南，别爲鰲峰。三峰在東北，爲府治屏蔽。宋郭祥正詩：「陵陽三峰壓千里，百尺危樓勢相倚。」危樓即屏蔽也。相傳府治晋桓彝時郭璞所建，林仁肇更創城制。襟山帶水，於形勢爲勝區矣。上有樓，即謝朓北樓，李白所稱「江城如畫」者。

敬亭山　在府北十里。《府志》云：古名「昭亭」。東臨宛、句二水，南俯城闉，煙市風帆，極目如畫。山南有廣教寺，舊爲黄蘗禪師道場，唐丞相裴休所建，今雙幢院後金鷄井是其遺跡。又南麓有井二，俱裴休所鑿。舊經云：裴相井在石盎院，水白味甘，特異他井。其虎窺泉、九曲池諸舊蹟皆廢。

其東北有盤龍山、麒麟山，東有甑山、峽石山，皆敬亭之支阜也。

行廊山　在府西。《名勝志》云：兩峰對峙，環抱若廊廡然。上有盤石巨人跡。《府志》：相傳梁杯渡禪師過此。中有白雲池、法雲寺，下臨大明湖。

其西北牛頭山，又西北爲方山。

響山　在府南二里宛溪之上，俯瞰響山潭。《府志》云：唐刺史路應跨潭爲梁，建兩亭於東西崖，權德輿爲記。

雙羊山　在府南三里。有雙石羊，梅聖俞詩「風雪雙羊路，梅花溪上村」，即此。稍西爲柏山。

玉山　在府南十里。其上多古木蒼藤。有惠昭寺，宋尚書梅詢讀書處，李含章亦嘗隱此。元張明有詩云：「春風跨馬銀鞍穩，夜月騎牛鐵笛閒。」蓋詠二事也。

嶧山　在府南三十里。盤旋隱秀，上有項王廟甚靈異。舊志：相傳羽起兵時經此。又東十里爲勞山，有大小二勞。大勞有洞，可容數十人。

曷山　在府南三十里。按《唐書》，文德元年，楊行密攻宣州，客袁襲勸其速趨曷山，堅壁以需。又天復二年，行密遣兵擊宣州，刺史田頵破之曷山，即此。《嘉靖志》作蜀山，誤。

巖臺山　在府南五十里。舊志云：由横山趨北，形勢巉峭，上有平臺，下有石洞、乳泉，郡守羅汝芳有「臺端松抱石，巖底塔棲雲」之句。

其北爲花田山。

華陽山　在府東南八十里。《名勝志》云：其山連跨宣、涇、寧、旌諸邑。其西絶頂曰高峰，敻出雲表，山僧依巖構屋，覆以鐵瓦，人多雜猿猱以居。其南爲密壟嶺，又盤嶺。稍西爲金牌嶺。二嶺之間，僅通一綫，爲涇、旌間道，郡南一阨塞也。

山之支壟爲大小墨山，爲洞山。

横山　在華陽山北十里，綿亘巃嵸。

其北爲璧田山、孔川山，東爲魯山，又東爲新田山。

稽亭山　在府東南六十里。《祥符經》云：宣城稽亭山，古仙人嘗居此。行人悦其幽曠，每稽駐焉，故名。有仙人巖、三天洞，可容百餘人。洞有三竅通明，流水自内出，可灌田。旁有風穴，又有暗洞，皆深窅奇絶，莫可名狀。

柏梘山　在府東南七十里。《府志》云：山之陽即文脊山也。峰攢千仞，谿回百折，與華陽連屬。昔山僧以柏皮爲梘，引水入厨，因名。其最勝者爲飛橋，構險淩空，跨岫爲梁，名曰引虹。

其北爲梅村山，西爲歙溪山。歙溪山之東，連岡迤邐，沿河而走，遥屬於水東諸山。其西北曰查樹嶺，自寧國至涇道此。

水東山　在府東南七十里大河東南。有市、有渡，與水西山分峙。

折山　在府東南。山勢旋折，故名。相傳奚氏女浣紗於此仙去。

麻姑山　在府東三十里。《名勝志》云：相傳麻姑修煉之所。有仙壇、丹竈、劍池、石棋枰、釣魚臺、天遊亭諸迹。其東有靈馬山，西有碧泉山。

雲山　在府東北七十里。下有金牛洞，詳見《古蹟》。祁門陳履祥講學於此，山頂有藏書洞。其北曰蔣山，下瞰固城湖，是爲高淳南境。

工山　在南陵縣西三十里。高數千丈，盤踞七十里，縣治之鎮山也，宋孝子李經廬墓於山麓。其西峰下有龍湫，北有石岡迤邐，而東爲石潮山、水龍山、黄連山、同山。

朗陵山　在工山南。晉何琦嘗隱此辟穀煉丹，山南有丹井。

射的山　在南陵縣西。《寰宇記》云：山有玉，在石壁内。取之者遇風雨而止，人望之如射侯，因名。

水龍山　在南陵縣西南六十里。有泉出山巔之石巖，噴五尺許，濤湧而下，田賴以溉。即漳水之源也。

吕山　在南陵縣南六十里。有石室，其南爲石竇，有泉湧出，淮水發源於此。

格裏山　在縣南七十五里。從兩小徑入，曰大格口、小格口，兩山夾行，十五里不斷。中有腴田深澗，人烟相接。

籍山　在南陵縣城中東北隅。由工山蜿蜒百折至此，陂陁聯絡，爲邑之鎮。

神龍山　在南陵縣東二十三里。山從分界山來，逶迤陂陀，卓起一峰，如遊龍昂首狀，故名。上有睢陽廟。

水西山　在涇縣西五里。下臨賞溪，循溪而入最幽勝。舊建寶勝、崇慶、白雲三寺，浮屠對峙，樓閣參差，碧水浮煙，咫尺萬狀。唐宣宗曾棲此，有「朝廷若問江南事，報道風光在水西」之句。「風光」，宣宗小字也。晋葛洪、劉遺民，唐李白、杜牧，皆嘗遊憩焉。

相接者有白雲山，下有白雲潭。

大寧山　在涇縣西三十里。唐猷州城在其下，今大寧寺其地也。上有伏虎石。

藍山　涇縣西六十里。太白詩云：「藍岑聳天壁，突兀如鯨額。」是也。

相近有郭山、望江山，望江之西有石巃、洪頭山。

五城山　在涇縣西七十里，五峰環列如城郭然。

大城山　在涇縣西七十五里，與青陽縣接界。下有潮泉，相傳郭璞所鑿以應江潮，歲旱禱之，潮應則雨，否則旱。

又五里有碧山，唐李白棲此。

寶峰山　在涇縣西八十里。《府志》云：石巖高數十尋，有人物、鳥獸之狀，若雕繪者。山背有竇窅然，出竇而升，則平遠空曠。其下有瀑布，飛流千尺，鏗訇趾下。

其對峙者曰銅峰山。

石碧山　在涇縣西北。石壁四合如屋，太白詩：「石碧望松寮，宛然在碧霄。」

魚礲山　在涇縣西北七十五里。《府志》云：山下有泉曰湧泉，或云潛通江海，嘗有魚隨泉而上者。

仙洞山　在涇縣西北八十里，俗名和尚山。山頂有二洞甚深，洞口僅三尺餘，磬折可入。内有煉丹臺，藥丸嘗滿，見者隨取隨盈。樵夫深入，時聞絲竹奕棋聲。

幙山　在涇縣北五里。舊志云：隋左難當與輔公祏拒戰於此，軍幙四周，因名。故壘尚存。

北爲桑坑山，東爲漢山、桐山。

琴高山　在涇縣東北二十里。《名勝志》云：山半有隱雨巖。又有洞，傳爲晉處士琴高隱此而名。

其隔溪對峙者，有巖礲洞，山中有複洞，不柱而屋，巷闥幽奇。

昆山　在涇縣東北三十里。其頂有池，冬、夏不竭。旁有朝陽洞、遥峰嶺。

金壺山　在涇縣東二十五里。石壁峭拔五十丈，有平臺。

北衡山　在涇縣東三十里。兩山相並，環以清溪。

相近有巧坑山，多怪石，幕溪出此。

又東十里曰慈坑山，坑口有觀音洞，烏溪出此。

眉山　在涇縣東六十里，下有眉臺、眉池。

相近爲貂蟬山。

百湖山　在涇縣東六十五里。與徽之箬嶺相接，形如舞袖，溪流繞之，百折而出。

黄幕山　在涇縣東南十里。高百餘丈，與縣治對。旁挾兩山，左曰屏黄山，亦名桂嶺，其形似樓臺。右曰寨山，形似屏。皆山之分脈，以爲縣基。

硃砂山　在涇縣東南五十里。《名勝志》云：巉巖險峻，俯瞰長流。有石赤如日，故一名丹山。相傳石豔發則有災異。先是，絶壁不通，宋尚書郭燮鑿道，跨一橋以濟。

黄峴山　在涇縣東南六十里。高五百丈，群巒列嶂，狀若蓮花，爲縣治之祖，丹溪之水出焉。旁有嶺曰百花尖，又有筆尖山。其南曰湧溪山，産茶。

承流山　在涇縣南四十里。九峰羅列，與縣治相拱揖，峰巒聳秀，甲於一邑。宋許國公吴潛讀書於此，又有許、竇二真人遺跡。

黄象山　在涇縣南九十里。碎石五色，返照有光。舊有寶光菴。昔人詩云：「猿抱子歸青嶂外，鳥銜花落碧巖前。」

駐蹕山　在寧國縣南一里。《府志》云：明太祖嘗駐蹕於此，故名。

又南四里曰雞山，一名鳳山，峰巒秀拔，爲邑之鎮。

陽濠山　在寧國縣南三十里，最高爲邑南嶂。絶頂有龍湫，噴湧而出，遥望如練。相近有琴山，又南二十里有屏山。

丫髻山　在寧國縣南八十五里。舊志云：南唐時嘗作烽燧樓其上。外有仙燕洞，舊時鄉民避兵之所。

千頃山　在寧國縣南百三十里。《府志》云：與浙江昌化縣接界。上有池，其大千頃，其流南入昌化，北注寧國。

籠叢山　在寧國縣西南百五十里。其南屬績溪界，峻壁崇關，爲宣、歙阨塞，官兵常駐此防戍焉。

又縣西八十里有塵嶺山，亦稱險阨，與籠叢相埒。唐汪華嘗駐兵，有藏馬洞、卓戈泉。

獨山　在寧國縣西五里。爲縣脉來龍，東散入平野爲縣治。

石鼓山　在寧國縣西。《九域志》云：上有石鼓，天雨則鳴。

紫山　在寧國縣西百里。《縣志》云：高數百仞，周二百里。中有龍池、龍井、石塔、石鼓諸勝。

石鏡山　在寧國縣西百一十里。有龍巖、瀑布，又有石鏡能照人。

文脊山　在寧國縣西北三十里。《府志》云：高數千丈，周三百餘里。西接涇、旌諸山，北爲宣城之柏梘。峰巒攢秀，巖洞盤旋，郡雄鎮也。《寰宇記》云：一名曷山。

山門山　在文脊東南。峭壁劃然中開，儼若城闉。《府志》云：晋瞿硎先生隱此。中有六洞，曰紫雲，曰夕陽，曰朝陽，曰明心，曰碧雲，曰漣漪。洞前有瞿硎樹，爲先生手植，一本三花，即桓温命伏滔作贊處。

國朝施閏章《山門遊記》

寧郡匝萬山，其磥砢而谽谺者，往往竅爲洞穴。而其環山皆洞，交屬旁通者，莫如山門。巖石環亘，中豁如甕城，高廣數丈。其西爲文脊峰，中多平野，山爲郛廓。其前後高下，以洞名者，曰朝陽，曰紫雲，曰漣漪，曰枇杷，曰龍潭，相距不一里許。

朝陽者南向爽塏，户牖三面，蓋瞿硎先生披鹿裘坐石室處。東百餘步，從怪石中側墜下者，紫雲也。窅深而明，時出雲氣。自西北穿磵谷，深黑可三百步，潨潨聞流泉。僧炬而導客，南出于山之尻，所謂漣漪者也。左陟山椒，右陷而中虚，崖罅有枇杷樹，洞以是名。其稍遠者爲龍潭，大旱不涸，龍窟其中。嘉靖間，土人竭水灌田，雷奮龍見，日爲晝瞑。其水東北逕漣漪合流，匯於港口。其餘如竇、如井，多深隘不可入。春、夏水漲，灌輸萬竅，衆山怒號，若考鐘鼓。

始入門曰靈巖寺，有古木數十圍，人稱瞿硎樹。其新闢而菴者，在腹曰鑿鐵，在背曰竹影，皆隨山架宇，倚石爲壁，曲榭層樓，人蹈空際。而所謂鑿鐵者，又一小石門，中有獅子峰，倚天昂首。環顧崇巖，萬怪竦疊。

余少而聞之，將老而遊。春日既佳，歡與殫洽，樂其洞穴之幽，而多軒豁通朗，給人遊目，類有道而能容者。時無瞿硎先生，石室閴然，然其人遁迹韜光，不與人接。而桓温造訪物色，使伏滔作贊，温故自可哉。千百世下，求斯人之車塵、馬跡，又可得哉？

鵶山　在寧國縣西北三十里，接廣德界。《寰宇記》云：山産茶，味與蘄州所産同，梅聖俞所謂「茶味鵶山佳」者也。

冷度山　在寧國縣東九十里。山有五峰，東曰桂山，西曰金字，南曰青紅，北曰周壁，東北曰黄封。連綿蜿蜒經數百里。

東山　在寧國縣東南五十里。山南谽峒①逼隘，至此獨豁然開朗。下有渡曰石口，即東谿所經也。

關口山　在寧國縣東南六十里，又名獅象山。兩峰錯峙若門，其中徑隘溪深，巖坪泉田，多油漆紙皮之利。坪盡山高，有懸崖、隱洞、飛瀑、龍湫。

天目山　在寧國縣東南百五十里。山本浙西巨鎮，邑中諸山皆其支脈，實有藩屏之勢。

棲真山　在旌德縣西五里。《神仙傳》云：昔竇子明爲陵陽令，三年避劉聰亂，棄官尋山採藥，

① 「峒」，《四庫》本作「洞」。

結廬於此，後仙去。

正山　在旌德縣西三①十里，峭峻特出。諺云：「正山峨峨接星斗，分列岡巒九十九。」上有仙人臺、響石亭、玉井。東有郭公巖，巖傍刻「珍珠泉」三字，南唐將方道、項洪鋭嘗屯兵於此。相近者有栅山，其南有大幕、小幕二山。

石柱山　在旌德縣西六十里。雙石挺立，高數丈，有巨石承之，上有豹子尖。梁程靈洗討侯景立幟於此，築歃血臺。又嘗抽矢射山，石摧一角，因名其石曰射的山。

天井山　在旌德縣西北三十里。山有兩竇，飛泉出焉，俗呼牛鼻水。下有龍潭。

石壁山　在旌德縣北二十五里。兩崖對峙，一水中流，最稱阨塞。舊路躡懸崖上，行旅恐慄，胡安定、周竹陂嘗作歌紀其艱險。明嘉靖間，通判李默緣溪鑿石成徑，始爲通塗。

龍首山　在旌德縣北四十里。西北有龍潭，徽水經其下，與涇邑接境。

鳧山　在旌德縣東。《名勝志》云：相傳竇子明既仙去，其二女亦化爲青鳧上昇，故名。其陽有玉壺山，山阿有龍潭。

梓山　在旌德縣東南二里。近俯城闉，遠淩岫壑，爲一邑雄覽。旁有奇石，石上有桃樹，不花而實。

① 「三」，嘉慶《寧國府志》卷十作「二」。

蛟山　在旌德縣西南五十里，山形蟉虬若騰蛟然。後有洞，徑險難入，其中平曠可居。又西十里有九峰山。

黄山　在太平縣南三十里，當徽、寧二郡界。高數千仞，盤亘三百里，《圖經》稱爲軒轅棲真之所。上有古木靈藥，流泉香美，能已百病。按舊志云：山有三十六峰，屬太平者八，曰翠微，曰天都，曰望仙，曰九龍，曰聖泉，曰疊嶂，曰仙人，曰芙蓉。餘詳《徽州府》。

陵陽山　在太平縣西六十里。西屬石埭，北界涇邑，一名三台山。有竇子明遺跡。下有三門、六刺灘，李白渡此有詩。其南爲真金山，東爲密崖山。

仙都山　在太平縣西六十里，一名遊山。《府志》云：舊傳左難當因唐推功不及居此。

龍門山　在太平縣西北四十里。巖壁峭拔，中有石竇如門，産茶及諸藥草。

尚書山　在太平縣西南二十里，相傳隋末有尚書胡裕居此。

通靈峰　在寧國縣北二十五里。四山環抱①，獨缺其北。巖頂有龍湫。有石巋然，曰鷄冠石。

黄高峰　在旌德縣西南四十里。兩峰對峙，獨秀雲表。有登仙橋、獅子巖、硃砂石壁，相傳有黄高公者隱此。

①「抱」，《四庫》本作「繞」。

桓公嶺　在涇縣東烏溪嶺東、茹麻嶺北。道通旌、太，稱險阸，即晉内史桓彝戰死處，壘塹尚存。

楓樹嶺　在寧國縣塵嶺北二十里。《府志》云：與獨蛇、伏嶺分水。叢山四關，皆茂密險隘之地，明嘉靖中建哨臺其上。

又北曰雲門山、蟠龍山。

千秋嶺　在寧國縣東百五十里。《府志》云：岡巒纚屬，谿谷陰深。路通浙江於潛，楊吴招討使李濤攻吴越，取道於此。宋南渡後，嘗列關防戍。唐羅隱《送梅處士》有「回望千秋嶺上雲」之句。土人以雲氣占晴雨，極驗。

大嶺　在旌德縣西，旌諸嶺之最高者。

春嶺　在旌德縣北三十里。自鳧山華容峰横亘二十里，南障縣治，北界涇邑。土人謂爲蠢嶺。

南長嶺　在旌德縣南一里，爲徽、寧二郡孔道。

箬嶺　在旌德縣西南八十里。高五百仞，跨旌、太之間，爲新安間道。南隸歙縣。

鐵甲嶺　在太平縣西二十三里。峭壁下臨大河，中一綫通往來，行者足慴。

三門嶺　在太平縣北十里。三方阻絶，中通一徑，縣治據其陽。

青弋江　在府西六十里。發源黄山，會石埭、太平、旌德諸水，下流漸廣，遂爲通津。北至蕪湖入江。

九曲河　在府城東。源出嶧山，受陸家潭水，西北流入宛溪。

三汊河　在府治東。宛、句二溪至此合流，東岸爲新城，西岸爲館驛。李白有《題宛溪館》詩。

灣沚河　在府治北。有渡、有鎮，今爲鹽埠。北出楊青口，合黄池流入於江。

蒲橋河　在南陵縣東二十里。上自麻園河來，下流蘆港口，與西河口水合。中有都堂壩、雙澗、虎狼澗。

麻川　在太平縣東南三里。源出黄山之麓。由湯泉至麻陂潭，又名白虎潭。受旌德諸水，逕縣治東門，會富溪、梅溪，西北下焦灘，至麻口逕舒溪、蟠石、赤溪諸水，延袤八十里，出小河入於涇。

南湖　在府東北四十里。南曰南埼，北曰北埼，總稱南湖，周廣四十餘里。其東北有綏溪，一名白沙溪，納廣德、建平之水，入於南湖，郡治以東諸川流俱歸焉。其水西出渾水港，達於大河，有塞口、稻堆二山對峙。

宛溪　在府城東。源出新田山，納諸水而來，委蛇數十里，故曰宛溪。上下兩橋，上曰鳳凰，下曰濟川，並跨溪上。唐李白詩：「兩水夾明鏡，雙橋落彩虹。」兩水謂宛、句二溪也。

句溪　在府東三里。溪流回曲，形如「句」字。源出寧邑籠叢山，北流爲水東水，西爲後潭。又受華陽諸水。又西爲陸家潭，爲東溪，至此始名句溪。李白詩「洗心句溪月」，謂其清也。

華陽溪　在府東南七十里。源出華陽山，隨境著名。東北流爲魯溪入河。

青溪　在府南一里。相傳竇子明釣白龍處，李白有詩。

龍溪　在府北七十里水陽鎮東西兩岸。宋紹定中建浮橋，今廢爲渡。有水兑倉，有義倉。東岸水碧橋，與高淳接界。

慈溪　在府東北。合高淳水至此入河，由牛兒港東通五堰，往東壩者由此。

賞溪　在涇縣西南一里。涇水流至縣西爲賞溪，北入於青弋江。賞溪之西有所謂新河者，宋崇慶①中縣尉劉誼所開，以溪流東徙爲民田害，欲挽之使西也，而卒無成效。

又縣東有烏溪，縣南有楓村溪，俱合於此。

麻溪　在涇縣西南百里，即太平之麻口下流也。山環水會，舟行勝境，唐杜荀鶴詩「麻溪清徹底」是也。

距溪三里有濯灘，下即九里潭，又下爲羅浮潭。

琴溪　在涇縣東北二十里。源自寧國界，歷石門，至琴高山，過嵓礲寺與賞溪合。世傳琴高釣魚於此。今三月三日出小魚寸許，名琴魚，又名藥楂魚，蓋琴高丹滓所化也。

藤溪　在涇縣東南八十里桐嶺之南。源出徽嶺，過旌德三溪至縣界，納諸溪澗之水，北入孍潭與賞溪合。縣境東南之水，此爲最大。

① 「崇慶」，按劉宋、趙宋皆無此年號。二字疑有誤。

東溪　在寧國縣東五里。源出天目山，北流過落花溪。又受孔關、千秋嶺、湯公山、陳村、博里、溪塘、千頃、山洋、丁源諸水，是名杭水。又北爲東溪，至五河渡，與西溪合流入於宛溪。

西溪　在寧國縣西五里，即西津渡。源出績溪籠叢山，北流逕叢山關，過横溪，謂之徽水，西南諸水多入焉。北受滑渡、環川、葛村、龍潭諸水，縣西川流盡匯於此，是爲西溪。又北與東溪合。

旲溪　在旌德縣東北。受旲山西南之流，入於徽水。

又有楊村溪，受旲山以北、春嶺以南之水，與大河合。

梅溪　在旌德縣十一都。大嶺以東剥嶺水俱會於黄沙瀫，入寧國縣。

又有雪溪，在十都，亦東入寧邑。

舒溪　在太平縣西六十里。源出歙縣，逕石埭東北，至涇陽受溇、瀼二溪水，東北合麻川入涇縣界，爲賞溪上源。水浄沙平，焦竑所云「十里無波」也。

三港　在南陵縣。出西南諸山，而襟帶於縣城中者，爲中港。出工山、朗陵之陽，流於縣西者，爲西港。合白石灘諸水，而繞於縣後者，爲後港。皆合於漳、淮下流。

横澗橋水　在府南十里。源出横山之麓，北逕巖臺，又歷花田、西山、桐子岡，會於此橋入宛溪。宋郡守張果抱民籍入水死處。

淮水　在南陵縣。源自吕山湧珠泉，與漳水合流。其下流又有小淮水之稱。

漳水　在南陵縣。源自縣南水龍洞，流至澄清河，與淮水合。寒流曲折，清澈可愛。

涇水　在涇縣南。合舒溪、麻溪、徽水三大水源，出石埭、太平、旌德，至邑治合流而北，環抱城外，縣以此得名。

徽水　在旌德縣北。源出績溪徽嶺之陰，北流受清潭水，至縣東北，霞溪、東溪入焉。又西北流與抱麟溪、玉溪合，是爲三溪，豐溪水亦入焉。北至龍首山入於涇。

黄池　在府北百二十里，一名玉溪。會郡治東南之水以出大江，南屬宛陵，北隸姑孰。

響潭　在府治響山下。潭水泓澄，丹崖下瞰，舟行與山谷聲響相答。

敬亭潭　在府治盤龍山下。泓深莫測，歲旱於此挹水以雩。

奎潭　在南陵縣東北六十五里。凡九十九曲，中饒菱芡水族。

桃花潭　在涇縣西南。《九域志》云：唐李白與汪倫、萬鉅遊於此，潭上有釣隱臺、彩虹岡、壘玉墩，皆當時遊咏之所。李《别汪倫》詩所謂「桃花流水深千尺」①，即此潭也。

落星潭　在涇縣西五十里藍山下。相傳晋時漁者見星隕潭中，故名。

巖潭　在涇縣南十里。受石埭、旌、太諸水，合賞、藤二溪。翠壁澄淵，山水清妙。

衆尋潭　在寧國縣西三十里。潭際石阜壁立，下有龍湫，深不可測。夾岸桃花十數里，俗稱桃源。

---

① 李詩通作「桃花潭水深千尺」。

染浦　在南陵縣東北四十里，一名白家湖。廣千餘畝，中多芙蓉、菱芡之屬。吴赤烏元年，建浮城梵刹於中，風景爲勝。

南香澗　在涇縣東五十里。源出黄沙嶺，西會羅溪水，歷茶溪會周公坑、後村諸水，合於烏溪。

池州府

齊山　在府南三里。有峰十餘，其高齊等，故名。或因唐刺史齊映有善政名之。按《唐書》，映未刺池。其弟照，池州刺史，訛照爲映，理或然也。舊志云：山分三面，巖洞三十有二，嶺塢、泉石、亭臺不可勝舉，爲名勝之區。

附　明劉岐《齊山記》

近名山而遊者，陟之、賦之、觴之，止矣。葺一居，設一勝，又止矣。有於齊而剖其疑者乎？有於齊而補其闕者乎？

李太白《秋浦歌》：「秋浦千重嶺，水車嶺最奇。」或以水車當陽春，似矣。郭功甫之詩又曰：「萬丈水車嶺。」夫陽春，未可云萬丈也。然牧之《南亭》詩曰：「二嶺桃花紅錦黦。」則不獨一陽春嶺矣。以太白久於秋浦，遊江祖，遊白笴，遊桃波，遊大樓，遊鰕湖，道必出齊山。齊山湖前曰平天坂，太白歌已及之，未有咫尺翠微而不知眺詠者。水車之爲陽春，似足信耳。

楊廷秀詩曰：「謫仙狂飲顛吟寺，小杜倡情醉上樓。」齊山之經太白，豈非確據哉？或以蘇子瞻遊清溪，而不遊齊山爲惑。按《清溪詞》曰：「望翠微兮古招提。」非齊山寺而何？或以沈叡達謫池州，卜居齊山，曰雲巢。今不知古屋所在，以形勝揣之，其近書院乎？蓋延慶寺在前，舍書院無平衍地矣。孔義甫《齊山寺》詩曰：「飛甍仍在最高巔。」則山椒之有屠蘇可知矣。今延慶之址，漸入原隰，難云最高也。又曰：「太子池塘煙漫漫。」池郡自昭明而外，别無太子故實，今齊山之池塘何有乎？齊山湖之前有平天湖，朱子《九日登天湖》，用杜牧《齊山登高》分韻，人固以爲平天，但於「登」字非宜，然其句全用杜語。又朱子别賦《水調歌頭》亦然。安得謂非齊山乎？

張敬夫《登齊山》曰：「憶行西湖岸，亦復多嶔崟。頗恨人力勝，刻畫時見侵。誰知醜石面，乃亦孌孔壬。何如榛莽間，屹立長森森。天然抱幽獨，妙質逢賞音。」此直似齊山勝西湖矣。南軒之意，感嘆臨安，痛心朝士，借西湖以寓其刺譏。然雕繢①多，而天然少，亦武林之實録乎？謂齊山爲「幽獨」，亦指其僻處江滋而言，埒視西湖，欣賞不謬，讀詩而不以意逆，可乎？

人言齊山之草不宜芻牧，故本朝於池州不設衛所。果爾，則齊山翠微寨、馬軍寨，何以稱焉？

① 「繢」，《四庫》本作「繪」。

此皆《齊志》之疑也。貴池立州治，始於刺史李芃。芃刻《齊志》於有待岩，岩不可考。而殘文之傳者，無能表章。其失一。李方(元)〔玄〕刺池，搜剔齊山之勝，池人知有齊映、杜牧而不知方(元)〔玄〕，其失二。紫微刺池，齊山客也。張承吉、張喬，齊山主人也。和登高韻者不勝數，和南亭僧舍韻者，未之前聞。忘其主人，其失三。岳忠武駐節廬山，往來岳鄂，數莅池州，又刻石蒼玉之間，而齊山不爲特祠，其失四。政和中，張先生修長生術，結廬齊山，尸解去，而志不載其丹房，其失五。張國安詩曰：「水石嵌空二百巖。」今名於志者，巖僅十有一，其失六。蘇元鼎詩曰：「巖根堆雁塔。」當日若有浮圖。又曰：「碑珉黄閣相齊映。」若有詞章，今並未從辨證。其失七。楊廷秀詩曰：「樓臺玉殿雲中見。」紺宇之盛，仿佛可徵，今臺榭俱蕪。其失八。陳鴻斷碣、林繹之題名、卦蓍二刻，邈不可得見，其失九。池口陳應台敬宗、黄瀾伯觀讀書翠微，未留唱和，其失十。山有泉有井，不共疏濬之，其失十一。此皆《齊志》之闕也。

岐生長於兹，年踰六十，時時策杖齊山，莫敢決其疑，亦莫能縫其缺，記以質焉。

太樸山　在府南二十里。俗名太婆山，宋周必大謂不典，更今名。其山内聯六峰，外托九華。

萬羅山　在府南二十里。舊志云：與江祖石隔溪相對。上有羅人石，李白《秋浦歌》謂「邏人横鳥道，江祖出魚梁」是也。

六峰山　在府南二十里。《府志》云：六峰競秀，望之如列屏然。

大樓山　在府南四十里。李白《秋浦歌》「行上東大樓」者，指此。

三十六山　在府南七十里。《府志》云：雲峰六六，上插晴空。鳥道而上，曰麻塘嶺。

七井山　在府南八十里。與石埭分界，上列七峰，湧泉七穴。其麓盤回數十里，遥接九華。

盧子庫山　在府南九十里。一名伏龍巖，世傳有龍化人於巖前，未全而止。又有龍池，雩禱常應。相近有魁山。

白面山　在府西南。《名勝志》云：雲崖拱北若傅粉。下有白面渡，匯於秋浦。

南泉山　在府西南七十里，有泉。唐貞元中，創寺於山陽，太和元年賜額「南泉承恩寺」。

郎山　在府西南七十里，下有玉鏡潭。《水經注》云，貴池水出縣南，郎山是也。

烏石山　在府西南七十里，與姥山相對。唐廣德初，宣、饒賊方清、陳莊據此，刺史李芃討平之。相近有姥山，一作舞山，有宋陶亮砦址。又宋沈攸之大破賊於赭圻，賊奔姥山，即此。

秀山　在府西南八十里。疊鄣如屏，貴池在其下，梁昭明太子冕服陵在焉。宋陸游《入蜀記》云：秀山，梁昭明墓拱木森然也。

石門山　在府城南九十里。其上有青尖，唐高霽隱居之地。春臺巖，高霽所築桃花塢，本李白與高同遊處也，存石刻大小十六字。相近曰雙溪山、秀峰山。

石橋山　在府西九十里西峰山之東。兩峰相對，一石跨之若梁，梁下奔泉，泐石從穿山洞而出。

魚載山　在府西南百五十里。山有懸泉，從石壁斷崖三級而下，注於潭中。上有巨石，倚附飛流，如鯉魚狀。

黄山　在府西南百八十里。上有三十六垣，與歙之黄山三十六峰相峙。其最高者古牛岡，可望匡廬。

靈山　在府西南二百里，黄山之支也。其巔有田百畝，有泉灌之不竭。

孝姥山　在府東北二十里，瀕江有孝姥廟。

碧山　在府東十里。瀕湖蒼崖翠巘，倒影沉碧。

稍南曰石壁山，以形如削壁也。

渚湖山　在府東南四十里。絶頂有田，淵泉旁出，澄泓如練，蒹葭魚鷺若渚湖然，故田無旱憂。

五山　在府東南六十里。孤峰獨出，其下散爲五支，聯絡相屬，巍巍然實爲群山之長。

青山　在青陽縣北五里，縣以此得名。

靈鶴山　在青陽縣西南十里。世傳白鶴真人隱此山之南。舊有戛玉、翠瀑二亭，山半有逍遥臺。

九華山　在青陽縣西南十里。《一統志》云：高數千丈，延袤百八十里。舊名九子山，唐李白陋其名無所據，以山有九峰如蓮花，易今名。南唐齊(邱)〔丘〕致政後隱此，號九峰先生。其巖洞峰壑凡九十有九，泉石諸勝不可縷悉，爲江南名山之最。劉禹錫嘗謂，太華之外無奇，女几、荆山之外無秀，及登九華，而後悔其失言。聖祖仁皇帝南巡時，遣使至山，賚御書「九華聖境」四大字，懸化城寺。寺東巖有飛來石，最奇古。其北連冠幘山，層峰巍峨如冠幘狀。

附　唐李白《九華山聯句序》

青陽縣南有九子山，山高數千丈，上有九峰如蓮花。按圖史，名無所依據。太史公南遊，略而不書。事不經故老之口，復闕名賢之紀，雖靈仙往復，而賦咏罕聞。予乃削其舊號，加以九華之目。時訪道江漢，憩于夏侯迴之堂，循檐岸幘，坐眺松雲，因與二三子聯句，傳之將來。

明王守仁《九華山賦》

循長江而南下，指青陽而幽討。啓鴻濛之神秀，發九華之天巧。非效靈於坤軸，孰構奇於大造！遷史缺而弗録，豈足跡之所未到？白詩鄙夫九子，實兹名之所肇。余將窮秘密於①崔嵬，極遐搜而歷考。涉五溪而徑入，宿無相之窈窕。訪王生於邃谷，掬②金沙之清潦。凌風雨

① 「於」，《四庫》本作「之」。
② 「掬」，《四庫》本作「淘」。

乎半霄，登望江而遠眺。步千仞之蒼壁，俯龍池於深窅。吊謫仙之遺跡，躋化城之縹緲。飲鉢盂之朝露，見蓮花之孤標。扣雲門而望天柱，列仙舞於晴昊。忽雙峰之辟門，真人駕陽雲而獨蹻。翠蓋平臨乎石照，綺霞掩映乎天姥。二神升於翠微，九子鄰於積稻。炎獄起於玉甑，爛石碑之文藻。回澄秋於枕月，建少微之星旐。覆瓶承滴翠之余瀝，展旗立雲外之旌纛。下安禪而步逍遥，覽雙泉於松杪。逾西洪而憩黄石，懸萬丈之灝灝。

瀨流觴而縈紆，遺石船於澗道。呼白鶴於雲峰，釣嘉魚于龍沼。倚臺碧之峗屼，謝塵寰之紛擾。攀齊雲之巉峭，鑒琉璃之浩淼。沿東陽而西歷，餐九節之蒲草。樵人導余以冥探，排碧雲之瑶島。群巒翳其轇轕，失陰陽之昏曉。垂七布之沈沈，靈龜隱而復跳。履高僧而屧招賢，開白日之杲杲。

試朝茗於春陽，汲垂雲之淵湫。淩繡壁而據石屋，何文殊螺髻①之蟠糾？梯星辰而北盼，墮②遺光於拾寶。緇裳迓于黄匏，休圓寂之幽悄。烏呼春於叢篁，和雲韶之鸗鸗。唤起促余之晨興，落星河於檐橑。護山嘎其驚飛，怪遊人之太早。攬卉木之如濯，被晨輝而争姣。静鑱聲之剥啄，幽人劚參蕨於冥杳。碧雞嘰於青林，鵬翻雲而失皓。隱搗藥於樛蘿，挾提壺餠焦而翔

① 「螺髻」，《四庫》本作「結」。
② 「墮」，《四庫》本作「墜」。

繞。鳳凰承孟冠以相遺，飲沆瀣之仙醥。羞竹實以嬉翺，集梧枝之娟娟。嵐欲雨而霏霏，鳴濕濕于蘴葆；躐三遊而轉青峭，拂天香於茫渺。席泓潭以濯纓，浮桃瀉而揚縞。綜澌澌而絡蔭，飲猿猱之捷狡。睨斧柯而昇大還，望會仙於雲表。憫子京之故宅，款知微之碧桃。倏金光之閃映，睫異景於窅坳。弄靈珠於赤水，舞千尺之潛蛟。並花塘而峻極，散香林之回飆。撫浮屠之突兀，泛五釵之翠濤。襲珍芳於絶巘，裒金步之摇摇。莎羅躑躅芬敷而燦耀，〔金〕①幢玉女之妖嬌。搴龍鬚於靈寶，墮鉢囊之飄摇。開仙掌於嶔嵌，散清馨之迢迢。披白雲而諶崇壽，見參錯之僧寮。日既夕而山暝，掛星辰於窿嶅。宿南台之明月，虎夜嘯而熊嘷。鹿麋群游於左右，若將侶幽人之岑寥。迥高寒其無寐，聞冰壑之洞簫。

溪女厲晴瀧而曝木，雜精苓之春苗。邀予觴以玉液，飲玉粒之瓊瑶。溘辭余而遠去，颯霞裾之飄飄。復中峰而悵望，或仙踪之可招。乃下見陽陵之蜿蜒，忽有感於子明之宿要。逝余將遺世而獨立，採石芝於層霄。雖長處於窮僻，乃永離乎陿囂。彼蒼黎之緝緝，固吾生之同胞。苟顛連之能濟，吾豈靳於一毛！矧狂氛之越獗，王師局而奔勞。吾寧不欲請長纓於闕下，快吾生之鬱陶？顧力微而任重，懼覆敗於或遭；又出位以圖遠，將無誚於鴟鶚。嗟有生之迫隘，等滅没於風泡。亦富貴其奚爲？猶榮蕣之一朝。曠百世而興感，蔽雄傑於蓬蒿。吾誠不能同草

①據《四庫》本補。

木而腐朽，又何避乎群喙之呶呶！

已矣乎！吾其鞭風霆而騎日月，被九霞之翠袍。搏鵬翼於溟渤，釣三山之巨鰲。道昆侖而息駕，聽王母之雲璈。呼浮（邱）〔丘〕于子晋，招句曲之三茅。長遨遊於碧落，共太虚而逍遥。

亂曰：蓬壺之藐藐兮，列仙之所逃兮；九華之矯矯兮，吾將於此巢兮。匪塵心之足攪兮，念鞠育之劬勞兮。苟初心之可紹兮，願永矢弗撓兮！

魚龍山　在青陽縣南七十里。深谷中有大小魚龍洞，水分七流，互相貫通，多奇勝。接石埭界。

龍池山　在青陽縣東南七里。有石池不竭，相傳龍居之。下巖有二竇，出泉，日三度，曰潮泉，可溉田。宋令曹機築方塘，構亭於上。其嶺有石橋，飛泉懸瀑，最爲奇勝。

讀山　在青陽縣東二十里。有洞如垂鐸，石皆青黛色，宋范仲淹讀書於此，故名。或以爲即古長山，誤。

又東二十五里曰石龍山，又東十五里曰峰山、大有山，皆與九華競秀。

木瓜山　在青陽縣東三十里。唐刺史杜牧禱雨處，有《祭木瓜山神文》。

五松山　在銅陵縣。《輿地紀勝》云：舊有松，一本五枝，蒼鱗老幹，青翠參天，因名。李白在此題咏甚多。

前有鐵船山。

銅官山　在銅陵縣。《寰宇記》云：昔産銅，有泉，源不竭，可浸鐵烹銅。唐置銅官場，宋置利國監。歲久銅乏，場監俱廢。麓有惠泉，流爲惠溪，從譽①港入江。稍西有銅官渚，《唐書》僖宗文德元年，楊行密襲宣州，進兵銅官渚，即此。

葉山　在銅陵縣東。《郡國志》云：形如卓筆，上有蓮花峰、靈竇諸勝，葉法善修煉於此，故名。山陽有阿泉，從懸瀑而下，至葉廟伏流地中，亦一奇境也。

葉山之東有獅子峰、百丈峰、馬鞍峰，而獅峰最奇特。有噴珠泉。其平脊有宋所建清涼寺，侍郎羅京故宅在焉。

石耳山　在銅陵縣南。舊志云：兩峰並峙，一石高丈許，有巨人跡，名真人峰。

天門山　在銅陵縣西南四十里。高聳雲表，有天門泉。《續文獻通考》云：泉流永城埭，至荻港入江。山下有晉天福中所建寺，宋嘉祐中賜額「梵天」。

又西南有五峰山，自天門山逶迤而起，五峰峻削如指，泉亦澄澈。

① 「譽」，《四庫》本作「樊」。

附　唐李白《天門山銘》

梁山博望，關扃楚濱。夾據洪流，實爲吴津。兩山錯落，如鯨張鱗。惟海有若，惟川有神。牛渚怪物，目爲車輪。光射島嶼，氣淩星辰。卷沙揚濤，溺馬殺人。國泰呈瑞，時訛返珍。開則九江納錫，閉則五嶽飛塵。天險之地，無德匪親。

鵲頭山　在銅陵縣北十里。與大江之西岸鵲尾渚相對，江中則鵲洲也，即春秋時鵲岸，六朝置鵲頭戍，今俗呼十里長山。有城洑鎮，《唐書》云，懿宗咸通六年，置鵲頭鎮。即此。

杏山　在銅陵縣東三十里。舊志云：晋葛洪種杏燒丹處。山素産土硃，土人以爲丹礦也。麓有花堰泉。

相近有石光山，夜常有光。

城山　在銅陵縣東。郡邑志俱云，四圍石壁峭立，惟南一徑可通，如城門。山頂平坦，可數百畝，中有一井，遇陰晦則雲氣湧出。

鳳凰山　在銅陵縣東五十餘里，世傳有鳳凰集其上。石窟有泉，珠璣錯落，名鳳飲泉。宋太宗時，賜道士趙自然。

金山　在銅陵縣東南三十里，有金牛洞。南有鬥牛洞，舊傳上有鬥牛遺跡。

陵陽山　在石埭縣北五里。山有三峰，其東峰屬太平縣。中峰山半有丹臺，竇子明得仙處，旁有丹竈、丹井。山麓有黄鶴池、白鶴墩、黄鶴林，皆子明遺跡。晉郭璞詩「陵陽宜丹砂」，指此。

金城山　在石埭縣西二里。宋開福寺在焉，山列寺旁，宛若城郭。

又西三里曰萬春山，圓墩小阜①，纍纍如走珠，松木蓊鬱。

雨臺山　在石埭縣西十五里。山七十二折，望之如蓮泛水，舊名蓮花。峰頂平如掌，五代時西峰禪師卓錫於此建海獅菴，一泉隨錫而湧，名龍井，亦名西峰井。泉今禱雨輒應。

魚龍山　在石埭縣西三十里。山最峻聳，有二洞。大者洞口一池，水紺碧色，口内奇石各異狀，土人云：中有緑魚、白鳥，歲一見之也。其小者相去半里許，北接青陽界。

七井山　在石埭縣西七十里。其山與貴池接，延袤數十里。中有七井，炎暑亦涼。上有望夫尖，竹木蓊翳，多産藥材。

城子山　在石埭縣西九十里。環繞如城，前有紫潭。

慈雲山　在石埭縣西百三十里。有慈雲洞，深可三四里，石乳凝結，有石磬、石板，擊之錚然有聲。

雙塘山　亦名桑塘，在石埭縣西百五十里。有泉，瀹茗數日不變。

杉山　在石埭縣西百六十里。有待月、螺髻等峰，最高者曰鐘樓尖。有蓬萊第一洞，洞口低狹，漸入寬廣，容數百人。

①「阜」，《四庫》本作「埠」。

櫟山　《縣志》作歷山。《寰宇記》云：石埭縣西百六十里有櫟山，高五里，與祁門、太平接壤。其山石壁峭削，下有龍池，可百畝。池右一石，高丈許，直裂爲二，中擎一丸。又一石鏡，縱横二丈，光明可鑑人物，皆奇跡也。

其並峙者曰峒山，具泉石之勝。

蘆山　在石埭縣南十五里。東連鳳凰山，南接穰嶺，巖深林密，隱者多結廬於此。

其西曰駝山，狀如負重。

蓋山　在石埭縣南三十里。屹立河濱，望之如蓋。《隋・地理志》云：涇有蓋山。有舒姑泉，相傳舒氏女坐泉處仙去。按石埭，自涇縣析置。

五溪山　在石埭縣南百二十里。上有五溪，合流而下。

白象山　在建德縣治北，縣之主山也，以形似名。旁有蜕龍洞。

博陽山　在建德縣東十里。有滴水巖，及鯉魚石、蚌珠石、佛石。

五龍山　在建德縣東三十里，五峰森立。山半有石井，名化龍池，深不可測。

玉峰山　在建德縣南半里。絶頂有石，光瑩如玉。宋嚴華摹漢武帝石刻「壽」字，勒於山半，名壽字崖。

三面山　在建德縣南四十里。有石笋白如人面者三，故名。

梅山　在建德縣西南十里，巖壑頗勝。

歷山　在東流縣東三十里。南望匡廬，西瞰江渚，最爲雄傑。上有池二，一久雨不盈，一久旱不涸。下有仙姑井，觀者呼「仙女」，則花湧出。

延壽山　在東流縣東六十里。懸崖壁立，有泉噴流。又東十里曰列疊山。

香山　在東流縣南四十里。疊郭層巒，有石巖、泉洞之勝。相近曰隱山，一峰峭絶。

水車嶺　在府西南六十里。峭壁臨淵，奔流衝激，若桔槔聲。唐李白詩所謂「秋浦千重嶺，水車嶺最奇」是也。

鹿運嶺　在府城東三十里。相傳高僧盧公面壁於此，鹿爲運水，故名。一名潦鹿嶺。

清泉嶺　在青陽縣西十里。道旁一泉出石罅，初名鮑泉，繼名趙泉，宋真德秀過此，爲易名「清泉」，作銘系之。

附　宋真德秀《清泉銘》

芙蓉嵯峨，與天相摩。氣與天通，秀緑浮河。地靈脉潤，如江之沱。乃吐斯泉，於山之阿。

行道渴飲，孰曰弗過。浮洗五濁，澡雪百疴。涓涓無窮，廣濟實多。餘澤①所被，芃芃黍禾。上善利物，其達盈科。名揭而清，萬古不磨。

鳳凰嶺　在石埭縣西南百二十里。嶺下有三溪，合流處有巨石，横亘如埭。中一石四方平廣，尤覺傑然。下有石竇最深，縣所由名也。

普門嶺　在建德縣西南十五里。宋朱子至此，書「普門嶺」三大字刻於石。

西峰巖　在府南九十里。石臺上有巨人跡，南爲西峰洞。頂有龍池，從石壁瀉水，伏流地中，至劉村口小澗，仰噴而出。

紫巖　在府西南三十里，有泉曰紫泉。宋周必大《録》云：「池陽三十里，至紫巖産紙處。」即此。

水簾巖　在建德縣東七里。俗名夫子巖，梅堯臣有《水簾巖》詩。

石礲磯　在銅陵縣北五里。瀕大江，有三石門，水涸可出入，容數十人。亦名五霞洞。

祝家磯　在東流縣北五里。横江激湍，舟行甚險，昔有祝姓者施纜於此，以濟往來，故名。

黄石磯　在東流縣東北五十里。濱大江，旁有黄石港，多黄土巨石相綿亘。

古仙洞　在府南六十里古仙峰下。舊志云：世傳此洞爲神仙窟宅。中有石棋局，鉦鼓在焉。

① 「澤」，《四庫》本作「潤」。

白雲洞　在青陽縣東二十里。洞多怪石，秉炬入遊，竟日莫測其底。

龍池洞　在建德縣東四十五里良禾嶺下。石室高敞，有池三，懸瀑如疋練下注。

迎春洞　在建德縣東南七里。高深如屋，傍有兩石穴，可秉燭入，名藏春洞。

大江　在府北五里。上自雁汊東流縣界，下自大通鎮，抵荻港入繁昌縣界，計一百八十里。

李陽河　在府西六十里。源引大江，以江流之消長爲盈縮。一名李王河。《府志》云：自河口出江，有石槎枒橫突爲攔江、羅刹二磯，南唐周湛鑿支流以避其險，謂之新河。後磯勢頹安，而支流漸侵齧民田，正德中作堤鄣之。羅刹磯在大江中，其上有叢篠、喬木，明黄觀殉節於此。

池口河　在府西五里，即貴池水也，唐以此名州。古稱貴口，亦稱鱝口，宋時始稱池口。沈仲玉至貴口不敢進，《齊書》云：沈仲玉自鱝口欲斷江，李安民進軍破之。胡三省《通鑑注》云：即今之池州貴池口也。其源五：一出石埭，一出古源，一出滸溪，一出石嶺，一出東源，匯於秋浦，由杜塢入池口以達於江。

清溪河　在府東北。《九域志》云：池州貴池縣有清溪鎮。其水源有二：一源出西南之滸溪，與棠溪、峽川之水交於白洋，匯於江祖潭，是爲上清溪。一源出縣南太樸山，注於白沙河、蝦湖、東塘湖，合三水下流，是爲下清溪。東北五里入江。

梅根河　在府東四十五里。源亦有二：一出九華，由五溪折流於五埠溝。一出太樸山，瀉於馬牙橋，繞龍潭，與五埠溝之水交於雙河，以入於江。吴置冶於此，謂之梅根冶，宋有鑄錢監，故又謂之錢谿。按《宋書·鄧琬傳》：陳慶至錢谿不敢越，於梅根立砦。按此似錢谿、梅根雖一地，而略相隔也。

大通河　在府東北六十里。其源七，自青陽者四，自銅陵者三，俱會於車橋河，至大通鎮入江。

五溪河　在青陽縣西二十里。源出九華山，一曰溧溪，二曰澗溪，三曰雙溪，四曰曹溪，五曰瀾溪，會於六泉口，經五溪橋，至梅根河入江。

臨城河　在青陽縣南。自分流嶺，經峽山而西，會於大通河。

博山河　在青陽縣南七十里。其源四，會於陵陽鎮，由琉璃嶺下，入於石埭之舒溪。

管埠河　在青陽縣東北二十五里。其源九，會於石堰，經木竹潭，與東河諸水合，流於大通河。

銅陵河　在銅陵縣西北七里。其源三，會於横塘閘，入市後湖達於江。

荻港河　在銅陵縣北八十里。源出朱村，會各鄉之水，至北下社入江。

饒河　在建德縣南九十里，一名龍口河。其源三，匯於昭潭，合於饒河，迤入饒州之獨山湖，西達彭口入於江。

香口河　在東流縣南六十里。源二：一出彭澤山林港，一出陳蒼原，交於三汊，繞查池爲香口河入江。

又縣南一里有江口河。

黄湓湖　在府西北九十里。湖口通江多魚，舊設河泊所。

大清湖　在東流縣東北四十餘里。澄澈如鑑，流至黄湓入江。

蓉溪　在青陽縣南五里。其源六，會於臨城河。

舒溪　在石埭縣，《續文獻通考》謂之旋溪。本陵陽子明垂釣處，後以舒氏三女仙去，故名舒溪。溪源一出太平縣之弦歌鄉，一出縣之舒泉鄉，經城南合佘溪、嶽溪諸水，下涇縣至蕪湖入江。溪中有轆轤石，在城南五十步許，其水激石，旋轉有聲，即有賢士出。

璉溪　在石埭縣西南八十里。其源二：一出大宇坑，一出石門坑，合鴻陵溪、管溪，經石埭達貴池之池口。

貢溪　在石埭縣西南九十里。經杉山之麓，西流入貴池之秋浦。

曹溪　在石埭縣西南百二十里。源出鳳凰嶺，西流爲五溪之一。

茹蘭溪　在建德縣東南城下。其源出迎春、朝霞兩洞，西流入堯城溪。春、夏水溢，可通舟楫。

玉鏡潭　在府西南七十里江祖潭下數里許。

上下雲潭　從九華山翠蓋峰發源，飛流激石而下。上潭有三汲亭，下潭有雪浪亭，俱廢。中流一石名釣臺，其旁瓔珞亭如流蘇也。

雪潭　在石埭縣西五里石壁山下。長廣數畝，而深不可測，俗傳源通大江。

陵陽潭　在石埭縣迎賓門外。泉源淵深，澄碧可挹，相傳竇子明放白龍於此。

秋浦　在府西南七十里。《舊唐書》云：隋置秋浦縣，因水爲名。舊志云：長八十餘里，闊三十里。按今地有石城，至池口皆是，四時景物，宛若瀟湘洞庭。

浮桃澗　在青陽縣碧桃巖下懸水西南。趙知微植桃千株，鄉人因以致富。

上下華池　在青陽縣九華山與雲峰山，兩山合而成流。上華池即龍池。下華池下注，逆上激水最奇，亦産異茗。

龍池　在九華山絶頂。其上爲五龍灣，每一灣爲一池，注下爲千尺泉，龍所宅也，旱禱輒應。復注下爲弄珠潭，出伏龍橋，北①流爲五溪之一。

嘉魚池　在九華山雲峰龍遊澗下。池中有石臺，乃竇子明、李化文垂釣處。其水深三四尺，峻壁四合。上有二水，湊爲垂瀑，中多異魚。

老龍池　在石埭縣大宇坑。左右夾以峭壁，人跡罕至。禱雨時，架木而上，秉燭從石竇入，四五里許，以綆繫抵池取水，水得即雲雨隨之。

東坑泉　在府西百里毛嶺北。發源僅濫觴，流出漸大，東注玉鏡潭，隨地作堰一十五所。

真珠泉　在青陽縣東三十里，泉出纍纍如珠。

① 《四庫》本無「北」字。

漱玉灘　在青陽縣雙石巖東。漱石琮琤有戛玉聲，宋陳巖有「水石相逢驟作聲，鏗然律吕自天成」之句。

白笴陂　在府西南二十五里，唐處士鞏疇棲隱處。

江南通志卷十七

輿地志

山川　七

太、廬、鳳三府

太平府

青山　在府東南三十里，綿亘甚遠。《府志》云：晋桓温與袁宏遊青山，共載而歸，即此。齊謝朓築室山南，故又名謝公山。峰巒層疊，有林、壑、泉、石之勝。宋米芾書「第一山」碑，在山麓。

尼山　在府東南四里，一名尼坡。山麓舊有古梅數十本，寒香沁人，仿佛羅浮、鄧尉，又名梅山。宋鄭羽建百花頭上亭，盧鉞爲之記。

九井山　在府南十里。山有九井，今竭其五，世傳桓温所鑿。《元和志》云，殷仲文九日從桓(元)〔玄〕登九井賦詩，即此。

龍山　在府南十里。怪石磊砢，蜿蜒如龍，因名。孟嘉九日登高落帽，即其處。《縣志》云：《輿圖考》謂屬江陵龍山，非是。按温鎮武昌，非江陵也。武昌無龍山，温時爲鎮將，豈得適千里遊山乎？又考《陶靖節集·孟嘉傳》云：嘉令巴(邱)〔丘〕，入官從事中郎，遷長史，在朝隤然，正順而已。每會神情獨得，超然命駕，徑之龍山，顧影酣宴，造夕乃還。若江陵龍山，距朝三千餘里，何能趣命駕而竟夕返乎？其爲當涂龍山灼然矣。《郡志》云：桓温嘗以重九日與僚佐登此，疑必温移鎮姑孰時事也。

博望山　在府西南三十里，亦曰東梁山。與江西岸和州之梁山對峙如門，故亦名天門山。卧江中遠望如積黛，故又名蛾①眉山。春秋時楚獲吴艅艎於此。宋孝武閱水軍，有雙爵集轍，蓋因立雙闕於博望。

褐山　在府西南三十五里。臨大江，五代用兵處。《宋史》云，紹興二年，命沿江置烽火臺，於當塗之褐山，即此也。

金柱山　在府西三里。宣、歙諸水由姑孰入江，奔瀉於此。明萬(歷)〔曆〕間，民掘地得金，邑令

① 「蛾」，《四庫》本作「峨」。

章嘉貞請於郡守，割千金建塔其上以鎮之。初名鐵淋壁，以西方屬金，故名金柱。

黄山　在府西北五里。山形如初月，傳有浮（邱）〔丘〕舊跡，又名浮（邱）〔丘〕山。上有宋孝武離宫，今存淩歊臺遺址。許渾詩云「三千歌舞宿層臺」是其處也。

采石山　在府西北二十五里。昔人采五色石於此，因名。一名翠螺山。後漢丹陽《疆域志》云：西臨大江，爲吴、楚險要。晋王渾駐師取吴，隋韓擒虎賁濟破陳，宋曹彬渡江取南唐，明常遇春先登獲捷，皆在此山。南有磯，峭拔險峻。亦曰牛渚，舊傳金牛出此，故名。《輿地志》云：温嶠平蘇峻亂，至牛渚磯，以下多怪物，燃犀照之，奇形異狀畢見。南趾有燃犀亭在其上。李白騎鯨亦在此，故謫仙樓、捉月亭皆在焉。

附　梁元帝《（元）〔玄〕圃牛渚磯碑》

竊以增城九重，仙林八樹；未有船如駕鶴，時度宓妃。橋似牽牛，能分織女。丹鳳爲群，紫柱成列。清風韻響，即代仙歌。桂影浮池，仍爲月浦。璧月朝暉，金樓啓扉。畫船向浦，錦纜牽磯。花飛拂袖，荷香入衣。山林朝市，併覺忘歸。

磨盤山　去郡二十里。《晋書》云：鎮西將軍謝尚守采石，駐兵於此。其地即將臺。

葛陽山　在郡治北四十里。上有羊耳洞，藤蘿隱蔽，洞前方石相傳爲葛仙翁棋局。東上有八仙臺、潘母床，相傳潘母亦仙去。山勢環抱，最爲幽勝。

鸀鳿山　在郡城北，與葛陽山相連。山有鸀鳿石，雌雄各一，每遇雷雨，鸀鳿子從石中迸出，圓潤如卵，土人得之，用以治疾。有石嵌空側出如半帆，長丈餘，俗呼爲船尖峰。東壁諸巒，環顧拱揖，如欲求船者，亦一奇也。

望夫山　在府西北四十里。山高百丈，正對和州城樓。《九域志》云：昔人適楚不還，妻登此山望之，乃化爲石。

寶積山　在府北二十里。舊傳山産青緑，因名。宋孫仙姑跨鶴飛昇於此，今丹池及石刻猶存。

白壁山　在府北二十五里。濱江三峰，拔起如埡，一名石壁，俗名龜山。李白與崔宗之乘舟，月夜自金陵溯流過此玩月，白衣宫錦袍坐舟中，旁若無人，有「秋月照白壁，皓若陰山雪」之句。

慈姥山　在府北四十里。昔楚僧真定見磯頭浪湧，以杖錫開河於磯後，水分舟便，故又名和尚港。山南峭壁臨江，産圓竹，聲中音律，可爲簫管。相傳馬融所賦《洞簫》①，即此山竹也。上有丁蘭祠。

赤金山　在府東北十五里。舊出銅類金，《淮南子》、《食貨志》所謂「丹陽銅」也。今不産。

藏雲山　一名神武山，在府東北二十五里。山高且深可藏雲，遂名。中峰峭立百丈，左爲致雨

---

① 此處疑有誤。據《文選》卷十七，馬融著有《長笛賦》，《洞簫賦》作者實爲王褒。

峰，雲起即雨，禱輒應。

翰壁山　在府東北四十里。《梁武帝起居注》云，大同九年，鴻臚表往姑孰翰壁山采石墨，即此。

横望山　在府東北六十里。連亘三邑，丹陽湖在其南。《左傳》云，楚子重伐吴，至衡山，即此。按「衡」與「横」通。杜預注：謂四望皆横，因名横望。陶弘景嘗隱此，構讀書堂。下爲澄心寺、關公廟，廟前峭壁參天，老松倒垂長百尺，最高處有王磐題「壁立萬仞」四字，亦奇觀也。

淩家山　在府東三里。有石洞，傳是陳、羅二仙隱處。上有淩雲塔，又名淩雲山。山南麓瀕姑溪，去岸十餘丈爲釣魚臺，傳爲李之儀釣魚處。

月盤山　在府東四里，一名景山。有洞一、亭六，湖山煙雨，亭其最也。登其巔，溪山秀列，如在几筵，遊者謂不讓吴下虎(邱)〔丘〕、白門雨花云。

白紵山　在府東。《郡志》云：本名楚山，晋桓温遊此歌《白紵》，因改今名。宋孝武曾遊幸至此。山巔有大夫松，舊稱白紵松風，爲一郡名勝。

晋山　在府東十五里。一名甑山，壁立百仞。有龍窟，歲旱，人焚此窟以起龍，多得雨。

石城山　在府東二十里，有石環繞如城。唐羅泰《記》云：有八角井、飲馬池、駕鼓臺在焉。舊傳楚熊繹受封於此。

白土山　在府東二十五里。土可陶可堊，東與青山連。

靈墟山　在府東三十五里。舊傳丁令威化鶴於此，壇址猶存，有丹洞、丹井。

龍泉山　在府東三十五里，勢如飛龍。有福源寺在其脊，有泉，傳羅浮異僧卓錫所開，汲以竹則清，以綆則苴濁不可食。傳寺初建材木自井中出。

赭山　在蕪湖縣西北五里。《江南地理志》云：赭山丹赤，故郡名丹陽。山有塔，塔後滴翠軒是黄庭堅讀書處。

范蘿山　在蕪湖縣西北五里。下臨大江，煙波一望無際。

七磯山　在蕪湖縣西北十五里。《南史》云：周文育襲彭城，徐嗣徽引齊人渡江據蕪湖，列艦於青墩，至七磯以斷文育歸路。即此。一名磧磯。

蟂山　一名戰馬山，在蕪湖縣西南五里大江中。隋唐建蟂山寺於此。

蟂磯山　在蕪湖縣西南七里大江中。蟂，老蛟也。磯有石穴，廣一丈，深不可測。《圖經》云：寧淵廟舊在其上。明建靈澤夫人祠，世傳蜀先主妃，即孫權妹，歸吳，聞先主崩，哀殞葬此。磯在北岸，原隸濡須，登磯止見蕪湖，故明高啓有「蟂磯烟鎖在蕪湖」之句。

白馬山　在蕪湖縣西南二十五里。有紫燕洞，冬時紫燕來蟄，春則去。山脊峰回石聳，有洞，深廣莫測，夙多仙跡，世稱爲福地洞天焉。

荆山　在蕪湖縣東十六里，荆沼之水出焉，西接小荆山。有鶴跡鼉文之石，《九域志》謂即卞和得玉處，非是。

赤鑄山　在蕪湖縣東北八里。《圖經》云：楚干將造劍之所。今山有干將臺，相連有神山，是其淬劍處，上有磨劍石並池。

浮（邱）〔丘〕山　一名隱玉山，在繁昌縣東十里。《府志》云：有浮（邱）〔丘〕洞及龍池、鎖虎石、丹井，相傳浮（邱）〔丘〕公、王郭二仙隱此。産茶甚佳。

隱静山　在繁昌縣東南三十里。五峰環會，泉石甚勝。有寺前雙松，傳爲杯渡禪師手植。

金峨山　在繁昌縣南一里。迤南有金峨洞，一竅通人行，石枰在焉。山下即峨溪匹練處。

磕山　在繁昌縣南十里。上有龍池，長流不竭。有龍堂，禱雨輒應。一名蜃居山。

馬仁山　在繁昌縣南三十里。以上類人馬狀，舊名馬人。唐德宗時石馬鳴，厭之，易今名。上有五峰，王沖霄隱此。

獅子山　在繁昌縣南三十里。石雄踞如獅，因名。有峰六，眠牛一峰尤奇。山椒石壁數十仞，松杉竹樹與碧澗紅泉相間，吞吐雲霧，亦奇觀也。

龍華山　在繁昌縣〔西〕①十五里。有乳泉，通石竇，資民灌溉。石上産丹桂一株，近千年，香襲里許，邑稱龍華丹桂。

相近爲紅花山，一名荷花尖，諸峰如蓮萼。下有紅花澗，爲邑人造紙處。

又西五里爲杏山。

---

① 據乾隆《太平府志》卷三補。

覆釜山　在繁昌縣西北二十五里。山頂如平掌，上有古廟址及井泉。

公孫山　在繁昌縣西北四十里。世傳公孫捷所居，有公孫橋。

鳳凰山　在繁昌縣西北五十里。山頂有鳳池、鳳穴，下臨荻港、珠金沙。

大陽山　在鳳凰山之北，接小陽山。有龍池，雖旱不竭。山之西麓盡於江，曰板子磯。《寰宇記》云：一名返秦磯。

三山　在繁昌縣東北三十五里。三峰秀起，曰老子，曰方丈，曰秦望。上有九蓮洞，東即三山磯也。

赭圻嶺　在繁昌縣西三十里，與覆釜脈接。晋時出紫玉，攻爲器，以獻太廟，故名赭圻。晋哀帝召桓温入朝，至赭圻，詔止之，遂築城於此。

浮鳩磯　在繁昌縣東北三十里老山。址出江中，下有湫江月映，水波不能混，俗名龍王磯。

夏舍人山　在郡治東北，有夏舍人廟。

大江　在府西。自銅陵縣界流入，歷繁昌、蕪湖、當塗三縣，東北流入江寧縣界。

中江　在蕪湖縣西南。《漢書·地理志》云：中江出縣西南，東至陽羡入海。今縣河東達黄池，入丹陽、石臼等湖，至銀林堰乃中江故道也。蘇、常承中江下流，五堰築而中江不復東，皆由縣西行以達於江。

鵲江　在繁昌縣北境，流入蕪湖界。《輿地志》云：銅陵鵲頭山爲鵲頭，至三山爲鵲尾，因名鵲江。繁昌諸水注之。

大信河　在府西三十五里，亦曰南浦。自蕪湖白岸湖西北流，至大信鎮，會龍山港入於江。

黄池河　在府南七十里。河中流以北屬當塗，以南屬宣城，今設浮航。

采石新河　在府西北二十五里牛渚磯東。宋慶〔歷〕〔曆〕中，以磯立江流之衝，水勢湍激，大爲舟害，乃開新河於磯後，以達大江，舟獲安濟。

長河　在蕪湖縣南半里。源出廣德、宣州，經縣前西北流入江。

青墩河　在蕪湖縣南。有洲曰青墩沙，即周文育克徐嗣徽處。

丹陽湖　在府東南七十九里，周三百餘里。按：徽州、寧國、池州、江寧、廣德諸水，匯爲石臼、固城、丹陽三湖，而丹陽爲最大。與溧水、高淳皆以中流分界，實太平巨浸也。

蕪湖　在蕪湖縣西南。源出丹陽湖，過黄池合五丈湖、路西湖諸水，至縣入江。蓄水不深，而生蕪藻，故名。

天成湖　一名天聖湖，在蕪湖縣東南十四里，亦丹陽湖下流所匯也。廣百八十頃，流入荆沼港達於長河。

姑孰溪　在府南二里，一名姑浦。合丹陽東來諸水，經寶積山入於江。

思賢港　在府北三十五里。謝朓、李白、崔宗之皆過此賦詩，後人思之，因名。

魯港　在蕪湖縣南十五里。源出宣城西，注大江。一名魯明江。舊志云：昔有魯明仲者居此。

鳩茲港　在蕪湖縣東四十里，入於長河。或以爲古鳩茲也。《左傳》云：楚伐吴，至鳩茲。杜預以爲皋夷，今作「勾慈」，音近而字譌也。

荻港　在繁昌縣西南四十里。水出南陵，由馬仁山西入繁昌縣界，至鳳凰山下爲荻港，入於江。與赭圻城接。

慈湖水　在府北六十里。《元和郡國志》云：吴將笮融屯兵於此。

鼉浦　在府東五里。相傳昔有鼉爲祟，遇道者截草擲浦中，害遂除。

廬州府

大蜀山　在府西二十里。《爾雅》云：蜀者，獨也。山屹然孤特，遠見二百餘里，爲一郡之鎮。其西二十里有小蜀山。

大灊山　在府西百里。上有泉不涸。其西爲龍鳳山口，東南通舒城，北走壽州。

雞鳴山　在府西北四十里。舊志云：肥水所經。上有龍井。

紫蓬山　在府西南七十里。有李陵廟，又名李陵山。肥水出焉。

有逕達府西五十里之石佛山，兩旁皆石，中路通人行，元末設竹林關以守隘。其近者爲馬鞍山，又西三十里有蓮花山，皆以形名。

姥山　在府東南百里巢湖中。《宋書》云：晋安王子勛兵攻廬江，沈攸之等大破之，追至姥山。又孤山，亦在巢湖中，魏邢巒破梁將桓和於此。一名聖女山，上有大姥廟。

龍泉山　在府東五十里。絶頂有泉，回繞僧寺。

青陽山　在府東六十里。《府志》云：元余闕讀書其上。

其南爲方山。

四頂山　在府東七十里。俯瞰巢湖，上有四峰特起，相傳魏伯陽鍊丹之所。《隋·地理志》云，襄安縣四鼎山，即此。

相近爲梅子山。

小峴山　在府東七十里。《南史》云，齊蕭懿屯小峴禦王肅，梁韋叡侵魏拔小峴，俱此。又山側通全椒者爲餘峴口。

浮槎山　在府東八十里，一名浮巢山，一名浮闍山。《方輿勝覽》云：俗傳自海上浮來。山頂有甘泉，舊建道林寺，相傳梁武帝女爲尼於此，有海榴一株，所手植也。歐陽修云：山在慎縣南三十五里。《隋書·地理志》云：有浮闍山，在慎縣。王禕云：慎縣在廬州界中。

附　宋歐陽修《浮槎山水記》

浮槎山，在慎縣南三十五里，或曰浮闍，或曰浮槎。二山其事出於浮圖、老子之徒，荒怪誕幻之説。其上有泉，自前世論水者皆弗道。

余嘗讀《茶經》，愛陸羽善言水。後得張又新《水記》，載劉伯芻、李季卿所列水次第，以爲得之羽。然以《茶經》考之，皆不合。又新妄狂險譎之士，其言難信，頗疑非羽之説。及得浮槎山水，然後益以羽爲知水者。浮槎與龍池山，皆在廬州界中。較其水味，不及浮槎遠甚。而又新所記，以龍池爲第一，浮槎之水棄而不録。以此知其所説多失。羽則不然，其論曰：「山水上，江次之，井爲下。山水、乳泉、石池漫流者上。」其言雖簡，而於論水盡矣。

浮槎之水，發自李侯。嘉祐二年，李侯以鎮東軍留後出守廬州。因遊金陵，登蔣山，飲其水。既又登浮槎。至其山，上有石池，涓涓可愛，蓋羽所謂「浮泉漫流」者也，飲之而甘。乃考圖記，問於故老，得其事蹟。因以其水遺於京師，余報之曰：「李侯可謂賢矣。」夫窮天下之物，無不得其欲者，富貴之樂也。至於蔭長松、藉豐草，聽山溜之潺湲，飲泉石之滴瀝，此山林者之樂也。而山林之士，視天下之樂，不一動其心。或有欲於心，顧力不可得而止者，乃能退而獲樂於斯。彼富貴之能致物矣，而其可兼者，惟山林之樂爾。爲富貴者而不得兼，然後貧賤之士有以自足，而高世其不能兩得，亦其理與勢之然歟？

今李侯生長富貴，厭於耳目，又知山林之爲樂，至於攀援上下，幽隱窮絶，人所不及者，皆能得之，其兼取於物者，可謂多矣。

李侯折節好學，喜交賢士，敏於爲政，所至有能名。凡物不能自見，而待人以彰者，有矣。其物未必可貴，而因人以重者，亦有矣。故余爲志其事，俾世知斯泉發自李侯始也。

黃山　在府東百二十里，接巢縣、含山界。其峰三百有六十，有泉不涸，故亦呼龍泉山。亦曰金庭山，又曰紫微山，道書所謂第十八福地者也。山有金庭洞，可容三百人。又有紫微洞，出泉，居民引以溉田。唐時又改名王喬山，相傳王喬居此。

冶父山　在廬江縣東北二十里，唐更名曰冶山。宋碑曰「鐵冶」，蓋冶鑄之所。林巒峭密，盤亘數十里。自麓五里而至於巔，上有龍湫，亦曰鑄劍池。《濡須志》云：歐冶鑄劍處。山比衆山特尊，故稱父。有子山三百六十四，羅列其下，蓋縣境之名山。《魏・地理志》云：廬江郡灊縣有野父山。即此。

蜃山　在廬江縣東北三十里，下瞰白湖。《縣志》云：昔曾有蜃出焉，吐氣成樓臺殿閣之形。

毛公山　在廬江縣東七十里。《縣志》云：毛義隱此。有毛公讀書洞，石凳、石窗猶存。洞旁産白牡丹，每歲所生不一其地。相傳義父母甚愛此種，義望天哀籲，少頃，遍山雪墜皆花，後遂種延不絶，蓋天生異卉也。又北半里爲蓮花洞，中有石蓮下垂，巧侔追琢。山之東屬無爲州。

馬頭山　在廬江縣東北七十里。按《晋書》云：毛寶援桓宣於此。上有桃花、仙人二洞，其山口曰石龍，山西有渡曰馬頭渡。

金牛山　在廬江縣西北四十五里。嶺有塔，《縣志》云：吴赤烏二年造，下有金牛。

關山　在廬江縣西二①十五里。曹魏守隘之所，石門尚存。

龍池山　在廬江縣西三②十五里，舊志作栭山。上有龍池，下有甘泉寺。按《唐書》云：廬江縣有檽山。「檽」、「栭」相近，或即此也。

縣北三十里亦有龍池，一洞深不可測。

馬槽山　在廬江縣西四十里。有大小二槽，形勢連屬，各山半有石槽，大者長二丈，小者長丈五六尺。形成自天，不假椎鑿。槽旁有人、馬足跡，世傳魏武嘗立寨其上。

大凹山　在廬江縣西四十里，以形凹得名。上有龍王祠，下有仙女石。山勢參差難狀，其第三峰有風洞巖，深不可測，投以草莖，即隨氣飛起。

百藥山　在廬江縣南十里。山多藥草，相傳李百藥遊此，故名。宋碑作「白若」，蓋音之訛也。頂上棋盤石，有仙人足跡，蹋之聲如鼓，聞數里，又名石鼓。《隋・地理志》云，開化縣有蹋鼓山，即此，乃邑鎮山也。

---

① 「二」，《四庫》本作「三」。

② 「三」，《四庫》本作「二」。

福泉山　在廬江縣南十里。山下有泉清澈，飲之可以愈疾。南十里有菖蒲山，産九節菖蒲。

秀山　在廬江縣南六十里。山上有香爐峰，世傳有仙飛昇於此。黄泥、瓦洋二河，於此發源。《縣志》云：石上鐫刻有「秀拔東南，水外屏障」十數字。

鳳臺山　在廬江縣東南十里。五峰排列，中高如臺，昔傳鳳集其上，故名。

礬山　在廬江縣東南四十五里，産礬。宋時割置無爲州。今山在南鄉，下有礬蓬、硃砂澗。

鐘鼎山　在廬江縣東南五十里，一名鐘子山。盤礴甚遠，上有龍池。《縣志》云：山東西有泉，四時不竭，灌溉田畝。兩泉歲迭爲盈縮，妙不可測。

暖塘山　在廬江縣東十里。下有温泉，四時可浴。山多奇石，嶺有二石屏，玲瓏可愛。

鹿起山　在舒城縣東南三十里。昔有僧過鹿出之事，因名。上有南嶽行祠，祠前有試心臺、洗劍池，縣之鎮山也。

春秋山　在舒城縣南二十五里。其上爲李公麟讀書堂，有洗墨池，又有望湖尖、鳳凰臺、仙人峰諸勝。絶頂有洞，可容數千人。

磨劍山　在舒城縣西南三十五里。上有大石，爲仙人磨劍處。

七門山　在舒城縣西南三十五里。山瀕大溪，下有石洞如門者七，即七門堰之上源也。

雲霧山　在舒城縣西南四十里。其山出雲必雨，上有洞名水簾。

龍眠山　在舒城縣西南八十里。《括地志》云：龍舒，以狀若龍之舒展也。山之陰爲龍眠喈，與桐城界。

三角山　在舒城縣西南百二十里。峰有三角，故名。又名多智山，相傳上有清泉，飲之令人聰慧。

其近者爲陽山，土人曾避兵於此。

梅山　在舒城縣西七十里。《縣志》云：舊傳梅福棄官隱此。上有梅仙洞。

又十里曰竹山。

王姥山　在舒城縣西九十里。《縣志》云：相傳王姥修煉居此，有白鹿銜花之異。

其近者爲栲栳山。

響山　在舒城縣東二十五里，人過其下輒有聲。

紫芝山　在無爲州城内西南隅。《州志》云：宋皇祐間，産紫芝三百五十本，州守茹孝標獻於朝，賜今名。

眉山　在無爲州西南百里，兩山連曲如眉。

三公山　在無爲州西南百二十里，見《隋志》。上有三峰，因名。峰頭皆東顧，唐天寶中改名東顧山。山勢連亘數百里，西界廬江，南跨桐城。上有洞喈，明季流寇縱横江北，居民倚以避亂。

相近有九卿山，山有九峰。

桐山　在無爲州西九十里。有水道通白湖，漁人用箔取魚，故又名上箔。蓋即《隋志》云「廬江縣上薄山」也。又有下箔山。

天井山　在無爲州西九十里。有泉二，左曰青龍，右曰白虎，故亦名雙泉山。其下有楚雲洞。

朝喜山　在無爲州西北四十里。旱時朝有雲氣，是日必雨，故名。

白石山　在無爲州西北四十里。山多白石，頂有龍池、仙人洞。《隋・地理志》云：襄安縣有白石山。即此，州故襄安縣地。

其右爲黑石嶺，爲桃花嶺，爲楚歌嶺。

吕泉山　在無爲州西北五十里。《州志》云：又名龍泉山，其形似龍。上有水泉，世傳吕洞賓過此，插劍而泉湧，纍纍如貫珠，故名。

其近者爲銀缾山，一峰特起如銀缾，州之主山也。

青檀山　在無爲州北五十里，産青檀。北魏拔僕蘭設伏檀山，破宋將魯爽，即此。《水經注》云：檀山在廬江雩婁縣南，大别之異名也，泱水出焉。或曰，即《禹貢》之大别山，殊誤。

五畝尖山　在無爲州北五十里。《州志》云：頂平五畝許，可種植。面臨巢湖，群山背峙。登巖望之，萬頃皆碧，回顧則崇峰疊嶂，隱見争奇，乃州中極高處也。

卧牛山　在巢縣治後，以形似名，爲邑之鎮。世傳巢、許隱此，其故址今紫微觀是也。《輿地志》云：山背有桀王城。

東山　在巢縣東三里，相傳即許由之箕山。

七寶山　在巢縣東南三十里。三國時濡須山爲東關，此山爲西關。上有煙霞亭，今廢。其南有龜山。

大秀山　在巢縣南三十里。山峰聳秀，訾家河出焉。宋楊傑詩所云「水入平湖千里遠，山橫大秀一峰高」是也。

其側有黄谷嶺，邑人薪槱於此，蔣家河出焉。

踟蹰山　在巢縣南三十七里。《左傳》楚子觀兵於坻箕之山，又陳荀朗破郭元建於踟蹰山，蓋「坻箕」、「踟蹰」音相近，今散兵灣即其處也。

又縣南六十里有高林山，七十里有九峰山。

居巢山　在巢縣西南八十里。谿谷間有石，研之如墨，舊名墨山，唐改今名。

萬家山　在巢縣西北二十里，爲四會之衝。上有止渴泉。舊時亂石纍錯，明景泰中邑令閻徽修治，始有路可行。

八公山　在巢縣西北七十里，一名紫金山。《水經注》云：上有淮南王劉安廟。《綱目集覽》云：王與八公憩石處，在壽春。此則王遇八公處也。

半湯山　在巢縣東北十五里。有二泉，一冷一熱，合流其初，冷熱仍異，數里之外始相混。魚自冷泉，觸熱急回。羅隱詩云：「飲水魚心知冷熱，濯纓人足識炎涼。」按《隋志》云：襄安縣有半陽山。

今或以湯池故，譌爲半湯。

附　明聶芳《半湯池記》

聞之西北之山有寒火焉，東南之區有湯泉焉，予奇之，亦甚疑之。後應試榕城，友人爲言五里外有池可浴，拉予往。爾時塵冗，何暇探幽選勝，一證胸中之所疑？蓋予之耿耿，猶未釋也。

辛丑治巢，取邑乘閲之：離城二十里許，地名半湯，有温泉。於是掩卷嘆曰：予之疑，其從兹釋乎！及過其處，諦視温泉之源，沸沸從下坌湧，若烹茗之松濤、蟹眼狀。從此掬水入池，池不甚廣，周圍結砌，池之上覆以數椽。又從内引出，分二小池，内清而外稍濁。每歲夏、秋之間，車騎絡繹，解衣盤薄，致足樂也。至若樵者、牧者，耕而饁者、負擔者，靡不就而蕩滌，稱快事焉。

吾夫子曰：清斯濯纓，濁斯濯足。如斯之内外迥分，貴賤俱適，有道君子流連其間，當必有喟然而嘉嘆者矣。

獨是既有勝地，而敗壁頹垣，荒榛密莽。非唯不足以遊目騁懷，竊恐攲傾之餘，終成瓦礫，不大爲缺陷事耶？予捐貲庀材，構一庭，以覆内池。中堂軒敞，可供宴飲。又爲廊廡，以蔭外池，行路往來，聊用駐足。予差慰矣，豈徒以釋前此之疑哉？

夫湯泉亦既驗之矣，寒火猶未之見，則猶不能無疑也。雖然，無疑也。海鹹而魚沫，鐵堅而虫囓。天地間理之所無，間爲事之所有。事之所有，終不爲理之所無。類如斯也夫。

亞父山　在巢縣東北二十里，范增所居。《隋志》云：襄安縣有亞父山。形似旗，故亦名旗山。

白茅嶺　在廬江縣西四十里，即《唐志》所謂白茅山也。路達舒城。

天台嶺　在舒城縣西南百里。最幽勝，土人擬於天台，故名。

芙蓉嶺　在無爲州北五十里，亦名浮濃嶺。山石險峻，明正統間知州王仕錫開鑿，以便行旅。接巢縣界。

鷂石崖　在舒城縣西南十五里。兩石並峙，俗名小赤壁。

呂仙洞　在無爲州西北七十里。有石床、藥臼，世傳呂仙於此搗藥。

主簿原　在舒城縣西南百六十里。《縣志》云：崇山環之，其中平衍，相傳唐畢諴讀書於此。

馬蹄岡　在舒城縣西南。石上有馬跡，世傳天馬過此。

大江　在無爲州南。自桐城縣抵無爲州界，東北入於含山。凡無爲州之水，皆納於江。其他諸縣之水，多由巢湖以達於江。

金斗河　源出雞鳴山，東流入於郡城，復自東門出，至金斗驛。

又府南三十五里有派河，東四十里有店埠河，與此並入巢(胡)〔湖〕①。

① 據嘉慶《廬州府志》卷三改。

茅埠河　在府北百一十里，東流由含山河入江。

三河　在府南九十里，合廬江、舒城二河水而入巢湖。亦曰三汊河。

新河　在廬江縣東半里。流入東水關，繞學宮出南關，會纁溪水而注於湖。相傳楊吴時鑿。

沙溪河　在廬江縣東南十五里。出大凹山，東北流入沙湖。

石槽河　在廬江縣東南四十里。出礬山，與瓦洋、黄泥二河俱入於黄陂湖。

羅昌河　在廬江縣南五十里。源出大凹諸山，南流從袁子港入江。

又縣西南四十五里有高子河，上接曹王河，下至孔城、白兔諸河入於江。

會市河　在廬江縣北四十里，源出馬槽山。

又縣北二十五里有桐關河，東北三十里有清野河，七十里有谷勝河，與此俱入巢湖。

順江河　在廬江縣東北三十五里。棲鳳諸山之水，合流於此，與縣東北五十里之盛家河、七十里之關河，俱入白湖。

七里河　在舒城縣西七里。爲西山衆流之會，經南溪入巢湖。

永安河　在無爲州西四十里。

又州西十里爲裹河，與此俱入於江。

黄落河　在無爲州北四十里。源自焦湖，流入於江。

裕溪河　在無爲州東北百二十里。

又州東北百里有樸樹河，東北四十里有運河，合於馬腸河，俱入大江。

花林河　在無爲州城東。源自大江，上接三溪河，下接黄金岡、大河，復經裕溪河出江。

奥龍河　在無爲州東百二十里。東接大江，下通樸樹河，復出於江。

又州東三十里有一箭河，五十里有栅港河。

三溪河　在無爲州東南二十里，與直皂河俱入大江。

高林河　在巢縣南六十里，以山得名。

柘皋河　在巢縣西二十里。源出合肥浮槎山，入於巢湖。《宋史》云：劉錡敗兀術於此。

又縣西五十里有銅煬河，六十里有白露河，七十里有巧溪河、花塘河，八十里有金塘河。

清溪河　在巢縣東南十五里。發源於含山之清溪鎮，流入濡須水。

巢湖　在府東五十里，一名焦湖。周四百餘里，占合肥、舒城、廬江、巢四邑之境。港汊大小三百六十，爲淮西巨浸。舊傳巢陷爲湖，滄桑之變，世嘗有之。但《郡國志》與《青瑣高議》所載，巫與①老姥龜目出血城當陷云云，一事兩傳，且與歷陽湖同，語頗涉誕，恐未可據也。

沙湖　在廬江縣東南十里。合於黄陂湖及諸山之水，東出缺口。

白湖　在廬江縣東北三十里。周七十餘里，跨六鄉之地，與黄陂後湖相連，爲邑巨浸。

① 「與」，疑當作「語」。

黄陂湖　在廬江縣東十五里。湖水常渾，賓興之歲，每一澄清，邑必奪解。合白湖諸水，自泥汊入江。

繡溪　在廬江縣西五十里。出馬槽山，經縣南昇仙橋，匯爲黄陂湖。

桃溪　在舒城縣東北三十里，一名桃城。水源出六安滍河，入於巢湖。

南溪　在舒城縣南門外。水源出孤井，經七門，環縣治而東，入於巢湖。

錦繡溪　在無爲州西南十里。宋時分而爲二，故名雙溪，亦名錦繡池。

肥水　在府城西南。源出紫蓬山。北流二十里分爲二，其一東南流，經合肥縣入巢湖，梁韋叡堰水以灌合肥在此。其一西北流入壽春出淮，晋謝(元)〔玄〕破苻堅處也。《爾雅》云：水歸異出同曰肥。《南畿志》云：肥水東北，經雞鳴山入金斗河，一支西北流復東轉，南下至東門外余公廟前，二水相合，故曰合肥。今上源已堙塞。縣治之得名，蓋以此。

濡須水　在巢縣南，一名天河，俗呼馬尾溝。源出巢湖，東流經亞父山，又東北注裕溪入於大江。

龍潭　在府東北。每山水乍溢，群魚猝至，漁者所獲必倍焉。又舒城縣西亦有龍潭，邑令劉顯作壩，以灌諸堰處。

鵲尾渚　在舒城縣東北。舊有鵲亭。《左傳》：楚人伐吴，吴人敗諸鵲岸。杜預註云：舒城鵲尾渚是也。按鵲尾渚與銅陵縣鵲頭山對面，當在無爲州界。無爲舊屬舒城，故名。

孤井源　在舒城縣西百五十里。《志》云：俗稱孤静源。其水經七門三堰旋繞，通於南溪入巢湖。

鐵索澗　在府西北八十里。澗東窮處，一潭甚深，渟泓洄演，四時不竭，晋謝(元)〔玄〕破苻堅處也。舊傳嘗有鐵索見於水際。

笑泉　廬江縣有二：一在魯班塘内，聞人笑聲，水輒湧沸高尺許。一在發洪山，兒童笑則泉亦湧也，故名笑兒泉。

左慈泉　在昇仙橋外，世傳魏左慈常遺丹粒其中。宋政和間，清夜氣肅，紅光燭天，鄉人呼曰丹井。舊志作左慈井。

鳳陽府

鳳凰山　在府北。勢如鳳翔，郡治據焉，故以名郡。連萬歲山，明築皇城於此。東有二峰對峙，一名日精，一名月華。

又東三里有獨山，舊建觀星臺處。

曹山　在府西三十里，舊傳魏武曾駐兵於此。

畫山　在府西五十里。山有木，枝如楊柳，可用畫，故名。

廟山　在府南十五里，其上有伍子胥廟。

又府西南四十里有靈山，六十里有尹家山。

雲母山　在府西南三十里，産雲母石。

西南二十里有石膏山，産石膏。

長安山　在府南四十里。東西平衍，東曰東堡、卸甲店，西曰打虎店，峰巒殊勝。

杏山　在府南六十里。吴時董奉種杏於此，後服杏丹仙去。

鏌鋣山　在府南八十里。相傳昔莫邪於此鑄劍，故名。

蔣山　在府東二十里。梁時鍾離之捷，梁主夢金陵蔣山之神，許以助兵，遂立祠祀於此，而因以名山。

梅城山　在臨淮縣東四十里，下有梅城邨。

又東十里曰石門山，山下有石如門。

化明山　在臨淮縣東六十里。隋置化明縣，因以名山。

烏雲山　在臨淮縣東南六十里。亦名烏霧山，以山多濛霧也。與定遠縣接境。

鹿塘山　在臨淮縣南二十八里，山下有白鹿塘。

又縣南三十五里有留甫山，其下有留甫邨。五十里有小横山。

濠塘山　在臨淮縣南六十里，濠水出焉。山有石穴，出鍾乳，又名鍾乳山。

昇高山　在臨淮縣西南五十里。俗以九日登此山，故名。東西二濠水，合流於此。

闌干山　在臨淮縣西二十里，山相連如闌干狀。

礦山　在臨淮縣東北六十五里。山有石洞，世傳仙流所居。

塗山　在懷遠縣東南八里。與荆山兩岸對峙，而淮流經其中。古塗山氏國於此。《春秋傳》云：禹會諸侯於塗山。杜預謂在壽春東北者是也。山下有禹墟及禹會邨。又山半有聚仙臺、卧仙石。又有靈泉，澄瑩不竭。其南麓曰九岡，岡形夾澗，起伏有九，俗名九岡十八洼，適府之通衢。

附　唐柳宗元《塗山銘並序》

惟夏后氏建大功，定大位，立大政，勤勞萬邦，和寧四極，威懷之道，儀刑後王。當乎洪荒方割，災被下土，自壺口而導百川，大功建焉。虞帝耄期，順承天曆，自河南而受四海，大位定焉。萬國既同，宣省風教，自塗山而會諸侯，大政立焉。功莫崇乎禦大災，乃錫元圭，以承帝命。位莫尊①乎執大象，乃輯五瑞，以建皇極。政莫先乎齊大統，乃朝玉帛，以混經制。是所以承唐虞之後，垂子孫之丕業，立商周之前，樹帝王之洪範者也。

嗚呼！天地之道尚德而右功，帝王之政崇德而賞功。故堯、舜至德，而位不及嗣。湯、武大

---

① 「尊」，《柳河東集》卷二十作「崇」。

功，而祚延於世。有夏德配於二聖，而唐虞讓功焉；功冠於三代，而商、周讓德焉。宜乎立極垂統，貽於後裔，當位作聖，著爲世準。則塗山者，功之所由定，德之所由濟，政之所由立，有天下者宜取於此。追惟大號既發，華蓋既狩，方嶽列位，奔走來同，山川守神，莫敢遑寧，羽毛四合，衣裳咸會，虔恭就列，俯僂聽命。然後示之以禮樂，和氣周洽；申之以德刑，天威震耀。制立謨訓，宜在長久。厥後啓征有扈，而夏德始衰；羿拒太康，而帝業不守。皇祖之訓不由，人亡政墜，卒就陵替。向使繼代守成之君，又能紹其功德，修其政統，卑宫室，惡衣服，拜昌言，平均賦，一制度，定期會①，則諸侯常至，而天命不去矣。兹山之會，安得獨光於前②歟？是以周穆遐追遺法，復會於是，聲垂天下，亦照前軌，用此道也。故余爲之銘，庶後代朝諸侯、制天下者，仰則於此。其辭曰：

惟禹體道，功厚德茂。會諸侯衛，統一憲度。省方宣教，化制殊類。咸會壇位，承奉儀矩。禮具樂備，德容既孚。乃舉明刑，以弼聖謨。則戮防風，遺骨專車。克明克威③，疇敢以渝。宣

① 「平均賦」句，《柳河東集》卷二十作「平均賦入，制定朝會」。
② 「前」，《柳河東集》卷二十作「後」。
③ 「克明克威」，《四庫》本作「克威克明」。

昭黎獻，底定寰區①。傳祚後昆，不承帝圖。塗山巖巖，界彼東國。惟禹之德，配天無極。即山刊碑，貽後作則。

洛河山　在懷遠縣南六十里，以近洛而名。其西峰曰洪山，東峰曰神山，出煤炭。

平阿山　在懷遠縣南六十里，與壽州接境，漢置平阿縣以此。俗誤爲「平峨」。

荆山　在懷遠縣西南。《舊志》云：山西北有玉坑，相傳卞和得玉處。其中白石晶瑩，不受鑱刻。東有卞和洞，一名抱璞巖，可容數十人，上有瀑布。又有三仙避雨石、仙人睡迹。白龜泉北有濯玉澗。南麓有梅澗，蕭梁時於山下立堰以遏淮流，曰荆山堰。山之餘支，爲龜山，爲横山。

附　明宋濂《遊塗荆二山記》

濂既遊琅琊山，起行至池河驛，適郵卒遞内使監公牒至。及開緘，中藏《濠梁古蹟》一卷，宸翰親題其外，令濂搜訪，與青宫言之。濂因啓曰：臨濠古蹟，惟塗、荆二山最著。按《圖經》，塗山在昔鍾離縣西九十五里，荆山亦在縣西八十三里。二山本相聯屬，而淮水繞荆山之背。神禹

① 「宣昭黎獻，底定寰區」，《柳河東集》卷二十作「宣昭黎憲，耆定混區」。

鑿開，使水流二山間，其疏鑿之跡故在。人思其功，迄今弗能忘。青宮曰：「至中都，當共往遊焉。余將渡淮，狩於王莊，先生宜泝流而上，屆今懷遠縣治以俟。」濂奉敕行，以洪武乙卯冬十一月己巳發舟，庚午日曛始泊縣西門，而青宮已駐蹕於東門五里矣。辛未，濂上謁，青宮喜甚，下令以壬申遊二山。

濂至期約懷遠文學掾王景彰宿舟中。黎明，櫂舟至塗山足，曳杖入山。山旁廢址，舊皆民廬。前渡石梁，復斗折而北，累石爲塘，多藝椒之園。行可三里餘，視大磐石青緑間錯，頹然欹足坐。諦視之，乾蘚交封之耳。聞有草生石上，高一尺，其花可愛，不假土力，人取懸檐間，呼爲石蓮花。復行四里所，巖石犖确，插起道左，危傾欲飛墜。復二里所，從微徑入灌莽，抵崖罅，貯泉一泓，味甚甘。覆以生茨，曰聖水亭。取水以禜雨，多驗。復一里餘至山巔，禹廟在焉。廟已毀，惟頹垣破礎存。遊目四顧，長淮西來，渦河北匯，而壽春、臨濠、宿州之境，皆在冥茫昏杳中。緬想南北戰争屯戍處，爲感慨者久之。

山之下聚落甚盛，廟史云，名禹會邨，乃禹會諸侯之地，廬舍之比如櫛。移蹕入廟，廟前杏樹一章，大可蔽牛，二柏參差左右。樹東寘小甕，杏柯之水時津津滴其中。廟史云，當辰霧四集，水愈多，其來如泉，可代井汲。石碣二，一大書「有夏皇祖之廟」六字，下方刻宋慶元初州守劉仲光自造《禱雨記》。一亦記禱雨事，皇甫斌紹興庚戌來爲郡，命鍾離尉丁大榮作。石未剥泐，文尚可讀。

復從廟西循石坡而下，鉅石危立如人形，遥望之，一嫗儼然也，相傳爲啓母石。廟史云，居人每封羊豕祭之，至有以粉黛飾其貌者。聞之不覺大笑。山坳舊有僧房，今廢久。

俟鶴駕不來，忽使者至云：扈從士馬多，無橋可以渡河，青宫不復至矣。言未既，但見旌旗如錦繡，摇曳上荆山矣。濂亦下山麓，入鯀廟，見所題神號鄙俚，棄而不睨。出讀祖無擇所賦歌，京口孫臨爲書碑。蓋無擇謫守壽春，過此而作也。

復北經縣治，折而東行三里所，至荆山。梁、魏交鬥時，就山築堰，以灌壽春，其遺蹟猶班班可見。復行三十步，崖广如屋。側身而入，石屏如床座，可坐人，號爲卞和洞。自西上復一里所，過避雨石。石斜倚可避雨，故名。復六十步至産玉坡，奇石駢列。西有玉池，榛荆迷路不可尋。時青宫已獵遠郊，濂因登舟先還中都云。

惟二山見諸戴記①者多殊。以塗山言之，《春秋左氏傳》云：禹會諸侯於塗山。杜預注云：在壽春縣東北。説者云：今濠州是也。《國語》、《史記》則又云：禹會諸侯於會稽，故會稽亦有塗山。《吴越春秋》亦以②塗山在會稽。應劭云：塗山在永興北。説者云，今會稽蕭山縣是也。是二説已不能歸於一致矣。至於蘇鶚《演義》又云：塗山有四：一會稽，二渝州，三濠

---

① 「戴記」，《皇明文徵》卷五十四作「載記」。
② 「以」，《四庫》本作「有」。

州，四當塗。然其處皆有禹跡。或者遂謂禹之治水，固嘗徧歷宇内，而會諸侯實在會稽之塗山。柳子厚《塗山銘》，蘇子瞻、子由《塗山詩》指在濠州者，皆非是。濂之存疑而未決者一也。

以荆山言之。荆山，楚山也。楚之先王熊繹，僻在荆山。七傳至昭王，始遷都郢。郢，即今之江陵。其地有荆山，一名景山。荆，故楚號也，有之誠宜。世則指爲濠州，濠州古鍾離子國，與壽春密邇。楚自昭王之後，歷十一傳始徙都壽春。《韓非子》所載卞和獻玉事，乃在厲、武、文三王之際。昭王上接武王，已越十世。當三王時，鍾離何嘗屬楚，而强謂卞和至此山耶？《新序》又謂，抱玉而泣，在共王之時。《雜記》又謂，在懷王及其子平王之時。平王乃昭王之父，下拒①懷王九世。共王上至武王亦六世，何顛倒如是耶？濂之存疑而未決者二也。

大抵山川遺跡，非本諸經史者，多不可信。必欲可信，塗山當稽之《左氏》，以壽春爲正。荆山當正諸史傳，以江陵爲正。有謂塗山氏乃古國名，禹曾娶其女者，别是一説，與此殊不相涉也。濂耄矣，諸書遺忘欲盡，所記憶者未必無舛訛。輒緣紀遊，因掛漏書之。

相公山　在定遠縣東六十里。有楚相令狐子伯廟，因名。稍西有豁鼻山、東樂山。

① 「拒」，《皇明文徵》卷五十四作「距」。

大横山　在定遠縣東七十里。其山横界邑之東南，故名。山頂有石壘舊址，西南有石佛高丈餘。

相近有皇甫山，相傳昔有皇甫將軍屯兵於此。

華蓋山　在定遠縣東南二十五里，頂圓覆如蓋。

又縣東南六十五里有喜龍山、朗峰山。

槎枒山　在定遠縣西七十里，山形槎枒。古有槎枒寺，明洪武間改建圓通禪寺。中有芝巖洞。

三峰山　在定遠縣西北三十里。山有三峰，秀麗特異，有禪窟洞、石窟泉，多修篁古木。

韭山　在定遠縣西北四十五里。地煖多韭，故名。山上石城，兵火時常保聚焉。山下有洞，其中澗水常流。石形如器物者甚衆，左右多唐人題刻，後爲峻巖，遊者莫能至。

相近有青山，有銅骨山，青翠相接。

横澗山　在定遠縣西北七十四里，上有石壘及澗泉。

白石山　在定遠縣北三十五里，多白石。

相近有大紅山，多紅石。

秦橋山　在虹縣東北二十里。有秦氏所造橋，下有泉，兩派分流，左清右濁。

朱山　在虹縣東北三十五里。上有靈祐祠，祀梁之朱買臣，俗誤以爲漢之買臣。上有聖水泉，甘而冽。

南有峰山，界泗州。

赤山　在虹縣東北七十里，四面皆水。

石龍山　在虹縣北二十里。上有石蟠伏如龍，鱗甲儼然。

屏山　在虹縣北二十里，列翠環抱若屏。一作「平」，以山勢平衍而名。下有平山湖。

鹿鳴山　在虹縣西三十五里。相傳明成祖嘗駐蹕其上，夜聞鹿鳴，因名。

紫金山　在壽州東北十里。《五代史》云：周顯德四年征淮南，南唐援兵營於紫金山，與壽州城中烽火相應。宋太祖率殿前諸軍，擊紫金山連珠砦，拔之，遂下壽州。即此。上有淮南王宴客處。間拾小金牌，可療疾，疑丹砂所化也。

黄閒山　在壽州東北五十里。《州志》云：世傳楚春申君黄歇嘗遊於此。《寰宇記》云：州東北八十里有舜哥山，相傳舜耕此。上有大人足跡。

峽石山　在壽州西北二十五里，夾淮爲險。《郡志》云：在下蔡西南。《寰宇記》云：兩峰相對，水經其中，對岸山上築二城，以防津要。魏諸葛誕舉兵，王永據峽石以逼誕，晉胡彬據壽春，城陷，退保峽石，即此處也。兩岸石上有大禹疏鑿舊蹟，山口有茅仙洞。

八公山　在鳳臺縣東北五里肥水之北、淮水之南。漢淮南王安，與其賓客八人學仙於此，因名。

《晉史》①云：苻堅兵敗，望見八公山草木皆晉兵。即此。一名肥陵山。州西北有青岡，晉謝（元）〔玄〕乘勝追擊苻堅至青岡。

附　梁吴均《八公山賦》

峻極之山，蓄聖表仙。南參差而望越，北邐迤而懷燕。爾其盤桓基固，含陽藏霧，絶壁巘巇，層巖迥互。桂皎月而常圓，雲望空而自布。袖以華閬，帶以潛淮。文星亂石，藻日流階。若夫神基巨鎮，而卓犖荆河，箕風畢雨，育嶺生峨。高岑直兮蔽景，修坂出兮架天。以迎風而就日，若從漢而回山。露泫葉而原净，花照磯而岫鮮。促嶂萬尋，平崖億絶。上披紫而生煙，傍帶花而來雪。維英王兮好仙，會八公兮小山。駕飛龍兮翩翩，高馳翔兮翀天。

四頂山　在鳳臺縣北七里，東與八公山相對。

打鼓山　在宿州北三十里。上有三峰，東北有二泉可溉田。揭傒斯《望光樓記》云：山中有聲如鼓鳴，歲則大熟。

① 「史」，當作「書」。

離山　在宿州北五十里。産符離草，《爾雅》所謂莞也，秦以此名縣。《史記·陳涉傳》：初起兵，有葛嬰、朱雞石，符離人。

鸐山　在宿州北七十里，以山有閔子鸐墓而名。墓左有龍涴潭。

睢陽山　在宿州西北三十里。山在睢水之陽，故名。舊作「諸陽」。

芳巖山　在宿州西北六十里。旁有石巖，四時芳馥。

相近爲（邱）〔丘〕疃山。

相山　在宿州西北九十里相城鄉。周二十里，甚危峻。舊有《相山碑記》云：「巍巍相山，盤紆穹崇；上應房心，與天靈沖。」

其西南爲天馬山，西控汴河。

嵇山　在宿州西南百有十里。嵇康家於其下，因氏焉。

龍車山　在靈璧縣北二里，縣之主山也。山之陽有石泉。

又北三里爲栲栳山，回環如椅，故名。

磬石山　在靈璧縣北七十里。山出磬石，故名。《禹貢》云：「泗濱浮磬。」即此。《揮麈録》云：宋政和間起艮岳，靈璧貢一巨石，高二十餘尺，周圍稱是。舟載至京師，千夫舁之不動。裕陵以爲神物，表異之，親書「慶雲萬態奇峰」六字，加金帶其上，頃刻移至苑中。

附　明王守《謙靈璧石考》

石之堪作玩者，吾靈璧石稱最。謂其峰巒洞穴，渾然天成，骨古色黝，扣之有聲。按《譜》，有形如蟠螭、如菡萏、如卧牛者，又有卧沙不起峰者，甚有盡天劃神鏤之巧者。總之萬石萬局，於深山中掘之乃得，不知的係何時發坑。

第考之載籍，宋以前未聞有靈璧石。按檇李項氏有靈璧石一座，長二尺許，色青潤，聲亦泛然，皆①有黄沙文，一帶峰巒皆雋。下金填刻，字云：「宣和元年三月朔日，御製御書。」其下押一字。又大衍庫有靈璧小峰，長僅五六寸，玲瓏秀潤，所謂胡桃玉色。徽宗御書八小字，刻於峰旁云：「山高月小，水落石出。」略無刻琢之形。觀此則靈璧石始見於宋，曾爲至尊之寶愛，其品可知已。自米顛酷嗜，而聲價益重。其爲楊次公攫去者，乃所謂盡天劃神鏤之巧者也。

後得李後主所寶靈璧研山，徑長才踰尺，前聳三十六峰，高者爲華蓋峰，其參差錯落者爲月岩，爲玉筍，爲方壇，爲上洞，爲翠巒。又有下洞，三折而通上洞。中有龍池，遇天欲雨，則津潤滴水，少許在池内，則經旬不燥。米老甚珍之，及其歸丹陽也。愛甘露寺下並②江一古基，多群

① 「皆」，疑爲「背」字之誤。
② 「並」，乾隆《靈璧志略》卷四作「臨」。

木，唐晉人所居，則薛氏之宅也。時米欲得宅，而薛覬得研①，於是竟相易，米後號「海岳菴」者是已。公終惋惜，乃云：「此石一入渠手，不得再見！」每同交友往觀，亦不出示。

紹彭公，真忍人也。蘇東坡畫醜石風竹，易得張氏靈璧石一株，具有四面，如麋鹿宛頸狀，後載歸陽羨。趙松雪有靈璧石香山一座，下刻「雲根」二字。又一石其大如拳，峰巒皆五列，公名之「五老峰」。手抓之、拂之，亦有聲。此皆得之本子上者也。

余在南中，曾見一靈璧石，長僅數寸。十二峰參差突起，毫無雕琢。又一石，天生雙螭蟠結，中有小水池，如錢許大，其黑如漆，間有細白紋如玉，扣之聲泠然。此天下所無，而靈璧獨有，偶一有之而絕不復出，良不可解，然余猶及一見耳。

又見如卧牛者，想亦宋、元舊物，流傳人間者矣。國朝垂二百六十餘年，寥寥無聞。即問之土著者，亦竟不知靈璧石爲何物。

迨萬（歷）〔曆〕己酉，南臺侍御眉山鴻岏張公，訪此石甚殷，乃好事於磬石山澗壑中，乘雨後覓之，稍稍見一二。於是習兹山者，凡牧豎、樵子，莫不求石。有力者遂發坑取之，而石漸出矣。歲庚申，庠師吴興長組先生、天中濬源先生親往采石。而郡侯竟陵别鳳藻先生，單騎往視之。僉稱南宫之後，再睹此舉，亦稍稍獲有佳者。其人情好尚之極，即山靈亦終難秘其珍，遂爲此石

① 乾隆《靈璧志略》卷四「研」下尚有「山」字。

之復興，與此後掘石者日益夥。蘇人不愛善價，買舟載去。一入靈境，莫不侈口譚石。突然風尚，良可駭異！走南中販石者踵相接，而格價頓減。惟睹有峰巒洞穴，而清潤有聲者，亦取狂狷之意。求所謂研山蟠螭，與盡天劃神鏤之巧者，則絶不可復得矣。蓋物之尤者，多見於始出，而其後漸銷落也。端溪下岩發於宋，而竭於宋。安知今日之石，不將爲廣陵散乎？

海内王元美之祇園，董元宰之戲鴻堂，朱蘭嵎之柳浪居，米友石之勺園，王百穀之南有堂，曾蓮生之香醉居，劉際明之悟石齋，劉人龍之夢覺軒，彭政之之嗇室，清玩充斥，而皆以靈璧石作供，果得未曾有乎？而諸公之韻，固均足以敵之矣。

獨喜吾邑劉節齋先生其別業觀音閣前一石，徑數尺，嵌空玲瓏，色極清潤。先生鍾愛之，令此石旦暮聞鐘磬聲，且與蒼松碧梧相依傍，則其情怡，其神往，片石堪共語，其在斯乎？或云，此係張氏園亭物，然竟非新坑石也。

潼山　在靈璧縣北七十里，潼水出焉。世傳莊子嘗修道於此，有南華觀。

陳曈山　在靈璧縣北八十里陳曈堡。亦名陳摶山，相傳希夷常寓於此，有希夷洞。

張山　在靈璧縣西北九十里。

其西五十里有貢山，屬蕭縣，相傳子張、子貢遊學之地。

齊眉山　在靈璧縣西南三十里，山開八字如列眉。建文三年，徐輝祖敗成祖於此。

孟山　在靈璧縣東北七十里，相傳孟子嘗遊此山。下有娑羅樹，歲以枝葉先發所向之方爲豐兆。

分水嶺　在臨淮縣東九十里。其水東入盱眙，西入臨淮。

斷梅谷　在懷遠縣荆、塗二山間。或曰：二山本爲一脈，禹以桐柏之流泛濫爲害，乃鑿山爲二以通之。今兩山間有斷梅谷，濱淮爲勝云。或曰：周世宗以荆、塗有王氣，斷之，時谷有梅氏聚族居焉，因名。

劍山　在定遠縣西北。相傳山有寶劍，雨過或倚路傍。

龍子河　在府西三十里。源發南山，北滙爲湖，經長淮關入淮。

天河　在懷遠縣南五里。源出府治之利山，西北流經塗山，南入淮。又縣西有洱河，西南有芡河，俱發源蒙城，至縣入淮。

淝河　在懷遠縣北二十里。出宿州之龍山湖，流經蒙城縣界，東南至縣之雙墩入於淮，有魚、凫、菱、芡之利。按：此乃淮北之淝水也。

清溝河　在懷遠縣北二十里。自宿之龍山湖東南流，合十湖、天堰諸水，至縣北會淝河，而水始大。

舊自靈璧南境，至府治沫口河入淮。今下流淤塞，時有泛溢之患。

池河　在定遠縣東南六十里。自廬州巢縣界流入境内，又東北經盱眙入於淮。

潼河　在虹縣西南二十里。南潼河源出羊城湖，經縣治西南入泗州。北潼河出縣西北，東流入睢水。

沱河　在虹縣西南。源於宿州紫蘆湖，經縣東九都爲南沱河，西九都爲北沱河，二水合流，入五河縣。

東肥河　在壽州東北十里。源出合肥之紫蓬山，北流二十里分爲二：其一東南入於巢湖，見《廬州府》。其一西北流二百餘里，至州境入於淮。按：此乃謝(元)〔玄〕破苻堅處，淮南之肥水也。

又西肥河在壽州下蔡西南十里，亦入於淮。

大香河　在壽州東南三里。自芍陂大香門分流，九曲至州三里橋，北入於淮。乃唐、宋運河，元始淤。

解河　在宿州東南。又曰蟹河，源出州西之仁義鄉，東流經靈璧縣西南入淮。

泡河　在宿州南九十里。源出亳州舒安湖，經州之舊臨涣城合澮水。

澮河　在靈璧縣南七十里。源出河南永城縣馬長河，東流歷宿州至縣境，東南入五河縣界。

小河　在靈璧縣北六十里，即睢水。項羽追破漢軍，多殺士卒，睢水爲之不流是也。

月明湖　在臨淮縣東一里，北流入淮。

萬安湖　在虹縣西北，即潼陂也。宋朱弁詩云：「離汶未逾千里道，渡淮先泛萬安湖。」舊志云：疑即今之天井湖。

又縣西南四十里有老營湖。

羊城湖　在虹縣西北四十里，古虹州城没於此。

四山湖　在虹縣東北四山下。

又有峰山湖，在峰山下，與泗州接境。

西湖　在壽州西門外。一名熨湖，又名尉升湖。《水經注》云「羊頭溪水受芍陂，西北流經熨湖」是也。

焦岡湖　在壽州西三十里。

相近爲董奉湖。

紫蘆湖　在宿州西，産蘆色紫。

石湖　在靈璧縣東北十五里。中有巨石，水消長不過舊痕，人以爲異。

淮水　在府北十里。自潁上縣抵壽州，經懷遠之荆、塗二山，至府治北，東過臨淮，入於泗州。

渦水　在府西北。自蒙城縣界，流至懷遠，東入於淮，謂之渦口。唐李吉甫云：「濠有渦口之險。」謂此。漢建安中，曹操引軍自渦入淮。南北朝爲控扼地。

濠水　在府南十里。有二源：東出濠塘山，西出鏌鋣山，至昇高橋合流，又東北入於淮。其水經府治及臨淮縣境。

臨淮西南有石絶水，謂之濠梁，即莊、惠觀魚處也。

洛水　在懷遠縣南七十里。自定遠之清洛澗，流經壽州，至縣境入淮。亦曰洛澗，注淮處曰洛口。

汴水　在虹縣南。自開封東來，經宿州抵縣境，東南至泗州入淮。

渒水　在壽州西七十里。源出霍山，東經霍（邱）〔丘〕縣至州境，北流入淮。《方輿勝覽》云：渒有蛟害，楚芊乙射之，遂絶。

睢水　在宿州北二十里。自河南夏邑縣白河，經州之符離，會泗入淮。其上流之支爲瞿溝，亦曰曲溝。

又州之蘄縣鄉有蘄水；涣陽鄉有涣水，即濊水。

洨水　在靈璧縣東南，入於淮。

響水潭　在虹縣西門外。潼、汴合流至橋下，波濤相擊，聲如雷吼。

白馬潭　在虹縣南二十里。水中有石廟曰龍王廟，有見白馬出没其中者，禱雨時應。

龍涴潭　在宿州閔子鄉武城里之左，歲旱禱雨即應。

響水澗　在臨淮縣城東。

又有蕉子澗、紅娘子澗、蓑澗、沙澗、青山澗，俱入於淮。

碧溪澗　在懷遠縣南一里。自荆山下，曲流經城中入淮。

又有泠水澗、茅澗、柴澗，俱入於淮。

清洛澗　在定遠縣西八十里。晉謝（元）〔玄〕率諸軍涉洛澗，敗秦兵於壽陽，即此。

粉團洲　在府西北三十里睢水之南。洲上多白沙，故名。明初於此築城設衛，即今之長淮衛也。

芍陂　在壽州南安豐廢縣，亦曰安豐塘。又曰期思陂，楚相孫叔敖決期思之水，即此。詳見《水利》。

漢泉　楚泉　俱在定遠縣西五十里。二泉俱紆回自南而西，合流入洛。

咄泉　在壽州北五里。泉與地平，每聞人聲，水輒湧出如珠，又名珍珠泉。

江南通志卷十八

輿地志

山川　八

潁州一府　滁、和、廣、六、泗五州

潁州府

藥山　在霍(邱)〔丘〕縣南八十里，山產半夏、蒼術諸藥。

九仙山　在霍(邱)〔丘〕縣南百里，上有石臼凡九。

梅山　在霍(邱)〔丘〕縣南二百里。

望到山　在霍(邱)〔丘〕縣南二百二十里。可望而難到，言其峻也。

大别山　在霍（邱）〔丘〕縣西南八十里，一名安陽山。界河南固始縣，亦名檀公峴。相連有芙蓉山。

長山　在霍（邱）〔丘〕縣西八十里。三山相連，曰南長山、北長山、中長山。

其相近者曰高祖山，接固始縣。相傳漢高祖追項羽，屯兵於此。

萬壽山　在太和縣北九十里，宋名縣曰萬壽以此。

駝山　在蒙城縣西二十里。山首尾高而中陷，故名。

靈山　在蒙城縣西北二十里。下有洞及泉，皆以黄伯名。

又五里有齊山，與此相連。

狼山　在蒙城縣西北二十八里。有南、北二峰對峙，山陽有當陽寺，巔有天池泉。

檀城山　在蒙城縣北四十里山桑城内。峰極聳秀，檀道濟築城於此。

七旗嶺　在府治南七十里。北臨谷河，元王保保曾屯兵於此。

金牛嶺　在府治南百二十里淮水北岸。

鐵牛嶺　在蒙城縣西北八十里。

安舟岡　在府治南九十里淮水北岸。

仁勝岡　在府治西南百四十里，近艾亭。

又五里曰敖鼎岡，在汝水北岸。

黄岡　在潁上縣西南二十里淮水南岸。

又垂岡，在潁上縣東南四十里淮水北岸。

虎頭岡　在亳州北二里。迴伏數里，爲城北之屏障。

又州南一里曰南虎頭岡。

管谷　在潁上縣北二十五里，相傳管仲家於此。

青〔邱〕〔丘〕　在府治東五十五里，瀕潁。古有青〔邱〕〔丘〕縣，今名青〔邱〕〔丘〕村。

金〔邱〕〔丘〕　在府治南八十里。舊志云：楚王埋金於此，以鎮水災。

中村岡　在府治南七十里。南臨谷河，環岡皆村落，故名。

大潤河　在府治南五十里。源於土陂地泉，受小潤河之水，東南入淮。

清河　在府治南，相傳楚靈王所鑿。五代時刺史王祚爲疏其故道，名曰清河，流入於潁。

谷河　在府治南九十里。源自潤河，經一虎橋，至水臺西入淮。

蒙河　在府治南百里。自紅林東陂積水成河，西流入淮。

西茨河　在府治西。自太和縣南，流入於沙河。

又北茨河在府治北，即古細水也。

流鞍河　在府治西。源自項城縣，經沈〔邱〕〔丘〕入於潁水。

柳河　在府治西五十里。源自白楊湖，經廢柳河驛，至石羊鋪入舊黄河。又有舒陽河合於此。

延河　在府治西沈(邱)〔丘〕鄉。自新蔡東流入境，又東北過楊橋入潁水。

舊黄河　在府治西北。金之季年，決於太康，西北自陳州界入府境，流經城北。元末又自南頓，合潁水東流。明正統二年，復徙鹿邑，黄流遂絶。成化末，一支復通於潁，今亦絶。

肥河　在府治北百一十里。自太和縣流經府境，東南至壽州下蔡西入淮，所謂西肥河也。

史河　在潁上縣東十里。源於河南固始縣，流經霍(邱)〔丘〕縣北入淮，潁水之支流也。

濟河　在潁上縣北五十里。源出亳州，東北流合肥水入淮。

淢河　在霍(邱)〔丘〕縣東南二十五里。源自六安州香和嶺，分流入於東河。

東河亦源於六安，入淮。

新河　在霍(邱)〔丘〕縣北二十五里。其水在宋宣和前不通舟楫，建炎以後，湍流衝激，水勢漸大，東北合於淮。

雉河　在亳州東百二十里。南流入渦，與蒙城界。

漳河　在亳州南三十里。東北流入渦，俗謂之欠水。

相近有十字河，又有百尺河、三里河、明河、油河、三丈口河、清水河，俱入於渦。

肥河　在亳州南八十里。東過太和縣，入本府界。

黄河　在亳州西北三十里。元末嘗自通許分派，流入渦河。

包河　在亳州西北二十五里，東流入馬尚河。

馬尚河　在亳州北。由歸德府來，至州境入於渦河。

沙河　在太和縣南二里。自沈（邱）〔丘〕縣流經界溝，入縣之西南，達亳州境入潁。俗呼爲惠民河。

柳河　在太和縣南三十里，舊黄河支流也。上通項城，下達潁州，入於沙河。

宋塘河　在太和縣北六十里。亦茨河分流，經宋王城茅岡，至縣雙泉溝入穀河。

銘河　在太和縣北九十里。西通陳州蔡河，東接肥河，流至斤溝入茨河。

穀河　在太和縣東北三十里茨河之南。自卧龍分流，至七里澗而入茨河。

茨河　在太和縣東北六十里。自鹿邑縣流入縣境，又東南達潁州入沙河。

茷河　在蒙城縣南五十里。源自潁上諸湖，回繞邑境，東注於淮。

陶中湖　在府治西百一十五里，界太和縣。一作「陶種」，潤溉土田，居民利之。

白楊湖　在府治西百二十里，界太和縣。一作「白洋」。

西湖　在府治西北二里，潁河合諸水匯流處。宋晏殊、歐陽修、蘇軾爲守，皆嘗宴賞於此，詩酒山水之樂，論者與杭之西湖並稱云。

國朝計東《重復西湖碑記》

理學、文章，二者未分之時，其人莫盛於鄒、魯之間。其既分之後，而復並盛於一時，則理學莫盛於伊、洛，文章莫盛於汝、潁。何以明其然也？理學之久晦而得周、程，文章之久晦而得歐、蘇，其時同也。周、程同時，有張、有邵，繼起有游、楊，有謝、尹。而歐、蘇同時，有曾、有老蘇、小蘇，繼起有黄，有邵、張，有陳、秦、李。其人同也。且二者倡導之功，二程與歐、蘇最著。程則歸老於伊，而授徒於洛。歐、蘇則先後官潁，陳、張繼之，小蘇與秦亦至焉。其既也，歐陽老於潁，二蘇家於汝。且潁水入洛而近，汝水合潁而長。故潁尾又稱汝陰，地又相同也。今人讀《伊洛淵源録》者，皆知理學之盛，昔稱其地爲西鄒、魯矣。及深歷汝、潁間，考歐、蘇、張、陳諸先生之遺事故跡，然後知文章莫盛於汝、潁。

西湖者，潁之北郊，歐、蘇兩先生，與子由、無己、太虛、文潛諸君子，先後遊讌賦詩之地也，州志載會老堂、聚星堂、雙柳亭，皆在湖旁。又其時爲畿輔名郡，水陸要地，湖中蓮芡之實可佐公私，水利足灌膏壤。兩先生開復經畫，具見集中。宋紹興後，湖漸湮，亭堂尤漫滅不可考。志稱有四賢祠，祀晏、吕、歐、蘇，重其爲大官也，張、陳輩自不得祀。今其祠亦圮矣。

康熙七年，鐵嶺喻公來守潁，思復歐、蘇兩先生遺跡，再浚西湖。廣袤若干丈，築隄以固其防，置閘以蓄其泄。於是菰蒲之所蓄殖，鷗鷺之所飛止，長林高柳之所映帶，擬之歐、蘇、張、陳之所詠歌，駸駸乎欲還舊觀矣。復建數楹於會老堂之址，高其榱桷，美其綽楔。既以爲登臨憩息之地，且以祀前賢而彰遺愛，豈不美哉？東之至潁也，值公經營垂竣。新秋佳日，友人劉子登招予，與諸友置酒湖之湄，諸公多稱修復之功。而予獨穆然深思歐、蘇兩先生，暨張、陳、秦諸公，當日觴詠留連之樂。諸先生即數百歲後，魂魄猶樂此也。又追念東年八九歲時，先人日督誦歐、蘇文章。稍長，又知讀陳無己、張文潛之文，愛慕之不敢忘。忽忽二十餘年，今乃得置身於諸先生仕宦遊讌之地。俯仰太息，不能自已。

遂縱思高論，著爲伊洛理學、汝潁文章之說。所以誇大乎潁者至矣，而西湖與有榮焉。雖然，亦喻公修復之功，不可無記。

賽閼湖　在潁上縣東南六十里正陽鄉，其水與淮河通。

白馬湖　在潁上縣正陽鄉。湖中有洲，上建白馬寺。

陽臺湖　在潁上縣北十三里。有東、西二水，物産甚多，民享其利。

白洋湖　在太和縣西十五里，與府治接。一作「白楊」。

聶家湖　在太和縣西北。有上、中、下三湖，其中湖即蔡家廟湖；下湖即柳林湖，周回五十餘里，菱芡蒲荷，水天一色，邑之勝覽。

駝澗　在蒙城縣西四十五里。梁大通元年，曹仲宗伐渦，魏遣王元昭等援之，前軍至駝澗，即此。

乾谿　在亳州東南七十里城父南。《左傳》云：楚子次於乾谿。即此。

白魚港　在府治北九十里。溝洫之水，積流爲大渠，通肥河。

汝水　在府治南百里。舊志云：源發汝州天息山，流至桃花店入府境，又東過永安廢縣，至朱皋鎮入淮。

又沈(邱)〔丘〕廢縣北有小汝水。

附《汝水考》

汝河在府城南一百里，自汝寧東北流，至桃花店入府界。按《淮南·地形訓》云：汝出猛山。《博物志》云：出燕泉山。《水經註》云：出魯陽縣大盂山。《通志·略》云：汝水出汝州魯山縣。其地與弘農盧氏接界，故許慎謂出盧氏也。其水南過上蔡，至褒信縣汝口，南入於淮。班云：行千三百四十里。舊傳謂出汝州天息山者，誤也。

淮水　在府治南百一十里。自河南固始縣流入府境，又東入霍(邱)〔丘〕、潁上縣界。

潁水　在府治北。源於河南登封縣，東流至趙家渡入府境，又東過沈(邱)〔丘〕，繞北城門外，過潁上之留陵，至正陽鎮入淮，謂之潁口。一稱沙河。

附　潁水考

潁州沙河在城東門外，東南流入淮，即潁水也。按《唐要會》云：元和十一年，置淮潁水運。楊子等諸縣米，自淮陰泝流至壽州西，四十里入潁口。又泝流至潁州沈(邱)〔丘〕界，五百里至於項城。又泝流五百里入於溵河，三百里輸於郾城，得米五十萬石。考之《臨潁志》云：楮河在縣十五里，即潁。潁水源出登封縣潁谷，經流本縣東南，至清水鎮入沙河達於淮。《郾城志》云：溵江渡在縣西一里一百步，即沙河也。是則沙河即潁水明矣。

《山海經》云：潁水出少室山。黄氏云：出河南登封縣陽乾山，東南流至潁州潁上縣入淮。《翰墨全書》云：淮水東流，潁水西北來注之，謂之潁口。下蔡，淮、潁之謂也。《詩地理考》云：潁水出河南府陽城縣乾山，自汝州襄城縣流入潁昌府長社縣，自長社縣流入臨潁縣，自順昌府汝陰縣流入潁上縣，至壽春府入下蔡縣入淮。《通志・略》云：潁水出潁川陽城縣少室山。今陽城省入登封矣。東南至揚州，洧水入焉。又東南過南頓，隱水入焉。又東南至下蔡入淮。班云：行千五百里。

《河南志》云：潁水在登封縣西四十里，水自石道保神水里入於瀦水。按郡圖，水出登封西南百妮山，有故潁陽縣遺址。按《河南志》有少陽河、李莊河，俱出少室山入潁。故《山海經》、《通志・略》謂出少室也。新志謂潁水上通古汴，相去遠矣。蓋黄河決而入潁，非汴水也。

豐水　在霍（邱）〔丘〕縣西南十里。源出窮谷，舊名窮水，後改今名。

決水　在霍（邱）〔丘〕縣西八十里，俗訛呼爲「史水」。

渦水　在亳州北。發源豫之葛河口，由鹿邑西來，至州境與馬尚河合，東流經蒙城縣入懷遠界。

高陂水　在亳州南。周四十三里，魚、蚌、菱、芡之藪也。

肥水　在蒙城縣北三十里。源自宿州，東流入懷遠縣界。

金溝　在府治北百二十里。積畎澮之水，通於茨河。

湖溝　在蒙城縣東南七十里。源自潁州，泉流淵瀦，冬、夏不涸。

畢卓池　在府治西鮦陽城内，池廣十里。

聖泉井　在蒙城縣西北四十里。歲取水，禱雨時應。

滁　州

琅琊山　在州南十里。唐《元和十道志》云：晋伐吴，命琅琊王伷出滁中，駐此。王禹偁云：元帝以琅琊王渡江，嘗駐此山。故溪、山皆有琅琊之號。山谷深七八里，下有琅琊溪，謂之釀泉。唐大（歷）〔曆〕中，刺史李幼卿始鑿石引泉，作禪室琴臺，賦詩刻石。及宋王、歐二守，相繼賞詠，而名益著。有琅琊洞、歸雲洞、明月溪，紫微、白龍、六一、庶子諸泉。其南阜曰雞頭山。

附　唐獨孤及《琅琊溪述》

隴西李幼卿，字長夫，以右庶子領滁州。而滁人之飢者粒，流者召，乃至無訟以聽，故居多暇日，常寄傲此山之下。因鑿石引泉，釃其流以爲溪。溪左右建上下坊，作禪堂、琴臺以環之，探異好古故也。按《圖經》，晋元帝之居琅琊邸而爲鎮東也，嘗遊息是山，厥跡猶存。故長夫溪名曰琅琊，日賦八題於岸石，乃爲狀而述之。是歲大(歷)〔曆〕六年，歲次辛亥，春三月丙午日。

述曰：自有此山，便有此泉。不濬不刊，幾萬斯年。造物遺功，若俟後賢。天鍾靈奇，公潤色之：疏爲回溪，削成崇臺。山不過十仞，意擬衡靈。溪不袤數丈，趣侔江海。知足遂①適，境不在大。怪石皚皚，湧湍潺潺。洞壑無底，雲興其間。仲春氣至，萬木華發。亘陵被坂，吐火噴雪。公登山樂，樂者畢同。無小無大，乘輿從公。時公薦觴，酒酣氣振。溪水爲主，而身爲賓。舍琴詠歌，同風舞雩。時時醉歸，與夕鳥俱。明月滿山，朱幡徐驅。石門松風，聲類笙竽。

嗚呼！人實弘道，物不自美。向微羊公，遊漢之涘。峴山寂寞，千祀誰紀？彼美斯溪，維公嗣之。念兹疲緊，公其記之。後之聆清風而嘆息者，挹我於泉間而已矣。

① 「遂」，萬曆《滁陽志》作「則」。

龍蟠山　在州南十三里。山皆峭壁，立石爲門。上有虎跑泉、桃花澗、偃月洞，洞側多刻名賢題詠。

豐山　在州西南五里。梅贄《廟記》云：山在滁治之西南，盤亘雄偉，出琅琊諸峰上。天欲雨，則雲氣覆山巔，歲倚以豐，故名。有漢高祖廟，世傳豐沛人嘗居之，祠禮甚謹。《十道志》云，滁州有豐亭山，疑即此山。山北有幽谷，地洼下，四圍皆山，昏旭異態。歐陽修建豐樂亭於上，《記》所謂其上豐山、下則幽谷是也。

牛頭山　在州西四十五里。兩峰峻起，形如牛頭。與障子山相連，下爲梁村澗。

石屋山　在州西四十八里牛頭山北。上有石屋，後有龍竇，深十餘丈。

曲亭山　在州西六十里，一名皇甫山。按《隋志》云：清流縣南有曲亭山。世傳唐皇甫暉禦周師，屯兵於此。

山西北爲大山，山巔有田七區曰仙人田，有洞曰仙人洞。

清流山　在州西北二十二里。舊志云：南唐置關，地尤險要，宋太祖破皇甫暉、姚鳳於此。又西北有石駝山，其上有關曰北關。自此而北，群山列峙，溪澗環錯，爲州屏蔽。

皇道山　在州東北十七里。按李濆《荇谿記》云：昔始皇道經是山，因名。下有秦皇塘。

南岡山　在全椒縣南二里。山勢自西來，連亘數十里，至此益高聳，環縣治爲形勝。稍西曰黑龍山，登山而俯瞰井邑，一覽皆盡。

九門山　《括地志》云：在全椒縣東南二十五里。《江表傳》云：項羽兵敗，欲東渡烏江，道經此山，與漢兵一日九戰，因名。山有礪刀迹。

武山　在全椒縣東北十里。上有梁王城及廟，疑因梁武得名也。

又北爲焦林山、劍舞山。

花山　在全椒縣西北二十五里，攢峰疊嶂如花瓣然。北界滁州。

桑根山　在全椒縣西北四十里。桑根街在山之麓，相連爲石樓峐山，雙石高峙，狀若岑樓，背山面溪，景物幽邃。

馬鞍山　在全椒縣西北五十里。有人跡及拄杖跡，俱入石寸許。有仙人洞，由石門緣磴而下，深廣數丈。有泉乳細滴，結爲石盤。

其前十里爲龍檜山，其右爲卧龍山。

神山　在全椒縣西三十里。有神山洞，極深廣，常燥不濕。

又西南曰蘇山，又西南曰袁子山。

北獨山　在全椒縣西六十里。峰巒特起，不與衆山相接。上有漢高祖廟及石塔。

銅井山　在全椒縣西七十里。《隋・地理志》、梁載言《十道志》皆云，縣有銅官山。上有銅井，廣袤數十丈，唐以前曾採銅於此，久廢。有魚出泉中，色如金。

五湖山　在來安縣東北十八里。下有五湖，因名。一名白禪山，以山北有白禪村也。在縣境爲險要，由盱眙取道於此。

踏青山　在來安縣東北六十里。昔居民繁盛，春日於此爲宴遊之地。

西龍山　在來安縣東二十里。與六合東龍山對峙，勢頗高峻。上有龍王廟。

三山　在來安縣東二十里，與天長接境。山有三峰排列，下爲孔道。

八石山　在來安縣西南十三里，即淮南八公憩石之處。又名八仙山。

烏龍山　在來安縣西南十八里。宋紹興初，縣多虎，有石尉者立茅司徒廟，於此率兵捕逐之，害遂除。下有黑龍泉出石竇，旱潦無盈涸。

嘉山　在來安縣西四十里。上有賜建龍王廟及石刻，西北即盱眙縣境。

練寺山　在來安縣西北二十五里。山側有寺，東有地名浮林，上有浮石高百餘丈。

石固山　在來安縣北三十五里。群山盤亘，惟此山獨高，三面險峻，登陟者由南阻一徑入。宋紹興間，居民避寇其上，疊石爲城，遺跡尚存。

礬山　在來安縣北六十里。山中鉡鍊成白礬，下爲長溝水。

馬嶺山　在來安縣北九十里，來安水出其下。

蔣山　在州南一里。土阜無石，高數丈，上有蔣帝廟基。

滁河　在州東南六十里。《水經注》：滁水出逡遒縣。流至全椒石潭與襄水合，東南至三汊河會流水，經六合瓜埠達於江。

清流河　在州東二里。源出州西清流沛，繞州治至烏衣東，與來安水合，入於滁河。

沙河　在州北四里，一名紅沙澗。自來安縣界，凡州西北諸山溪之水合焉，至州城東，達於清流河。

又有小沙河，源出側菱山，經州西十里，注於石瀨澗。澗中有巨石生水底，每春、夏水漲，水石相激，澎湃有聲。

白茆河　在州西北四十里。源出清流沛，下與瓦店河合，至蒲衝與盈福河及來安嘉山河合，入清流河。

龍尾河　在來安縣東門外。源出普潤塘，會來安水，入水口河。

酇湖　在全椒縣西南三十里，北魏置酇縣於此。下流通滁河。

菱溪　在州東七里。源出永陽嶺，下經皇道山，又東南會琅琊溪，至沙河注於滁河。原名荇溪，因避楊行密諱改今名。

襄水　在全椒縣北境。源出石臼山北，自賀櫓澗至多螺澗，凡十六水皆入焉，至石潭會於滁河。

來安水　在來安縣東三里。源出馬嶺山，東南流至來安村，又東南入州界，會於清流河。

柏子潭　在州西北隅。水深莫測，禱雨輒應。

西澗　在州西，俗名烏土河。《揮塵録》云：宋太祖入滁，以兵浮西澗。即此。

桃花澗　在州南十七里。源出龍蟠山麓之虎跑泉，入清流河。

虎子澗　在全椒縣東北三十五里。源出黑石𡸁，入滁河。世傳劉平爲邑長，虎南渡由此出境，因名。

真珠泉　在州西三十里側菱山。遊者鼓掌，泉則濺射如珠，因名。

和　州

歷陽山　在州西四十里。《吳志》云：天璽元年，歷陽山石文成字，謂之石印。

白雲山　在州西北三十里。有石洞，名龍泉，四時不竭，能興雲雨。每雲起，英英連山，故名。

九龍山　在州西北三十里。九峰列嶂，中抱大壑如龍蟠，又名龍門山。其前曰闌龍山，臨歷湖，磊砢崟峙，如列崇牙，背負九龍山而翼其前，故有「闌龍」之名。

雞籠山　在州西北四十里。《州志》云：下盤綿巒，上冠巨石，縱裂稜摺，狀若蓮花，爲一州奇勝。高數十仞，斫磴緪鐵，引以登巔，頫視群山，無敢並者，杜光庭所謂第四十二福地也。賀鑄詩注云：昔城將淪没，神告一姥使西走，即携雞籠登此山，籠化爲石。

如方山　在州西北六十里。舊名六合山，梁武帝嘗遊此，以山形四面方正，如金陵之方山，故名之。西嶺巨石巉峙，曰獅子巖。石潭水碧如染，曰金牛井。

烏石山　在州西北六十里。兩山夾道，中多黑石。

東華山　在州北。上有老君臺，相傳老子鍊丹處，唐劉禹錫詩有「上臺遊柱史」句。

八公山　在州北半里許。山僅培塿相對，有八仙人圍棋會飲於此，因名。張祁詩云：「山揖仙風對八公。」蓋一郡勝概。宋開禧中，州守周虎於此克敵，築京觀焉。

夾山　在州北五十里。障空補缺，隱如金城，實一方之阨塞。中有夾山關。

四潰山　在州北七十里，又名四馬山。項羽既敗垓下，走東城，所從惟二十八騎，漢兵追者千人，乃引騎依山爲陣，羽兵四面馳下，潰圍斬將而出，以此得名。

又北十里曰陰陵山，山小多石，相傳即項羽失道處，上有刺鎗坑遺蹟。據《漢書》，九江郡縣有陰陵、東城，今鳳陽定遠縣二城皆在。則漢追項羽潰圍馳下，當在其地。今江浦、滁、和互載。按江浦在定遠東，滁、和在南，與西壤地相接，山川連跨。據《南畿》等志云，二山在和州北七八十里，在江浦西六七十里。而《史記正義》亦云，九門山在滁州全椒西北。皆屬定遠邊界地。又按：東城，《漢書音義》云：縣屬臨淮。《南畿志》云：烏江，漢東城地。則羽死烏江，即東城也。陰陵、東城，舊縣，今廢。二城之在定遠，亦猶襄安、開成二城之在無爲州云爾。

赭樂山　在州東北五十里。一峰亭亭秀出，望之可愛。

相近有北大山，山勢高聳，一名北山。

梁山　在州南六十里。矗立江干，與東岸太平府之博望山對峙如門，又謂之天門山，亦曰西梁山。梁王僧辯破侯景將侯子鑒兵，陳霸先遣侯安都等立柵，以備江州刺史侯瑱，俱在於此。山頂有城，王(元)〔玄〕謨所築。六朝建都金陵，皆以此爲要害之地，屯兵駐防焉。

豐山　在州西南三十里。崇岡綿阜，蜿蜒紆複。

含山　在縣西三十里。山勢雄峻，群山列峙，因名縣。一稱横山。

蒼山　在含山縣西南三十里。山勢峻拔，上有泉曰白龍潭。傳云昔陳希夷曾隱於此。山多産桑，一名桑山。潭側産茶，更爲佳品。

龍洞山　在含山縣西南五十里。山洞幽深，泉流涓涓，由魯橋澗通桐城閘入江。中有小蛇，青質赤章，歲旱取其水禱雨輒應。

濡須山　在含山西南七十里。與巢縣七寶山對峙，中有石梁，最爲險阻。三國時吴據其東，築濡須塢以拒魏，謂之西關。魏據其西，立關以拒吴，謂之東關，亦曰魏關。

黄稻山　在含山縣南十五里。西接鹿宕山，山半爲(圓)〔玄〕通寺，寺門有銀杏二株，大數十圍，相傳爲唐時物。

石門山　在含山縣南二十里。二山並峙，石壁峭立如門，中有谷道十里，通商旅往來。

太湖山　在含山縣南七十里。奇峰十餘，削立秀挺，狀若列戟。登其巔，則大江、九華如在几筵也。

其側有鼓山，上有寺，舊名大徹禪院，康熙四十四年聖祖仁皇帝敕賜「詮真寺」三字額。

白石山　在含山縣南八十里。有鑱鏗石室，俯僂入口，約十步乃漸高廣，莫測遠近，道家謂之第二十一洞天。又有二石，龍鱗鬣悉具，産鍾乳、石燕。唐開元初，賜名曰「禱應山」。舊有白石觀，宋白玉蟾嘗遊焉。

梅山　在含山縣東南五里，一名棲隱山。舊多梅樹，相傳曹操行軍，指梅林以止衆渴處。其相近者爲龍角山，以兩峰尖聳而名。

大峴山　在含山縣東北十三里，一名赤焰山。上有大峴亭，齊末裴叔業叛，壽陽蕭懿據大峴拒之。

褒禪山　在含山縣北十五里。舊名華山，以唐貞觀慧褒禪師得今名。上有起雲峰、龍洞、羅漢洞、龍女泉、白龜泉，寺後有石塔，石刻二大字，宋張孝祥書。又北三里曰華陽山，一名蘭陵山。前、後有二洞，宋王安石遊此，有記。有喜雨亭遺址。

附　宋王安石《褒禪山記》

褒禪山亦謂之華山。唐浮圖慧褒始舍於其址，而卒葬之，以故其後名之「褒禪」。今所謂慧空禪院者，褒之廬冢也。距其院東五里，所謂華山洞者，以其乃華山之陽名之也。距洞百餘步，有碑仆道，其文漫滅，獨其爲文猶可識，曰「花山」。今言「華」如「華實」之「華」者，蓋音謬也。

其下平曠，有泉側出，而記遊者甚衆，所謂前洞也。由山以上五六里，有穴窈然，深入之，寒甚，問其深，則其好遊者不能窮也，謂之後洞。予與四人擁火以入。入之愈深，其進愈難，而其見愈奇。有怠而欲出者，曰：「不出，火且盡。」遂與之俱出。蓋予所至，比好遊者尚不能十一，爲視其左右，來而記之者已少。蓋其又深，則其至又加少矣。方是時，予之力尚足以入，火尚足以明也。既其出，則或咎其欲出者，而予亦悔其隨之，而不得極夫遊之樂也。

於是乎有嘆焉。古人之觀於天地、山川、草木、蟲魚、鳥獸，往往有得，以其求思之深而無不在也。夫夷以近，則遊者衆。險以遠，則至者寡。而世之奇偉、瑰怪，非常之觀，嘗在於險遠，而人之所罕至焉，故非有志者不能入也。有志矣，不隨以止也，然力不足者，亦不能至也。有志與力，而又不隨以怠，至於幽暗昏惑，而無物以相之，亦不能至也。然力足以至焉，於人爲可譏，而在己爲有悔。盡吾志也，而力不能至者，可以無悔矣，其孰能譏之乎？此予之所得也。

予於仆碑，又以悲夫古書之不存，後世之謬其傳而莫能名者，何可勝道也哉！此所以學者不可以不深思而慎取之也。

小峴山　在含山縣北二十里，一名昭關。

其西有城山，兩山峙立，爲廬、濠往來之衝。宋紹興間，張浚因山築城，置水櫃以遏敵。

仙踪山　在含山縣北五十里，一名黄山。有三百六十峰，蒼深隱秀，爲江北諸山之冠。互見《廬州府》。

峨眉山　在州城西。下有連雲觀，明嘉靖間改峨眉書院。

栅江　在州西南百五十里。與無爲州分中流爲界，即古濡須口，吴、魏相持於此。宋南渡後置寨。

横江　在州東南二十五里，南直采石磯。漢建安初，孫策破劉繇將樊能於横江，隋韓擒虎平陳，亦自横江宵濟。

滁溪河　在州西一里。源出金泉山，縈紆繚繞，其流雖細，而泠然可愛。

横江河　在州南一里許，經當利驛前入江。《宋史》云：開寶八年，用轉運使李符策，發州民鑿横江河，以通漕運。歲久淤塞。明正統初，知州朱沅濬之，復於河口開小河出江，以便舟楫。

太陽河　在州南二十里。由歷陽湖，經戚家橋入於江。

姥下河　在州南三十里。由歷陽湖，經黄梁橋入於江。宋乾道初始鑿。

牛屯河　在州南四十里。發源巢湖，由桐城閘東流，至州境入江。與南岸牛渚磯相對，孫策攻劉繇牛渚營，晋譙王尚之破庾楷於牛渚，皆此。

裕溪河　在州南九十里。源出巢湖，自無爲州流入州境，東南入於江。

石跋河　在州東北三十里。河開自宋太守胡昉。磯石上有張果廟，石間驢蹟宛然如新跋者，命名之義本此。水由大江支流，匯於州東之浮沙河入江。

浮沙河口五里曰鹹魚嘴，土産鹹魚，他水所無。或云，地本名徵儒，以明太祖駐此，聘陶安諸儒，對面有思賢港。今訛爲「鹹魚」、「私鹽」也。

芝蔴河　在州東北四十里。或云：項羽於此止馬，名止馬河。《縣志》云：謂之至馬，俗訛爲「芝蔴」。

又東北十里爲穴子河。

後河　在州北七十里。發源仙踪山，經含山縣入州境，過六合由瓜埠口入大江。

運漕河　在含山縣南八十里，河南乃無爲州地也。水通巢湖，納廬、和諸縣之水，以達於江。侯景之亂，梁王僧辯運次蕪湖，景將侯子鑒屯兵梁山，以捍禦漕運，故名。今其河實爲漕艘運道云。

縣河　在含山縣南一里，一名觀音橋河。自縣西北諸山澗之水，匯流至城西，合清江斷澗而流始大可通舟。又東，至和州入大江。

灃湖　在州西十五里。受麻湖水，由當利驛港入江。明永樂中，議請置田，其利害如歷陽湖。

歷陽湖　在州西三十里。《淮南子》：歷陽之都，一夕爲湖。唐劉禹錫所謂「一夕爲湖地，千年列郡名」，是也。一作「麻湖」。相傳未陷時，有老姥先見於夢，今湖濱有神姥廟。永樂中，吏目張良興請鑿河營田，至景泰間始成。然地勢平而水難泄，每逢雨潦，往往多淹没之患。

清溪　在含山縣西南三十里。受三澗水，經亞父山而南入於江。

新裕港　在含山縣南八十里。港口昔有孝婦居此，名新婦港，訛爲「新裕」。流合濡須入栅江。

濡須水　在含山縣西南七十里。即濡須山之水，會清溪至栅江口，同入於大江。三國時，諸葛恪於此築大隄遏巢湖，魏兵至，將壞其堤，恪率四萬衆破之，即此。

龍潭　在州城閘西。方廣數百尺，闇黑幽深，有漁者網得鐵索，至舟滿不絶，大駭而止。

石牛潭　在含山縣南一里，潭中有石如牛狀。

當利浦　在州南十二里。東漢劉繇遣其將張英，屯當利口以拒袁術，即此。晋王濬所謂「風利不得泊」，亦此處也。

烏江浦　在州東四十里。即亭長艤舟渡項羽處，晋始署爲烏江縣，今故址尚存。

香泉　在州北三十五里。其水色深碧，沸白香氣襲人，故名。有患瘡疥者，浴之即愈，名平疴泉。梁昭明嘗浴此，一名太子湯。

馬跑泉　在含山縣北十五里，即昭關。由縣西清江斷澗入縣河。

三石泉　在含山縣鹿宕山。三石嵚崎，劃然斧劈，古藤樛木，族生其巔。石下流泉，冬、夏不見涸溢。

廣德州

横山　在州西五里。《州志》云：高出群山，四面望之皆横，州之鎮山也。巔有龍潭，宋天聖中，郡守梅詢建龍王廟於潭畔。山半有攀蘿亭。西南麓有張公祠，祀漢人張勃。唐天寳中，賜名祠山。

西巘山　在州西五里。俯臨清流，環注山足。

白茅山　在州西四十五里。上有朝陽菴，梁普通時建有鐵佛、古井。

大首山　在州西南八十里。山最高峻，上有井，龜魚時出没其中，相傳遇陰雨，隱隱有樂聲。

丹井山　在州南十里。舊志云，相傳徐真人於此煉丹，丹井尚存。

竹山　在州南十五里。舊志云：衆山羅前，極松、竹、泉、石之勝。絶頂有二亭，曰巢雲、流玉。其相近者有方山，山勢紆回，下有方侯祠。山口兩峰對峙，若二柱然。

仙石山　在州南二十里。《州志》云：山下有石，高二丈許，坦平可履。世傳有仙人獨立於上，遺蹟尚存。

笄山　在州南二十里。三峰拱峙，形如女笄。《州志》云：學宫皆挹其秀。《南畿志》云：一名雞籠。俗稱雞罩。

石雲梯山　在州南三十里乾溪山西。高百餘丈，有石階級若雲梯。

鷹嘴山　在州南三十里。《州志》云：其山特峻，絶頂一石卓立，高十餘丈，如鷹嘴。下有深窟，容百餘人。

馬鞍山　在州南五十里。山周七十里，巔有大石如馬鞍。

金雞山　在州南六十里。山巔石洞廣五六尺，舊傳晦夜有火光現其中，或又見有金雞翔集。

靈山　在州南七十里。中峰有靈山寺，上有解愠臺。山夾水流出，爲珠簾泉、丁公潭、雲錦泉。兩巨石對峙，名支機，石梁横亘，瀑布數十丈，垂石下注，爲一州之勝。

尖山　在州南七十里。白石巉巖，一峰特起如筆。石上有水一泓，不涸不溢。

又南十里曰桐山，一名白石山，桐水出焉。

乾溪山　在州東南三十里。山峰卓立天外，一溪流出其下，白石鑿鑿。以其水常竭也，故名。又名簾幙山。

羲蒼山　在州東南四十里。雲峰環抱，碧澗中流，窈深奇峻，號爲羲蒼洞天。西連石壁山，石峭流急。羲蒼子有「絶壁飛湍」四大字刻於石。

石婦山　在州東南五十里。峰突起一石，高二丈許如婦人，藤蘿縈繞如衣，獨露其面。舊傳有謝氏女，介潔有守，登山化爲石。

相近有石鼓山，巔有巨石如鼓，下有石如架。

青山　在州東南六十里。孤峰峭立，圓若青螺。

相近爲桃花山，山多桃樹，唐以此置桃州。

五花巖山　在州北七十里。横列五峰，其峰最高。峰頂有白佛祠，石壁上刻唐天寶年月。相近有長樂洞，洞内廣數丈，深不可測。其中復多潭洞，石乳融結，千態萬狀。又有石鼓，以杵擊之有聲。

巖頭山　在州西北四十里。兩山屹立如闕，中夾一溪，州之水悉匯此入建平。有窮其深者，度險踰關，至水深炬滅而止。

鎮山　在建平縣南五里，邑之案山也。森布羅列，若樹屏翰。

大巖山　在建平縣南七十里。巖石崔嵬，峰巒層出。有池，冬、夏不竭。山下有妙泉。

大磊山　在建平縣南八十里。群山拱峙，一峰特起，巔有三石如「磊」字。

鵶山　在建平縣南九十里。上有一石，高二丈許，有彈蹟百餘，俗呼爲彈子石。又有仙人釣臺。宋梅詢詩云：「茶煮鵶山雪滿甌。」以山産茶曾入貢。南接寧國界。

赤山　在建平縣西南七里，麓枕大溪。

烏雲山　在建平縣東北二十五里，土人以雲氣占雨。

鳳棲山　在建平縣東北三十里，世傳曾有鳳棲其上。

大濤山　在建平縣東北三十五里。懸崖峻絶，松風聲如波濤。

伍牙山　在建平縣東北四十里。《輿地廣記》云：伍員伐楚還吴，經此建牙，因名。舊有子胥廟。

大溪山　在建平縣東三十里，桐水所經。

金牛嶺　在州東北七十里。四面重山，中一嶺，長亘十五里。

石佛嶺　在建平縣南七十里。上有三石，高二丈許，形如佛。

峽子嶺　在建平縣南八十里，與宣城縣接界。

又青苔嶺，懸巖千仞，其下有清潭。

桃姑洞　在州東北五十里。洞門在半山，内數洞相通，至第七洞頂有一竇，日光透映，俗呼天井。

獨山　在建平縣東三十五里，與大濤、鳳棲二山相近。

東亭湖　在州東三十里，一名浴兵池。廣五百餘畝，俗傳張真君餘麵飼魚，至今魚腸如麵。又有塔湖，周三里。

南碕湖　在建平縣南四十里，廣德州、建平之水匯焉。北入丹陽湖，俗呼南湖，《九域志》作「南綺湖」。

玉溪　在州治西門外。環繞州城如帶，北入碧溪。

大源溪　在州西南百里。自寧國大陶山，經州界流入南碕湖。

橫梗溪　在州南三里。匯諸山澗水西北流，繞西巘山下北流，合於玉溪。

鯉洪溪　在州東南二十里。源出石鼓山，分二流，復匯於此，而合於桐川。

碧溪　在州東三十里。源出羲蒼山，西經中丞里，波瀾縈回，澄澈可愛。古木、芳洲，與溪掩映入畫。

郎溪　在建平縣治前。源出桐汭諸山之水，合流而匯於南湖。

袁邨溪　在建平縣南八十里。其地產麻甚佳，入溪漚之則潔白。

桐川水　在州西北二十五里。《左傳》：楚子期伐吳，至桐汭。杜預註云：廣德縣有桐水，源出白石山，西北流入丹陽湖。即此。亦名白石水。

白石澗　在建平縣東南。上接桐川，下合郎溪。

馬履澗　在建平縣東北三十五里。俗傳伍員伐楚經此，馬踐而水湧，因名。

不老泉　在州南四十里。大旱不竭，有古碑，刻泉名於上。

沸泉　在建平縣東十里。水味甘美，冬温夏涼。

白馬聖井　在州東六十里。石潭方如井，冬、夏不竭。

郭母古井　在建平縣西南三十里。俗傳仙人以藥投井，水變爲醴者即此。

六安州

番山　在州南十里。山非高聳，而蜿蜒磅礴，爲州之鎮。

小霍山　在州南五十里，一名青山。以遠連霍岳之脈，故名。

大同山　小同山　皆在州南五十里。山勢峻削，僅通樵徑，兩山相似，故云。有蝙蝠巖，内深不測，昔人避兵於此。

團山　在州南七十里。下臨淠河，蒼翠孤特。

董靖原山　在州南百二十里。從石徑轉入，原勢平敞，宋里民董靖避兵處。

九公山　在州西南六十里。山有九石，狀如人。《隋志》云：開化縣有九公山。元末鄉人避兵於此，寨址尚存。

其西有松林巖，亦名嵩寮巖，最深秀，産蘭。

齊頭山　在州西南七十里。高千八百丈，層巒疊翠。頂正方平，山麓有水晶菴、石泉井、雷公洞、魁星崖諸勝蹟。巔有寶志公道場，相傳爲寶志説法之所。

障山　在州西南二百四十里。形如屏幛，故名。其相近有帽頂山，界河南商城縣。

武陟山　在州西三十里。相傳漢武帝南巡，登陟於此，故名。宋州人焦炳、焦焕讀書其上。

響山　在州西九十里。其中空洞，鏜鞳有聲。相傳四時皆響，有一老僧趺坐其門，山忽無聲。僧去後，山響如故。

寨基山　在州西百三十里。山極高峻，産茶香味異常品。有泉出石竇，甚甘。向東巉石相距如門，一夫可守，昔人結寨避亂。今爲寺。

蓮花山　在州西百五十里。有二山東西對峙，産石蓮花。

獨山　在州西七十里。地平曠，一峰獨峙。舊有武皇祠，祀楊行密，今爲寺。梁淮南招討使王景仁攻廬、壽，曾戰此。

祖家山　在州西南百二十里。世傳宋紹興間，有祖興氏禮義傳家，世居於此。又西南二十里有山，高九百丈，林木茂密，宋文風氏居之，上有砦，名文家山。

龍穴山　在州東四十里。上有龍穴，其水張又新品爲天下第十泉，即歐陽《集古録》所謂張路斯、鄭祥遠二龍君戰處。宋汪立信讀書於此。其地今建廣福寺。

九龍山　在英山縣東八里。舊志云：山半有雨淋崖，禱雨立注。又縣東二十里有廣福山。

英山　在英山縣東五十里。舊志云：山高峰秀，爲群山冠，縣以此名。上有井，出雲則其年必豐。下有漢英布墓。

雞鳴山　在英山縣北二里，亦名鷹山。宋淳祐中，制置使吴淵於此立砦。

得勝山　在英山縣西門外。舊志云：明洪武中，邑令禦寇於此有功，故名。向有砦。

天人山　在英山縣西七十里。險峻，有天人砦。

多雲山　在英山縣西百里，接羅田界。舊志云：上有九井，上三井人不能到，中三井祈雨每驗。下三井有風井，誤祈此井，則狂風震地。井中嘗出雲氣，蔽虧日月，爲縣境諸山之最險者。其西有岐嶺，通湖廣之蘄水。

羊角山　在英山縣北四十里。絶頂有石，嵯峨如羊角，舊傳老子降神於此。

石人山　在英山縣東北七十里。第一峰有石如人立，崖下有洞。又縣東北九十里有紫臺山，一百里有大陂山。

霍山　在霍山縣西北五里，縣以此名。一名衡山，亦名南嶽，又名天柱山。漢武帝南巡，以衡山遠阻，移祭於此，以代衡嶽。其峰聳秀，儼若飛鸞。頂有龍湫、天池、風洞、嶽井、試心崖、淩霄樹。又有渌水池，旱澇如一。餘詳見《安慶府》。

附　唐皮日休《霍山賦》

臣日休以文爲命士，所至州縣山川，未嘗不求風謡以頌其文。幸上發輶軒，使得採以聞。六年，至壽之駢邑，曰霍山。山，故嶽也。邑贅於址。至之二日，離邑一舍，望乎嶽，將頌之文也。及見之，則目乎贛，手乎彈，心乎竦，神乎瞀。始欲狂其文，寫其狀，如丹青之不差也。頌其風，文其謡，如金石之永播也。既而其精怯然搏敵，躁然戒囚，紛然棼絲，恍然墮空，浩然涉溟，幽然久疢。則知才智之劣，如耄而加疾，將杖而奔者。於戲，霍山之靈哉，霍山之靈哉！將鬬於神而愚之耶？抑有所達而託之耶？其辰既浹，其精忽渝。怯然而勝，躁然而適，紛然而静，恍然而安，浩然而濟，幽然而愈，如壯而能決、將陣而能敵者。於是狂其文，寫其狀。辭曰：

太始之氣，有清有濁。結濁爲山，峻清爲嶽。其山厥臣，其嶽爲君。惟南之鎮，曰霍爲尊。嶽之大與地角壯，與天掠勢。荆、豫、華、嵩，青、沂、兖、岱，如垤而秀，如塊而鋭。嶽之高，千仞萬仞，蒼蒼茫茫，日月相避其光，望之數百里外爲天棟梁。嶽之尊，端然御極，竦然正位，静然而聽，凝然而視。其體當中，如君之毅，其屬者，如駢其拇，如枝其指。若卑其儀，若肅其位。嶽之氣，其秀爲春，其清爲秋。其翠如雲，雲不能麗。其色如烟，烟不能鮮。若雨收氣爽，丹青滿天。嶽之靈，其神不昧，其報如響。若雨用淫，嶽能朗之。若歲用旱，嶽能澤之。嶽之德，生之育之，煦之和之。開花染草，淒淒迷迷，藻繢數百里。〔嶽〕①之形，有雲鶩鶩，其勃如怒。有泉烈烈，其來如決。叱豐隆，奔列缺，轟然霹靂，天地俱裂。

嶽之異狀，其勢如危，或不可支，若不可維。或仰而谺，有如吮空。或俯而拔，有如攫地。其曉而東，有如貫日。其暮而西，有如孕月。有水如脈，有石如骨，有洞如腹，有崿如節。或鋭而勵，或斷而截，或回而馳，或低而折。其經之怪之，詳之詭之，千種萬類，緊不可得而詳記。

因神狂不能自主，怠而寐，夢一人絳衣朱冕，怪貌魁形，曰：余祝融之相也。夫霍山，君之故治也，爾賦之，誠形矣，勝矣，怪矣，典矣。然義有不備，帝俾余莅。夫古有五嶽，霍居其一。所以五嶽相通者，唐虞之帝，五載一巡狩，一載而遍。上以覲侯，下以存民。侯有治者陟，不治者黜。民有寃者平，窮者濟。洎唐虞以降，皆燔柴於霍，我帝用饗其禮。至周且②册而命我，與諸嶽星列中國。自漢之後，乃異我號，而歸於衡。故祝融遷都，余守霍。今聖天子越唐邁虞，而廢巡罷狩。余之封内，有可黜可陟、可平可濟者，是聖天子無由知之。爾能以文，請執事之達者，易衡之號，以歸於我，請天子復唐虞黜陟之義。故爾之將賦，余閉遏爾懷，而不爾文。帝曰：有衡既遠，有狩必勞。惟霍之邇，斯號可復。賦者有能，言胡不俾？帝命余錫爾文，爾無

① 「嶽」，據《四庫》本補。

② 「且」，《全唐文》七九六作「旦」。

忘也。臣曰：請惟神命①。

既覺而書，嗚呼異哉！

烏梅尖山　在霍山縣西北三②十里，兩峰多產梅。北峰下有雷公洞，作霧即雨，有雷公斧蹟。產茗絶佳。

馬鞍山　在霍山縣西四十里，峰巒奇秀，爲諸山最。

三回山　在霍山縣西南二十里，又名三曲山。中有小港，縈回三折，山勢隨之。東北通梅子嶺，多產梅。

四十八盤山　在霍山縣西南百二十里。山徑曲折，行旅負荷者，必以杖支擔息肩然後進，凡四十有八盤。

白石山　在霍山縣南五十里。山皆白石，上有摩旗尖。又南十里有四望山，宜於遠眺。

東石門山　在霍山縣東十里。與西石門相對，中有狹徑如門。

① 「請惟神命」，《全唐文》七九六作「惟請神貺」。
② 「三」，《四庫》本作「二」。

復覽山　在霍山縣東二十里。相傳漢武帝南巡還復登此，顧瞻天柱，因名。

指封山　在霍山縣東三十里。相傳漢武帝南巡，見其峰巒峻拔，乃指而封之爲霍嶽副。

通光山　在霍山縣東北十里。山有石竅，通光如月。

聖人山　在霍山縣東北十里。石壁奇峭，勢如欲壓，壁間有巨人掌蹟。《隋志》云：廬江縣有聖山。即此。

灊臺山　在霍山縣治威遠門外五里。其山純石，旁鐫「小赤壁」三字。陳霆《灊臺詩》云：「秋風黄葉灊臺寺，匹馬來遊正夕陽。」即此。

雪峰嶺　在州南七十里。石上鑿佛像以千計，中峰禪師之舊迹也。

古路嶺　在州西百五十里。盤回三十七折，始至其上。

遮日嶺　在州西百八十里。山高徑深，亭午方見日影。

韓婆嶺　在州西二百里，界商城。

又西二十里有清風嶺，界霍(邱)〔丘〕。

楮皮嶺　在霍山縣東南四十里，居人於此造紙。

香爐崖　在英山縣西五里。舊志云：有仙蹟。亦有龍井，祈雨輒應。

雕翎崖　在霍山縣西南百五十里，臨河壁立。

八仙巖　在州南六十里。石壁相向，其洞有八。

元黿峽　在霍山縣西三十里，世傳大禹所鑿。

雷鳴洞　在州南百二十里。中虛能應雷鳴，居人以此候雨。

龍潭洞　在英山縣東二十里。舊志云：其洞深邃，懸泉下滴，竅石如盂。

巖石　在英山縣南六十里。三縣水口有巨石，横截於河，以故邑中不通舟楫。

龍爪石　在州城西，臨水上，鎸「龍爪」二字，其大如斗。

淠河　一名白沙河，在州西，《漢書》謂之沘水。源出霍山，經州界北流，經霍（邱）〔丘〕、壽州入淮。《唐書》云：朱全忠伐楊行密，戰於淠水，爲行密將朱瑾所敗。即此。

溶水河　在州西七十里。源出齊頭山，西北流入河南固始縣界，合於史河。

青龍河　在州西百三十里，與三元幢河同入淠水，以達於淮。

青石河　在州西南七十里。出紅石崖，會於淠水。

馬栅河　在州東南八十里。流經舒城縣之桃城，入巢湖。

雞兒河　在英山縣南五十里。發源瓦寺前通巖，流至蘄水入江。

英山河　在英山縣西。源有二：東曰東矼，西曰西矼，皆南流至縣西南二里合流。

三灣河　在霍山縣南三十里。源出灊山，入於化龍河。

漫水河　在霍山縣西南百一十里。源出英山縣界，東北流至縣西南三十里爲梅家渡，又東北入於淠河。

距漫水十五里爲陡山河，源出分水嶺，亦東北流入淠水。

化龍河　在霍山縣北門外，合流於黑石渡入淠河。

烏龍潭　在州西百三十里。歲旱取水，禱雨輒應。

泗　州

磽山　在州西四十里。下有磽山湖，南通淮。一作碧山。《州志》云：以土色碧，故名。

巉石山　在州西百二十里淮水北岸，與南岸浮山相對，即梁天監中築堰處也。

又西有車門，有路通車。

九山　在州西北八十里，以有九岡而名。北接懷遠之塗山。

第一山　在盱眙縣治東。宋自京師至汴口並無山，惟隔淮有此，故名。有米芾書「第一山」三大字勒於石。

又縣治南有清風山，皆名勝處。

臺子山　在盱眙縣東一里。劉宋臧質守盱眙，以拒魏師，魏造弩臺射城中，即此。

盱眙山　在盱眙縣東四十里。舊以形似名馬鞍山，唐天寶中改今名。

東山　在盱眙縣東南三里。上有石洞，左曰靈關，右曰劍壁。洞中曲折相通，夐非凡境。

都梁山　在盱眙縣東南五十里。山多蘭草，俗謂蘭爲都梁，故名。《方輿勝覽》云：隋於此建都梁宫。有磬泉、釣魚臺。

雲山　在盱眙縣東南七十里，一名東陽山。山有龍潭、仙人洞，其麓有寺，蓋舊東陽縣之佳勝也。

九頭山　在盱眙縣南三十里，又名塘山。岡阜重疊，溪澗縈紆，亘四十里。

上龜山　在盱眙縣西南一里。舊志云：舊有八仙觀及招隱洞，洞口有招隱亭。又二里曰寶積山，山麓有石刻「道德」二大字。又有羅漢泉。

清平山　在盱眙縣西南八十五里。郡、邑志謂之青山，《方輿勝覽》云：「清」作「青」。宋紹興間劉澤保聚於此，嘉定末武統制亦據此山，城門、街道、池井猶存。

紫陽山　在盱眙縣西南百里。《縣志》云：上有古浮圖，山麓有古浄明寺。相傳唐人常於此鑄劍，有試劍石、磨劍池。一名九峷山。

嘉山　在盱眙縣西南百五十里。相傳宋將孟良於此立寨，遺蹟尚存。上有龍王廟，禱雨輒應。

三臺山　在盱眙縣西南百五十里。上有三峰，鼎立如「品」字。其上平衍，可屯十萬衆，宋建炎間劉綱保聚於此。綱，劉位之子也。

玉環山　在盱眙縣西八十里，狀如玉環。一名女山，上有二女廟。

西廟山　在盱眙縣西七十里，有九江王英布廟。

縣東南又有東廟山。

浮山　在盱眙縣西百四十里。北臨淮水，故名。亦名臨淮山。《寰宇記》云：在濠州東九十五里。俯臨長淮，山下有穴，淮水泛溢，其穴即高，水減即低。《濠梁志》云：浮山洞，夏潦不能没，而冬不加高，故人疑其浮也。舊傳洞有仙人寓焉。《南史》云：梁天監中，曾築堰於此，以灌壽陽，功成旋決。上有靈巖寺，名人題詠甚多。《五河志》云：是山雖在盱眙，去五河尤近。關鎖風氣，捍塞水門，實五河之屏障，盱眙不得而專也。

天長亦有浮山。

陡山　在盱眙縣東北五里。俯瞰淮河，其勢陡峻。一名斗山。

軍山　在盱眙縣東北六里。《三國志》云：魏鄧艾嘗屯軍於此，築堰溉田。亦名君山。

又東北一里曰長圍山，舊志云：魏太武圍盱眙，自都梁築長圍圍城，造浮橋於君山截水路，即此。

下龜山　在盱眙縣東北三十里。上有絶壁，下有重淵。《嶽瀆經》云：禹治水獲淮渦水神巫支祁，形猶獮猴，力踰九象，鎖於龜山之足，淮水乃安。《焦山説枯》亦云：唐永泰中，李湯以牛五十，引鎖出之。鎖末有一青猿，高丈許，復拽牛没水。蘇軾詩云：「清淮濁汴争强健，龜山下瞰支祁宫。」古寺後有井，俗傳鎖支祁於井中。

冶山　在天長縣南四十五里，産紅石。舊志云：吴王濞即山鑄兵，因名。上有天井、白龍池、鐵牛洞、真珠泉諸勝。

又南十里曰道人山。

覆釜山　在天長縣西五十里，産石黑而礪。舊志云：周世宗征淮南，嘗駐蹕焉。

横山　在天長縣東南五十里。望之若横，故名。上有泉不竭。

山南有踟蹰山，相傳陳荀朗破郭元建地。

胭脂山　在天長縣舊城西北隅。厥有高阜，日光掩映，赤色殷然，宋包拯改名紅山，今呼爲胭脂云。

金岡山　在五河縣南二里。土色純黄，故名。

九岡　在五河縣南三里。崇岡綿亘，起伏凡九。

卧龍岡　在五河縣西南七里，下有龍潭。

瑞巖　在盱眙縣西北。下有泉源，巖上鎸「瑞巖泉」篆書。

秀巖　在盱眙縣玻璃泉。上有石刻字，並唐、宋人題詠。

繡谷　在盱眙縣普濟院南。石林蓊蔚，繁花縟卉，春如錦繡。

杏花巖　在盱眙縣崇福寺後，有蔣潁叔、陳述古題名。

滁河　在州北七十里。源自虹縣，下流通塔影湖。

直河　在州東北二十里。宋崇寧三年開此，由汴河達於淮。又州東門外有一字河，隋時所開，通直河口入淮者。以河形直如「一」字，故名。

紅藍河　在州東十里。南流入淮，隋宫人種紅藍於此。

池河　在盱眙縣西。自定遠縣界流入此，注於淮。

運河　在盱眙縣東北三十里龜山鎮，一名新河。《宋史》云：熙寧四年，發運副使史公弼所開，以避淮流之險。其後蔣之奇復濬治之。

秦蘭河　在天長縣東四十里。源出横山，流入於昆沙湖。

汊澗河　在天長縣西四十五里。受覆釜山西南諸水，三汊合流，入丁溪湖。又縣東北有龍岡河，西北有銅城河，俱入於丁溪。

石梁河　在天長縣西北三十里。自縣以西之水，皆入焉。南有石梁，見《通典》，今廢。

得勝河　在天長縣北七里。相傳漢高祖自將擊英布，得勝於此，因名。

潼河　在五河縣治東三十里。源自虹縣，通沱河，經天井湖，南至鐵鎖嶺入淮。

漴河　在五河縣南二里。源出南湖，東流入淮。

澮河　在靈璧縣。流至五河縣，南入於淮。

沱河　在靈璧縣。流至五河縣，西北合澮水，東入於淮。

五河口　在五河縣東二里，乃澮、沱、潼、漴四水入淮處。

峰山湖　在州西百一十里，通淮。

塔影湖　在州西北四十里。湖東有龜山寺塔，日照塔影入湖，故名。廣袤數十里，通洪澤湖。

永泰湖　在州北。湖周三百餘里，出朱衣鮒。

洪澤湖　在州東北。闊百二十里，會諸湖水而通於淮，即今州城之所陷也。《縣志》云：舊名破釜澗，隋煬帝幸江都時嘗遊此。又見《淮安府》。

龜山湖　在州東北三十里，與盱眙下龜山對岸。

安湖　在州東北六十里。下流入淮，西有崙墩湖。

萬歲湖　在盱眙縣西二里。周世宗伐南唐，曾駐蹕焉。一名西湖。

三城湖　在盱眙縣西，通池河入淮。

丁溪湖　在天長縣東。下流爲五湖，入高郵州。

又有萬壽湖、感塘湖、沂湖、上白湖，俱與此通。

五湖　在天長縣東北四十五里。五水相合爲一，東接高郵州之毘沙湖。

南湖　在五河縣南七里，流爲潨河。

天井湖　在五河縣東北二十里，與州治界。

淮水　在州南一里。西自臨淮，入五河縣，流經盱眙，抵州城之南，會諸湖水，東北入山陽、桃源界。

汴水　在州北，西北自虹縣流至州界入淮。宋蘇軾云：自唐以前汴、泗會於彭城之北，然後東南入淮。近歲汴水直達於淮，不復入泗矣。蓋自隋開通濟渠始也。唐、宋之世，汴水皆爲漕渠云。

龍潭　在五河縣西南七里，相傳有龍潛於中。

長沙洲　在盱眙縣北。淮水泛漲，賴以捍禦。蘇軾詩云：「十里清淮口，長堤轉雪龍。」是也。今廢。

玻璃泉　在盱眙縣瑞巖之下。泉水清冽，瑩徹如玻璃，米芾詩：「鑿破玻璃引碧泉。」

大沱溝　小沱溝　俱在州北十三里，流入於汴。

江南通志卷十九

輿地志

風俗

江南本勾吴舊俗，左思所謂「率土論都」、獨「端委所彰，高節所興」者也。《漢書·地理志》以爲，東海、淮泗之間屬魯，沛、楚、山陽屬宋，其民有聖人之教化，近先王之遺風。又以爲吴粤與楚接比，數相並兼，其俗略同。蓋其文辭之失巧，與呰窳不求積聚者，自古已然。

然風俗者，教化之所移易，非獨其水土之性殊，氣習之所尚不同也。我朝覃敷文德，久道化成，漸摩以仁義，節和以禮樂，則吴中君子尚禮，庸庶敦厖，風俗澄清，而道教隆洽，史册所傳聞者，庶幾徵信於今兹矣。

江寧府

君子勤禮恭謹，小人盡力耕殖。《祥符圖經》。

其人士習王謝之遺風，以文章取功名者甚衆。沈立《金陵記》。

南方水土柔和，其音清舉。顔介之。

永嘉之後，衣冠萃止，文藝儒術，於斯爲盛。《通典》。

俗英且毅，士清以邁，地大而才傑。宋楊萬里。

風流文物，冠映古今。汪藻。

建業自六代爲都邑，民物浩繁，人材輩出，實士林之淵藪。楊演。

山川渾深，土壤平厚，華而不佻，淳而不俚。戚氏《志》。

生人之性亢朗沖融，重義而薄利，風俗之美，喜藝文而厭凡鄙。

鄉鄰婚喪，貧乏者互相佽助成之。

金陵文獻之邦，以故寰宇推爲奥區。士林重其清議，彈射臧否，剖析毫釐，擘肌分理者，至今猶然。俱舊志。

蘇州府

因士類顯名於歷代而人尚文，因僧徒倡法於群山而人尚佛。《漢·第五倫傳》①。

泰伯遜天下，季札辭通國，德之所化者遠矣。更歷漢、晉以來，風俗清美，俗多祠宇。舊圖經、志。

山澤多藏育，風土清且嘉。泰伯導仁風，仲雍揚其波。晉陸機詩。

郊無曠土，多勤少儉。《吴郡志》。

君子尚禮，庸庶淳庬。《隋書》。

當趙宋時，俗益丕變，有胡安定、范文正之遺風焉。及後禮義漸摩，而前輩名德，以身率先，又皆以文章振動。今後生文詞，動師古昔，而不梏於專經之陋。矜名節，重清議，下至布衣韋帶之士，皆能摛章染墨，其俗甚美。惟夫奢侈之習，未能盡革。舊志。

松江府

文物衣冠，蔚爲東南之望。經學詞章，以至書翰，咸有師法。《府志》。

---

① 此處有誤。按：《第五倫傳》見《後漢書》，上引文句不見《後漢書》。《吴郡志》卷十三云：「蓋自朱買臣、陸機、顧野王之徒顯而人尚文；友遁、道生、慧嚮之儔起而人尚佛。」

吴中族姓之盛，自東漢以來，有聞於世。逮魏晋而後，彬彬輩出。左太沖所謂「高門鼎貴，魁岸豪傑；虞、魏之昆，顧、陸之裔。」居於華亭者爲最著。故士奢於學，民興於仁。宋魏了翁《記》。

儒官翼翼，不異鄒魯。元趙孟頫。

四方名流，彙萃於此，薰陶漸染之功爲多。何良俊。

負海枕江，水環山拱，自成一都會。民生其間，多秀而敏。其習尚亦各有所宗，以至田野小民，皆知以教子孫讀書爲事。

土膏沃饒，風俗淳秀。俱舊志。

常州府

人性佶直，黎庶淳遜，敏於習文，疏於用武。《寰宇記》。

建自泰伯，宣於延陵，高節所興，由克遜以立風俗。左思《賦》。

穎異之材，挺生此邦。《風俗記》。

地偏俗儉。宋蘇軾《卜居説》。

縣人學子，知所向慕。朱子《宜興學記》。

能振頹風，以激衰俗，非好賢樂善，未易能爾。《府志》。

人秀而文。葛邲《貢院記》。

不事浮華，少爲商賈，耕稼自給。士尚儒術，縉紳代不乏人。男子不遠遊，女子不交易，士夫不衣文繡，不乘輿馬，俗多尚吟咏。舊志。

士大夫皆知繩趨尺步，納身軌物，以爲士民標準。《宜興志》。

鎮江府

本泰伯之化，有謙讓之風。舊《圖經》。

其禮遜謙謹，婚嫁、喪葬，雜用周、漢之禮。《寰宇記》。

士大夫崇静退，貴氣節，民庶循禮樂業，而不好競。《嘉定志》。

人性柔慧，尚浮屠而少積聚。《宋志》。

土風質而厚，士風淳而直。《咸淳志》。

士習詩書，敦簡素，民閑故土，力耕稼，而不急工商之利。嗇於自奉，婦人恥出門户。《金壇志》。

京口爲舟車絡繹之衝，四方商賈，群萃而錯處，轉移百物，以通有無。《舊志》。

淮安府

人多輕剽，士任氣節。《隋書·志》。

重禮教，崇信義，闤市或雜澆僞，至於農甿，顓固極矣。《地理志》。

士勤學問，民務農商，有淳厚之風，禮讓之俗。《中都志》。

書軌新邦，英雄舊里。宋蘇軾《淮陰廟碑》。

漸漬聖化，綽有餘風。《圖冊》。

喜學問，從教化，雖兵革之餘，猶有是心。《元志》。

淮安之俗，淳實尚義，勇悍習戰。舊志。

地大物衆，細民棄本務末，豪右亦頗崇華黜素。《南畿志》。

土沃生蕃，河患，豐歉不常。《安東志》。

揚州府

土俗輕揚。《孔氏六帖》。

流寓無定憇。梁柳世隆。

揚州之俗，號爲繁侈。《元和志》。

地分淮海，風氣清淑，俗務儒雅，士興文藝。明王僎《學記》。

俗尚侈靡，其士多明秀俊偉。彭時《學記》。

俗從約而易化，士循理而多文。

海陵之民，惟事耕漁，性多樸野。俱《郡志》。

土高而廣於水，俗廓而勤於稼。《高郵題名記》。

徐州府

徐方鄒、魯舊國，漢興猶有餘風。杜氏《通典》。

人頗鷙悍，其士子挾任節氣，好尚賓游，蓋楚風焉。《隋書·志》。

霸者之餘，以武爲俗。宋陳師道《學記》。

蕭風俗渾厚，多智慮，務農生財。晁端中。

沛地鄰鄒、魯，務稼穡，尚禮義。《沛縣志》。

沛以勇宕爲俗。李蔚《美政記》。

碭邑之學，弦歌方盛。元《大成殿記》。

豐熟可抵三州，民事農桑，樂輸賦役，而其俗亦淳。《豐縣志》。

俗多楚音，樸直舒徐。《地理志》。

風俗高邁，迴出等倫。舊《圖經》。

士願民樸，重廉恥，崇信義。《邳州志》。

太倉州

正統以後，太倉始立學校，仕進者輩出，文物漸盛於前。明陸容。

太倉氣習風類，耿拔自樹，財賦攸出，政重農官。周鳳岐。

弘治以後，竟名大邦，峻城深池，文學顯於天下。張溥。

俗尚氣節，好清議，少不檢即私相非笑。且安土不好遠遊，無故未嘗適百里。縱商游，不至經歲。舊志。

嘉定風氣沉厚，其君子務讀書行義，以古人爲師。王衡。

崇明越在海表，其土風古，其性勍，其人馴擾。舊志。

海　州

海州古郯子國也，孔子嘗遊焉。其地密邇鄒、魯，昔爲東海郡，號稱多材。《海州志》。

贛僻在海隅，人性顓樸，無機利之習。明王典。

閭閻殷富，人物焜煌，山川草木，潤媚而韶秀，淮平以北，稱美士焉。董杏。

沭漢之厚（邱）〔丘〕，治居淮朔，壤接東省，有洙泗之遺風，家詩書而户禮樂，弦歌之聲不絕於閭巷草野，忠孝節義時見於愚夫愚婦。《沭陽志》。

通　州

文采風流，衣被到今，稱爲淮南書院。舊志。

魚鹽之利，商賈多集。弦歌之聲，章甫亦衆。宋《學記》。

通阻江濱海，盜稀訟簡。《通州志》。

如皋水土清淑，自胡安定以經學倡率東南，閭巷秀民皆知向學，弦誦之風，於今爲盛。《如皋志》。

安慶府

江南之氣躁勁，厥性輕揚。《晋書》。

同安郡人性剛强，風氣果決，其舊風然也。自平陳後，俗尚淳質，好儉約，喪祀婚姻，率漸於禮。《隋書》。

土壤膏沃，人性輕揚，善商賈，廛里饒富。《宋史》。

風俗清美，天性忠義。

荆楚饒勁士，吴越多秀民。皖介兩服之間，沉潛高明，蓋兼具矣。俱舊志。

安慶人物忠敢，不媿於古。懷寧易，桐城達，望江慤，灊山毅，太湖諍，宿松直。大抵江北風氣近厚，故其習尚多類中州。明胡纘宗。

六皖山川美贍，弦誦力本，其禮教信義，聞之熟矣。《安慶志》。

徽州府

地雜甌駱，性剛强，君子務爲奇行高節，而羞不義，異才間出。《朱子文集》。

自昔多以材力保捍鄉土，其後寖有文士。山限壤隔，民不染他俗，勤於山伐，能寒暑，惡衣食。《淳熙志》。

新安爲文公闕里，後先相望，斯文盛昌。明《授朱升學士制》。

山居十之五，民鮮田疇，以貨殖爲恒産，善識低昂時取予，以故賈之所入，視旁郡倍厚。其家居也，爲儉嗇而務蓄積，女人尤號能儉。大都務爲貞潔，雖妾媵女廝之徒，亦以流合爲恥，故李維貞曰：「歙，女流之鄒魯也。」

冠冕之倫，多尚氣節，矜取予，有《唐風》瞿瞿之意。其高者杜門卻軌，自偶古人，監司守相，莫能識其面。俱舊志。

寧國府

火耕水耨，民食魚稻，以漁獵、山伐爲業。飲食還給，不憂凍餓，亦亡千金之家。《漢書·地理志》。

川澤沃衍，有海陸之饒。其人君子尚禮，庸庶敦厖，故風俗澄清，而道教隆洽，亦其風氣所尚也。

《隋·地理志》。

舟車繁會，風俗和柔。唐尉遲樞《記》。

宣州故秦鄣郡地，阻以重山，緣以大江，其俗佻而侈，其人勁而悍。有裴公耀卿者爲刺史，端本重學，宣人始服化矣。陳簡甫《開元良吏記》。

地廣而僻，人質而文。《元志》。

所産多材，故秀民悦詩書，好禮義。閭巷、田塘之氓，悉有以自資，而無慕於外。舊志。

池州府

民淳氣和，衆貨畢給。雖人物稠夥，而有訟不嚚。雖租賦浩穰，而聞令必集。宋盛約《記》。

人性便利喜動，經生學士，文雅彬彬。

以漁獵爲業。俱《秋浦志》。

冠婚喪祭，互相周恤。《石埭志》。

剛柔既殊，雅俗亦分，人志懷刑，衣冠濟濟。

人性機敏，往哲熙熙。

大概士夫崇恬退，尚氣節。婦女親蠶織，工紡績。土著之民憚遠行，不事貿遷，甘心貧窶。以故六邑利權，半歸寄客，百家末藝，盡出遊民。俱舊志。

太平府

火耕水耨，民食魚稻蠃蛤，故呰窳偷生而無積聚。《漢·地理志》。

當塗井邑雖疏而開豁，物産豐懿。宋張舜民《南征録》。

姑孰本江東道院，民淳不澆。洪邁《貢院記》。

其民渾然太樸，惟土物是愛，故能臧厥心，惟本業是崇，是以無末作。吴淵。

蕪湖附河距麓，舟車之多，貨殖之富，衣冠文物之盛，殆與州郡埒。元黄禮。

質而不華，儉而不侈，務耕讀之業，絶淫博之風。祝鑾《記》。

地既分則風俗異，詎可以輕揚目之？劉子澄《太平圖經》。

廬州府

人物語音，風土明茂，皆勝淮左。其性躁勁，風氣果決。《隋書·地理志》。

風俗淳樸，事耕桑。崇儉，重名，務學，賢才彙興。舊圖經。

其民質直而無二心。舊志。

人物清修苦節，廉介忠義。黄宗載《記》。

自昔其民質樸，不好争訟，而風俗淳美。王志英《序》。

衣冠文物之懿，視昔有加。生民俎豆婚嫁於桑梓間，弦誦之聲，接於四境。朱鏞《序》。

山川高深，風氣完密，有中州質愿之美。元虞集《記》。

其俗樸茂剛健而少文，其民勤力稼穡而多殷富。王章《記》。

土厚水深，士生其間，剛勁篤實，足以任重。楊博《記》。

俗尚淳質，好儉約，喪祀、婚姻，率及於禮。盧江古志。

人性淳厚，好學務本，畏犯法而少鬥訟，無吴、楚勁悍之風。《無爲圖策》。

鳳陽府

鳳陽性率真直，其食秔稻，其衣絁布。《寰宇記》。

淮南著美，風流所被，文詞並興。

在城務商，在野勤嗇，無告訐之風。俱《濠梁志》。

鍾離風俗，號稱近古。《鳳陽志》。

俗慕學問，才産文武。《方輿勝覽》。

務儉勤農，知慕孝行。《壽州圖經》。

土俗儉樸，民生淳厚，力農務本，逐末者少。鄉里無鬥争之習，彬彬然有古之遺風。《臨淮記》。

宿地闞民聚，風俗淳美。宋應奎《進士題名記》。

潁州府

汝南之別，皆急疾有氣勢。《漢書·地理志》。

舊傳其俗傲蕩，今則好尚稼穡，重於禮文，其風皆變於古。《隋書·志》。

民性安舒，多衣冠舊族，土地褊薄，迫於營養，洛俗然也。汝陰在二京之交，頗同於洛邑。《宋史·志》。

民淳訟簡而物産美，土厚水甘而風氣和。歐陽修《思潁詩序》。

里巷敦扶持之教，男女別飲食之筵。《元史·志》。

汝潁人率性真直，賤商務農。《寰宇記》。

尚氣安愚。《風土記》。

汝潁固多奇士。賁嵩《論》。

風俗清麗，人備文武。舊志。

平原曠野，土壤饒沃，水陸四通五達，而無崇山峻谷之險阻。舊志。

仁厚之俗，勤農事，惡衣服，人皆忠義，本於張巡、許遠之表率。《亳州志》。

人性質樸，惟務農桑。今則工商交作，詞訟簡少，俗尚禮義，視昔爲盛。《異聞集》。

滁州

地僻訟簡，其俗安閒。宋章衡《醉翁亭記》。

滁介於江、淮之間，舟車商賈、四方賓客之所不至，民生不見外事，而安於畎畝衣食。歐陽修《豐樂亭記》。

習尚勤儉，專力農桑。《郡志》。

雖風俗淳厚，而尚氣節，易以德化，難以力服。呂元中《紫微泉記》。

和州

楚越之地，飯稻羹魚，不待賈而足。地勢饒食，無饑饉之患，以故呰窳偷生，無積聚而多貧。《史記》。

歷陽人性躁勁，風氣果決，自平陳之後，俗頗尚淳質，好儉約。《隋志》。

女工尚堅全，男工尚墾闢，市無蚩眩，工無彫彤，無遊人異物以遷其志。唐劉禹錫《記》。

四民各安其業，而儒雅之風尤甚。《和州志》。

廣德州

民力於南畝，不務商賈。《漢·地理志》。

民淳事簡，號江東道院。《南畿志》。

人性直好義，君子業儒術而尚質樸，小人崇節儉而務農桑，婦女不出户閾，富貴不服羅綺。宋曾鞏《志》。

境大壤沃，食貨富穰。曾鞏《鼓角樓記》。

六安州

舒六之貢，利盡荆、楚。晋伏滔《正淮論》。

淮右名州，沃野千里。明朱子奢。

民力田疾作，輸納以時，庶幾家給人足。舊志。

六地介南北，剛柔適中，文業武功，彪炳史册。

民勤耕稼，士崇氣節，皆以禮讓相先，無復嚚訟。俱《六安志》。

泗州

地接齊魯，民尚淳樸，以信義爲先。與洙泗通源，雍容揖讓，有古君子風。舊志。

泗人性舒緩樸直，城市之民不爲商，鄉落之民鮮識字。士習文雅，清恬愿慤，學校畏清議，仕宦顧名節。《泗州志》。

盱眙自古稱爲壯縣，民强勁，易馴以義。元揭傒斯。

天長民樸而愿，士質而文。龍侍御《記》。

江南通志卷二十

輿地志

城池 一

下江府州縣

《禮記》云：「城郭溝池以爲固。」《周禮》夏官之屬有掌固，掌修城郭溝池者是也。任其萬民，用其材器，若有山川則因之。

吴地爲東南都會，自昔立二八之通門，帶朝夕之濬池。其因川陸之奥，作金湯之固者，規模可以概見。而大江南北，峻堞深隍，亦往往憑流峙之自然，加塹築之人力矣。繁劇之縣，畫疆而理，增設官司，無改井邑。保民以德，不以城池，聖世所以臻敉寧之效歟！

江寧府

江寧府始自越范蠡築城於長干。楚置金陵邑，城於石頭。其後六朝有都城，有臺城，有丹陽郡城。隋爲蔣州，唐爲昇州，皆有城。五代楊吴爲金陵府城，宋、元仍之。俱詳見《古蹟》。明初建都城，惟南門、大西、水西三門因舊，更名聚寶、石城、三山。外自舊東門處，截濠爲城，開拓八里，增建南門二，曰通濟，曰正陽。正陽而北，建東門一，曰朝陽。自鍾山之麓，西抵覆舟山，建北門一，曰太平。又西據覆舟、雞鳴，緣後湖以北，至直瀆山而西八里，建北門二：曰神策，國朝改爲得勝；曰金川。西北括獅子山於内，雉堞東西相向，建門二，曰鍾阜，曰儀鳳。迤邐而南，建定淮、清涼二門，以接舊西門。實周九十六里。

其皇城，則在都城内之東、鍾山之陽，前直正陽門。外城西北據山帶江，東南阻山控野。闢十有六門。東南、北六，曰姚坊、仙鶴、麒麟、滄波、高橋、上方。西南六，曰夾岡、雙橋、鳳臺、馴象、大安德、小安德。西一，曰江東。北三，曰佛寧、上元、觀音。周百八十里。西又有栅欄門二，一在儀鳳門西，一在江東門北。共十八門。

上元縣

附郭。自通濟門而北至西北，儀鳳門屬焉。

江寧縣

附郭。自通濟門而南至正西，石城門屬焉。

句容縣

吴赤烏二年，築子城，周三百九十丈。唐天祐八年，縣令邵全邁修築。宋淳祐六年，令張槼重築。後圮。明景泰間，知縣浦洪、劉義建門樓。弘治三年，知縣王僖砌以石。嘉靖三十三年，知縣樊垣始築磚城，周七里，有五門。

溧水縣

隋始築城，周五里有奇。宋紹定中，縣令史彌鞏修之。明初，知州鄧鑑更築，周七百餘丈，門有六。洪武間，知縣郭雲重建。正德中，知縣陳銘甃以磚。尋毁，知縣陳憲因其址築土城。嘉靖初，知縣王從善擴其東隅，建石橋以泄水。十年，水敗東南隅，知縣張問行修。十七年，水復潰。三十六年，知縣曾震始造石城，高三丈，廣如舊，然石甃其外而内猶土也。城東、西有池。

高淳縣

明嘉靖五年，知縣劉啓東築土城，東北因岡阜，西南藉淳溪爲池，門有七。

江浦縣

明洪武四年八月，始築浦子口城，設應天衛於城内。九年，改爲縣治。後遷治曠口山，無城。萬(歷)〔曆〕元年，知縣周一經始築土垣六百九十餘丈，下甃以石。八年，知縣余乾貞築城，延袤七百八十丈，門有五，引水環之。國朝康熙中，知縣徐龍光、董志建、項維正屢修城樓及女牆。

六合縣

宋前跨河爲一城。紹興中，就舊濠築城於河北。隆興初，於其北又築一城，俱甃以磚。尋復築河南土城，於是六合分而爲三。乾道、紹興、嘉泰相繼修之，歷元至明初圮。成化十年，知縣唐詔創爲四門，後於每隅各增其一。嘉靖三十九年，築堡以圍縣署。崇(正)〔禎〕九年六月，流賊破六合，其鄉中書舍人孫國敉上《城六合議》，蘇州巡撫張國維、巡按陳起龍疏請於朝，建城河北，知縣仲聞韶董其事。城周千三百二十餘丈，高二丈五尺，北及東各二門，西及南一門。南街一帶皆商賈，水陸所經。又開便易小門七，城河環之，四門有橋。

蘇州府

蘇州府吴闔閭築城，周四十二里三十步。爲門八：東曰婁、曰匠，西曰閶、曰胥，南曰盤、曰蛇，北曰齊、曰平，歷代皆仍其舊。至隋，楊素徙城横山東，即今新郭。唐武德九年，復還舊城，分城之東置長洲縣，以卧龍街爲界。乾符三年，刺史張搏重築之。梁龍德二年，始以磚甃裏外，有濠。宋初，諸門漸塞，而大圮於開禧間。嘉定中，太守趙汝述、沈皞相繼修治。寶祐二年，趙汝歷增置女牆，補建葑、婁、齊三門樓。元定江南，凡城池悉命堙毁，雖設五門，蕩無防蔽。至正十一年兵起，復詔天下繕完城郭，知府高履築壘開濠，還闢胥門。至張士誠入據，增置月城。明興，更加修築。城爲亞字形，内外長濠廣至數丈，門有釣橋，以通出入。崇〔正〕〔禎〕十五年，推官倪長玗重加修葺。

國朝康熙元年，巡撫都御史韓世琦改建城垣，併闢女牆。今城周四十五里，長五千六百有五丈，高二丈八尺，廣丈有八尺，女牆高六尺。爲門六：葑、婁、齊、閶、胥、盤，各有水、陸門，惟胥無水門。又於每門建官廳、軍器庫，凡窩鋪百有五十七，敵臺五十七，雉堞三千五十一。門有守門官公館及營房，而鎖鑰則歸總捕同知焉。雍正七年，浙江總督李衛，暨署江蘇巡撫張坦麟，檄委修繕傾圮。八年，巡撫尹繼善復檄補修。

又舊有子城，在大城東偏，相傳亦吴所築，周十二里。自漢至宋，皆爲郡治。張士誠時，爲太尉府，士誠敗，遂圮。

吴　縣

附郭。得城西之閶門、胥門，南之盤門。

長洲縣

附郭。雍正三年分縣後，得城北之齊門。

元和縣

附郭。分得城東北之婁門，及東南之葑門。

昆山縣

向未有城，惟樹竹木爲柵，至宋猶然。元至正十七年，方國珍犯境，始築土城禦之，門有六。明弘治四年，知縣楊子器建樓其上。嘉靖五年，邑人都御史周倫疏請築磚城。十七年，於沿海州縣無城者，次第修舉，始甃以磚。期年而成，周十有二里，長二千三百八十七丈，高二丈八尺，雉堞四千五百八十七，池深五尺，廣六尺。

新陽縣

雍正三年分，與昆山同城，東半壁屬焉。

常熟縣

唐武德初，始遷虞山下。周二百四十步，高一丈，厚四尺，列竹木爲栅。宋建炎間，縣令李閶之始建五門。元築土城。至正十六年，張士誠據吴，以常熟邊江要害，甃爲磚城。周九里三十步，高二丈二尺，厚一丈二尺，最爲完固。明永樂中，歲大祲，饑民盜城磚易食，城日圮。嘉靖三十二年，倭入寇，知縣王鈇重築之。高二丈四尺，周一千六百六十六丈。建門七：西、北二門枕山，餘五門内外各有渠，外渠廣倍内渠，皆通以水關。其後西、北門在虞山巔者，以形家言塞之。萬（歷）〔曆〕甲午，知縣張集義增城之高三尺。國朝康熙十九年，水圮數百丈，糧儲副使劉鼎暨知縣高士鸃修築。

福山城，明嘉靖間知縣馮舜漁、江陰主簿曹廷慧築，周三里。萬（歷）〔曆〕間，知縣楊漣修，設兵防江，爲邑重鎮。國朝遊擊駐焉。康熙十三年，督撫諸臣疏請捐修。二十一年，知縣高士鸃重葺。

昭文縣

雍正三年，在常熟分出，與常熟同城，以西北鎮江門而東，至東南迎春門爲境。雍正六年，知縣勞必達修。

吴江縣

梁開平間，吴越王錢鏐築城，後廢。宋嘉祐二年，縣令裴煜復建南、北二門。元至正十六年，張士誠據其地重築，高二丈八尺，厚一丈五尺，周五里二十七步，陸門四，水門五，各以方名。明成化元年，知縣陳堯弼重建城樓，後俱傾圮。正德九年，知縣蕭韶復大築之。嘉靖三十三年，倭入寇，知縣楊芷倡議增築。高三丈二尺，厚一丈八尺，長一千八十四丈五尺。又爲四門、月城及敵樓、敵臺、窩鋪。三十六年，知縣曹一麟覆以甓。國朝順治四年，知縣李承尹修。康熙四年，知縣劉定國復增修城樓，爲堞二千三百五十一，窩鋪、箭臺俱三十六，炮臺四，並濬外城濠，深倍於昔。雍正七年，知縣徐永祐修。

震澤縣

由吴江分出，與吴江縣同城，自東水門而北，至西水門爲境。

松江府

府城元末張士誠據吴時築。明洪武間，因而葺之。周九里一百七十三步，高丈有八尺，濠廣十丈，深七尺。門四：東曰披雲，西曰谷暘，南曰集仙，北曰通波。門有樓，樓外爲月城。城倚九峰，面黄浦，左大海而右三江，上建敵臺、窩鋪，雉堞三千三百八十九。嘉靖間知府方廉，萬(歷)〔曆〕間華亭知縣王廷錫、聶紹昌，崇(正)〔禎〕時知府方岳貢，相繼修築。國朝康熙二年，霖雨傾圮，巡撫韓世琦、提督梁化鳳率屬捐修，舊堞併三爲一。

府城西門外有西倉城，周二里，高一丈八尺，陸門四，濠廣六丈，深三尺餘。嘉靖間，築以衛漕糧。萬(歷)〔曆〕中知縣章允儒，崇(正)〔禎〕時知府方岳貢相繼增修。國朝順治十五年，奉旨准官收官兑，按圖增造倉厫數十間於水次，以便小民交納焉。

華亭縣

附郭。

柘林城，明嘉靖中以倭警，巡按尚維持建議築。周圍四里，高一丈八尺，門三，池深一丈五尺，闊十丈。國朝康熙十三年修，二十二年上海知縣史彩重葺。

奉賢縣

府城東九十里有青村城，明洪武十九年安遠侯築。周六里，高二丈五尺。門四，各有樓。外有月城。永樂中，都指揮使谷祥增修。萬(歷)〔曆〕間，巡撫趙可懷修濬，池深一丈六尺，闊十丈。國朝康熙十三年重修。二十二年，華亭知縣南夢班重葺。雍正三年，分華亭設今縣，以青村城爲治。九年，署知縣舒慕芬重濬城濠。

婁　縣

附郭。縣在郡治後，城中專屬華亭。

金山縣

府南七十二里有金山衛城，明洪武十九年安遠侯築。周十二里三百步，高二丈八尺，廣二丈，門四。環城有池，深丈有八尺，廣十二丈。永樂中，都指揮使谷祥增高五尺。萬（歷）〔曆〕間巡撫趙可懷、崇（正）〔禎〕時知府方岳貢相繼修濬。國朝康熙十三年重修。二十二年，婁縣知縣史彬重葺。城舊分隸華、婁二邑，雍正三年分婁縣爲金山縣，建治城中，得舊屬婁邑之西南半壁焉。

上海縣

明嘉靖間，知府方廉因倭亂築。城圍九里，高二丈四尺，門大小凡六，堞三千六百有奇，濠廣六丈，深一丈七尺。同知羅拱辰於四門益以敵樓、箭臺，環濠爲土牆。萬（歷）〔曆〕中，知縣許汝魁奉檄城加五尺，開小南門水關引薛家浜水，以通市河，民利賴焉。後知縣徐可求、劉一爌相繼甃石。

南匯縣

郡城東北百二十里有南匯城，本金山衛之分署，明洪武十九年安遠侯築。城圍九里百三十步①，高二丈二尺，門四，各有樓。永樂中都指揮使谷祥，弘治初指揮使翁熊，萬（歷）〔曆〕中巡撫趙可懷俱重修。池深一丈四尺，闊十丈。國朝康熙十三年重修。二十二年，上海知縣史彩重葺。五十七年，郡同知鄭山督修。雍正三年，改爲縣治。五年，知縣欽璉葺之。

青浦縣

川沙城在八團鎮，明嘉靖三十六年巡撫趙忻、巡按尚維持，兵備熊桴從喬鏜、王潭建議興築。國朝康熙十三年重修②。二十二年，上海知縣史彩重葺。五十七年，郡同知鄭山督修。

明萬（歷）〔曆〕二年，知縣石繼芳創築。城周圍一千三十丈，高二丈三尺，堞一千七百一十五，建敵樓、窩鋪，門樓六，旱門五，水關三，濠廣三丈，深一丈。國朝雍正七年知縣楊鳳然、九年知縣魯弘璋修葺。

① 光緒《南匯縣志》卷三作「周五里一百四十九步」。
② 「雍正三年」至「康熙十三年重修」一段凡六十一字，《四庫》本無。

福泉縣

雍正二年，由青浦縣分出，得城之東北。

常州府

常州舊有羅城，後唐天祐間築。明洪武二年，中山侯湯和改築新城於其内，視舊狹五之三。周圍十里二百八十四步，高二丈五尺，廣二丈，甃以磚石。門七：東曰通吴，南曰德安，西曰朝京，北曰青山，次東曰懷德，次南曰廣化，次北曰和政，門各有樓。水關四。池深二丈，闊十六丈。成化十八年，巡撫王恕奉朝命，檄知府孫仁修其傾圮，以巨石重甃之，加高三尺，壯麗增於舊觀。正德間知府李嵩、嘉靖中知府金豪、萬（歷）〔曆〕時通判趙堪相繼修葺。國朝康熙九年，知縣張令望重修垣堞。雍正八年①，知府包括修葺城門、水關。

① 「八年」，光緒《武進陽湖縣志》卷三作「四年」。

附　明李東陽《常州府修城碑記》

凡藩郡衛所，所治必建城郭，以宿兵守民，防禦奸宄。國家重熙累洽百五十年，武備寖緩，城不時葺，識治體者必先焉。

常州府，古毘陵郡，爲南都肘腋，吴越喉襟，地最要。且自晋太康初已有城，唐天祐間增置外郭。歷代以降，修廢不常。我太祖下江南，命中山侯湯公和以重兵鎮之，始於郭内改築今城，周十里有奇。既久，爲霖潦所壞。成化間，知府孫侯仁修之。輒復壞，掌固之令，視爲虚文。

正德辛未冬，渤海李侯嵩來知府事，首議修築。時北方群盗出没畿省間，城郭弗豫者，多嬰其害。江南遠在數千里外，咸謂侯爲過計。侯曰：「城固當修，修必豫備，雖勞吾民，亦佚道也，吾與樂成耳。」乃白於巡撫都御史王君縝、巡按御史原君軒、巡捕御史楊君鳳，皆以爲宜。侯亟令於衆，第産賦金，量力授役，刻日定籍，丈度尺計，分工而並作。聽政之暇，躬莅其勤，惰而懲勸之。補缺爲完，益卑爲崇，飾舊爲新。垣壞堅厚，廉角峻整，樓櫓扉闑，閎深壯麗。而又濬隍浚池，架梁成途。凡爲城之事，罔不備具。越三月而告畢，居者櫛比，行者輻輳，萬目改視，千夫增氣。吏慶於官，士頌於庠，民歌於野，皆幸其功之成，而猶或以爲無大損益者。

居無何，北盗爲王師所迫，舍騎入舟，上溯江漢，承流而下，越鎮江，蹦孟瀆，急攻江陰。東南之民，安於富庶，不習兵革，流言夜驚，危不自保。侯以完城付寮屬暨兵衛，曰：「是足以守，吾任其戰。」躬帥吏士民兵拒於江。謀畫内定，勇敢外倡，厚爲募賞，而嚴其不用命。賊方貪利肆志，藐如無人，不虞其遽出也。我兵恃城爲本，倚守爲命，無不一當百，擒其醜若干人，賊引而退。月餘再至，將殊死戰，聞侯復出，竟不敢逼，西奔於狼山。

會提督軍務都御史陸君完移兵江南，以舟師蹙而殲之，事遂大定。向之惑者始相率而語曰：「我侯之力，斯城之功也。」蓋常之屬邑有五，而江陰當盜之衝，其去郡治不啻百里。使當是時城不固，則守不敢出，出必不能展布心力，以收成功。今一城修而闔境無事，旁至吳越諸郡，皆安堵貼席，獲免於驚擾之患，是其所係，豈細故哉？天下之事，恒壞於因循，而成於豫備。使爲郡縣者，皆能先事而虞，貞固而幹，乘高據深，披堅執鋭，固守而力禦，則保障之利，天下共之。彼蕞爾之寇，猝然之變，豈至燎原而焚石？然則斯役也，雖無所試，吾固將與之，況其明效顯驗，焯焯如此哉？

且民保於城，城保於德。莒恃陋而不修城，魯恃城而不修政，《春秋》皆譏之。李侯之修，蓋有不徒然者。常之大夫士，僉謂不可無所紀述，以示來世。台州府同知、武進殷君鎰，予中表之郎也，以侯予禮部所舉士，寓書於工部郎中無錫顧君可學，上京師。湖廣布政司參議江陰夏君從壽，亦予所舉，道其事尤詳。因爲文及詩，寓而歸之，俾刻焉。

侯歷監察御史，有聲。其爲郡治行茂著，比以禦賊功，加禄三品。佐斯役者，爲同知羅瑋，通判陳碧、温應璧、謝思道，推官栗登，故並書之。而諸執役出力之名氏，則列之碑陰。

其詩曰：

有城巖巖，有池潭潭，大江之南。築之隆隆，浚之溶溶，郡侯之功。侯之始謀，有廢必修，其民咻咻。侯心不移，爲所宜爲，曰匪吾私。澤流令行，既經既營，不日其成。人蕃物華，中孽以牙，於江之涯。兵强勢尊，賊徒既奔，我城固存。矧此一方，維城峨峨。壯哉山河，侯功不磨！

武進縣

附郭。

陽湖縣

附郭。雍正二年由武進縣分出，自東水關而北至大北門，境長三里有奇。

無錫縣

城在梁溪東。相傳宋乾興中，縣令李晋卿因舊址修築。元、明疊加繕治，至嘉靖間圮，知縣王其勤更築之。周一十八里，高二丈一尺，甃以磚石。陸門四，水門三，池深二丈，闊一丈七尺。國朝康熙七年，知縣吴興祚重修。其後知縣曾子駒、徐永言相繼繕葺。

金匱縣

與無錫縣同城，而分東之半爲境，計長九里。

江陰縣

舊城建于楊吴，後燬。元末復繕治。明初增築，爲門四，後圮。正德中，知縣黄鉼修築，土城周九里有奇，高一丈五尺，厚如之，女牆高二尺五寸。嘉靖間，知縣毛鵬、錢錞、金柱相繼修築，盡甃以磚，池深七尺，闊四丈二尺。

又楊舍堡城，在縣東七十里楊舍。其地濱江扼要，舊無城。明嘉靖間，屢有倭患。三十七年，巡按尚維持疏請建城。周六百餘丈，高二丈三尺，門四，水關一。崇(正)〔禎〕時，增修敵臺、窩鋪九十六座。

宜興縣

舊城創於孫吴。赤烏六年城陽羡，即此。明初改築。永樂中，益展拓之。周九里三十步，高二丈五尺，門四，各有樓。池深一丈五尺，闊三丈餘。

荆溪縣

與宜興縣同城，而分其東之半爲境。

靖江縣

元末，張士誠將徐太二始築土塹。明成化十三年，知縣張汝華修築爲城，周七里四十步，高一丈八尺，門四。嘉靖中，知縣汪玉甃以磚石，城樓、雉堞始備。知縣應昂復築甕城，加城高三尺，池廣六丈五尺，深一丈八尺。

鎮江府

鎮江古有京城，吴有鐵甕城。又有東、西夾城，建於唐。俱詳《古蹟》。唐乾符中，潤帥周寶更築羅城二十餘里，宋、元因之。明初，元帥耿再成因遺址重建。指揮宋禮奉敕甃以磚石，周九里十三步，高二丈六尺。門四：東曰朝陽，南曰虎踞，西曰金銀，北曰定波。水關二。其池自西至南通漕河，自北至拖板橋行舟楫。萬(歷)〔曆〕中，城垣周遭加高三尺。國朝康熙元年，鎮海大將軍劉之源重修。

丹徒縣

附郭。

丹陽縣

故城久圮。明嘉靖三十四年，知縣陳奎重築。今城周九百七十九丈，高二丈二尺，門四。居民以爲隘，巡撫張景賢令於城外拓之，知縣史永壽增築焉。爲門五，水關二，池寬八丈有奇。萬（歷）〔曆〕中，知縣周應鰲重濬。

金壇縣

舊城唐長壽元年築，歲久湮圮。明正德七年，知縣董相重建。土城周一千二百四十二丈，高二丈，門六，並水關皆甃以石。已而，知縣劉天和以關基不固，改築之。嘉靖中，知縣趙圭甃以甓，疊石爲基。周千二百三十四丈四尺，高二丈六尺，池深廣各丈許。萬（歷）〔曆〕間，知縣許弘綱復改築兩水關，高廣〔各〕①倍於昔。天啓四年，大水，城東圮百餘丈，知縣楊錫璜修之。國朝順治初知縣胡延

---

① 據《四庫》本補。

年、康熙中知縣康萬寧、李曣俱重修。

溧陽縣

南唐昇元二年，始築土城，周四里許，河貫城中。宋建炎中，西拓青安、草市，加廣二里，建門五，水門二。明初，命將士修築，仍其舊址，而界新安、草市於外。又命部使郭景祥石甃之，周九百丈有奇，高二丈七尺，厚二丈八尺，濬池深丈餘，廣五倍，四門外復增置甕城。弘治九年，知縣符觀以南城逼泮宮，徙築河堧以廣之。嘉靖間，增設堡屋，修葺女牆、月城。

淮安府

淮安有三城。舊城創於晋，南宋時地爲重鎮，守臣陳敏重築之，稱爲銀鑄城。明初增修，始以磚甓，遍置樓櫓。周十一里，高三丈，雉堞二千九百九十六。門四：東曰觀風，南曰迎遠，西曰望雲，北曰朝宗。其北一里曰新城，舊爲北辰鎮地，元末張士誠僞將史文炳嘗築土城於此。洪武十年，指揮時禹建以磚石，周七里二十丈，高二丈八尺，爲五門。二城之間曰聯城，俗所謂夾城也，嘉靖三十九年漕運都御史章焕題建。東城長二百五十六丈有奇，西城長二百二十五丈有奇。萬（歷）〔曆〕中，復加厚增高。而後三城之平如一，其城濠表裏相通，達於運河。

山陽縣

附郭。

阜寧縣

雍正九年分自山陽、鹽城二縣，治郡東北一百五十里廟灣城。

鹽城縣

宋紹興、乾道間始築土城。明永樂十六年，指揮楊清、千户馮善始易以磚。周七里一百三十四步，高二丈二尺，厚如之，池深九尺。嘉靖間，檢校祝雲鶴署篆重修。初，城止有東、西及北三門，萬（歷）〔曆〕中知縣楊瑞雲始建南門，居民便之。

清河縣

元至元十五年築土城，周六里，惟立東、西、北三門，南枕小清河。今僅存遺址。

安東縣

舊城俱圮。明弘治十五年，知縣郭韶於遺址築土圍，建更樓四所，設門啓閉。萬（歷）〔曆〕中，知縣詹道溥增築爲土城。天啓初，知縣劉君聘奉詔興建，周八里有奇，高二丈四尺，門四。國朝康熙七年，水圮修葺。

桃源縣

元至元間始築土城。明正德六年，知縣李廷鵬因舊址修築，周三里，高一丈五尺，門四，池深一丈。嘉靖間，知縣龍復禮重修，設瀉水洞三。崇（正）〔禎〕五年，知縣龔奭增築女牆，置雉堞以磚。後因河決、地震，城遂堙廢。

揚州府

府城自吴王夫差城邗、楚王熊槐城廣陵始。其後歲久殘毁，周世宗命韓令坤別築新城。宋高宗南渡，詔吕頤浩修揚州城，周二千二百八十丈，蓋即古城遺址也。明初，僉院張林守揚州，以宋城太大，改築西南隅。周九里，七百五十七丈五尺，高三丈，厚半之。門五：南曰安江，北曰鎮淮，西曰通泗，東曰寧海，東南曰小東，俱有甕城，樓櫓、雉堞、警鋪、敵臺相望，南、北水門二，是爲舊城。

新城則創於嘉靖丙辰，以倭患用副使何城等議築之。西接舊城，周十里，千五百四十一丈九尺，高厚與舊城等。七門：南曰挹江，鈔關在焉。又南爲便門，東南曰通濟，東曰利津，東北爲便門，北亦曰鎮淮，後改廣儲，又北曰拱辰。南北即舊城濠口爲二水門。東南即運河爲濠，北濠引水注焉。萬(歷)〔曆〕中，知府吴秀、郭光浚池，增城堞、敵臺。國朝順治四年知縣郭知遜、十八年知縣熊明遂、雍正四年知縣王元穉、七年知縣陸朝璣，相繼修葺。

瓜洲城，在府南四十五里大江之濱，宋乾道中築，後圮。明嘉靖間復築城，東西跨壩，周一千五百四十三丈有奇，高二丈一尺，厚半之，門四，便門一。

江都縣

附郭。

甘泉縣

附郭。雍正九年，由江都縣分出。

儀徵縣

宋乾德中築城，周一千一百六十丈。嘉定中，郡守豐有俊、袁申儒，復相繼築東西翼城。明洪武初，知州營世寶、同知戈文德，因其舊址增築之。周九里二百四十六步，高二丈四尺，雉堞三千六百二十有奇，建城樓四、戍鋪四十有三，是爲今城。嘉靖三十五年，知縣師儒每門甃甓二十七丈有奇，高與舊城準，下闢重門，捍禦稱便。

高郵州

有新、舊二城。今城即宋舊城也，周十里三百十六步，高二丈五尺，闊一丈五尺，門四，濠塹環之。地形四面下，而城基獨高，狀如覆盂，故名盂城。開寶四年，知軍事高凝祐築。淳熙十三年，郡守范嗣蠡建樓於四門，開南、北二水門通市河。開禧中，增以重濠。元時，知府李齊修築。明洪武時，復甃以磚，增設櫓堞。嘉靖間，知州趙和補其卑缺。後知州劉峻請於撫按，州修其七，衛修其三，城益固。國朝順治十五年知州吴之俊，雍正二年知州張德盛俱葺之。

其新城，則宋咸淳初揚州制置使畢侯築，在舊城東、北二門外。

興化縣

宋寶慶元年，縣令陳垓始築土城，周六里一百五十七步。明洪武五年，千户郭德、蔡德、劉人傑以磚更建，高一丈八尺，内外環水爲濠。嘉靖間城漸圮，知縣胡順華修築，視舊加高一丈，厚四丈，爲門四，各有樓。浚池廣二丈五尺，深一丈。萬（歷）〔曆〕中，知縣翁汝進復培土增厚，並置四水關、石闉，以防水患。國朝順治十二年，知縣任登級繕修城樓、雉堞。

寶應縣

宋嘉定間，縣令賈涉始爲土城。元至正中，僉院蕭成增築之，甃以磚，周九里三十步。明初，城夷爲民居。嘉靖中，以倭警，巡撫李遂檄副史劉景韶重築，城周一千四十餘丈，高二丈，門五，水關一，敵臺八。國朝康熙七年，地震，圮其東南，知縣孫蕙修築。

泰州

南唐刺史褚仁規，始築羅城二十五里。周顯德中，團練使荆罕儒增子城於東北隅，更築羅城，合西南舊城周十里，即今城是也。宋建炎中，通判馬尚增修，甓其外，爲四門。紹興初城圮。端平後，州守許堪別創堡城於湖蕩沮洳中，去城五里，曰新城。元末，張士誠據新城。明初復修舊城，尋建州治，新城遂圮。今城周二千三丈二尺，高二丈七尺，門樓四，水關二，池廣五十二丈，袤二千三十餘丈，爲防海要害。萬（歷）〔曆〕中，水患傾圮，州守譚默修築。國朝康熙十三年，知府金鎮、知州嚴愈重修。

海安城，在州治東百二十里，周三里三十步，甃甓表裏，明常遇春築以屯兵，後圮。嘉靖間，巡撫唐順之暨海道劉景韶重建土城六里許。

徐州府

徐州城建於六朝，宋時王〔元〕〔玄〕謨嘗稱城隍峻整。宋蘇軾、金完顏仲德俱增築。明洪武初，壘石甃甓，周九里有奇，高三丈三尺，廣亦如之。三面阻水，即汴、泗爲池，獨南可通車馬。門四：東曰河清，西曰通汴，北曰武寧，南曰迎恩。萬〔歷〕〔曆〕中，副使舒應龍、知州劉順之，環城增護隄，以防河患，副使陳文燧開支河，以泄城中積水。崇〔正〕〔禎〕時，副使唐焕、參議徐標相繼修葺。國朝順治十八年，兵備項錫印大加修濬，三載始竣。康熙七年圮，重葺。

銅山縣

附郭，雍正十一年新設。

蕭　縣

古城在縣治北。宋時河決水没，乃築南城，歲久圮。明正德十一年，知縣王隆即遺址增築，外甃以石，周四里許，爲門四。萬〔歷〕〔曆〕初沉於水，知縣伍維翰遷於白茅山麓，略具垣墉。崇〔正〕〔禎〕時，被流寇殘毁。國朝順治五年，知縣祖永勳始補築。康熙四年，知縣沈大觀益修治而新之。

碭山縣

明正德八年，知縣李金始築土城，周百六十八丈，高九尺五寸，外護以隄。嘉靖以後，因水溢衝圮。萬（歷）〔曆〕二十八年，知縣熊應祥遷建於舊治西里許，周八百四十丈二尺，高一丈五尺，廣三丈，門四，各有樓，隍深一丈，廣五丈。四十八年，知縣蔡一熊改建磚城。崇（正）〔禎〕時，知縣劉芳復加修濬。國朝康熙三十七年，知縣柴爾皓修葺。

豐　縣

舊有土城，周九里。明正德中，知縣裴爵環城築堤，以防水患。嘉靖五年，黄河決，城陷，知縣高禄遷於華山之陽。三十一年，知縣徐蕡從民便，還舊治，築土城。周一千九百八十四步，高二丈餘，門四。後知縣胡又心增築護城堤。萬（歷）〔曆〕中，知縣費思箴始傅甓石，增樓櫓、雉堞。知縣戴一松以河決，益修築護城堤，加高廣。崇（正）〔禎〕九年，知縣方遴偕於四門各建子城。國朝順治二年，署縣事胡增光於城角外建炮樓四。五年，知縣閻玿增女牆二尺，城外堤上復築土城，凡數百丈。開濬池隍，而架以木橋。重城巨塹，遂稱險固。

沛　縣

古城久堙。明嘉靖二十二年，知縣王治創築土城。周五里，高廣各二丈，隍深廣如之，爲門四。知縣周涇繼之，壘石甃甓，高廣視舊有加。萬（歷）〔曆〕中，知縣倪民望、符璽等修浚，後圮於水。知縣李汝讓整葺，修築護城堤。

夏鎮城，在縣治東北四十里新河西岸，萬（歷）〔曆〕中工部主事楊信、徐繼善築。門四，各有樓。城外有濠，西南有護城堤。

邳　州

明洪武中，指揮王恒因舊城址築，周五里有奇，西、南二面阻沂、泗。正德中，知州周尚化增築西北、東南二隅。嘉靖間，知州陳柏重修。國朝康熙初，水濫衝圮。二十九年，知州孫居湜、揚州同知馬驤，奉旨於艾山改建。周五里十三步，高二丈八尺，悉以磚。門四：東曰先春，南曰來薰，西曰迎爽，北曰拱極，各有樓。雉堞一千五百一十有一。其北枕山，東、西、南三面因深爲池，護以重堤。

宿遷縣

明正德初，知縣鄧時中創築土城，南自新溝，北至馬陵。萬（歷）〔曆〕中，與河岸俱圮，知縣喻文偉遷建於馬陵山，去舊治北二里。城周四里許，高一丈五尺，門四。後多損壞，知縣趙敬賓、孫湛、莫應奎、聶鋐相繼修補。萬(歷)〔曆〕甲午，知縣何東鳳易以瓴甓。

睢寧縣

舊有土城，明正德中知縣王蒼建。嘉靖間，知縣陳嘉略甃以石。隆慶初圮。萬(歷)〔曆〕十三年，知縣申其學重築，周五百七十六丈五尺，高一丈八尺，門四，外甃磚石，内實土泥。其後屢經水患，衝没蕩然。崇(正)〔禎〕十一年，知縣高岐鳳重加修築。國朝康熙三十九年，河決，傾圮大半。五十六年，知縣劉如晏修築西、北石城六段。

太倉州

太倉舊設木栅。元至正十七年，張士誠遣其將高智廣築今城，周十四里五十步，高二丈，廣三丈。門七：曰大東，曰朝陽，曰大南，曰大西，曰小西，曰大北，曰小北。門樓七，警鋪六十有六，敵臺二十有八，水門四。周有池，池深一丈五尺，廣八丈六尺。

鎮洋縣

雍正二年，分州城之朝陽門、大南門、小西門以爲境。

崇明縣

自元至明，城凡五遷。萬（歷）〔曆〕十一年，知縣何懋官卜遷於長沙，李大經繼之，遂築今城。周四里三分，高二丈，厚一丈，門五，池闊十八步。後知縣莊尚稷加高三尺。國朝順治十六年，遊擊王龍、知縣陳慎修。十八年，總兵張大治塞舊濠，築土城於外，周六里，高二丈八尺。外鑿新濠，闊二十餘步。康熙十四年，提督劉兆騏甃外城，五門各建有樓。

嘉定縣

宋嘉定十二年，縣令高衍孫築土城。元至正十七年，張士誠遣其將呂珍重築，始用磚石，周九里，爲門四。入明漸圮，其後屢築土牆，以資捍禦。嘉靖三十二年倭警，知縣萬思謙以土堞難守，改甃以甓。知縣楊旦繼之，重甃加高，建城樓，改置雉堞、敵臺、守鋪之屬。城周二千二百六十六丈，高二丈九尺，廣五丈，濠廣十三丈，深一丈。國朝順治中知縣查逢盛、劉弘德、康熙中知縣余敏、趙昕相繼修葺。

寶山城在縣東南，與上海縣接壤，明萬（歷）〔曆〕七年築。周三里，高丈有八尺，設兵守禦。國朝康熙十三年，督撫諸臣題請捐修。二十二年，嘉定知縣聞在上重葺。三十三年，常熟海防同知李繼勳重修城垣、四門三百六十丈。五十八年，復葺之。

寶山縣

在嘉定縣東南四十里有吴淞城，明洪武十九年滎陽侯鄭遇春築，周五里有奇。嘉靖初，東北漸傾，兵備副使王儀於西南一里更築土城，後遂以舊城爲教場。土城仍甃磚石，周七百二十丈，高二丈四尺，門四，池廣六尺，深一丈。國朝康熙初，知縣潘師質、趙昕修。十三年重修。二十二年，嘉定知縣聞在上重葺。雍正二年，改爲縣治。

海州

海州相傳舊有東、西二城，元季皆圮。明洪武二十三年，千户魏玉等因西城故址築土城。永樂中，千户殷軾砌以磚石，周九里一百三十步，高二丈五尺，厚如之。門四：東曰望孔，西曰通淮，南曰朐陽，北曰臨洪，池深六尺。其後知州吴必學、鄭復亨、周燧、楊鳳、劉夢松等，相繼繕葺。

贛榆縣

舊有土壘，元至正二十四年平章王信修築，周四里有奇。明洪武初知縣郎廷珪、正德中知縣馮澤增修。後淮安知府薛鏊，以邑爲郡東北藩蔽，議甃以磚而未行。至萬(歷)〔曆〕十五年，知縣樊兆程始經營竣事，周六百七十一丈，高二丈，廣稱之，池深、闊各二丈。崇(正)〔禎〕十年，知縣徐維翰甃南北月城。國朝順治初，知縣穆爾謨濬池益深。康熙七年城圮，後知縣余廷瑞、巡檢李英修葺。

沭陽縣

明正德七年，知縣易瓚始築土城，其後屢遭河患。萬〔歷〕〔曆〕二十年，知縣徐可達議甃以磚。至四十四年，知縣杜從心始訖工，城周八百四十丈，高二丈，厚如之。有東、西、南、小南四門，而無北門。崇〔正〕〔禎〕十五年，知縣劉士璟加高雉堞，環城鑿池。國朝康熙十三年，知縣張奇抱以城多震塌，修復加垛。

通州

通州城，周顯德六年静海制置巡檢副使王德麟始築土壘，繼復甃以陶甓。周圍六里七十步，爲門三。宋建隆中，設戍樓。寶祐中，賈似道增築甕城。明初，守禦千户楊清、姜榮相繼修築，設三釣橋，又開三水關以通市河。嘉靖三十四年，知州翟澄浚爲深濠，匝以穹堤。隆慶二年，知州鄭舜臣重加修治，是爲舊城。

萬〔歷〕〔曆〕二十六年，知州王之城以備倭，請築新城。南以望江樓爲門，北抵舊城，延袤七百六十丈，高一丈九尺。然外雖甃石以成，以實沙土，霪雨易傾，頗煩修築，國朝屢加葺治。

海門鄉舊爲縣，猶有遺址。明嘉靖三十三年築城，周圍五里三分，高二丈五尺，門四，各有戍樓、水關，池廣六丈。國朝康熙十一年，爲海水所圮，縣省入通州。

附 元周衡《修城記》

昔周世宗以顯德五年，遣師擊南唐，南唐主盡獻江北地。明年，始築通州城而甓之。宋高宗南渡，其臣呂祉以爲，通州與平江昆山縣福山對岸，趠順風不半日可至，須預爲之防。於是置水軍，起許浦，以至顧涇。由此言之，則通實平江襟喉，爲今要害抗扼之地。而其城築，視他處尤所當先者也。

定遠大將軍李侯天禄，以至正十六年統兵作鎮，念城久隳，欲事版築。深惟民力自兵興之後，有所弗堪，廼經營計度，水甓灰石，積之於漸。起丙申春三月，逮己亥春，廼始鳩工命材，從事楨幹畚鍤。而副元帥陳忠，又爲之協力贊襄。於是杵築應和，工力堅密，遂爲名城，屹然金湯，爲國藩屏矣。侯其有見於設險守國之義乎！

侯天挺英邁，馭軍牧民，恩威竝著。通之民咸願紀侯之美，以爲非勒之金石，無以章示永久。乃請於衡，衡因不辭，而爲之記。

元袁浩《州治譙樓碑銘》

更漏之制尚矣。肇造於黄帝，宣於夏殷，備於周，始立挈壺氏掌之，鑄銅爲壺，中實以水。竅壺爲漏，浮箭爲刻，以候中星，早晏驗晝夜長短。後世遂廣麗譙，嚴鐘鼓，賓餞寅於暘昧，啓閉戒於扃鑰。四時盈縮，兆民作息，實賴乎此，非爲華侈雄偉而作。

通故楚地，宋淳熙間始建於州治之南。崇臺屭贔，華棟騫舉，烽燧夜禁唯謹。混一以來，爲鬱攸所燬。自至元丁丑，將及一紀，分郡符提戍兵者一無所問。更鼓刻漏無節，民未便之。丁亥秋，太守朝請大夫許昌馬公毅，下車未幾，百廢具興。睹斯樓草創，謀諸僚寀，將有事改作。監郡奉政大夫忽都火者①，同知州事忠顯校尉馬公，判官承事郎張處恭，從事濠梁孫君天麟，皆力爲張主，互督是役，不遑啓處。編氓之好義者，子來而從。仍塹壘之舊貫，爲樓凡四楹。輪奐翬飛，宋桷壯嚴，俾司晝夜，主刁斗之士居之。前鎮通萬夫長、安遠大將軍張公鼎，與守郡萬户昭信范侯應純，暨千夫長莫不樂爲捐俸，以助不給。新鼓鼙，建旗幟，鑄壺滴，置籌箭，弛者張而廢者舉焉。經始於仲春初吉，落成於季秋九日。

既僝工，郡老謂宜刻銘以垂永久。求文於余，辭終弗獲。洪惟國家奄有區宇，頒朔授時，一

① 「忽都火者」，《四庫》本作「呼圖克和卓」。

準古制，内設太史院，外立陰陽學，晝夜百刻，各有攸職。京圻而下，神州赤縣，咸立譙樓。傳夜漏，鳴宵柝，使民朝作暮息，而鼠竊狗偷者，不得肆其欲。矧通在揚東南之極，金城千里，瀕薄江海，爲險要控扼之地哉？是舉也，誠所謂起廢墜於久湮，成不朽於將來，其賢不在廉范、寇恂下，固宜紀之。銘曰：

陰陽之道，日月代明。晝凡六時，夜分五更。誰其伊始？曰公孫氏。三代而下，制作大備。壺竅下通，漏箭量刻。誰其尸之？挈壺是責。以驗中星，以定昏曉。陳厥金鼓，是曰麗譙。維此通城，僻臨江滸。民俗淳厚，素稱樂土。漏刻有壺，譙樓有城。主司不謹，燬於離明。龍集己丑，功成不朽。垂十六年，緒始克就。廢興有數，爲陵爲谷。人存政舉，無往不復。郡僚經始，元戎作成。庶民子來，舊貫斯仍。垣墉闔闢，羲娥代謝。禦暴干城，承平晝夜。子翼借留，叔度來暮。民極雍熙，皇圖鞏固。

如皋縣

舊無城。明嘉靖十三年，知縣劉永準始作六門。三十三年，苦倭患，邑人李鎮等建議築城。周七里，高二丈五尺，城樓四，水關二，池深一丈二尺，廣十五丈。知縣陳雍董其成。萬(歷)〔曆〕中，知縣王以蒙築月城，張星築敵臺。

泰興縣

宋舊城毁於寇。紹興間，縣令尤袤更築土城，後亦圮。明弘治間，知縣原秉忠立四門。嘉靖三十四年，知縣姚邦材奉詔築城，周七里，高二丈五尺，門五。池環其外，深一丈，闊五丈。其後知縣許希孟增設重門。萬(歷)〔曆〕中，知縣陳繼疇建敵臺、浚池。

江南通志卷二十一

輿地志

城池 二

〔上江府州县。〕①

安慶府

府舊城即今潛山縣城地也。《通典》云：楚靈王所建。歷代因之。宋嘉定十年，黄幹知安慶府，以金兵破光州，請諸朝，徙城於盛唐灣宜城渡之陰，去舊治百四十里。其城北負大龍，南瞰長江，東

① 據上卷《城池一》體例擬補。

阻湖，西限河，周九里一十三步。門五：東曰樅陽；東南曰康濟；南曰盛唐，今改鎮海；西曰正觀；北曰集賢。元至正丙申，守帥余闕增高至二丈有六，濬重濠三，引江水環繞。明洪武庚午，指揮戈預重修，濬池深至一丈。嘉靖辛丑，知府吴麟於城内周圍加甃以甓。天啓癸亥，知府陳鐮、通判歐陽騰霄大加修葺。崇（正）〔禎〕乙亥，知府皮應舉補其傾圮，知縣黄配元續砌周城、馬道，北關一帶增高雉堞，建敵臺，濬舊濠。其後，五城樓燼於兵火。國朝順治二年，知府桑開第重建。七年夏，淫雨城圮，操撫李日芃、知府王廷賓、知縣賈壯修補復故。十七年，操撫宜永貴重修女牆，合舊四爲一，設立窩鋪，以備守禦。康熙四十九年，巡撫葉九思修築。

懷寧縣

附郭。

桐城縣

舊有城，相傳爲隋同安郡故址，門四，有樓。宋末徙治樅陽，又徙池之李陽河，元時始還舊治。城久傾圮。明萬（歷）〔曆〕丙子，知縣陳于階建磚城，周六里，門六。崇（正）〔禎〕乙亥，知縣楊爾銘重加修葺，更設窩鋪、炮臺。壬午，知縣張利民以北山有臨下之勢，於北門增建月城，計十有八丈。國朝康熙九年雨圮，知縣胡必選修葺。雍正十年重修。

潛山縣

舊城即府治故址，久圮。明季兵備道史可法、知縣柯支桂建城備寇，工未竟而罷。國朝順治六年，操撫李日芃與副將梁大用、知縣鄭遹元築土城，收縮西南，由高營壩至同安橋，與東北舊址接。康熙五年，知縣周克友復修城之東北，接於西南舊址。五十八年，知縣段舒改築西南門。

太湖縣

土城，周七里，環城有池，深廣各丈餘，門六，有樓。明嘉靖中知縣王良卿修。萬(歷)〔曆〕間水漲，東北成河。崇(正)〔禎〕丙子，知縣楊卓然建磚城避水患，收縮止周六里。甲申，知縣李盛英修，尋經流寇、洪水，六門傾圮。國朝順治五年，知縣李世洽修。康熙五年，雨圮北城，知縣羅綺修。十一年，雨圮西城，知縣王崇曾修。十三年，知縣方人龍建東、北兩城樓。十九年，知縣章時化修東、西兩門。

宿松縣

明崇(正)〔禎〕乙亥，知縣苟天麒始築城址外垣，門六。尋經寇燹，工遂廢。國朝康熙十一年，知縣朱維高建懸樓二十座，以備守禦。二十二年，知縣朱卷復造大、小東門及北門城樓。五十八年，知縣李泰葺化龍門。

望江縣

明萬〔歷〕〔曆〕乙亥，同知蹇達署縣篆，始建四門，咸有樓，周六百二十六丈。崇〔正〕〔禎〕乙亥，知縣黄配元增高。己卯春雨圮，知縣祝維嵩補築。未及半，流寇驟至，守將戚國泰躬爲負石，五晝夜工成。國朝順治六年，知縣王世印重修城樓。康熙五十三年，知縣馬駿改建東、南門。

徽州府

府城在烏聊山麓，唐汪華築，東半抱山，西半據平麓。歷宋至元，代有修補。明初，總兵鄧愈加築，周九里七十步，高三丈二尺，廣一丈五尺。東、西、北三面有濠，闊二丈四尺，深一丈二尺。南及東南，以山險無濠。爲門五：東曰得勝，西曰潮水，南曰南山，北曰鎮安，東北曰臨溪。自北門而東至南門，爲敵樓七。門外各設兵馬司房，窩鋪三十有三。嘉靖四十五年，知府何東序增修，加高三尺。又建南山、鎮安二門，月城，增築西門外敵臺。國朝康熙二十一年，徽寧道黄懷玉、知府林國柱修葺。

歙縣

治舊在郡城外，無城。明嘉靖三十三年，倭入寇，知縣史桂芳始議建城，周七里有奇，高三丈，廣二丈。西南以郡城爲屏蔽，餘三面皆山，不池而險。爲四門，門側各有連弩之臺，守陴之舍二十有四，瞭望樓二所。

休寧縣

宋始城，周九里三十步，爲六門。元仍舊，明堙。嘉靖三十五年，知縣林騰蛟建議重築，周九里有奇，高二丈，廣如之。北踞天葆山，東亘東山之巔，南臨汶溪，西臨夾溪。門有七，城外引水爲池。後令潘清亶竟其緒。國朝康熙二十一年，知縣俞猷修葺。

婺源縣

南唐時建治於弦高鎮，挾深溪爲險。檢校司空劉津始築城，周九里三十步，二門。宋因之，元時立木柵，四門。明初，樞密院判汪同復因遺址爲城，周五百三十餘丈，後圮壞。嘉靖間，知府何東序、通判馮叔吉議建石城，俯瞰繡水，旁臨杉潭。爲門四，俱有樓、有月城。又爲小門，亦四。計長九百餘丈。

又太白圍牆在婺源縣南七十里太白潘村，地接鄱湖，屢被寇害。明嘉靖二十九年，以里人奏請奉詔築，周五里有奇。

祁門縣

宋始築土城，周五里，四門。明堙。嘉靖間，知府何東序檄知縣桂天祥營築。周一千六十丈，高二丈，廣一丈三尺，建五門。西、北因山爲固，東、南倚河爲池。

黟　縣

宋築土城，周二里，六門。明堙。嘉靖中，知府何東序、通判何叔吉重建，甃以磚石。周七百三十餘丈，高二丈，廣一丈二尺，爲門五，皆有樓。西、南環以高岡，東、北以大河爲池。崇(正)〔禎〕七年，增築月城。國朝，知縣竇士範、江既入、曹振邦、王景曾，前後相繼修葺。

績溪縣

宋築土城，周五里。元因之，明堙。嘉靖間，知府何東序檄知縣郁蘭改築。周八百四十一丈，高二丈，廣一丈三尺，爲門四，俱有樓，以大河爲池。國朝康熙十一年，知縣劉滋修葺。

寧國府

府城初創於晉内史桓彝。隋開皇間，刺史王選始大展拓之。宋建炎三年，郡守吕好問繕修。元至正中，廉訪使道童重加甃甓。城高二丈五尺，厚三丈，周延九里一十三步。門五：東曰陽德，東偏曰泰和，南曰薰化，西曰寶成，北曰拱極。西北據山阜，東南跨原隰，宛、句二水合流，不經疏鑿。明知府鞠騰霄、宋獻、葉錫益飭治焉。舊堞一萬三千有奇，崇（正）〔禎〕時知縣梁應奇併三爲二，今共八千九百七十垛。原鋪一十三所，今計增設一百二十九所。國朝順治中，知府管起鳳、秦宗堯，知縣王同春修築。康熙七年，東南隅城圮，知府孔貞來修之。十九年，知府王國柱、知縣鄧性復加修整。

附　唐韓熙載《宣州築新城記》

粤自結繩初代，爰申弧矢之威。執玉已旋，遞設金湯之險。逮至七雄鬭土，二霸專征，其或盟約未孚，則崇百雉而以尊王室；仇讎尚熾，復嚴八襲而用保邦家。由是九服畏威，諸侯述職。式閭懋德，仍垂裕於後昆；定鼎洪基，啓重光於奕世。及其素靈有國，炎政披圖，未嘗不廣樹藩防，久司方面。帶河阻險，將制敵以平艱；高壘深溝，遂取威而定霸。爾后五方分鼎，六代乘龍，咸皆高蹠前規，重席故範。雖復寢扃静柝，已無伺隟之虞。然後列郡通都，常有磐石之固。則知百王遺式，歷代所因，利用建侯，率由斯道者也。

我唐中興三葉，聖(歷)〔曆〕再周。貞觀不違，飛沉自若。義聲騰於九有，靈光施於八埏。國步已康，而關防益謹。用張下武，大展雄圖。載習五兵，克殲勍敵；重營堅壁，以制不庭。乃詔寧國軍節度使、檢校太尉、同中書門下平章事、都督宣州諸軍事、宣州刺史濟南公，築此新城者矣。

公擢陰陽之秀氣，含川嶽之上靈。才爲時生，榮不世出。心堅鐵石，氣激風雲。森武庫之戈矛，杜私門之營壘。負流丹之勇，竟折鋭以摧堅；沉背水之機，必追奔而逐北。義征不譓，方圖煙閣之形；功濟多艱，更鏤昆吾之鼎。所以疊縻天爵，頻擁隼旟。政理浹旬，仁風載路。牙帳荷絶甘之惠，編閭興來暮之謡。況寧國重藩，宣城奥壤。星分牛斗，地控荆吴。扼天下之嘸喉，作關東之襟帶。雄加侯甸，必須良將之籌謀；勢壓江山，實假崇垣之壯麗。於是特飛鳳詔，命展金墉。

公乃選五稼豐登，三農閑隙，遂敷心計，因著土功。是以將校呈規，工徒獻藝，士皆樂往，民以悦來。荷長鍤以成雲，陳豐畚而翳日。因高就遠，以日繼時。萬堞才①成，堅同石堡。四門始畢，儼若玉關。爰自壬戌歲二月興役，至癸亥年三月畢工。所築新城，自金光門西北，轉至舊城崇德門東北角，長五里三百三十三步；從崇德門以南，轉至金光門東，長四里二百三十步。

① 「才」，《全唐文》卷八七七作「方」。

新舊城共長一十里一百九十三步。新築濠塹，亦從金光門繞新城，轉透出大溪，長八百九十四丈，深三丈有餘。造成大樓八所。其諸敵樓、橋道等，不可殫書。

公前在京口日，浚溝池，崇壁壘，洎移鎮撫，復繕城隍。凡標準地形，督責功力，委蛇延袤，必躬必親，日入而休，曾無倦意。牛酒犒士，絲綸賞功。士卒塗塈①，日月相望。公又釀醪醴，豢犧牲，三日一餉軍夫，五日一享將校。由是萬民負畚，咸悦豫以忘勞；列校褰裳，稟威嚴而盡力。

其動也，山回地轉，勢若奔雷。其静也，雨息風恬，齊如剪紙。數年之役，期月而成。觀其千雉豐餘，重門静忽。飛閣神行而聳漢，璇題月照以羅空。層檐翼舒，雕楹虬躍。高陴矗而山屹，方櫳豁以洞開。排畫桷以星攢，下臨無地；走長廊而雲布，横射遥天。而又别一帶之寒江②，自爲天塹；環千尋之深洫，宛是湯池。固可藩屏皇居③，折衝萬里者也。懿哉乎，城之爲役也！暫勞永逸，既不騫而不崩；有備無虞，信可大而可久。銘功勒石，以播無窮。

其詞曰：

於赫有命，洪惟我唐。中興奕葉，三聖垂光。王猷允塞，靈貺孔章。賢士在位，猛士守方。

① 「塈」，《四庫》本作「暨」。
② 「江」，《全唐文》卷八七七作「山」。
③ 「皇居」，《全唐文》卷八七七作「王宮」。

王公設險，以守其國。重門擊柝，以待暴客。況此宣城，國之閫國。不有金湯，何爲控扼？
烈烈虎臣，爰兹鎮牧。廉問方期，仁風載沐。寅承廟算，允因玉燭。遂度土工，乃陳畚鍤。
經之營之，壘堞疏流。萬尋淵引，千雉雲浮。石堡玉關，鐵瓮金甌。雄加九服，麗絶方州。
飛詹鳳舉，畫栱龍游。
疊碧鴛兮霧合，亘長雲兮翼舒。何巨防之可比，視方城其蔑如。勒勳績於貞石，作藩屏於
皇居。

癸亥歲十月五日。

宣城縣

附郭。

南陵縣

舊無城。明正德間，知縣胡文靖置四門。嘉靖癸亥，知府羅汝芳、知縣郜永春始建，周九百三十六丈二尺，高二丈五尺，厚三丈，門四，水關三。萬（歷）〔曆〕九年，知縣沈堯中增高三尺。又於西、北二門之中築臺增戍，以二門相距遠也。崇（正）〔禎〕間，知縣甘文奎重修。

涇　縣

舊無城。明正德中，知縣鄭氣立三門。嘉靖癸亥，知府羅汝芳、知縣陳廷芝築。周九百三十二丈，高二丈七尺，厚三丈，内外並甃以石，門四，水關二。城外有濠，沿河舊建石堤。萬（歷）〔曆〕丙申，知縣陳大綬又自西門至北水關，重築石堤十餘丈。崇（正）〔禎〕間，知縣尹民興復修。

寧國縣

舊有城，宋南渡後增築，周五百一十九丈，高一丈五尺，厚稱是，三門。元至正中，白總管建北門。明洪武時，塞北門。正德間，知縣王時正增建四門、城樓。嘉靖間，知縣范鎬更復三門。國朝雍正七年，知縣劉鑑修濬。

旌德縣

舊無城。元元貞中，縣令王貞立四門，後燬。明嘉靖間，知府沈志言、知縣趙在，奉督撫檄始築城。周八百九十二丈，高二丈，厚一丈二尺，門七，皆有樓，内水門一。國朝順治十四年知縣王融、康熙八年知縣李士竑、雍正八年知縣紀咸，相繼重修。

太平縣

舊無城。明弘治、正德間，知縣王雄、朱守相繼置五門。嘉靖癸亥，知府羅汝芳、知縣顧鎰建。周九百丈有奇，高一丈六尺，厚稱是，門五，水關二，西北倚山。萬(歷)〔曆〕丙子，知縣張廷榜增築。

池州府

府城相傳唐永泰間刺史李芃築，黄巢破後，刺史竇潏修復之。南宋知州李彦卿、李思重、趙炎、陳覃、傅伯召、葉永漸、徐橋、程宗仁，相繼營葺。嘉定中，知州史定之復於城外西偏築新城，如偃月狀。元堙。明正德十二年，郡守何紹正建磚城，西北仍舊址，而拓東南隅三百餘丈。共周一千四百二十八丈，高二丈三尺，厚倍之。立門七：南曰通遠，南左曰毓秀、右曰鍾英，東曰九華，西曰秀山，北左曰迎恩、右曰望京，門各有樓，有月城。濬濠之堙爲民業者。萬(歷)〔曆〕初，兵備副使馮叔吉、太守王頤復增而高之。國朝康熙十年，通遠門大觀樓圮，郡守樸懷玉、貴池令張應薇重建。

貴池縣

附郭。

青陽縣

舊無城。明嘉靖四十四年，邑令田登年始築。周八百三十二步，高二丈，厚半之，立四門，各有樓及月城，水關二。萬(歷)〔曆〕十八年，知縣秦應鸑加築城北隅高之。

銅陵縣

舊無城。明萬(歷)〔曆〕三年，兵備副使馮叔吉，檄知縣姜天衢始築，後令黃縉成之。周七百丈，高二丈一尺，厚一丈二尺，立四門，各有樓及月城。後知縣熊藎臣改闢東門。國朝順治二年，知縣蔣應仔、劉曰義相繼修葺。

石埭縣

宋立土城。明嘉靖四十五年，知縣曾諶始以磚甃之。立門五，各有樓，東、西水關二。

建德縣

舊無城。明嘉靖四十五年，知縣譚經始築。周五里，高一丈八尺，厚一丈，立門四，各有樓。崇(正)〔禎〕十年，知縣宛三奇增高四尺五寸。

東流縣

舊無城。明萬(歷)〔曆〕元年，知縣陳春築。周三里半，高一丈八尺，厚一丈，立門五，各有樓。崇(正)〔禎〕時，知縣許茂莘復增高三尺，後圮。國朝順治六年，知府梁應元、知縣蘇弘謨修復。

太平府

府城肇築於吴黄武間。東晋太和七年，桓温重築。唐保大三年，復高廣之。高三丈，周十五里，跨姑溪河。宋建炎中，知州郭偉改築新城，割姑溪於城外，減舊三分之一爲今制。周六里，高三丈六尺，厚稱是。門六：東曰行春，正南曰南津，南左曰龍津，南右曰姑孰，西曰澄江，北曰清源。明初屢有修治。崇(正)〔禎〕十六年，巡按御史鄭昆貞甃以青石，四隅設堞樓，增窩鋪五十一所。沿城爲濠，(山)〔由〕①東南開渠引水作新壩，東北出水爲梅莊閘，以時啓閉，水深而城益高。國朝康熙中，知縣寇明允、高起龍繕修。

① 據《四庫》本改。

附　明王世貞《太平府修城記》

太平，古金陵支邑也。後稍進爲郡，與金陵俱倚天塹而固。自金陵之爲帝者都，而太平之人民、田土、兵衛，不能當其十之一。然實據其上游，爲之儲胥禦圉而制其命，如古所謂左馮翊者。當天下之割而且合，北不得太平，不可以窺金陵；南不得太平，金陵不可以守。夫以太平之重若此，而自明興二百餘年以來，守土者安於平治之形，而不暇省其城低庳。使弱者憑二尋之衿，不必羽而登也。所甓僅表，而毋及裏，陿不容軌。土惡善潰，不必淫霖而隳也。

萬（歷）〔曆〕辛巳、壬午間，莆田林侯來爲守。恤民隱，搜吏弊，興士風，諸所以稱塞守狀良悉。顧以時周行睥睨，間而憂之，謂：卒有不虞，如柙櫝何？即不穀狃前人苟簡，及瓜以俟後之君子，彼復狃我，將縣官何所賴哉？而會治兵使者程公按部來，與林侯筴合，乃上侯議。督撫中丞孫公、江防中丞吕公、巡按侍御陳公得報可，爲具疏聞之上。下大司馬、大司徒，議報可。下中丞、侍御已，復下程公，程公下侯。所與倅陳某、當塗令楊某規度，所增築爲堞者三千七百六十而贏，其崇二丈三尺而贏，裏垣之崇一丈六尺而贏，厚一丈七尺而贏，週遭爲丈一千六百六十而贏。所改飾爲麗譙者五，爲津關者三，爲戍廬者三百而贏。

計直爲中金一萬七千七百九十，而縮謀之。帑不足，則請諸郡減，卒直八千四百四十餘金爲之幹。不足，則陳公以千金益之，程公再以千金益之，孫公以五百金益之。又不足，林侯與楊令復率贖鍰千金益之。又不足，則爲勇爵賜級以勸，郡人某某及三千餘金益之。林侯乃率厲其屬，與士卒分功於版築間。蓋不閲歲而城成，以書屬余，俾記其事。

余嘗憶《易》曰：「重門擊柝，以待暴客，蓋取諸豫。」夫以大聖人而當取卦尚象時，夫豈有暴客之足虞，而制爲重門擊柝，彼所以待暴客預變之計，周且遠也。故曰：「王公設險，以守其國。」未已，而又曰：「繻有衣袽，終日戒。」又曰：「其亡其亡，繫於苞桑。」若世宗朝，寧不亦重熙累洽哉？一旦島寇卒起，而大江以南，佳麗之地，其無城者、城而庳且薄者，悉其子女玉帛以餧寇。三里之垣，苟不至隤，老弱荷擔而立，乘高下瞰，賊目飽氣盡而走耳，城之不可以已也如是。

今幸臺察監司諸大夫與林侯合筴，而固太平，不至大損縣官帑，雖曰齊民之力，而善用之説以先民，民忘其勞，咸相率赴事，不歲而成百歲之偉功。且因以爲金陵上游衛，其事豈淺小哉？

雖然，所謂有形險也，無形之險在黔首心，林侯固已饒得之矣。請以是風倅、令，及後之君子，毋忽諸，則永永有賴哉！

當塗縣

附郭。

蕪湖縣

古城宋建炎中隳。明萬(歷)〔曆〕三年，知府錢立議建，工未竣，同知龍宗武繼之。至九年，知縣周之翰乃完工。國朝順治十五年，池太道宋之屏倡募重葺。門五，皆有樓，周五里，高三丈。近城無濠，惟長河一帶，東匯涇、宣諸水，經南城，西達於江，有自然之險。

繁昌縣

明天順中遷治後無城。崇(正)〔禎〕八年，知縣羅明祖始築。十一年，知縣張繼曾踵而成之。十四年，知縣馮洪孜復加修葺，置窩鋪。城高二丈，周六百四十六丈八尺，門四，東、南、西三面皆濠，繞城址，出澛港入於江。國朝康熙十三年，知縣梁延年修。

附 宋曾鞏《繁昌興造記》

太宗二年，取宣之三縣爲太平，而繁昌在籍中。繁昌者，故南陵地，唐昭宗始以爲縣。縣百四十餘年無城垣，而濱大江，常編竹爲障以自固，歲輒更之。用材與力，一取於民。出入無門關，賓至無舍館。今治所雖有屋，而庳褊破露，至聽訟於廡下。案牘簿書，棲列無所，往往散亂而不可省，而獄訟、賦役失其平。歷七代，爲令者不知幾人，恬不知改革，日入於壞。故世指繁昌爲陋縣，而仕者不肯來，行旅者不肯游，政事愈以疵，市區愈以索寞，爲鄉老吏民者羞且憾之。事之窮必變。故今有能令出，因民之所欲爲，悉破去竹障，而垣其故基，爲門以通道往來，而屋以取固，即門之東北，構亭瞰江，以納四方之賓客。既又自大其治所，爲重門步廊。門之上爲樓，斂敕書置其中。廊之兩旁，爲群吏之舍，視事之廳，便坐之齋，寢廬泡湢，各以序爲。廳之東西隅，凡案牘簿書，室而藏之，於是乎在。自門至於寢廬，總爲屋凡若干。自計材至於用工，總爲日凡二千三百九十六日而落成矣。夏希道太初，此令之姓名字也。慶(歷)〔曆〕七年十月二十三日，此成之年月日也。

始繁昌爲縣，止三千户。九十年間，四聖之德澤，覆露生養，今幾至萬家。田利之入倍他壤，有魚、鰕、竹、葦、柿、栗之貨，足以自資，而無貧民。其江山又天下之勝處，可樂也。今復得能令，爲樹立如此，使得無歲費而有巨防，賓至不惟得以休，而耳目尚得以爲之觀。令居不惟得以安，而民吏之出入仰望者，益知尊且畏之。獄訟、賦役之書悉完，則是非倚而可定也。予知縣之去陋名，而仕者争欲來，行旅者争欲遊，昔之疵者日已減去，而索寞者日以富繁，稱其縣之名，其必自此始。

夏令用薦者爲是縣，至二十七日，而計材以至於落成，不惟興利除弊可法也，而其變因循、就功效，獨何其果且速歟！昔孟子譏子產，惠而不知爲政。於戲，如夏令者，庶幾所謂知政者歟！於是過子產矣！

凡縣之得令爲難，而得能令而興事尤難。幸而事興，而得後人不廢壞之尤難也。今繁昌民既幸得其所難得，而令又幸無不便己者，得卒與其所尤難，皆可喜而無憾也。惟其欲後人不廢壞之，未可必也。故屬予記，其不特以著其成，其亦有以警也。

廬州府

古皆土城，唐廬州刺史路應求加甓焉。城初據金斗河爲池，宋乾道間郭振帥淮西，以鎮大城小，拓其地跨河，立水關二。元末城圮，僉事馬世德請發公私錢十萬貫修之。明仍其舊，城周四千七百六丈，高三丈，闊四丈。門七：東曰威武、曰時雍，南曰南薰、曰德勝，西曰西平、曰水西，北曰拱辰。四面濠，俱深廣。二關上跨水西門，下跨時雍門，爲金斗河流出入之處。正德中，劇盜劉六等起，知府徐鈺慮水關難守，築埭障之，而導水爲外濠以自固。郡址西高而東下，蜀山、雞鳴山、土山諸水匯於水西門，逕城中金斗河，每春、夏水溢，則東關受害爲甚。後知府張瀚濬流，以殺其勢。知縣胡震亨建閘，以防其涸，民便之。

合肥縣

附郭。

附　元余闕《合肥修城記》

至正十一年，寇起淮南，自浙西、江東西、湖南北，以及閩、蜀之地，凡城所不完者皆陷。合肥之城久圮，倉卒爲柵以守。柵成，賊大至，民賴柵以完。其後僉憲馬君至，顧而曰：「以柵完民，幸也，非所以固。」廼白皇孫宣讓王，及憲使高昌公，議修其城。遂發公私錢十萬貫，召富人之爲千夫長、百夫長者，傭小民，相所圮廢盡築之。富人得官發錢，無甚費，咸喜助不足。小民方饑，得傭錢，奔來執事，鼛鼓不設，鞭扑不施，捧柴荷畚，麕至競作。自十三年二月朔戒事，九月畢。城四千七百有六丈，六門環爲睥睨，設周廬，具飾器，門皆起樓櫓，相盜所必攻者甓之。計用木若干，甓四百四十八萬，用人之力七十七萬八千。城成而盜不至者，今期月矣。

余生長合肥，知其俗之美，與夫所不從亂而可與守者有三焉：其民質直而無二心，其俗勤生而無外慕之好，其材强悍而無孱弱可乘之氣。當王師之取江南，所至諸郡，望風降附。獨合肥終始爲其主守，至國亡乃出降。天下既定，南人争出仕，少不達則怨議其上而不可止。吾合肥之民，布衣蔬食，秀者治詩書，朴者服農賈。婚喪社飲，合坐數百人，無一顯者，無少疾怒不平之色。驅牛秉耒，雞鳴而耕，朝而息；日昃而耕，暮而息。不合耦而終十畝，負二石之米日中超百里，而無僋容。惟其質直而無二心，故盜不能欺。勤生而無外慕之好，故利不能誘。强悍而無孱弱可乘之氣，故兵不能誅。昔者木柵，猶足以力戰禦寇，而無肯失身於不義者。今而得賢使君，修其垣墉，救其疾苦，携持撫摩，以與民守之。而民之與君，又歌呼愛戴，與君共守。自今至於後日，是雖無盜，有亦不足憂也。君前爲庸田僉事，城姑蘇。今憲淮南，又城合肥。一人之身，而二郡之民賴之以有無窮之固，儒者之利，不其溥哉！

君名世德，字元臣。由進士第，歷官應奉翰林文字、樞密都事、中書檢校、庸田僉事。又其官與余前後爲史氏，城又余之所志而未成者也，因爲紀之。其執事與凡供役之人，則載之碑陰。

舒城縣

元末邑人許榮建土城。明弘治十一年，知縣安郁增築，南臨大河，歲慮潰決。嘉靖中，知縣何偁初易以磚。後歷郭懋、陳魁士、黄宗聖、錢允燦、朱世昌，凡五令而功始竟。周一千三十九丈，高一丈五尺，門六，環城有濠。明末殘毁。國朝順治中，知縣丁時陞等相繼完繕。雍正八年，知縣陳守仁修之。

廬江縣

土城亦元末許榮建。明景泰以後，知縣李顯、胡暘、馬鑛、周良會、劉裁軒、尚朱、李暘吉等，相繼修築，易土以磚。周八百五十二丈，高一丈五尺，闊九尺，門六，池深六尺，廣二丈五尺。崇（正）〔禎〕三年，知縣張雲鵠修其傾圮。十二年，耿廷籙因寇亂，於城外築牛馬牆，濬濠益深，建重關石壩，城守以完。國朝順治七年知縣孫弘喆、雍正八年知縣陳慶門俱重修。

無爲州

在宋爲軍壁，明初知州趙君祥始築城。周九里，高一丈二尺，闊七尺，門六。東引花林大河爲濠，深一丈，闊五丈九尺。嘉靖中，巡按御史吴伯朋用郡人劉崙議，改建磚城，高二丈四尺。萬（歷）〔曆〕四十六年，久雨傾圮，知州陳賢才修。崇（正）〔禎〕時，復加修浚。國朝順治六年，城西南壞，知州方安民修。雍正九年，知州張鏻修葺。

附　明徐階《修築無爲州城記》

無爲州故有城，周若干丈。其始不知所由築，及元末而圮。今復城之者，監察御史吴君百朋也。

嘉靖辛亥、壬子間，倭賊竊寇海上，州人布政參議劉君崙，以侍御憂居，言於同知今按察僉事許君用中，請城以爲之備。而無爲去海遠，衆相與迂之，不聽。後三年，倭寇益肆，致焚燒郡縣，劫守吏而取其藏。天子詔有司，各得爲城自保。於時許君已去，州之吏無能任其事者。

明年丙辰，奉命按江北，會寇犯淮揚，遠近洶洶。君歎曰：「是尚可不急圖哉？」乃進州守何寵，條公帑之羡得若干緡，使具諸費，而召其民告語之，使出力以供諸役，民胥應無後。始事於七月八日，凡爲日九十，城成。寇聞，不敢犯，州父老子弟相與樂其生，而頌君之功。於是劉君走書京師，請予記。

按志，無爲隸廬州。廬在曹魏、南宋，蓋南北之界，而攻守者所必先也。想其時高城固門，百倍他郡。而民之苦於兵革，亦有甚焉者矣。逮我朝混一區宇，列聖相繼，禮教明，法令一，寇賊奸宄無所容其間。而廬又於天下爲中土，其吏民宴然，無復戰争之慮。故城之遺址，坐視其没於荒榛野草之中，無復以爲省者。夫豈非治平之徵，而臣民之大幸與？

然君子之爲政，未嘗不以其身共天下之樂，亦未嘗不以其心先天下之憂。城郭溝池，所以設險而守國者，蓋不俟患之既至，乃爲之圖也。若兹城之久而復没也，又豈非有司之失職，而論政者所深慨與？自江南用兵以來，戰守之務取倉卒以致喪敗者多矣。彼其心非盡不知患之當備，惟夫計迂習惰，而僥倖免諸其身，故備之弗豫也。

無爲今巨州，寇所窺也。非賴吴君，殆不免於焚劫。然國家之制吏，率以九載乃得去其官，惟御史之出按，則一年而代。計吴君之日，宜易以僥倖無事，而獨汲汲乎備，以脱州人於兵火之中，此其賢於世之君子遠矣。予故爲記其事，以告爲政者，使知勸焉。

巢縣

舊城圮，元守帥王珪因舊規甃之。至明嘉靖間，惟北門樓堞如故，餘皆木栅。知縣李謨、嚴宏更築，周十二里，高二丈三尺，闊六尺，西南臨河，東北據山，門四。隆慶中知縣易可久、萬（歷）〔曆〕中知縣陳經言、崇(正)〔禎〕時知縣甯承勳俱修葺。國朝康熙七年，知縣于覺世修。雍正七年，知縣鄒理重葺。

鳳陽府

府城明洪武七年建，周五十里四百四十三步，高丈餘，皆土築，惟東北磚壘四里有奇。門十有二：曰洪武、朝陽、獨山、塗山、父道、子順、長春、長秋、南左甲第、北左甲第、前右甲第、後右甲第。其長秋、父道、子順三門後裁，九門名猶存。池本無水，軍民分種爲田。

鳳陽縣

附郭。明洪武五年建。外城周圍九里三十步，高二丈許，門四。内城周圍六里許，高二丈五尺。二城皆磚築。内城東、南及西三面有池。舊爲皇城，崇(正)〔禎〕八年，守監王裕民以流寇犯鳳，奏請鳳無城郭，令民得聚居於此。國朝康熙六年，置縣治。

臨淮縣

梁天監五年築。城周圍九里十三步，高二丈五尺，東繞渦流，西環濠水，北湧淮河，門六，各有樓。明正德七年，巡視都御史叢蘭、守備太監閻瑄重修。嘉靖中，知縣吴鼎、訓導郭維城、鳳陽衛經歷嚴時亨，隆慶中知縣陳中烈，萬（歷）〔曆〕中知縣鄭之亮、賈應龍，相繼修治。國朝順治六年，淮水溢圮數十丈，知縣徐必進修。

懷遠縣

舊城相傳南北朝時所築。周圍九里十三步，高因荆阜，深阻渦、淮。明景泰初，知縣王道因舊址修建。其後傾圮，遂無城郭。崇（正）〔禎〕時，流寇猖獗，巡撫朱大典請城荆山，詔遣欽天監載圖度地，於淮河兩岸始建新城，僅周三里二百餘步。

定遠縣

舊有土城。明正德七年，知縣楊麓易以磚石。周五里二百三十六步，高二丈餘，門四。環城有池，深二丈。北池闊二十丈，餘皆闊十丈。十四年，知縣高壁重修。嘉靖以後，知縣高鶴、盧春蕙、陳鵬舉、李彬相繼修葺。

虹　縣

舊惟土堡，歲久傾圮。明景泰初知縣王磐、弘治中知縣樊江修之。萬（歷）〔曆〕二十二年，知縣任愚始建磚城，周圍五里十三步，高二丈，門五。又有水門二，敵臺八座，池深九尺，闊三丈。

壽　州

舊城久堙，宋嘉定間許都統重建。周圍十三里有奇，高二丈五尺，廣二丈，門四。東爲池塹，北接淝河，西連湖中。明正德中知州吴節，同知梁穀、袁經，嘉靖中知州栗永禄、甘來學、吕穆感，萬(歷)〔曆〕中知州鄭坑，相繼增修。國朝順治六年大雨，知州王業修。

鳳臺縣

壽州同城。

宿　州

城肇於唐。明洪武十年，始壘石覆甓，周圍六里三十步，高二丈四尺，廣二丈五尺，門四。外有月城，池深一丈，闊如之。

靈璧縣

古未有城。明弘治中，知縣陳玉始築土城，旋圮。正德初，知縣陳伯安即遺址建，周六里有奇，高一丈九尺，門四，池深八尺，闊二丈。知縣邢隆繼修。

潁州府

潁州舊城周四里，高一丈八尺。明洪武間，指揮僉事李勝建北城。萬(歷)〔曆〕二年，知州趙世相稍移西築南城，與舊合爲一。周五里四十四步。北門仍舊，東、西、南三門俱在新城，南曰迎薰，東曰宜陽，西曰宜秋，俱有樓、有月城。正德甲戌，兵備孫磐始甃以磚，北倚潁水爲隍。嘉靖二十年兵備蘇志皋、萬(歷)〔曆〕初知州謝詔，濬隍置閘。

阜陽縣

附郭。

潁上縣

舊有土城，元季圮。明初，千户孫繼達始建磚城。周二里六十二步，高二丈五尺，門四，南、北、西三面有池，東面臨河。嘉靖中，兵備蘇志皋濬。萬(歷)〔曆〕間，知縣屠隆築隄。崇(正)〔禎〕九年，知縣廖維義重築。國朝順治八年，城圮於水，知縣鮑弘仁修。

霍(邱)〔丘〕縣

舊惟土垣，明成化間知縣高昇、弘治中知縣王啓修葺。正德七年，都御史叢蘭檄通判方賓易以磚石，知縣孫誠繼之始竣。周六里二百七十三步，高一丈八尺，門四。知縣劉佐、李璉、周佩、楊善等修之，其池深三丈，闊一丈。知縣王啓鑿，知縣陳表重濬。

亳　州

明洪武初，築土城。宣德十年，指揮周廣甃以磚石。周九里三十步，高一丈五尺，廣倍之。形如卧牛，故名卧牛城。門四。弘治十一年，知州劉寧增修。

太和縣

舊有土城。明正德間，判官楊威加築，知縣趙夔繼甃以磚。周一千八百七十九步，高二丈二尺，厚七尺，門四，各有樓。池深三丈，闊五丈。

蒙城縣

明初築土城，周九里有奇，立西、南及北三門。其東渦水環繞，未立門。景泰初，知縣孫震修補。

正德六年，知縣葉寬重建磚城。嘉靖間，知縣劉繼先開東門，又開水門二。後黄河水溢，北城傾圮，知縣劉宗鼎建議縮城，今僅六里許。天啓中知縣吕希尚，崇(正)〔禎〕時知縣王化澄、楊子奇葺治。國朝順治中，知縣田本沛、典史余司韜，康熙中知縣竹緑猗修。

滁　州

州舊有子城、羅城，相傳唐、宋間築。明洪武中，拓爲今城。周九里十八步，高一丈七尺。門六：東曰化日，小東曰環漪，西曰永豐，小西曰觀德，南曰江淮、保障，北曰拱極。有月城。又有上、下水關，建於宋嘉定。明洪武中修，跨沙河爲池。國朝知州甯鳴玉、鄭邦相、余國檣、王賜魁，相繼修葺。

全椒縣

明成化七年，知縣張碧創始。嘉靖戊午，知縣顧達始築爲城。周二里許，高厚各一丈，門三，並有重樓，襄河繞其後爲池。萬(歷)〔曆〕中知縣楊道臣、崇(正)〔禎〕時知縣方允昌，國朝康熙中知縣藍學鑑，屢加修理。

來安縣

明成化四年，知縣趙禮築土垣。嘉靖三十五年，知縣魏大用始爲磚城，高二丈，門六，各有樓。萬（歷）〔曆〕中，知縣周之冕修。崇（正）〔禎〕時，知縣吴志高鑿池，深三丈，廣五丈。國朝康熙十九年，知縣喬嵩修。

和　州

州舊有城，相傳范增所築。明初，知州張純誠重修。周一十一里，高二丈四尺。門六，上皆有樓：東曰朝陽，西曰臨湖，偏西曰横山，南曰横江，偏南曰環江，北曰香泉。水關二，濠塹深廣。萬（歷）〔曆〕元年，知州康誥於六門築重城，各周十五丈，内外皆磚，上爲女牆。崇（正）〔禎〕時陷於流寇，知州萬民戴重葺。國朝康熙中，屢經雨圮，知州夏瑋、王瑄繕治。

含山縣

舊無城，明正德七年知縣張文淵始築土垣。周三里，高一丈五尺，門四，池深廣各丈餘。嘉靖中，知縣葛麟易以磚石，高厚有加。國朝知縣朱長泰、范貞相繼增修。

廣德州

明洪武初，元帥趙繼祖、邵榮鎮此，始建城垣。周八里，高一丈五尺，廣八尺。門六：東曰迎春，西曰崇德，南曰明威，北曰閱武，東南曰石溪，東北曰常州，即今水關。池深八尺，闊一丈六尺。嘉靖中，始甃以磚。自正德後，知州劉節、莊士元、吴同春、段猷顯屢修屢圮。國朝康熙二年，知州楊苞又修之，其六門之名改爲熙春、安貞、麗正、拱辰、鍾秀，惟常州仍其舊稱焉。

建平縣

舊無城。明崇(正)〔禎〕八年，知縣侯佐始築。周七百八十丈，高一丈，廣二丈五尺，門四。國朝康熙四年知縣李景榮、三十七年知縣茅成鳳俱修葺。

六安州

州舊有土城，明初指揮王志甃以石。正德中毁於寇，知州李衮、指揮劉芳撤而新之，增置敵臺二十七座，周一千一十丈，高二丈三尺，闊如之。門四：東曰朝京，南曰鎮南，西曰通濟，北曰武定。後增文昌門。有樓，有月城。池深一丈四尺，闊七丈。崇(正)〔禎〕末爲張獻忠所陷，通判羅傑、知州徐潘等修補，未竟。國朝知州劉克孔、王所善、王廷曾、李懋仁相繼修之。

英山縣

元初至元間築土城，周三里，後圮。明時但倚山帶河爲險，城不復設。弘治己未盜起，主簿徐璋承檄重築。高一丈二尺，闊五尺，缺東南隅，因河爲濠，門五。明末，賊蹂躪之，基址僅存。

霍山縣

元時曹平章保障其地，曾築土城。明弘治中，知縣崔中、吴霖因舊址相繼修築，周一千一百丈。歷正、嘉、隆、萬中，知縣王坊、陳中復、楊楠、吴達迭甃磚石，高一丈八尺，水關二，池深一丈，闊二丈。明季寇燬，知縣曾廷杰、張相重修。國朝順治中，知縣欒元魁修水關。

泗　州

宋有東、西二土城，明初甃以磚石，始合爲一。汴河貫其中，周九里三十步，高二丈五尺，東、西、南、北四門，西南又一門，名香花。隆慶中巡按蔡應暘、萬（歷）〔曆〕中巡按李時成、邵陛相繼修築。環城有濠，外有石堤，建閘啓閉。崇（正）〔禎〕時，大水灌城，郡守李希椟穴城以泄水。國朝康熙十二年，知州李德燿修城及堤。其後淮、湖泛漲，堤不能支，城遂淪陷，寄治於盱眙山。

盱眙縣

古稱城小而堅，有六門。宋嘉定十一年，修盱眙軍城，阻山帶河。明永樂間圮，今北門尚存，名曰淮汴。

天長縣

舊有土城，周六里餘。明嘉靖三十六年，知縣黄泰然因建磚城。周一千四十六丈有奇，高二丈，廣二丈七尺，門四，各有樓，東、西有月城，環城有池，深廣俱二丈。萬(歷)〔曆〕中知縣田所賦、崇(正)〔禎〕時知縣羅萬象重葺。

五河縣

舊有土城，爲淮水所圮。嘉靖中，知縣高珍遷建磚城，周四里，高二丈三尺，廣三丈四尺，門四，各有樓，池深一丈五尺，闊三丈六尺。國朝順治九年知縣丁浴初、康熙二十二年知縣鄭鼐俱修葺。

江南通志卷二十二

輿地志

公署 一

江、蘇、松、常四府

《周禮·冢宰》：「以八法治官府。」鄭氏云：「百官所居曰府。」蓋與宰夫之職「掌官契以治藏」者異焉。「委蛇委蛇，退食自公」，《召南》所由賦《羔羊》也。今江南地廣事繁，文武大小之吏，較旁省爲多。凡改設增置，則廨宇隨之，陟其堂皇，履其燕寢，仰惟清、慎、勤之訓旨，而鈴閣琴堂，皆實心實政之所自行矣。

江寧府

總督部院署　在府城東北。

江寧將軍署　在滿兵城内。

左翼副都統署　右翼副都統署　俱在將軍署東南。

江寧織造署　在府城東北。

安徽布政司署　在府城南大功坊。

　庫　在司署内。

　經歷署　在府城淮清橋東。

長盈庫大使署　在道署後東首。

倉大使署　在復成橋。

江安糧道署　在府城南布政司署東。

　道庫　在道署内。

　庫大使署　在利涉橋西北。

通省驛鹽道兼巡江寧道署　舊在府治西，雍正十年移按察司舊署。

附 巡道陳弘謀《公署記》

雍正九年春，余自維揚郡守奉簡命，擢江寧臬副，整飭通省驛傳鹽法。適以前一年江臬移駐蘇州，其江寧郡屬向所隸於常鎮道者，改隸驛鹽道，就近兼巡。蓋聖天子設官分職，所以爲吏治民生計者，量地制宜，深且悉矣。

道治舊以肅郵叢引，飭文移，司勾會，不與境内民事。余受斯職，既兼巡省會，合屬吏民以公事來治所，駢肩錯轂。顧近市湫隘，堂廡卑庳，無以肅風紀，嚴聽斷。請之臺丞，移咨所部，遂以臬署改建焉。而臬署虚已逾年，日就傾圮。余爲捐俸庀材，時被檄攝安藩篆，藉池州蘇郡丞士俊鳩工相度。得壁間碑記，則向故爲巡道署，改建臬司者也。考其年，以康熙壬子修葺落成。而余適復以今上壬子之年，重修告竣，蓋匝六十年矣。夫十日、十二子相配，數終六十，爰復其始。兹署由道而司，司復於道，迺適會焉，其事殆非偶然者。

而余因重有惕也。從古國家建官制治，道與時宜，政由俗易。蓋法以相參而備，化以積久而成。稽之史册，周美成、康，漢稱文、景，其所由來者漸矣。

欽惟我皇上纘承世德，訓飭官方，憲章由舊，率作維新，凡所張弛，動關治要。金陵省會要區，繁難重地。向之改道而司，所以重屏藩之寄，而崇廉鎮之規。今之易司以道，復協遠近之宜，而分詳要之職。要以省方觀民，無負聖朝勤恤元元至意。其秩雖殊，其任則一。

弘謀粤西一介，歷職翰銓，備員蘭省，親承帝訓，寵眷頻膺，簡授兹職，是用兢兢。重以制府擁節會城，懋德勤施，文武是憲。弘謀自顧菲材，典型密邇，報稱滋難。況又統領驛郵，詰姦達節，典司鹽筴，裕國通商，其與今此，分路揚鑣。繩糾吏治，舊職新銜，相倚爲重。曷敢苟簡因循，以報政爲具文，視居官如傳舍？故因重修是署，於其落成，伐石以紀。非紀署也，紀其所以居是署者，庶幾夙夜虔共，無忘天子之命也。

若夫聽斷有所，退思有次，若者葺舊，若者更新，辨方正位不失宜，稱覽者自得之，無俟余言覼縷矣。

督理龍江西新關署　在府治上新河。

龍江關宣課司署　龍江關大使署　俱在儀鳳門外。

江寧知府署　在城中内橋西南，明洪武初建。

廣積庫　在府署堂左。

册庫　在府署後堂右。

獄　在府署大門外。

理事同知署　在府治東中正街。

江防同知署　在府署西。

管糧同知署　在府東淮清橋。

南捕通判署　在府署西。
北捕通判署　在府土街口，即蘆政公署。
經歷署　照磨署　檢校署　俱在儀門西。
江東司巡檢署　在直江口。
江淮司巡檢署　在江浦縣浦口。久裁，今復設，隸府。
秣陵鎮巡檢署　在城南六十里秣陵關。
都税司署　茶引所署　俱在淮清橋東。
遞運所署　在三山門内。
聚寶宣課司署　在聚寶門外。
江東驛丞署　在江東門内。舊有金陵驛丞署，今歸併江東驛。
俸給倉　在府治後。
復成倉　在復成橋。
常平倉　在上浮橋西岸。
虎賁倉　在府西朝天宮後。
普濟堂　舊在三山門外，明時建。
育嬰堂　舊在三山門外，國朝康熙年建。雍正十二年，奉旨改建二堂於聚寶門外之佟園，總督趙弘恩倡捐銀九千六百兩有奇，置田撥洲，又歸併舊育嬰堂田房租，以給衣糧等費。

附　鄧旭《育嬰堂記》

康熙二十二年六月己卯日，江寧省育嬰堂成，其房廬田土之詳，當有記書之石，以垂永久。諸同事者僉曰：育嬰緣起，旭當序之。旭不敢辭，因颺言曰：天下事不有始之者，曷啓其緒？不有中之者，曷恢其略？不有終之者，曷底其成？故余得並書，所以啓其緒，而恢其略，以底於成者，用告於來兹。

先是，太皇太后有頒賜育嬰之典，世祖章皇帝有嚴飭溺棄赤子之旨，而我皇上有故殺子女之禁。於是大宗伯龔公鼎孶①，大司寇〔桐城〕②姚公文然，仰體皇上意③，命僧慧心持書詣余，囑爲堂，以育江寧諸嬰之不收者。僧徒乾没其金，僅建庵於天壇之東十餘里，湫隘荒遠，人望而裹足。

會午、未兩年，江南大旱，民不聊生，棄子女者盈路，不忍見聞。於是趙公采岳昆弟與余謀，

① 「大宗伯龔公鼎孶」七字爲《四庫》本所無。
② 據《四庫》本補。
③ 「皇上意」，《四庫》本作「聖心因」。

卜地於三山門外爲堂，以居諸嬰。既惟墨食而鳩部，王公子玠復同余請方伯今太常正卿龔公捐輸，並代募推移凡七百三十金，公悉欣然許之。此始事之經營也。

方公之始事也，命江寧三學生員白夢鼎、姚若觀、季鐸等，同諸父老具呈府縣，遵部例上地價詳。撫軍慕公又謂地苐宜屋，朝廷無賣地養民理。其基雖定，而工費浩繁。乃往請於上、下江兩撫軍，織造、方伯、臬憲、糧儲、驛傳、鹽法、閫司，龍江、蕪湖兩榷使，及江寧太守、府廳，上、江兩縣，督標、城守諸公，約共捐銀一千餘兩。而安徽臬長王公，捐輸代募，復得銀二百九十餘兩。合計前後諸當事暨諸紳衿所輸助，共一千九百餘兩。而本堂之像設、樓殿、廊廡、庖湢，迄乳媼之房舍百餘間。

越三月告成。於是龔公延諸紳謂：堂之郛郭具，而善後事宜奈何？余與太守陳公計，莫若倣蘇州條例，以人註①月，每月人助銀三錢。以辛酉季春朔日，集諸人於堂中，適得募金七十兩。而龔公許募三十兩，以足百兩之數。若謂暫時補苴則可，以爲久遠猶未也。

於是前督府阿公首輸銀三百兩，創佃房於虹橋。龔公復合諸公佽助之，計九百餘兩。爲新房六十五間，舊房五十三間，約每月可得賃金二十兩有奇。猶以爲未足，於堂中舊置太常寺田地七十五畝外，別購新田。賴方伯龔公、臬長金公、太守于公、糧廳朱公、上元于公，多方曲成，

① 「註」，《四庫》作本「計」。

得上元神泉鄉田四百四十八畝。合夏、秋所入，盡納堂中，視昔之饑者漸以充，寒者漸以煖，尫者漸以强，穉者漸以長，且多矣。此中事之經營也。

然由前置房言之，其一月之所獲，尚未足供匝月之用。由後置田言之，其一歲之所入，尚未足供卒歲之需。能無望繼起之大君子哉？

今督府于公，下車之始，摘奸察吏，百務備舉。於壬戌初冬，聞江寧育嬰堂初構，公戒徒隸，節旌纛，親臨西郊。至止於堂，乳媪負諸兒，侍命于公，公慰勞有加。先下檄曰：製衣無後時。賜以繒布，又捐本衙門租米九十餘石爲之食。猶恐不給，復令所司方伯龔公、太守于公，撥來安縣無礙田四百二十一坵，計九百二十九畝有奇，用供常餼。公之下車，堂之婦女告饑告寒。公之旋旆，堂之婦女以宴以衎。蓋得公之莅止，而克成厥終焉，豈偶然哉？

堂既成，其地趾量畝若干，堂宇間架若干，堂中像設器用若干，經費銀數目若干，自經始至落成爲月日若干，及實在嬰兒、乳母簿籍若干。堂去三山門半里而遥，左夾鍾陵，右瞰莫愁，背負石城，面浮雨花。木未兑方而挾震，勢秋位而擅春生。

是役也，旭與子玠王公、采岳趙公昆玉，不過傾筐篚、效倡始之謀。其竭力佽助，共襄盛舉者，則自某某以下皆得書。至於立法之詳，捐輸之數，盡列於碑陰，以垂永久焉。

今幸際江蘇撫軍余公，於子惠元元内，尤加意育嬰，屢頒(圓)〔玄〕妙觀禁約，遠邇誦之，則江寧育嬰堂中自荷慈庥，較前有加矣。

然旭猶有慮者。旭冉冉以老，子玠王公、采岳趙公昆弟，宦遊京師，行踪無定。此後事宜，深有望於當事與紳衿諸先生。擇有德望者，使身任其事，以無負令甲恤孤之意，與各當事暨諸公始事之勢可也。謹記。

儒學　教授署　訓導署　俱在府學内，雍正十三年增建。
中營副將署　中軍守備署　俱在蘆政牌樓左。
左營遊擊署　中軍守備署　在城東。
城守協鎮副將署　在西華門大街。
左營遊擊署　左營守備署　在城東北。
右營都司署　右營守備署　在城東北。
江淮衛守備署　在北門橋。
興武衛守備署　在城北。

上元縣

知縣署　在府治東北昇平橋西，宋建炎間建。
縣丞署　在縣廳左掖，即宋主簿衙正廳，明道先生均簡堂故址也。康熙乙巳，縣丞戴正宸即廳後爲宅。

典史署　在縣廳右。

庫　在縣二堂旁。

獄　在縣儀門内西。

淳化鎮巡檢署　在縣東三十五里。

預備倉　在馴象門賽工橋北。俗名上倉，明初建，知縣程三省修。國朝康熙間，知縣唐開陶增修。

水次倉　在觀音門，近大江。俗名下倉。

監穀倉　在縣署内。

儒學　教諭署　訓導署　俱在學明德堂東。

江寧縣

知縣署　在府治南，明洪武初建。

縣丞署　在聚寶門外兵馬司岡。

典史署　在縣廳西。

庫　在縣二堂旁。

獄　在縣儀門内東。

江寧驛丞署　在城南六十里江寧鎮。

存留倉　在城南安德門外，俗名老人倉。

預備倉　在賽工橋南，明天啓四年義民董志聰捐建。

常平倉　在縣署儀門外右首，雍正五年知縣孔毓珠倡建。

儒學　教諭署　訓導署　俱在學明德堂西。

句容縣

知縣署　在城中四牌樓北，唐天祐六年建。

縣丞署　在縣廳東。

典史署　在廳西。

庫　在縣堂後，左、右各一所。

獄　在縣儀門外。

龍潭驛丞署　在盤龍山北。

預備倉　在縣治西。明知縣韓鼎建；縣丞劉義，知縣李澄、王僖增修。

官鹽倉　在縣北河口鎮。

東西南北四倉　在茅山、琅琊、上容、移風四鄉，明初知縣朱彤建，知縣茅一桂增修。

社倉　共一十七處。

常平倉　在縣西城内。

歲積倉　舊在下蜀，明巡撫周忱移建龍潭鎮。知縣洪浦，縣丞劉義，知縣張蕙、徐廣、王僖，主簿薛仁，典史梁澤、徐九思，相繼增修。

添建常平倉　東倉　俱在縣署東，雍正九年建。

養濟院　在縣西南青元觀前，明建知縣張蕙、王僖修。

育嬰堂　在城隍廟左，康熙四十七年知縣胡爲籀捐建。

儒學　教諭署　訓導署　俱在學宫内，明府丞陳宜建。

溧水縣

知縣署　在城内，順治十一年知縣閔派魯建。

縣丞署　在縣廳左。

典史署　在縣廳右。

庫　在署川堂右。

獄　在縣儀門内。

俸給倉　在縣廳右。
先斯倉　在典史署右。
糧倉　在潢藍埠，即惠民倉址。國朝順治間知縣安應晬建，知縣閔派魯重修。
預立三倉　舊在縣文明門，後移建縣署内。一在儀門東，一在儀門西，一在署前。
便民新倉　舊名永豐，在高淳水陽鎮，明知縣賀一桂移建縣西南三十里梅家渡。國朝順治間，知縣閔派魯重修。
儒學　教諭署　訓導署　俱在學宫内。

高淳縣

知縣署　在鎮山城内。
典史署　在縣廳西北。
庫　在縣署後堂右。
獄　在縣署儀門外右。
廣通鎮巡檢署　在縣東南四十里。
預備倉　在縣治東南，明初建。
石臼里社倉　在縣北二十五里，邑人韓叔陽建。

常豐倉　舊名永豐，在水陽鎮，去縣三十里，明知縣夏天勳移建縣治西留輝門外。

養濟院　在縣治左，明知縣劉啓東增建，國朝康熙間知縣李斯佺修。

育嬰堂　在縣治後通賢街，康熙十七年知縣劉澤嗣捐建，後李斯佺捐修。

儒學　教諭署　在文廟東，明知縣莊鐸建。

訓導署　在還淳齋西。

江浦縣

知縣署　在曠口山城，明洪武二十四年知縣仇存仁建，景泰中知縣羅信修。

典史署　在縣廳西。

阜財庫　在縣川堂右。

架閣庫　在川堂左。

獄　在儀門西。

東葛驛丞署　在東葛城。

常平倉　在預備倉左，明巡按駱駸曾檄建。

預備倉　在縣儀門左。

常平新倉　在縣二堂側，雍正九年建。

起運、存留二倉　俱在縣治東。

社倉　六：一在縣儀門左，一在東葛城，一在湯泉鎮，一在石磧橋，一在新殿廟，一在浦子口，知縣余樞建。

育嬰堂　在城内大營，國朝雍正九年知縣趙作霖捐建，並置田若干畝。

儒學　教諭署　訓導署　俱在學宫内，明知縣張文韜建，後遷於東嶽廟址。國朝順治間，教諭趙淶修。康熙間，訓導王聞晋重修。

浦口營都司僉書署　在浦口城。

六合縣

知縣署　在滁（和）〔河〕①北岸城内，明洪武元年知縣（吴）〔胡〕②有源建。

典史署　在縣廳西。

銀庫　在縣廳東。

册庫　在縣廳西。

① 據光緒《六合縣志》卷三改。

② 據光緒《六合縣志》卷三、卷四改。

架閣庫　在縣儀門外。

獄　在縣儀門外西。

税課局大使署　在縣治前街西。

瓜埠巡檢署　在縣東南二十五里瓜埠山下。

倉　在税課局西，明萬廷珵建，後移建旌善亭後。

預備倉　有東、南、西、北四倉，明初建，後併縣倉。

常平倉　在縣署西，康熙間知縣魏世泰建。

寶成倉　在(元正)〔玄真〕觀東，雍正八年知縣蘇作睿建。

普濟堂　在東門内新安坊，雍正二年建。

育嬰堂　在澄清巷，雍正二年建。

儒學　教諭署　訓導署　俱在學宫内。

蘇州府

江蘇巡撫都察院署　在府城内南宫坊。

國朝□□□有記①。

江南巡撫都察院有行臺，在吴郡，其來舊矣。開國之初，兵燹甫熄，軍務旁午，規恢草創。節鉞重臣莅兹地者，廨宇焚燬，僦邑屋以居。湫隘囂塵，促數移徙。顧瞻雉門，慨然而歎，曰：國家念東南根本，臨遣大臣保釐，俾乂惟兹。公署建牙開府，所以出政治，肅觀聽，整飭官吏，統率軍民。顧乃雜居市廛，偪處闤闠，何以張皇恢廓，居高馭卑，仰稱璽書節鉞，崇重簡任之至意乎？乃卜地於吴城之巽隅，高明爽塏，風氣茂密，於營建爲宜。相地營宅，量日庀材。經始於順治九年之十一月十六日，成事於十年二月二十二日，凡三閲月而以畢工。堂皇翬起，棟宇翬飛，戟門角張，繚垣翼布。將領次舍於前茅，軍伍列營於右掖。廊序周圍，開閎高厚。瞻企者心開，奔趨者氣肅。堂堂然，鬱鬱然，信列鎮之壯觀，百代之洪規也。

夫《春秋》之法，興作必書，魯人之頌《閟宫》也。曰「乃立臯門，臯門有伉。乃立應門，應門將將。」以是爲順天時，考國工，非他力役之可比也。後有良史，知《春秋》、《魯頌》之法者，於公

① 本文《四庫》本未收。删節本只存「國朝」二字，標題與正文俱已被删，登載原文之處顯示爲空白頁。所脱三字當爲「錢謙益」。

是舉當大書特書，以爲後世法。庶幾俾繼公撫吴者，居於斯，莅於斯，出治於斯。自公退食，俯仰周覽，因公之締構，而深思其所以勤勞我三吴，克稱保乂之重任者，則斯院永永不壞。而公之良法美意，亦與之俱無窮也。

公撫吴，政績未可更僕數。邇者海上之役，鯨鯢遠遁，風鶴不驚，有輿人之頌及國史在，不能累書。

余吴民也，舊待罪史局。承公之命，謹載筆以識興造之歲月。

蘇州織造署　在府城葑門内。

江蘇布政司署　在府城昇平橋西北。原係明王文恪三槐堂舊第。蘇州舊無司署，國朝順治十八年，巡撫都御史朱國治題設江蘇布政司，暫駐蘇松道署。康熙元年，知府武弘祖申請巡撫都御史韓世琦，檄行江蘇五府守令，共議購王氏宅而更新之。

永盈庫　在司署大堂側。東銀西錢，並曰「永盈」。

理問署　在府城劉家浜。

江蘇按察司署　舊在江寧府，雍正八年移駐蘇州明澤橋東，即舊分守道署。

經歷署　在府城。

司獄署　在府治西南。

蘇松糧儲道署　在常熟縣。
大使署　在道署。
知府署　在城中織里橋東，明洪武二年建，燬於兵。國朝順治三年重建。康熙十一年，知府甯雲鵬修。
豐盈庫　在府署後堂。
獄　在府治西南。
督糧水利同知署　在府署西。
總捕同知署　在府署東。
海防同知署　在常熟縣福山。
太湖水利同知署　在吴江縣同里鎮。
營糧通判署　在府治東。
經歷署　知事署　照磨署　俱在府治西。
姑蘇驛丞署　在府治胥門内。
百萬倉　在西城至德廟後，宋時建。
儒學　教授署　在府學明倫堂後。
訓導署　在學宫西。

中軍參將兼左營署　中軍守備署　右營遊擊署　中軍守備署　蘇州城守營遊擊署　中軍守備署　俱在府城。

左軍守備署　在吴縣社壇。

太湖營參將署　在太湖洞庭東山，邑人吴時雅捐建。

蘇州衛守備署　在長洲縣龐其巷。

吴　縣

知縣署　在府治西北慈悲橋西，明洪武元年建，國朝順治十二年重建。

附　唐梁肅《吴令廳壁記》

在春秋時，列國各有屬邑。其主者，魯謂之宰，楚謂之尹，晉謂之大夫。秦時天下始置令長。宅一同之内，操賞罰之柄。有人民，有社稷焉。風俗善敗本乎身，黎元安否繫其政，其體大矣。

自京口南被於淛間，望縣十數，而吴大。國家當上元之際，中夏多難，衣冠南避，寓於兹土，參編户之一。由是人俗舛雜，號爲難治。加以州將有握兵按部之重，邑居當水陸交馳之會。承上撫下之勤，征賦郵傳之繁，倍百他縣。夥乎其中，不可勝紀。

大(歷)〔曆〕十一年，天官擇可以長民者。於是范陽盧公，繇太原府祁縣令爲之。外寬内明，敬事而信。政本於仁，飾身以文。下車三年，闔境之人，安居樂義，而不知安樂之所從來，益①平以和也。夫君子立身，論道之通塞，不論位之升降。吴縣，下畿服一等，公俯而爲之。抑選郎②爲官擇人，而其履道從政所由然也。予知者，敢録其實，書於東序，以播其令聞。

宋郭受《吴令廳壁記》

厥今天下經用之所資，百貨之所植，東南其外府也。渡淮而南，濟江以東，督府且十，附城且百，而田疇沃衍，生齒繁夥，則吴實巨擘焉。

予嘗登靈巖之巔，俛而四望：畎澮脉分，原田棋布。(邱)〔丘〕阜之間，灌以機械。沮洳之濱，環以茭楗。則瀉鹵磽确，變爲膏澤之野。蘋藻蒹葭，墾爲秔稻之陸。故歲一順③則粒米狼戾，四方取給，充然有餘。

出乎胥口，以臨震澤，積水無涯，兩山對峙。桑田翳日，木奴連雲。織絍之功，苞苴之利，水

① 「益」，《吴郡志》卷三十七作「蓋」。
② 「郎」，《吴郡志》卷三十七作「部」。
③ 《吴郡志》卷三十七「順」下有「成」字。

浮陸轉，無所不至。故其民不耕耨，而多富足。中家壯子，無不賈販以遊者。由是商賈以吴爲都會，五方畢至，獄①市雜擾。縉紳以吴爲樂土，僑民閭里，幾亞京雒。爲政者急之則怨而駭，緩之則弛而肆。泛然而多容，則干謁紛紜，幾至於骫法。毅然而多拒，則謗詈叢集，必困於遊談。宰字之任信難矣。

右通直郎許君來領是邑，直方不撓，有骯髒之風；簡易無苛，得調腼之術。蓋常急於豪猾，緩於善柔，整其大綱，闊其細故，爲之期年，而縣告治。元祐六年，霪雨敗稼，吴民阻饑。君日慰藉而拊循之，賑給務均，䘏隱求實，不事虚名而爲文具也。予以是知君之篤於從政也。舉兹以旃，則其於整彫敝而應盤錯也何有焉？

水菑之明年，君且代矣，乃悉求前爲此縣之名氏、爵里，將書而刻諸石。顧其僚郭受曰：「吾爲是，俾來者有考焉，子爲我序之。」辭不獲命，因概叙吴風，而毛舉君政之一二。許君，温陵人，世爲學，家甚博而文。異日顯用於時，當不獨以循吏稱也。

縣丞署　主簿署　俱在縣署東。

典史署　在縣署西。

---

① 「獄」，鄭虎臣《吴都文粹》卷九作「鬻」。

庫　在縣後堂旁。
黄册庫　在縣後堂西。
軍器庫　在縣堂左。
獄　在縣署西南。
木瀆鎮巡檢署　在縣西二十七里。
角頭巡檢署　在縣西南八十五里洞庭西山。
東山巡檢署　在縣西南八十里洞庭東山，邑人吴時雅捐建。
和豐倉　在胥門内百花洲東岸，明巡撫周忱建，知縣孫磐重建，知縣牛若麟重修。
常平倉　即濟農倉舊址，明巡撫張國維建，國朝康熙間知縣吴存仁修。
養濟院　在侍其巷北。
儒學　教諭署　訓導署　俱在學宫内。

長洲縣

知縣署　在府治東南烏鵲橋西，明洪武元年建，後燬於兵。國朝康熙二十四年重建。

附　明江盈科《公署記》

長洲縣治後堂凡六楹，其西偏匾曰「玉壺冰」，蓋余郡柳洞陽先生所手題者。先生癸丑進士，去今已四十餘年，而字蹟如新。余退憩其中，不勝枌榆之感。

邑處士張幼于爲余言，先生治長洲，才情揮霍，遊刃有餘。每聽斷之暇，月夕雪夜，必陳酒肴，召諸生可語者與之飲。令兩郡優人，具管絃笙竽，前後歌唱環繞，盡醉而罷。以爲常，而邑大治。

乃余之令長洲也，晨起沐櫛，批答案牘。出而坐堂皇，應賓旅，受質訟，卒卒至午。然後課錢穀，理鞭笞，漏下三鼓乃休。如是亦以爲常，而邑未大治。夫昔也逸，今也勞；昔也樂，今也苦；而治顧不若。將余之才情，果不及洞陽先生遠甚耶，抑時之推遷有不得不然者耶？

憶家君平時爲余言：嘉靖間，徭役不均，郡縣一切以意從事。即中人之家，供役不下百金，甚者千金，而其民富。隆、萬以來，徭役總歸僱募，調停畫一無遺法。民不知役，正供之外，不費一錢，而其民貧。余問家君：若此者，何也？家君曰：時爲之也。余爲農且老，每記墾田一畝，收穀一石。今不能五斗。糞非不多，力非不勤，而所入不當昔之半，民安得不貧？

嗟乎，「一發五豝」，詠於《周南》。「牂羊羵首」，歌在《小雅》。大抵土宜之暢遂，物力之凋耗，有不知其所以然者，故曰時爲之也。夫當土宜暢遂之時，則民之供役也易，故役重而富。及物力凋耗之秋，則民之供億也難，故役輕而貧。供億易，則不勞追呼，不費鞭箠，有司治之力簡而務集。供億難，則追呼不應，鞭箠繼之，有司治之力勞而效寡。是故同一長洲也，洞陽風流，爲政而有餘。不佞拮据，爲政而不足。可謂非時之所爲乎？

噫嘻！汲汲皇皇，未必無小補。然則黽勉從事，尚恐不給，而暇圖逸？故余之不能爲洞陽先生也。因次第幼聞家君之語而記之。

縣丞署　在縣治東。

主簿署　在縣治西。

典史署　在縣治東南。

庫　在縣後堂旁。

甲仗庫　〔在〕①縣堂左。

獄　〔在〕②縣署西南。

吴塔巡檢署　在縣北蠡口。

青(邱)〔丘〕倉　在新橋港東，今分元和縣。

① 據《四庫》本補。

② 據《四庫》本補。

預備倉　在流真港東，舊名濟農。

常平倉　在縣署西庫，雍正八年建。

席墟、荻溪二倉　在廂使橋巷東，今分席墟入元和縣。

蘇巷倉　在中營基巷東，今分元和縣。

滸溪倉　在閶門内錢廠西。

養濟院　明成化三年建。一在花橋西，一在譙樓東。

普濟堂　在虎(邱)〔丘〕山塘普濟橋南。國朝康熙四十八年，善人陳明智倡建，聖祖御賜「香岊普濟」四字匾額。今分元和縣界。

育嬰堂　在(圓)〔玄〕妙觀内西，即靈雨壇舊址。康熙十三年，邑人許定升、蔣德埈、張遇恩呈郡守高晫詳憲創建，邑人顧溥捐置田房。

儒學　教諭署　在學門之左。

元和縣

知縣署　國朝雍正二年分設，七年建於十郎巷。

縣丞署　典史署　俱在縣治旁。

庫　獄　俱在縣署内。

陳墓司巡檢署　在陳墓鎮。

青〔邱〕〔丘〕倉　席墟倉　蘇巷倉　俱從長洲分入。

常平倉　在縣治，雍正八年建。

儒學　訓導署　在長洲學旁。

昆山縣

知縣署　在城内昆山之陽，宋紹興間建，後燬。國朝康熙六年重建。

縣丞署　主簿署　典史署　俱在縣治旁。

庫　在縣後堂旁。

獄　在縣儀門外西偏。

石浦巡檢署　在本鎮。

玉峰倉　在縣治南，舊爲濟農倉，明知縣祝乾壽建，知縣彭富重修。

常平倉　在天區三啚，雍正九年增建。

水次倉　在西門外。舊名玉峰倉，明巡撫周忱移黄涇。至和、金潼等倉合建後，移倉入城，止就東、南傍河二處設官倉爲水次倉。

養濟院　在羅漢橋西，即舊安懷坊。

育嬰堂　在縣治南。

儒學　教諭署　在學宮内。

蘇州城守營右軍守備署　在縣城内。

新陽縣

知縣署　國朝雍正三年分設，在城南街。

縣丞署　典史署　俱在縣治。

庫　獄　俱在縣治内。

巴城司巡檢署　在縣治高墟村。

常平倉　在天區三啚，雍正九年增建。

漕倉　在小西門外，與昆山縣水次倉分廒。

育嬰堂　在縣治西北。

儒學　訓導署　在學宮旁。

常熟縣

知縣署　在虞山東南，宋治平中建。明弘治中圮，知縣祝獻重建。

縣丞署　在縣廳左。
典史署　在縣廳右。
國用庫　在縣署中門右。
省庫　在縣堂右。
苗倉庫　在縣堂左。
軍糧庫　在縣署西南。
獄　在儀門西。
黄泗浦巡檢署　在本鎮。
濟農倉　在縣東北，東臨漕渠，宋時建。明巡撫周忱、知府況鍾重建。今分昭文縣。
常平倉　在濟農倉右，宋時建。
新常平倉　二：一在西門内，一在北門内，雍正九年建。
廣積倉　舊在翌京門外，明知縣黄嘉賓移建城内。國朝康熙八年，知縣于宗堯重修。
永豐倉　舊名東倉，在縣署北。今分昭文縣。
育嬰堂　在城西南四啚，康熙四十五年建。
儒學　教諭署　在明倫堂東。
學倉　在泮池之西。

福山營遊擊署　在福山城。

中軍守備署　在縣城。

昭文縣

知縣署　在常熟縣治東北一里，本海防行署。國朝雍正三年，海防奉裁，改爲縣治。

附　勞必達《建署碑記》

洪惟我皇上董正治官，允釐庶績，裁併府僚，添置縣令。新邑鼎建，必達以不才，特被簡命，來知昭文。

昭以常熟而析，吕望之所遊，子遊之所産，實爲聲名文物之區，江海咽喉之地。始制府查公之建議也，欲就福山城爲治所。部議以爲分汛地隘，難作大邑，僻居海壖，庫獄單外，又兵民雜居，動多牽制。不若同城分治之爲便。時值海防同知奉裁，乃即其廢署而經理焉。

夫以署爲署，宜若材力俱省。然而海防之司，空閒無事。無庫藏，無囹圄，無賓館，無吏舍，無幕寮，不過大門、儀門、外堂、中堂、寢室，東一亭、西一樓而已。又皆傾攲破壞，是以名爲仍舊，而勞費與特創等。

必達始至，舊令即委自料理，公私埽地赤立。謀於介衆，孰啓孰闢，僉曰：西逼通衢，無可廓也。東爲民居，買之其可。乃召立券契，而予之值，有贏勿虧，棄産者無怨咨焉。然後度材庀工，諏日耆事。登登馮馮，役以鼛鼓，行無執扑①。經始於三年十二月，落成於四年十一月。凡新造者若干，葺舊者若干。而堂室、門廡、齋厨，以及庫、獄、吏舍、賓館、神祠，暨典史之署皆備。前後請頒帑金二千七百兩，不足，復捐添一百餘兩，而後集事。

夫戴星出入，税桑田而憇棠下，是長民者之爲也。雖鶉居彀食，心亦甘之。然而有閎其門，有潭其府，豈以爲榮觀燕處哉？所以作民矜式也。湫隘卑陋，則體統不稱。又況於獄訟之所寄，府藏之所守者乎？必達不敢曰克開厥先，惟謹司其工用之出内，無冒濫，無乾没。一瓦一木，具有成規，寸地尺土，無或丐奪。

《易》曰：「君子以作事謀始。」籍而記之，俾後來者有考焉。

主簿署　典史署　俱在縣治東。

庫　在縣堂左。

獄　在典史署南。

白茆港巡檢署　在白茆港口。

---

① 「扑」，《四庫》本作「朴」。

常平倉　在縣東北，雍正七年知縣勞必達建。

濟農倉　永農倉　俱從常熟縣分。

養濟院　在通江橋旁。

儒學　訓導署　在學宫旁。

吴江縣

知縣署　在城内，宋乾道元年建，後燬。國朝順治七年，知縣唐增重建。

縣丞署　在縣治西南。

主簿署　在縣西。

典史署　在縣治東。

縣庫　在縣後堂旁。

西庫　在架閣庫前。

鑾駕庫　在縣堂左。

架閣庫　在縣堂右。

獄　在縣儀門外東。

同里巡檢署　在縣東十里。

汾湖司巡檢署　在蘆墟村。
平望驛丞署　在垂虹亭。
總收蒼　又名外場倉，在北門外五里橋西。
常平倉　在北門内軫角圩，雍正八年建。
養濟院　在北門外廣運橋東南，明正德十一年縣丞靖希賢建。
儒學　教諭署　在學宫内。
平望營都司僉書署　在縣城東門。

震澤縣

知縣署　國朝雍正三年分設，八年於濟農倉舊址建。
縣丞署　典史署　俱在縣城。
庫　獄　俱在縣治内。
震澤巡檢署　縣南八十里。
平望巡檢署　縣南五十里。
漕糧倉　即吴江縣總收倉之西偏，雍正四年分。
常平倉　在北門内軫角圩，雍正八年增建。

儒學　訓導署　在學宫旁。

太湖營左軍守備署　在簡村鎮，雍正三年建。

松江府

提督全省總兵署　在府治西南仙鶴觀西。

分巡蘇松道署　向在蘇州吴縣。雍正八年，移駐松江上海縣治東南，新建。

附　巡道王澄慧《建署碑記》

郡國之有使者，自唐始。然官無定秩，亦無常員。觀察、經略、防禦、團練等使，時置時罷。逮宋以還，沿革不一。明代直省設按察司使一員，蓋即古之觀察。又設有副使、僉事，所以佐按察司使所不逮，而爲之分道揚鑣者也。

國初官制概仍明舊。蘇、松二府，向有兵巡道，駐太倉州。巡行入境，則明澤橋東有駐節之所焉。康熙二年，改兵巡爲分守，蘇州遂爲治署。二十二年，以督糧道兼領之，分守道復奉裁。今上即位之二年，振飭庶司，百務具修。以撫臣何公之請，復蘇松分巡道如舊制。八年六月，中丞尹公上言：「分巡道有巡緝之責，兵、民皆得治之。請加兵備銜，移駐上海，彈壓通洋口岸爲便。」制曰：「可。」

按上海，自明嘉靖甲寅設海防道，以僉事董邦政領其職，募兵三千以備倭。旋以海上無警，罷之。今余適承乏是官，問其舊署，不可識矣。

乃於城之東南隅，相度没官傳舍，兼買民地一十四畝有奇，改建公廨一百五十楹。定規模，采木石，考核其工，作既廪，經營區處。費公帑四千緡，更爲補其不足。閲八月告成。周垣重門，上堂旁宇，後寢下舍，約略具備。邑吏士庶聚而觀之：由外以窺其中，穆然以肅。歷階以望其堂，廓然以容。登堂以睨其左右，却而顧其後，井然以辨，翼然以整。蓋隱乎見憲度之秩，風紀之揚，於是乎在。

余用是重自惕矣。蘇松通都望國，被海帶湖，地繁而劇，人稠以龐，主客雜沓，愚黠異數。而魚鹽鐵冶、菽粟絲絮之利，人競錐刀。三江震澤、澱山三泖之區，善藏姦慝。官斯土者，不可以弛，亦不可以急。不可以文令，亦不可以武競。以求政成，不亦難乎？夫古之所謂盛德者，一之歲勤而教之，二之歲惠而安之，三之歲富而樂之。物不知化，陶然自春，夫而後乃可謂政之成。

余不敏，誠不能上追古人。然宣上德意，以與民遵道而遵路，使者之責也。今日者，登其堂，思其義，其何以肅吾兵民，而使之無犯？復何以容我兵民，而俾得並生？其何以辨其淑慝，而樹之風聲？復何以整其習俗，而會歸有極？苟如是，庶幾上有以答聖天子鄭重設官之意，下亦無負中丞公轉移調劑之宜。雖然言之匪艱，行之維艱，非曰能之，勉焉而已。余故紀廨舍之經始，並書以自勖云。

督理海關署　在上海縣城内，即舊察院。康熙二十四年建。

〔知〕①府署　在城中大街，元初建，國朝康熙元年知府郭廷弼重修。

永豐庫　在府後堂右。

獄　在府治西南。

董漕同知署　在府署左。

海防同知署　今移駐柘林。

水利通判署　在府署右。

糧捕通判署　在府署右。

經歷署　在府署東北。

知事署　在府署西偏。

照磨署　在府署西北。

軍儲南倉　在金山衛，初名廣盈倉，明初建。

① 據《四庫》本補。

廣積倉　在青村城，明初建。

轉般倉　在亭林，宋時建。

平糴倉　在府署東，宋建。

般運倉　在張涇堰，宋建。

儒學　教授署　在學宫西，教授周建鼎修。

　儒學倉　在本學。

中營參將署　中軍守備署　左營遊擊署　中軍守備署　前營遊擊署　中軍守備署　城守營遊擊署　中軍守備署　後營遊擊署　中軍守備署　以上公署，俱在府城中。

柘林營守備署　在柘林城。

華亭縣

知縣署　在府治西望雲橋北，元至正初建，國朝順治間知縣張超重修。

附　元馬永中《新廨記略》

華亭，漢故亭留宿會之所。唐天寶十年，始置縣，屬蘇州。石晋天福五年，分隸秀州，爲天下壯邑。至元丁丑春，因陞華亭府，改名松江。即縣之公宇爲府治，寓縣治於東尉舊司。壬午秋，始以昔時主簿廨舍爲新縣，屋才二十餘間，頹圮狹隘。門與廳參差，且未有獄禁。

甲午春，達魯花赤兀都蠻①承務來監，慨然有增修之志。爰及縣尹柴琳承務暨同僚佐協議，悉捐己俸，積千一百緡。買民地二畝一角三十步，創建廳堂門軒之間七，狴犴之間十有六。元貞乙未，再積俸三百緡，買民屋五間，地七丈四尺，築石岸十有五丈。重建前後廳堂之間十有三，左右吏舍之間各十有一。遷大門與正廳對，砌中道二十有八丈。復立古經略、苗税二碑於門之兩廂。典吏有幕，架閣有庫，戒石有亭，土地有祠，庖厨有舍，靡所不備。始三月丙辰，終四月乙丑。

廉訪副使王公朋益題其堂曰「牧愛」，蓋謂國家以百里生靈之命，俾宰邑者司之，如爲人牧者。保之愛之，則息以蕃；擾之害之，則凋而敝；兹「牧愛」之所以命名也。縣治既新，邑宰屬永中爲之記，故紀賢侯作縣之功，並述王公名堂之意，以識歲月云。

元貞二年八月。

縣丞署　在縣署西北隅。

主簿署　典史署　俱在縣署南。

---

① 「達魯花赤兀都蠻」，《四庫》本作「達嚕噶齊烏德美」。

庫　在縣後堂右。

架閣庫　在縣堂右。

獄　在儀門西。

金山巡檢署　在縣東南六十里。

預備濟農倉　在縣治西南，明知府趙豫即舊太平南倉址改建。

裕軍倉　在縣學西南，明知府許維新建。

常平倉　雍正元年以府城内天主堂改建。

積穀倉　在縣署大堂西，雍正四年知縣陸廷樞建。

鹽倉　在府治西南放生橋西。

水次倉　在郭西五里古浦塘之南，明巡撫周忱建。

養濟院　在穀陽門外平政橋西，宋紹定六年建，今仍舊。

儒學　教諭署　在明倫堂東，明知縣朱直建。

奉賢縣

知縣署　在青村城。國朝雍正二年分設，十年署知縣徐必達領帑建。

縣丞署　在高橋，暫賃民房。

典史署　在縣治。

庫　獄　俱在縣治。

南橋巡檢署　在南橋鎮。

常平倉　分府城内天主堂，雍正五年知縣舒幕芬改建。

水次倉　即劃分華、婁倉。

儒學　訓導署　在城内。

青村營守備署　在縣城。

婁　縣

知縣署　在府治北壽橋西。國朝順治十三年分設，十五年知縣王有極建。

縣丞署　主簿署　典史署　俱在大吴橋南。

庫　在縣署後堂旁。

獄　在典史署側。

小蒸村巡檢署　在縣西三十六里。

水次倉　在郭西五里古浦塘之南，明巡撫周忱建。

預備濟農倉　從華亭縣。

育嬰堂　在縣白龍潭，康熙十三年建，雍正二年修。

儒學　教諭署　在華亭縣學宮東。

金山縣

知縣署　在金山衛城，國朝雍正四年分設發帑建。

縣丞署　在朱涇鎮。

典史署　在縣署東。

庫　獄　俱在縣署內。

泖橋巡檢署　在朱涇鎮西。

漕糧倉　在朱涇鎮東，雍正八年知縣張安國建。

常平倉　在漕糧倉南，雍正九年知縣高澤萊建。

儒學　訓導署　在府學宮後。

金山營參將署　中軍守備署　俱在縣城。

金山衛守備署　在縣城。

上海縣

知縣署　在市舶司，元至正二十九年建，國朝順治間知縣涂贄重修。

縣丞署　主簿署　俱在縣署東。

典史署　在縣署西。

縣庫　在縣後堂旁。

鑾駕庫　在戒石亭東。

架閣庫　在戒石亭西。

獄　在典史署右。

黄浦巡檢署　在縣治。

預備倉　四：一在高人鄉，一在海隅鄉，二在高昌鄉。

濟農倉　在縣南二里，明巡撫周忱建，知縣張貞修，知縣黄文偉改建於縣城内海防廳東。

養役倉　在濟農倉垣内。

水次倉　在縣南二里，明巡撫周忱建，知縣喻顯科重建。

常平倉　在縣西側，雍正七年知縣于本宏建。

育嬰堂　在縣治南闤水橋東，康熙四十九年道人曹炯曾捐宅創建，雍正七年知縣于本宏復捐俸置田。

儒學　教諭署　在學宫内。

右營遊擊署　在縣城西南。

中軍守備署　在縣城。

黄浦營都司僉書署　在縣城。

南匯縣

知縣署　在舊署西北，國朝雍正二年分建。

附　知縣欽璉《建署記》

松江府濱海郡，其隸邑之疆域廣，賦税繁，與蘇屬並甲天下。自至元間，割華亭五鄉置上海縣。明初，築南匯城於縣東八十里，爲千户所。嘉靖中，又割上海西偏，置青浦縣，而上海獨存浦海之區。

今天子踐祚之明年，准前督臣查奏請，析置州縣。而上海所割，即賜名南匯，仍城之舊也，於是三分縣云。璉適蒙特簡，首莅兹土。顧城荒民鮮，縣治無所因。時值新恩減賦，萬姓歡頌，群叩憲請聽民捐建。旋得旨，即藩庫給銀三千兩，乃悉還民所捐。卜日庀材飭工，凡四閱月，而門牆堂室，大略粗具。計其貲，已踰所給之數。是役也，人謂余：苟足飭觀，以公濟公可矣，又何鞏固是期、捐貲不惜之與有？噫！此正余之所慨也。

嘗念士出身事主，忘私最難。高者蔑視百里，指一官如傳舍。其於堂皇之嚴整，門樓之巍焕，齋署之深謹，皆非所急。卑者朘民以生，借官衙爲賈肆。其於堂皇之湫隘，門樓之陋略，齋署之苟簡，皆非所顧。夫意不在公，則受此職，宰此土，原無慎重之思。意不在民，則臨此邦，居此室，又何久大之志？平生所慨如此，忍一旦躬自蹈之耶？

未幾，以公誤被劾，例應鐫秩去。何期皇仁浩蕩，不加譴逐，復獲視事。嗣是晨而出，惕然思曰：聖君貸我，而坐理斯堂也，誤可再乎？則民可誤傷乎？姦可誤縱乎？吏胥可誤聽，而苞苴可誤通乎？是自折其棟也，對榱桷之翬飛，寧無赧乎？暮而入，惕然思曰：聖君貸我，而退食斯堂也，仁可數邀乎？則慾可不省乎？悔可不深乎？過可不自改，而誤可不痛自懲乎？是自試於巖也，仰垣墉之巀嶭，寧無懼乎？展轉於懷，將益圖報稱於訖工之後，而又慮其久而或自懈也，爰勒石於堂之右，以志不忘。

縣丞署　在縣治東北營址。

典史署　在縣治東南。

庫　二，在縣堂左、右。

獄　在縣儀門外西。

三林莊巡檢署　在周浦鎮。

常平倉　在縣大堂西。

便民倉　在周浦鎮。

積穀厫　在便民倉東偏。

以上三倉，俱雍正四年知縣欽璉建。

儒學　訓導署　在明倫堂東。

川沙營參將署　在縣治川沙城。

中軍守備署　在縣城。

南匯營守備署　在縣城。

青浦縣

知縣署　在城内，明嘉靖二十一年建，國朝順治間知縣王嶙修。

縣丞署　在縣治東。

主簿署　在縣治西。

典史署　在縣治東南。

内庫　在縣内堂右。

架閣庫　在廳事後。

鑾駕庫　在廳右。

獄　在主簿署南。

澱山巡檢署　在謝澤關。

太平倉　在北門外，即上海舊唐行鎮水次倉。

濟農倉　在縣治北門内。

常平倉　二：一在縣署大堂東，雍正七年知縣楊鳳然建，九年知縣孫見龍增建。一在大堂後西偏，雍正九年知縣孫見龍建。

養濟院　在西門内。

育嬰堂　在城内，康熙五十二年知縣洪亮彩建，雍正二年知縣張繼詠重修。

儒學　教諭署　在明倫堂後。

福泉縣

知縣署　國朝雍正四年分設，知縣王琮以舊察院基建。

縣丞署　典史署　俱在常平倉側。

庫　獄　俱在縣治内。

新涇巡檢署　在縣四十五保，舊青浦治。

太平倉　即劃分青浦倉。

常平倉　在北門内，即舊濟農倉址，雍正九年知縣胡振建。

養濟院　在西門内。

儒學　訓導署　在學宫旁。

常州府

提督江蘇學院署　在江陰縣城内。

知府署　在府城北，即内子城。唐末景福間建，明洪武四年改府重修。

附　唐李華《刺史廳壁記》

晋分丹陽爲毘陵，後改爲晋陵。隋置常熟縣，創常州理之。無何，常熟隸蘇州，始於晋陵置常州。當楚越之襟束，居三吴之高爽，其地常穰，故有嘉稱。領五縣，版圖十餘萬，望高地劇，比閫①外名邦。自安史肆毒，千里一空②。天子詔宰政，審可以安人者，以工部侍郎贊皇公覽克勝任，帝俞，拜爲此邦。昔齊人聞石相將至，舉國大理。贊皇東轅，明詔先下，吏愉人泰，如時之春，視之猶身，歸者遍野。贊皇公以爲易簡本乎悠久，久於其道而有成，封章上請，求理三歲。詔書寵異，進品正議大夫，優賢報功，於時爲盛。

自吴通上國，越盟諸侯，秦裂郡國，智如伍員，才若鴟夷，以及我國家賢良，臨州者甚衆，未有濬河渠，引大江，漕有餘之波，益不足之川。溝延申浦，至於城下。廢二埭之隘，限③數州之程。海夷浮船，弦登望至，誠古人創物之智，見君子濟衆之心。大矣哉！一境清净，無言而理。此其大略也。

漢制：刺史剖符領郡，遷爲太守。太守課最，入爲公卿。及魏晋以來，或稱州牧。國朝刺郡、太守，更相爲名。親賢如寧、岐，弼諧如梁、宋，皆拜焉。在郡視侯伯，入朝亞卿尹。其車服皂蓋朱幡、華蟲七旒，進賢兩梁冠，玉佩青綬。古有銅獸竹使符，太守不假節，刺史臨兵則持節。今雖無事，亦稱使持節，戒不虞也。降銅魚詔書合之，代獸符也。夫子門人，高第者衆，惟稱雍

① 「閫」，《全唐文》卷五十六作「闕」。
② 「自安史肆毒，千里一空」，《全唐文》卷三十六作「自狂虐肆亂，江湖流毒，地荒人亡，十里一室」。
③ 「限」，《全唐文》卷三十六作「促」。

也可爲諸侯。至矣哉！古之爲理，本於德行。贊皇公秉心宣猷，盡瘁王室，愷悌君子，民①之父母，爲王者輔，宜哉！

海防同知署　在江陰縣治東南。

總捕通判署　水利通判署　二署俱在府治東北。

督糧通判署　在府治西北。

經歷署　在府治東。

知事署　在府治内。

照磨署　在府治西。

檢校署　在府治西南。

豐積庫　架閣庫　俱在府署堂兩旁。

獄　在府署大門之内。

太平倉　元時建，在府城東太平寺前。明初移行春橋西南，知府楊一和修，知縣晏文輝重修。

儒學　教授署　訓導署　俱在明倫堂之右。

① 「民」，《四庫》本作「名」。

城守營遊擊署　在府城。

中軍守備署　在陽湖縣治。

孟河營守備署　在武進縣治。

武進縣

知縣署　晉太康二年初，建於郡城西北八十里，後徙金斗門外街。明洪武四年，移建府治東南。

縣丞署　典史署　俱在縣治東。

庫　在縣署二堂旁。

架閣庫　在縣署二堂右。

獄　在縣署儀門右。

奔牛巡檢署　在縣西三十里奔牛鎮。

小河巡檢署　在縣西北九十里孟瀆河。

毘陵驛丞署　在縣朝京門外。

濟農倉　在太平倉東，明巡撫周忱建，知縣朱瑄修，知縣晏文輝重修。

東西倉　原在水次，明巡撫周忱建，後移近郭，知縣（邱）〔丘〕泰修，知縣楊巍茹、宗舜、晏文輝重修。

常平倉　在縣署後，雍正九年建。

養濟院　在天王堂後，元時設，明邑人吴元捐資修，知縣晏文輝重修。

育嬰堂　二：一在鳴鳳鄉，一在旌孝鄉，雍正二年知縣郭朝弼建。

儒學　教諭署　在學宫内，康熙間黄樞、崔學古重葺。

陽湖縣

知縣署　在府城東左廂界，即舊太平倉基，雍正二年建。

主簿署　典史署　俱在縣治。

庫　獄　俱在縣治内。

戚墅巡檢署　在戚野堰。

常平倉　在縣署東，雍正八年知縣汪文昍建。

普濟堂　六：二在豐北鄉，二在昇西鄉，一在從政鄉，一在延政鄉。

儒學　訓導署　在武進縣學宫内。

無錫縣

知縣署　在城西偏，康熙五年知縣吴興祚重修。

縣丞署　在縣〔署東左角門外〕①。

典史署　在縣治西南。

庫　在縣署二堂旁。

架閣庫　在縣堂右。

鑾駕庫　在縣署二堂旁。

獄　在縣儀門西南。

高橋巡檢署　舊在縣西北十五里，今移縣治。

水次倉　在西城門外，面河。

常平倉　在縣治頭門内馳道東，雍正七年以寅賓館改建。

養濟院　在縣西永興坊巷内，即宋卑田院舊址，明知縣李恭增修。

儒學　教諭署　在學宫内。

金匱縣

知縣署　在城内北都一啚，即億豐倉舊址，雍正四年設建。

① 據光緒《無錫金匱縣志》卷六補。

主簿署　在無錫縣舊治。
典史署　在縣署之東。
庫　在縣署内。
獄　在縣儀門外西南。
望亭巡檢署　舊在縣南五十里，今移縣治。
糧倉　與錫邑分貯。
常平倉　在縣署東北，雍正七年知縣王喬林建。
普濟堂　二：一在懷下四七都，一在懷上四九都，俱雍正二年知縣王喬林建。
育嬰堂　舊在元下東北鄉七啚。雍正十二年，移建金匱縣城隍廟頭門内西首，坐落東北八啚。
儒學　訓導署　在無錫縣學宫内。
常州營左軍守備署　在縣城東。

江陰縣

知縣署　在城西北隅，明洪武元年建。
縣丞署　在縣治東。
主簿署　在縣治西。

典史署　在縣治東。

庫　在縣二堂右。

軍仗庫　架閣庫　俱在縣二堂西北隅。

獄　在縣儀門外東南。

石頭港巡檢署　在縣東三十里。

和豐倉　在縣署西南，即宋都倉，今於此收貯白糧。

水利倉　在協鎮府西南。　初名濟農，在朝宗門外，明巡撫周忱移建。

常平倉　在縣大堂西，雍正八年知縣魏化麟領帑建。

養濟院　在縣治東南祥符寺旁。

普濟堂　四：一在馬鎮，一在華墅鎮，一在章鄉鎮，一在夏港鎮，俱雍正四年將各鎮養老堂改建。

育嬰堂　在城西青龍街，康熙四十七年知縣黄和中捐建。

儒學　教諭署　訓導署　俱在學宫内東北隅。

水師協鎮副將署　在縣城中街。

左營中軍守備署　在縣城。

江陰營遊擊署　在縣城大街。

中軍守備署　在縣城。

楊舍營守備署　在楊舍鎮。

宜興縣

知縣署　在城内長橋北。

附　明方逢時《題名記》

洪惟我國家稽古建官，上而公卿大夫，下而百執事，尊卑有等，貴賤有差，内外相資，體統不紊，凡以爲民也。然位高者其情塞，勢遠者其澤窮。故施政布惠，與民最親且切者，惟令爲然。蓋令者位卑責重，百司之務咸與焉。位卑則勢或有所不及，責重則不可以易舉，百務咸與，則其才或有所不周。故曰：民生休戚，在守與令。又曰：苟非其人，民受其殃。叢脞瑣屑，難於厥職者，亦惟令爲然。噫！其可以易而爲之哉？

宜興爲毘陵僻邑，風氣敦樸，民物質野，錢穀訟獄，實繁且劇，其治之也爲尤難。嘉靖壬寅，余來承乏於兹，濫厠諸君子之後。仰其人，師其政事，而勸戒之心生焉。久之，且懼其名自我而没之也。爰於庶務之暇，遡而求之。百八十年間，得卜公原善以下三十九人，著其姓字，考其里爵，次其任之先後。始於國初，重時制也。略於丞、簿，政不在也。信者書之，疑者缺之，示可徵也。

既成，乃命工鎸之石，以垂於後。而謬序其言於石之端如此。

夫是石之立也，所書者名而已。若夫所謂忠詐曲直之戒，如古人之所云者，則民之輿論遺思，昭昭在也，余曷敢知，亦奚敢於詳？雖然，循名而責實，因人而反己，顧同志者加之意而已，慎無以其名而忽之，其庶幾乎！

縣丞署　在縣治東南。
典史署　在縣治西。
庫　在縣堂東。
鑾駕庫　在縣署東偏。
架閣庫　在縣堂西。
獄　在縣儀門外右偏。
下邾巡檢署　在縣東南三十五里洞山鄉。
鍾溪巡檢署　在縣北五十里萬金鄉，今暫居民房。
養濟院　六：一在縣治西南西廟巷北；一在法藏寺傍西城，明知縣王鍭建，後知縣丁懋移建西門外福德橋西南；一在塘瀆橋；一在青村；一在草塘橋；一在黄督下，雍正四年知縣李端建。
儒學　教諭署　在學宫内。

太湖營右軍守備署　在周鐵鎮。

荆溪縣

知縣署　在縣東察院舊基。國朝雍正二年設，知縣李潤領帑建。

典史署　在縣治。

庫　獄　俱在縣治内。

湖汊巡檢署　在縣東南四十五里。

張渚巡檢署　在縣西南九十里。

漕倉　即宜興之南倉分。

常平倉　在縣署後，雍正九年建。

儒學　訓導署　在學宫内。

常州營右軍守備署　在縣城。

靖江縣

知縣署　在城内西偏，明成化七年建。

縣丞署　在縣署東。

典史署　在縣署東南。
庫　在縣署二堂左右。
儀仗庫　在縣署大堂右。
獄　在縣署儀門右。
馬馱沙新港巡檢署　在小沙團。
常餘倉　在縣署東南。舊名永豐，明知縣張汝華建，後圮。知縣俞獻可復建，知縣陳文燧增建。
永豐倉　在察院内，明知縣陳文燧、知縣陳函輝移建縣土地祠内。
常平倉　在縣治，雍正九年建。
養濟院　在崇聖寺後法堂内，明知縣汪玉建，知縣景日軫修，知縣陳函輝重修。
育嬰堂　在城内三啚。
儒學　教諭署　訓導署　俱在學宫右。
協標左營遊擊署　在縣署左。
靖江營守備署　在縣城。

江南通志卷二十三

輿地志

公署　二

鎮、淮、揚、徐四府　太、海、通三州

鎮江府

鎮海將軍署　在府城中。

左翼副都統署

右翼副都統署　以上二署俱在府城。

分守常鎮道署　在府治舊寶鈔庫。

知府署　在城内東北，明洪武初郡守楊遵即宋、元舊址建。

同知署　在府治東。

通判署　在府治西。

經歷署　在府治東。

知事署　照磨署　俱在府治西。

廣盈庫　在府堂西。

架閣庫　在府堂東。

獄　在府治譙樓旁。

炭渚驛丞署　在城西五十里。

京口驛丞署　在府城。

儒學　教授署　訓導署　俱在學宫内。

中營兼左營副將署　在府城内。

中軍守備署　在府城東門外。

右營遊擊署　在府城。

中軍守備署　在府城西門外。

協標右營中軍守備署

城守營參將署

中軍守備署

鎮江衛守備署

搜鹽廳　在江口。以上四署俱在府城。康熙九年建，雍正六年浙江總督李衛重修。

附　《修建搜鹽廳碑記》

國家惟正之供，田賦而外，則鹽筴所入爲最鉅。兩浙都轉運當長蘆河東，兩淮、閩廣之一，每歲銷數百萬引。行鹽之地，東南瀕大海，西際豫章之廣信、江南之廣德，其北則以京口大江爲關鎖。疆界攸分，巡查是亟。蓋必私禁嚴，而後正引可以流，通裕課，恤商本，計誠莫重乎此也。

余總督越中，兼攝巡撫，節制江南捕務，又奉命綰巡鹽使者之篆。仰惟聖天子愛養百姓，澄敘官方之至意，立綱陳紀，各有敷施。而鹺政所關，首謹私販，固已申飭汛防，凡山陬水澨，實心搜察，罔有漏遺。獨深念京口，與儀、揚僅隔一衣帶水，舟船往來，絡繹不絶。梟徒貪利，冒網夾帶淮鹽，潛售於鎮江一郡三縣之間，根深蒂固，莫可窮詰，致使嘉、松引鹽，每多壅滯。不有整頓，何以革奸？用是具疏題請：盤查之責，屬在大吏，文職則江常鎮道及鎮江海防同知，武職則京口將軍、鎮、標、副將，及鎮江城守參將。按日分曹，更番巡剔。又添設巡兵若而人，巡船若干隻，樓櫓器械必備必堅。衆商急公，捐增工食。兵役用命，晝夜稽查。自教令風行，奸徒亦歛跡，不敢涉江生覬覦。以故年來嘉、松掣鹽較往時增倍，是盤查之有功於鹽政爲甚大也。

先是，順治十六年，鹽使者題明：京口查鹽，令海防同知並城守副將，在於沿江閘口，親身巡綽。然或因循苟且，徒樹空名於江上耳。即康熙九年所建搜鹽一廳，亦因地無專官，事鮮責成，近且日就傾圮矣。夫搜鹽廳者，所以奉明旨，昭功令，金符在上，尤貴尊嚴。官司坐履其間，必有堂皇，方肅觀聽。且兵役趨走，江堤坍塌，亦非所宜。而或風雨朝昏，庇止無地，夫何以專守望而勤檢覈？

余乃發帑金，頒廳式，擇京口世商之能事者，曰汪德培，俾董其任①，就其祖、父之所創建者而更新之。又添建五楹於其後，三楹於其旁。河岸加以石工，沿岸又建小廳三楹。官役上下，均安憩息。至於柵垣鞏固，階級寬平，高牙大旗，飄颺白波紅日間，與畫棟朱甍相掩映，洵足稱江表壯觀矣。是役也，鳩工於雍正戊申之秋仲，閱六月而告成。民力不疲，商力不擾。所以爲盤查計者，固可歷久而不敝矣。

抑余聞之，爲政之道，務在拔本塞源。彼夫積梟巨艑，啣尾販私；漕艘官船，連檣夾帶。是皆軼法之尤，搜查在所必及。若孤舟行旅，所携日用之鹽，數本無多，不關鹺例。是用分別查禁，縱漏苛擾，各因輕重而科治焉。其庶幾無厲於吾民，而稍裨聖朝鹽筴之計於萬一乎？

① 「任」，《四庫》本作「事」。

是宜紀歲時，志興建，以告後之司鹺政者。其工緡纖縷，别勒碑陰。

丹徒縣

知縣署　在府治東南小市街北。

縣丞署　在縣治東。

主簿署　在縣治西。

典史署　在縣治東南。

庫　在縣二堂旁。

獄　在縣儀門東。

高資鎮巡檢署　在城西五十里。

丹徒鎮巡檢署　在鎮東港口。

安港巡檢署　在城東九十里。

大軍倉　在治安坊。

預備倉　在緑水橋西北。

義儲倉　在儒林坊，明知縣龐時雍建。

鎮西倉　在西城外上河邊，今兑漕處。

常平倉　在西門内白馬坊，雍正九年知縣繆遠領帑建。

育嬰堂　在梳兒巷。國朝雍正九年，知府毛德琦捐建。

附　張九徵《初創育嬰社序》

京江育嬰之社，舉於癸丑，夏君爾範首事，余與同人襄之。仿廣陵、吴門兩郡例也，每一嬰月給乳母銀三錢。同社有認一嬰者，有倍認、三倍認者，有數人共認一嬰者。丙辰，爾範赴道山，而余董事兩載。戊午，則郡中紳士與新安同志分月輪執，定會所於月華山之萬歲樓，徵貲驗乳，察弊釐奸，各有耑司，頗稱嚴密。規模既定，遠近樂觀。

不意午未之秋，旱魃相仍，人無宿飽，遺嬰在道。日積月增，捐貲所入，不足半給。蓋廣陵所恃鹽關兩使者及行商大賈，吴門則撫軍、藩司爲政，我郡皆無之，獨數十寒士呼號將伯，奔馳托鉢耳，相顧唏嘘，莫知爲計。

適道臺石公自楚來臨，下車問俗，聞之，欣然親莅會所，首捐俸爲倡。而郡守暨兩少府、縣尹諸公，莫不踴躍分俸，共成盛舉。群嬰之生，已絶而復續，是天心仁愛，畀以福星。而當事諸公，情深保赤，古稱召父、杜母，何以異此？不佞敢再拜手，敬告同里樂善者：夫怵惕惻隱，行道所同。赤子顛連，乍見思救。況衆擎易舉，寸壤成山。省一親朋遊戲之酒資，減一兒女帽領之裝飾，即可廣種福田，普度多命。所費薄而所獲厚，事理至明，奚待智者而後歡喜從事乎？但尤有進者：善必積而後成，德必久而後大。勿始勤而終怠，勿偶應而旋忘。施三分以至於三錢、三兩，總曰發心；化一人以至於十人、百人，總名同善。樂施遂成仁里，善政可革兵刑。從此旱澇不作，時和年豐，且將於此舉見其大端也。

儒學　教諭署　在明倫堂西南。

　訓導署　在殿廡西南。

丹陽縣

知縣署　在縣市西北。

　縣丞署　在縣治東。

主簿署　在縣治西。

典史署　在縣治內。

庫　獄　俱在縣治內。

呂城鎮巡檢署　在本鎮東。

包港鎮巡檢署　在縣東七十里。

雲陽驛丞署　在南門外。

便民倉　在北門内新橋，明巡撫周忱委知縣陳誼、縣丞葛良鼎建。

常平倉　在縣署東，雍正八年知縣甯承謨領帑建。

育嬰堂　在妙覺寺西，康熙四十六年邑人公建。

儒學　教諭署　在明倫堂東。

訓導署　在尊經閣旁。

金壇縣

知縣署　在城西北隅。宋建，順治二年知縣胡延年重修。

縣丞署　在縣治東。

主簿署　在便民倉西南。

典史署　在縣廳西。

内庫　在縣署堂右。

獄　在縣署儀門西偏。

湖溪巡檢署　在上瞟村。

便民倉　在縣署北。明知縣劉訓建，知縣周楫改建於陽武門外水次，知縣趙圭移入城東北隅。今仍舊。

常平倉　在縣治，雍正八年建。

普濟堂　在東門思慕村，邑人莊良玉等建。

儒學　教諭署　在明倫堂後正學堂右。

訓導署　二所：一在學路東，一在日新齋東。

溧陽縣

知縣署　在城西北。始自唐天復間，歷宋、明修建不一。國朝康熙四年增修。

縣丞署　在庫樓右。

典史署　在縣堂東偏。

架閣庫　儀仗庫　俱在縣堂兩旁。

庫樓　在縣署堂右。

獄　在縣儀門西偏。

水次倉　在縣東南。

義積倉　在署南。

存留倉　在西北。

養濟院　在縣治東。

儒學　教諭署　在魁星堂右。

訓導署　在養正、麗澤二齋後。

溧陽營都司僉書署　在縣城内。

淮安府

總督漕院署　在府城内。

附　明吕兆熊《題名記》

明興之創議河運也，自唐順之始也。其卒開今運河，即元會通河，自濟寧達之通州南即宋沙河，疏邗溝通江淮，達之濟寧也，自尚書宋公禮、平江伯陳公瑄始也。其遂開府淮揚，總兹漕務，用支運、罷海運也，亦自陳公瑄始也。其以總憲文臣代之，用總漕兼鎮撫也，則自王公竑始也。其兼提督軍務也，則自胡公植始也。維宗社之咽喉，軍民之命脉，實於是焉樞紐。故底績俶落、除拜氏名，略見國史，然多佚而不屬。

正德四年，邵文莊公寶來莅兹土，懼其久而遂湮也，始鳩王公竑而下至文莊公，凡二十四人爵里，鐫之石，而自爲文以記之，併及漕事，大都焉。自文莊迄今，百十餘年所，迨熊又六十二人，中多入爲名公卿，態不敏，竊嘗嚮往之。然舊石已不勝載，自王公紀而後，闕焉未書，所以更礱貞珉，續文莊之舉，使後有考焉。

然余因是而有慨於天下之事難於識，難於任也。轉漕之利，無踰水浮。《禹貢》紀州，從來尚矣。秦漢及唐，歷歷可鏡。砥柱三門，其覆溺之險，鑿輓之勞，人徒之費，至一舟百日乃能上，何啻百倍今之海運！間或用車、用馱，厥難益鉅。當時有斗錢運斗米之苦，然不能爲他策者，其都關之勢然也。

宋以四河通運，地處平曠，歲入至七百餘萬石，憂不在食，漕渠之效，亦較可睹矣。元之都燕，固即今日之京師也，雖江南轉漕遼遠，然無三門、砥柱爲之隔絶。夷考其當日運道，初則涉江入淮，逆黄河至中灤站，陸輓至淇入御河，達京師。不便也，又開濟州泗河，繇大清入海。旋以海口沙壅，復從東河陸輓，至臨清入御河。不便也，又開膠萊河道通海，勞費久之，訖無成效。後始專用海運矣。然風濤不測，盜賊出没，剽刦覆亡，相因而至，而京師常苦倉儲不繼。何其置今濟寧河道之至易且利者不講，而日爲海與陸之紛紛也？則伯顔、張瑄之識所爲不逮宋公禮、陳公瑄也。豈天特留之，以成今日一代豐亨豫泰之盛哉？

恭襄業開，此萬世之利矣。其儲設安山、南旺、馬場、昭陽諸湖，名爲水櫃，以時瀦泄。東控泰山諸泉，南引邵伯、高郵、寶應諸湖，北會汶、衛、白羊、陽城、洸浮、滹沱、桑乾諸河，以廓委輸。雖厥淤時有，供億頻繁，不無民實勞止、岸乃善崩之患。

天下事無全利，循已事軌，則導流培岸，功易易耳。然恭襄當兹世，非有文皇之廟斷，毅然爲之主持，而黄牛才揮，白簡狎至，非常之原，黎民懼焉，安保無一二道路蜚語，而遂創百代之未有，開萬世之水利耶？故余因是役，而重有慨於天下事之難於識、難於任也。其在今日，又且無暇論漕之外矣。軍饟外迫，財力内屈，則漕不易爲也。北二三千里則病旱，南二三千里則病水。足民足國，固自不能左畫方，右畫圓，則漕而撫又不易爲也。淮揚綰轂南北，最天下要地鎖鑰。十萬之衆，豈曰虚擁？無事則引漕，有事則應援。今天下非無事也。馬窮則逸，鄒滕其微見者也。一旦内訌外侮，淮揚其首受之矣。則漕而提督軍務，尤不易爲也。此皆余今日事，總非識與任不可。而余非其人也，余滋懼矣，何暇言天下事？

石既成，次其説而書之以自警，且以俟後之君子。

總督河院署　在山陽清江浦。

河庫道署　在清江浦。

淮揚道署　在山陽縣。

淮安鈔關署　在板閘，地方離城五十里。

知府署　在城中，即元舊總管府，明洪武元年建。

附 明潘塤《重建府堂記》

斯郡治遷於國初，斯堂創於洪武庚戌，而大啓于成化戊子，毁於正德庚午。凡五閲歲，四易守，乃克有作。蓋經始於乙亥春正月吉，而以其夏四月落成之。

於戲，斯堂其亦有關係哉！今之守，視古諸侯。今之郡，視古千乘之國。則夫堂有臨下之道焉，有王化之宣焉，有民命之系焉。其興與廢，殆與人事相流通，有不可歸之適然之數者。昔鄭國火禆灶，請禳。子産曰：「天道遠，人道邇，非所及也。」子産當國，鄭不復火。今火既易守乃發，意者天將布新，乃除其舊耶？是不可以不作矣。

時太守餘姚華公瑾懼災如焚，式用貶損，掃地布度，茂以涖事。既擢去，安福劉公祥代之，吉水羅公循又代之，加以師旅，因以饑饉，龜卜方殷，鳩僝未暇，是蓋有所待而然歟？歲癸酉秋，南民部尚書郎魏人薛公鍌繼守兹土，治人如己，治官如家。兵既少戢，歲亦頗有，乃諗於衆。衆曰：「斯我公所以臨我治我大庇我者，亟成之，豈所以厲我耶！」公曰：「諾。」於是庀徒度材，三議五請，上下既協，乃即厥功，不日而堂成矣。爲間者五，爲楹者三，爲架者倍其楹之數。

軒其前以展雄飛，扃其後以備燕寢。巍然高以示其立也，廓然大以示其容也，窈然深以示其養也，而峻然潔以示其守也。中之虚示吾公而明，外之直示吾簡而易，上之密者心之結，下之固者德之基也。丹堊髹漆，所以示文；廉階棖闑，所以示禮；披檐露楝，一望而知其中之美，所以示心也。既複經歷司之舊，又撤照磨所而新之，翼乎其左右者，所以示有尊也。

美哉堂乎！君子攸躋。刑賞平而民命立矣，教養備而王化行矣。其無愧於臨下之道哉！故不可以不紀。

山清裏河同知署　在府治西。
海防山安南岓同知署　在山陽縣童家營。
海防山安同知署　在安東縣。
桃源河務同知署　在桃源縣治。
山清裏河同知署　在山陽縣清江浦。
海贛同知署　在山陽縣清江浦。
山盱通判署　在山陽縣周家橋。
軍捕通判署　在府治西。
安清中河通判署
高堰通判署　俱在山陽縣清江浦。
經歷署　在府治東。
照磨署　在府治西。
檢校署　在府治西南。

漕運庫　阜積庫　俱在府儀門内甬道東。
龍亭庫　在儀門外東。
架閣庫　在儀門外西南。
重監　在府儀門内西。
輕監　在府大門内側。
大軍倉　在署西北。元建，明知府任光祖增建。
東新倉　在府學東，明初知府范中建。
常盈倉　在清江浦，明平江伯陳瑄建。
儒學　教授署　在啓聖祠東。
訓導署　在文廟後。
漕標中營兼左營副將署　中軍守備署　右營遊擊署　中軍守備署　城守營參將署
中軍守備署　俱在府城。
河標右營添設守備署　在清江浦。
淮安衛守備署　大河衛守備署　俱在府城。
葦蕩營參將署　右營守備署　俱在仁和鎮。
山清裏河上營守備署　在清江浦。

山清裏河下營守備署　在楊家廟。
山清外河上營守備署　在老壩口。
高堰上營守備署　在高家堰。
山盱下營守備署　在高良澗。

山陽縣

知縣署　在府治南。明洪武中建，國朝康熙十八年燬，知縣薛雲奇重建。
裏河縣丞署　在府城内。
外河縣丞署　在清江浦。
裏河主簿署　在府城。
外河主簿署　在蘇家嘴。
高良澗主簿署　在周家橋。
典史署　在縣治東。
縣庫　在縣署二堂旁。
架閣庫　在縣堂右。
獄　在縣儀門外西。

預備倉　舊三處，今止存一處，在志道書院旁。

養濟院　在縣治西南。明洪武初知縣淩澤建，知縣高時修。

儒學　教諭署　在講堂後。

訓導署　在社學内。

阜寧縣

知縣署　在廟灣城。國朝雍正九年分設，即海防同知舊署修建。

縣丞署　即原廟灣巡檢司舊署，在縣治西小南門外。

典史署　在縣治大堂西側。

鹽課司署　在縣大南門外。

縣庫　獄　俱在縣治。

馬邏司巡檢署　在城西北童家營。

大套司巡檢署　在城西北五十里北沙鎮。

羊寨司巡檢署　在城西攔黄壩。

童營司巡檢署　在城西八十里大茭菱蘇家嘴。

草堰口巡檢署　即原廟灣巡檢改設，今署將建，暫駐朦朧鎮，離城西南六十里。

倉　在縣西側。

儒學　訓導署　在啓聖祠後。鹽城學訓導分莅。

廟灣營遊擊署　中軍守備署　俱在縣城内。

守備署　在縣窈子港。

山安海防河營守備署　在縣童家營。

鹽城縣

知縣署　在城東北，明洪武元年建。

縣丞署　在縣治東。

典史署　在縣治東南。

收貯庫　在縣堂西。

暫貯庫　在縣堂東。

架閣庫　在收貯庫旁。

獄　在縣大門西南。

沙溝巡檢署　在本鎮。

上岡巡檢署　在縣上岡。

常豐倉　在縣署東南。宋時建，明知縣葛成重建，國朝雍正七年改爲社倉。

永濟倉　自西門外改置城内。

預備倉　四：一在縣西十八里，一在縣西八里，一在縣西南四十里，一在縣北九十里。俱明知縣宋必進建。

涇河倉　在縣西北一百六十里山陽縣界涇水次。明知府(邱)〔丘〕陵建，後又改建於府城東倉基。

便民倉　在縣西門外一里。明知縣楊瑞雲建，秋糧交兑於此。

常平倉　在縣署東，雍正八年建。

鹽義倉　即永積倉舊址，雍正五年知縣崔昭建。

養濟院　在縣東南半里。

育嬰堂　舊在縣治西。雍正六年，知縣孫蔭孫捐資改建於縣治東南。

儒學　教諭署　在敬一亭後。

鹽城營遊擊署　中軍守備署　俱在縣城。

守備署　在縣草堰口。

清河縣

知縣署　在清河口，明洪武三年即舊基重建。

縣丞署　在甘羅城。

中河主簿署　暫賃民房。

管河主簿署　在縣治。

典史署　在縣治東南。

右庫　在縣堂右。

架閣庫　在縣儀門内側。

鹽庫　在縣儀門内。

獄　在縣儀門外。

馬頭巡檢署　在甘羅城。

清口驛丞署　在縣治(二)〔東一〕①里。

盈貯漕米倉　在縣署西半里。明初知縣孔克勳建，國朝康熙間知縣管鉅重建。

① 據咸豐《清河縣志》改補。

預備倉　四，明初知縣郄貴建，知縣盧寧重修。一在吴城鄉朗石堡内，一在吴城鄉安羊堡内，一在移風鄉高秋堡内，一在金城鄉魚溝堡内。

常平倉　在縣西北，雍正六年建。

養濟院　在縣治東，明洪武七年建。

儒學　教諭署　訓導署　俱在學宫内敬一亭側。

山清裏河上營參將署　在縣運口。

桃源安清中河河營守備署　在縣治。

安東縣

知縣署　在大城坊化龍橋，明洪武三年建。

縣丞署　在縣治東。

主簿署　典史署　俱在縣治東南。

收銀房　大庫　小庫　俱在縣二堂旁。

耳庫　架閣庫　在縣儀門内側。

獄　在縣儀門内側。

長樂巡檢署　在縣北一百里。

五港巡檢署　在本港。

大益倉　在縣治東南。明知縣李貫建，國朝雍正七年知縣蔡璠重建，知縣孫顯武增修。

便民倉　在清河縣界。

常平倉　在縣大門西，雍正七年知縣蔡璠、孫顯武相繼修建。

養濟院　舊在縣城外東北。明知縣張瑾建，天啓六年知縣劉君聘移建城内。

儒學　教諭署　訓導署　俱在學宫内明倫堂西南。

山清裏河上營遊擊署　在縣治。

山安上河營守備署　在縣城。

山安下河營守備署　在縣佃湖。

桃源縣

知縣署　在古桃源。元至正中創建，尋燬，明洪武元年即舊基重建。

縣丞署　在縣治東。

中河主簿署　在重興集。

北岸主簿署　在崔鎮。

南岸主簿署　在縣治西。

典史署　在縣治内。
縣庫　在縣二堂旁。
架閣庫　在縣儀門内左。
獄　在縣儀門外西。
三義鎮巡檢署　在縣三岔口。
古城驛丞署　在本驛。
常濟倉　在縣署南。知縣殷亮建，知縣趙經增建。
預備倉　四，俱在縣治。明知縣陳寧建，知縣趙經增修。
常平倉　在縣治，雍正九年建。
東金莊倉　在縣治三十五里。
仁義倉　在縣治北三十五里。
三汊鎮倉　在縣治東三十里。
崔鎮倉　在縣治西。
養濟院　在縣治西南。明洪武二年建，知縣趙經重修。
儒學　教諭署　訓導署　俱在學宫内。
河標左營遊擊署　桃源南岸河營守備署　桃源北岸河營守備署　俱在縣治。

揚州府

兩淮鹽法察院署　在府治東，北抵鈔庫巷，西抵通衢。

分巡兩淮鹽務道署　在府治三江營，雍正十年建，雍正十三年移駐泰壩。

兩淮都轉鹽運司署　在府治張家巷，即漢江都相董仲舒舊宅。

附　明李鋭《三門記》

兩淮鹽司，自唐以來代有之，司治設於揚城東關南陬。或曰：揚城昔廣，司建厥中，後改作而隔諸外。夫鹽司，錢糧淵藪也，而乃寄諸城外，是猶珠玉委於道傍，可乎哉？

余承乏來官是司，顧司外通衢，東、南、北皆有隙地，可作門以爲保障。乃命工會料，規畫周悉。請之臺憲，皆許可。於是構甓瓦、木植，聚群匠而作之。門凡有三，上覆以樓，樓櫓相望，宛若小城。經始於仲冬丁未，落成於臘之庚子。

適有客過余，相與登樓而眺，客曰：「偉哉此舉，真百年良圖。《詩》謂未雨徹桑，《易》謂設險以守，其無愧哉？」余曰：「吾子其肇錫嘉名，余得以奉教焉。」客唯唯：「南曰迎薰，北曰拱極，東曰賓陽。」

余問其旨，客語余曰：「昔者舜彈五弦琴，歌《南風》詩曰：南風之薰兮，可以解吾民之慍兮。子能礪爾操存，平爾政事，商而寬之，竈而撫之，海隅市廛無愁歎聲，兹非迎薰之謂乎？語曰：譬如北辰居其所，而衆星拱之。子能殫爾心力，夙夜匪懈，以事一人，所謂處江湖之遠則憂其君，兹非拱極之謂乎？傳曰：日者衆陽之宗，人君之象。子居是官也，凡涣汗之頒布，天語之叮嚀，洞洞屬屬，奉行惟謹，所謂天威不違嚴咫尺者，兹非賓陽之謂乎？是非特名門，亦所以勖吾子也。子能顧名思義，身體而力行之，後之繼子者，接目警心，奮發不怠，鹽政其庶乎！」

余揖而謝曰：「命之矣。」遂與舉觴，酣飲而罷，因書以爲記。

泰州鹽運判署　舊在泰州北關，後改建東臺。

通州鹽運判署　舊在通州西城，後改建石港。

淮安鹽運判署　在安東縣治東城坊。

　經歷署　在運司署二門内。

揚州鈔關署　在府南門外。

知府署　在通泗橋西北，明洪武三年建。

清軍同知署　在府治左。

江防同知署　在瓜洲鎮。

水利同知署　在泰州東臺場。

揚河通判署　在高郵州。
監掣通判署　在儀徵縣。
糧河通判署　在泰州。
　經歷署　在府治前。
檢校署　照磨署　俱在府署西偏。
廣陵驛丞署　在南門外。
大積庫　在府川堂右。
鑾駕庫　在府儀門東。
軍器庫　在府川堂左。
獄　在府儀門西南。
軍儲倉　在府治東。
義倉　在廣儲門。
儒學　教授署　訓導署　俱在學宫内。
城守營遊擊署　中軍守備署　俱在府城。
　守備署　在三江營。
京口協標右營遊擊署　在瓜洲城内。

瓜洲營守備署　在瓜洲鎮。

揚河下營守備署　在瓜洲。

揚州衛守備署　在府城。

江都縣

知縣署　在舊城内儒林坊，明洪武七年徙建。

縣丞署　在城隍廟東。

典史署　在縣治西。

庫　在縣堂西。

獄　在縣儀門西。

瓜洲鎮巡檢署　在本鎮。

萬壽鎮巡檢署　在張網溝。

邵伯驛丞署　在縣北四十五里本鎮官河東岸。

預備倉　三：一在城東五十里大橋鎮，一在彝陵鎮，一在城南十五里楊子橋。

廣儲倉　在廣儲門内西街。

保揚倉　在南門内大街。

鹽義倉　二：一在東關，一在廣儲門内。雍正五年建。

便民倉　在便益門外。

養濟院　在縣北門外。明洪武間知縣丁師尹建，督理漕務王公度重修。

普濟堂　在瓜洲鎮閘口，雍正五年僧見省募建。

育嬰堂　在小東門外，順治十二年邑人蔡挺建。

儒學　教諭署　在明倫堂西。

甘泉縣

知縣署　在小東門内太平坊，國朝雍正九年設建。

主簿署　典史署　俱在縣署旁。

庫　獄　俱在縣署内。

邵伯鎮巡檢署　在本鎮。

上官橋巡檢署　在陳家集。

預備倉　三：一在西門外，一在邵伯鎮，一在豐樂鄉。

育嬰堂　在縣北門外，雍正十二年邑民閔廷佐募建。

儒學　訓導署　在學宮旁。

儀徵縣

知縣署　在城内西北。即宋真州治，明洪武初即舊址建。

縣丞署　在縣治東。

典史署　在縣治東南。

庫　在縣堂左右。

都錢庫　在縣儀門内左。

軍器庫　在縣儀門内右。

獄　在縣儀門外東。

江口巡檢署　在縣東南十里。

廣實倉　即舊常平倉，在天寧橋東南，康熙間知縣陸師改①建。

節貯倉　在資福寺前，明工部主事許孚遠建。

預備倉　四：一在新城鑾江橋，一在城西三里，一在五里壩東，一在朴樹灣北。明初知縣王士亨建。

---

① 《四庫》本無「改」字。

普濟堂　在縣東八字橋，雍正十二年知縣許惟枚捐建。

育嬰堂　在城内天寧橋。

儒學　教諭署　在尊經閣東南。

訓導署　在尊經閣西南。

奇兵營遊擊署　在縣治南門外江口。

中軍守備署　在縣城。

守備署　在青山頭。

儀徵衛守備署　在縣城。

高郵州

知州署　在城内東。

州同署　州判署　俱在州治東。

吏目署　在州治西。

州庫　在州署後堂旁。

廣儲庫　在州署堂右。

架閣庫　在州署堂左。

獄　在州署儀門外西。

時堡巡檢署　在州治東北一百二十里。

界首驛丞署　在城北六十里。

軍儲倉　在南門内。

廣儲倉　在州西高公橋。

預備倉　在州治南市河西。

東西南北倉　四：一在三垛鎮，一在江静村，一在車邏鎮，一在北門外。

養濟院　舊在州西熙和巷，明洪武間建。國朝康熙四十七年，知州李之檀移建南市橋。

育嬰堂　在州西大街，順治十三年邑人張陽等建。

儒學　學正署　在明倫堂西北，明學正施之藩修。

訓導署　二所：在明倫堂東，前爲修業齋，後爲進德齋。

揚河上營守備署　在州治。

興化縣

知縣署　在城北，明洪武元年知縣徐士誠建。

縣丞署　在縣治東。

典史署　在縣治西。

庫樓　在縣堂左。

架閣庫　在縣堂右。

兵器庫　在縣堂東偏。

獄　在長清倉南。

安豐巡檢署　在縣北六十里安仁鄉。

永興倉　在縣西。

養濟院　在北門司徒里。

又有濟生堂，在東門東作里。

育嬰堂　在南門昇仙里。康熙八年知縣陳洪諫捐建，後屢加修葺，里人劉天禄捐置田一百二十畝。

儒學　教諭署　在明倫堂後。

訓導署　在啓聖祠前。

寶應縣

知縣署　在城内西北。宋乾道間建，後燬，明洪武十一年知縣劉維則重建。

管河縣丞署　管河主簿署　俱在縣治旁。

典史署　在縣治西。

庫　在縣堂後。

獄　在縣儀門外西。

衡陽巡檢署　在縣西南一百二十里。

槐樓巡檢署　在縣南二十里。

預備倉　在縣治西。

養濟院　在嘉定橋北街。

儒學　教諭署　訓導署　俱在學宫内。

泰州

知州署　在城東北，即古海陵縣基，明成化、景泰中先後創建。

州同署　在州治西北。

州判署　在州治西。

吏目署　在州治東。

後庫　在州後堂旁。

甲仗庫　在州堂左。
架閣庫　在州堂右。
獄　在州儀門外右。
海安巡檢署　在州南一百里。
西溪巡檢署　在州東一百二十里。
寧鄉巡檢署　在州北六十里。
鹽義倉　在城西門，雍正五年建。
兑軍倉　在北門外。
預備倉　在州治西北。
常豐倉　在州治西北，雍正二年增建。
普濟堂　在州北門外便民坊，雍正十年建。
育嬰堂　在州東門内文利坊，雍正元年建。
儒學　學正署　在明倫堂東。
訓導署　在學宫旁。
泰州營遊擊署　中軍守備署　俱在州城。

徐州府

分巡淮徐道署　舊在徐州城内，雍正十年移駐宿遷縣。

知府署　在府城北，即舊知州署。

河務同知署　在府城内。

宿虹河務同知署　在宿遷縣。

邳睢靈璧河務同知署　在邳州城内。

宿遷運河通判署　在清江浦。

以上三署，俱雍正十二年自淮安府改歸。

管理糧鹽捕通判署　在府城内。

經歷署　在府城中。

庫　獄　俱在府治。

儒學　教授署　在學宫旁。

河標中營協鎮副將署　協標左軍守備署　俱在府城。

徐河南岸營守備署　在府治。

徐河北岸營守備署　在土山寺。

徐州衛守備署　在府城。

銅山縣

知縣署　在府城内。

糧河縣丞署　在府城舊州同署。

南岸主簿署　在房村舊州判署。

北岸主簿署　在館驛門舊州判署。

典史署　在縣治舊吏目署。

庫　在縣署後堂旁。

龍亭庫　在縣署堂旁。

永成庫　在縣署儀門外右。

獄　在縣署儀門外右。

吕梁洪巡檢署　在本鎮。

東岸驛丞署　在本驛之後。

利國驛丞署　在本驛東。

桃山驛丞署　在本驛之前。

房村驛丞署　在縣治。

兑軍倉　舊在城北三里，後移南關堤内，水没。順治間，副使張兆熊、知州佟遵道改建於城東門内。

廣運倉　在城南二里許，没於水，明主事梅守清、尹梁修復。順治間，郎中陳嘉應創建南廒一座，並樓房倉。

濟衆堂　二：一在河東驛，一在吕梁洪。

安樂堂　在城東南隅。

儒學　訓導署　在學宫旁。

蕭縣

知縣署　在城白茅山。

主簿署　在郝家集。

典史署　在縣署旁。

庫　在縣後堂旁。

獄　在縣儀門外右。

趙家圈巡檢署　在縣東南張山店。

預備倉　在縣儀門東，康熙間知縣閆允吉建。
秋糧倉　在府廣運倉東。
養濟院　在西門外。
儒學　教諭署　訓導署　俱在學宫内。
蕭營都司僉書署　在縣城。

碭山縣

知縣署　在城中。明洪武初建，隆慶六年重修。
主簿署　在縣治東。
典史署　在縣治西。
庫　在縣後堂東。
獄　在縣署西。
預備倉　在署内主簿宅前，明知縣熊應祥建。
常平倉　在縣治，知縣朱之揚建。
義倉　社倉　俱萬(歷)〔曆〕間知縣陳秉良建。
養濟院　在縣治西，知縣熊應祥建。

育嬰堂　在縣治東。

儒學　教諭署　訓導署　俱在明倫堂後，明知縣熊應祥建。

豐　縣

知縣署　在城中。明洪武三年建，嘉靖間河決毁，後知縣徐蓂因舊址營建。

主簿署　在盤龍集。

典史署　在縣廳西。

庫　在堂左。

龍亭庫　在銀庫左。

獄　在縣儀門外西。

預備倉　在縣治西北。

水次倉　在沛縣夏鎮。明知縣莊誠建，（順治間知縣閻）①國朝順治間知縣閻玿〔重〕②建。

義倉　在中陽門，康熙間知縣孫毓璘建。

---

① 《四庫》本、鋟修本無此六字，應删。

② 據《四庫》本補。

養濟院　在舊縣治東北，知縣李崇信建。

儒學　教諭署　訓導署　俱在學宫内。

沛　縣

知縣署　在城小水門内。明季圮，國朝順治丁酉重建。

主簿署　典史署　俱在縣治旁。

庫　在縣堂左。

獄　在縣儀門外西。

泗亭驛丞署　在本驛。

水次倉　舊在縣治東一里河南岸，康熙間知縣沈某移建夏鎮。

預備倉　在署西北舊義倉地，知州李汝讓建。

養濟院　在舊縣治南。明知縣古信建，知州李汝讓遷於縣治北。

廣濟堂　在舊驛南。

孚惠堂　在泗水滸。

儒學　教諭署　訓導署　俱在學宫内。

協標右軍守備署　在縣治夏鎮。

邳　州

知州署　在城内，即元舊治址。

州同署　州判署　俱在舊城堤上。

吏目署　在州治。

州庫　在後堂旁。

龍亭庫　架閣庫　俱在州堂左。

獄　在州大門西牆外。

新安巡檢署　在泇口鎮。

直河巡檢署　在貓兒窩。

夾溝驛丞署　在河口。

州倉　二：一在署西南，一在署東南。

預備倉　在縣治，明知州王毅建。

沙子道口倉　在署東南四十里。

泇口社倉　在州西北九十里，雍正九年知州吕大雅重建。

常平倉　在州署内東偏。

南關廟倉　在署東南二里。
鮑家莊倉　在州西北一百里。
養濟院　在城外。明知州郝茂建，知州舒文秀重建。
儒學　學正署　訓導署　俱在學宮内。

宿遷縣

知縣署　在新城中，明萬(歷)〔曆〕中始改建於此。
縣丞署　在縣治東。
中河縣丞署　在縣治。
北岸主簿署　在縣城。
南岸主簿署　在白洋河。
運河主簿署　在縣皂河集。
典史署　在縣治東南。
左右二庫　在縣後堂旁。
鋪　獄　各一，在縣儀門外西。
劉馬莊巡檢署　在縣北一百二十里。

歸仁堤巡檢署　在縣歸仁集。

鍾吾驛丞署　在新南水次倉西。

預備倉　在縣署内。

養濟院　舊在臨淮門外，知縣喻文偉遷建縣前大街。

儒學　教諭署　在明倫堂東。

訓導署　在明倫堂西。

邳睢河營遊擊署　在縣治。

宿遷運河營守備署　在縣皂河。

宿虹北岸河營守備署　在縣治。

宿虹南岸河營守備署　在縣白洋河。

河標右營守備署　在縣城。

潼安衛守備署　在白洋河。

睢寧縣

知縣署　舊治元末燬，明洪武元年重建。

縣丞署　在縣姚家集。

主簿署　在魏家集。

典史署　在縣治儀門外。

銀庫　在縣後堂旁。

獄　在縣儀門内西。

三義倉　在南門外，即營田種子倉，明知縣申其學修。

常平倉　在縣署西，康熙間知縣劉如晏建。

水次倉　在縣治羊山，順治十一年知縣魏翰建，康熙間知縣劉如晏重建。

預備倉　三：一在察院西，明知縣閔義建，知縣牟鴻修，知縣申其學重修；一在廟灣；一在

辛安鎮。

養濟院　在縣治西南，明景泰間知縣申其學重修。

育嬰堂　在縣東門内，雍正九年知縣郎大成建。

儒學　教諭署　在明倫堂後。

訓導署　在明倫堂東。

邳睢河營北岸守備署　在縣木社店。

邳睢河營南岸守備署　在縣治。

太倉州

蘇松水師總兵官署　在崇明縣，順治十三年建。

分巡太通道署　在崇明縣，即舊中營遊擊署。

知州署　在城北，明弘治十年建。

州同署　在州治東。

吏目署　在州治西。

廣積庫　在州堂右。

鑾輿庫　在州堂左。

獄　在州儀門外西。

甘草巡檢署　在本鎮。

便民倉　在大西門外，明知州李端建，知州萬敏修。

養濟院　在朝陽門故崇福庵東，明知府黃仁山增建。

育嬰堂　在學宮東，康熙四十四年知縣黃洽選建。

儒學　學正署　在學宮內。

劉河營遊擊署　中軍守備署　俱在茜涇鎮。

鎮海衛守備署　太倉衛守備署　俱在州城。

鎮洋縣

知縣署　在州城。國朝雍正三年分設，奉文發帑新建。

縣丞署　典史署　俱在州城。

庫　獄　俱在縣署内。

水次倉　在大西門外。

常平倉　在縣署西。雍正六年建，九年增建縣署東。

儒學　訓導署　在學宫旁。

崇明縣

知縣署　在長砂城，明萬（歷）〔曆〕十三年建，國朝康熙元年知縣龔榜增建。

縣丞署　在縣治西北。

典史署　在縣治土地祠東。

庫房　在縣堂左。

架閣庫　在縣堂右廊。

軍器庫　豐盈庫　俱在縣二堂旁。

獄　在縣儀門内西。

半洋沙巡檢署　在半洋沙。舊有大安巡檢署，在縣城，雍正八年改駐大安鎮，十二年裁歸半洋沙巡檢。

濟農倉　舊在縣署儀門外東西，後遷縣堂後左右。

南倉　在福民街南，康熙間知縣解銘建。

北倉　即儲備倉，舊在瀛洲巷北，雍正七年知縣祖秉震改建於舊道署東首。

養濟院　在城内城隍廟右，明萬(歷)〔曆〕間建，國朝雍正五年知縣張文英重建。

育嬰堂　在北關外毓麟橋西，康熙五十三年邑人黄安國等捐資公建。

儒學　教諭署　在明倫堂後。

訓導署　在文廟西北，雍正五年知縣張文英捐建。

中營遊擊署　在縣城舊左營署。

中軍守備署　在縣治。

左營遊擊署　移駐永興沙。

中軍守備署　在縣治。

右營遊擊署　在縣城。

中軍守備署　在縣治。

奇兵營遊擊署　在縣城。

中軍守備署　在縣治。

嘉定縣

知縣署　在軍馬司坊，宋嘉定間建，國朝康熙六年知縣金敏修。

縣丞署　在縣治東。

典史署　在縣治西。

銀庫　在縣堂旁。

鑾駕庫　在縣堂左。

架閣庫　在縣堂右。

軍器火藥庫　在架閣庫右。

獄　在縣署西南。

南翔巡檢署　舊在江灣，今移南翔鎮。

濟農倉　在五圖内。明初知縣樊鎮改守禦所建，知縣王術、韓浚增修。國朝順治間知縣隨登雲重修，康熙間知縣趙昕增建。

常平倉　在縣治，雍正七年知縣江之煒建。

養濟院　在城内八圖，宋紹興二年設。

育嬰堂　二：一在城内二圖，康熙間知縣黄治選建；一在南翔鎮，康熙間邑人陸廷弼倡建。

儒學　教諭署　在尊經閣後。

寶山縣

知縣署　在城内。國朝雍正三年設縣，即舊吴淞所而新之。

主簿署　在縣治東。

典史署　在縣治。

庫　獄　俱在縣署内。

顧涇巡檢署　在本鎮。

常平倉　在嘉定城内，雍正七年知縣傅景奕改天主堂建。

儒學　訓導署　在學宫旁。

吴淞營參將署　中軍守備署　俱在縣吴淞城。

海　州

知州署　在西城内原李壇宅，元改爲州治。明洪武元年，知州陳德輔因舊基重建。

州同署　在州治東。

吏目署　在州治大門内。

州庫　在州後堂旁。

架閣庫　在州堂左。

獄　在州儀門内西。

惠澤巡檢署　在州南一百二十里張家店鎮。

高橋巡檢署　在州西九十里博望都北。

養濟院　在州治西北，知州陳德輔建，知州董鼎重修。

儒學　學正署　訓導署　俱在學宫内。

海州營遊擊署　中軍守備署　俱在州城。

東海營守備署　在州治雲亭山。

葦蕩左營守備署　在大伊鎮。

贛榆縣

知縣署　在城中正北。明洪武二年建，國朝順治二年修葺，康熙九年知縣俞廷瑞重建。

典史署　在縣治儀門東。

縣庫　在縣堂右，知縣俞廷瑞重建。

獄　在縣儀門外西。

荻水鎮巡檢署　在縣治北七十里。

預備倉　在縣署東，明知縣何淵建。

營田倉　四：一在大沙河鎮，一在青口鎮，一在城頭鎮，一在龍王廟鎮，俱明季建。

義倉　五所，明知縣樊兆程建。

鹽城倉　在署北八十里。

高材店倉　在縣東南三里。

城子村倉　在縣南十五里。

土山村倉　在縣西南五十里，明知州楊子方建。

王彪村倉　在縣西南三十里。

養濟院　舊在縣城東，明初縣丞莫從敬建，後改建於東倉舊址。

儒學　教諭署　在明倫堂西。

訓導署　在明倫堂東。

沭陽縣

知縣署　元至正間因僮陽郡基建，明洪武中重建，國朝於舊治西漸次增修。

典史署　在縣治後。

堂庫　在縣後堂西。

架閣庫　在縣堂右。

鹽庫　在縣後堂東。

獄　在縣儀門内側。

仁字等號倉　二所，俱在署南，雍正七年知縣劉浚明增建。

預備倉　三：一在署東，一在署東南，一在署西，明知縣孫忱、縣丞林騰增建。

便民倉　在清河。

養濟院　在縣治西北，明初建。

育嬰堂　在城内，即舊百子堂，康熙四十五年改建。

儒學　教諭署　訓導署　俱在學宫内。

通州

鎮守狼山總兵官署　在州治東，即元萬户府。

知州署　在城中，宋淳熙中建。

州同署　在河基鎮。

雍正十二年添設州判署，在州西。

吏目署　在州東南。

庫　在州署堂左右。

獄　在州署儀門外西。

白塔河巡檢署　在本鎮。

永安巡檢署　在本鎮。

三角等九沙巡檢署　在官河鎮，雍正十二年添設。

通濟倉　在察院東，明初知州熊春建。

鹽義倉　在天寧寺東首，雍正四年建。

豐備倉　在試院東首，雍正八年建。

養濟院　在西門外。

育嬰堂　四：一在城内；一在吕四場，康熙三十六年建；一在石港場，三十九年建；一在興仁鎮，雍正元年建。

儒學　學正署　訓導署　俱在明倫堂西。

中營遊擊署　中軍守備署　左營遊擊署　中軍守備署　俱在州城。

右營遊擊署　在吕四場。

中軍守備署　在州城。

如皋縣

知縣署　在城東，南唐保大十年設，明洪武元年知縣宗行簡重建。

縣丞署　在縣治東。

主簿署　在掘港場。

典史署　縣治東南。

庫　在縣堂側。

鑾駕庫　火藥庫　俱在縣堂旁。

獄　在縣儀門外西。

石莊巡檢署　在縣東南六十里。

西場巡檢署　在縣西四十里。

軍儲倉　舊名兑軍倉，在縣署西北，明知縣劉永準建。

社倉　在馬神廟後，今改建四廂社倉。

預備倉　在縣署西北，明知縣黎堯勳建，國朝康熙間知縣盧綖增修。

普濟堂　在縣東門外。

養濟院　在縣後，税課局改建。

育嬰堂　二：一在城内東廂，一在縣東掘港場。

儒學　教諭署　在大殿西，教諭蕭兆麟修。

訓導署　在大殿西。

掘港營守備署　在掘港場。

泰興縣

知縣署　在城東北，宋時建。

典史署　在縣治東南。

庫　在縣堂右。

鹽庫　在縣儀門東。

獄　在縣儀門外。

口岸巡檢署　在城西四十里。

黄橋巡檢署　在城北四十里。

印莊巡檢署　在城東四十里。

預備倉　在儒學東。

兑軍倉　在周家橋。

常平倉　在縣治，雍正八年建。

育嬰堂　在城内。

儒學　教諭署　訓導署　俱在學宫内。

泰興營都司僉書署　在城北門包家巷内。

江南通志卷二十四

輿地志

公署　三

上江府州縣

安慶府

巡撫都察院署　在府城中。舊爲巡江察院署，國朝順治五年移駐池州，康熙元年仍駐安慶。

附　**程芳朝《安撫都院公署記》**

國家宅大燕雲，而南國財賦，當天下之半。其地襟江帶湖，東漸於海，上接閩、粤、楚、蜀，下連兩浙，獨恃吾皖爲天下門户，全吴十三郡，安危係之。己丑夏，朝議以巡撫歸併操江，移鎮於皖。上允其議，特命大中丞李公旋進，少司馬重祈父也。

公旌旗指皖，深慰雲霓。但軍府草創，舊爲巡江使者行臺，撫治因之，館垣莫備，楹桷僅存，牙兵露宿。公首捐俸，市民間隙地，環署造營舍數百椽，昕夕有稽，不致雜處恣横矣。逾年，乃度丈藩治，計工授稟。先周以垣，後乃鳩材聚工，外設以屏，樹塞門，卿貳制也。作轅門二，東、西立鎧仗，示嚴肅也。屏内建坊，崇軍門也。鳴樓二，司啓閉也。堂高階遠，辨等威也。後爲樓，退食委蛇處也。凡此皆不取民財，不支公費。經營浹旬，遂告成功。乃屬不佞記之。

因退而深維曰：自軍興以來，江南北諸郡困於傜役，併於豪强，哀鴻雁歎，無襦者比比然也。吾皖瀶、太不逞之徒，又負固蠢動，公漸次底定。視民隱如己傷，興利除害，百姓安堵。芳朝唯賡召虎來宣之什，以紀公拜揚休命，祝天子萬年之頌而已。龍岡皖嶽間，戴公德終古矣，奚贅焉？

安徽按察司署　在府治東北，即明守備署遺址，國朝康熙五年改建。

照磨署　在司署西。

司獄署　在司署東南，即舊小箭廠。

獄　在司獄署旁。

知府署　在城西南隅，明初建。國朝康熙十年知府姚琅重修，雍正十年知府徐士林重修。
同知署　在府治東，雍正十一年同知李國相修。
通判署　在府治西。
經歷署　在府署西。
照磨署　在府署西南。
庫　在府大堂西。
獄　在府大門西。
萬億倉　在康濟門内，順治間巡撫李日芃重建，康熙五十三年知府張楷重修。
府署倉　在儀門外東，明知府王廷賓建，國朝康熙五十三年知府張楷重修。
育賢倉　在培原書院後，順治間巡撫李日芃建。
儒學　教授署　在府學大門左。
訓導署　在明倫堂左。
撫標左營參將署　在三牌樓西。
守備署　在衛守備署南。
右營遊擊署　在純陽院西。
守備署　在撫院旁。

安慶營副將署　在司署後。

都司署　在北門。

水營守備署　在小南門内。

安慶衛守備署　在府城内雙塘。

懷寧縣

知縣署　在府治西，即元淮西分司故址，明洪武間建。

縣丞署　在縣署西北。

典史署　在縣署東南。

庫　在縣署東。

獄　在縣署東南。

長楓夾巡檢署　在石牌鎮。

練潭驛丞署　在本驛。

便民倉　在樅陽門外，今改建鎮海門内，順治間知縣賈壯增建，雍正八年知縣詹宜倫重建。中有廠廳，糧户貯米，以避風雨。

歲增倉　新建，在萬億倉後。

育嬰堂　在姚街口。

儒學　教諭署　在明倫堂左。

訓導署　在明倫堂右。

桐城縣

知縣署　在城中，明初建。

縣丞署　在縣治東。

典史署　在縣治東。

庫樓　在縣川堂東。

内獄　在縣署甬道西。

外獄　在縣儀門外西。

馬踏石巡檢署　在縣東南一百二十里樅陽鎮。

六百丈巡檢署　在湯家溝。

北峽關巡檢署　在縣北四十五里。

吕亭驛丞署　在縣北十五里。

陶沖驛丞署　在縣西四十里。

縣倉　在縣署東南，明知縣洪以和建，今改名預備倉。

便民倉　在樅陽下鎮，明正統戊午創建，國朝順治初重建。

社倉　五：一在城東門内，一在樅陽鎮，一在孔城鎮，一在湯家溝鎮，一在練潭鎮，俱康熙間知縣胡必選建。

養濟院　在縣南太平坊，明知縣陳勉建。

儒學　教諭署　在明倫堂後。

訓導署　在啓聖祠西。

潛山縣

知縣署　在城西門内，明洪武初建，國朝知縣相繼修葺。

縣丞署　在縣署東南。

典史署　在縣署西。

磚庫樓　在縣後廳旁，順治間知縣常大忠建。

獄　在縣儀門外西。

天堂寨巡檢署　在水吼嶺。

青口驛丞署　在縣東北五里。

便民倉　舊在懷寧山口鎮，明知縣藍章改建懷寧黄土潭，知縣李新增修。

預備倉　四：東在朱家衝，南在薛家湖，西在天堂寨，北在彰法龍山。

水次倉　在府治小南門内。

養濟院　在縣西塔後，明初建，推官王夢暘重修。

儒學　教諭署　訓導署　俱在明倫堂右。

潛山營遊擊署　中軍守備署　俱在縣城。

太湖縣

知縣署　在城來春門内，洪武九年建。

典史置　在縣東南。

庫　在縣堂左。

獄　在縣堂東南。

後部巡檢署　在縣北百二十里。

白沙巡檢署　在縣北百三十里。

小池驛丞署　在縣治。

便民倉　舊在石山潭西，後改建城中，順治間知縣李世洽重修，康熙間知縣章時化重修。時稱北糧縣倉。

北糧鄉倉　在石山潭，知縣鄒應錫建，知縣章時化修。

義倉　八：一在真乘寺，一在得雲寺，一在小池驛，一在安定寺，一在寒場嶺，一在白沙巡司，一在徐家橋，一在無相寺，並明知縣王大謨建，國朝康熙間知縣章時化重修。

水次倉　在府治小南門内。

養濟院　在縣城東門外，順治間知縣李世洽修，康熙十九年知縣章時化捐修。

儒學　教諭署　在啓聖祠後。

訓導署　在魁星樓後。

宿松縣

知縣署　在城南門内，元至正間建，國朝康熙二年重修。

縣丞署　在縣治東。

典史署　在縣治東南。

常盈庫　在縣堂右。

儀仗庫　在縣儀門西南。

獄　在縣儀門外東。

涇江口巡檢署　在涇江司横壩頭。

小孤山巡檢署　在家灣①。

楓香驛丞署　在縣北四十里。

便民倉　舊在望江曹家山下，後改建本縣祝家山，復遷于下倉埠，康熙二年知縣王民皡建。

備用倉　四，在譙樓東，康熙二年知縣王民皡建，九年知縣朱維高修。

常平倉　在廳事東，康熙九年知縣朱維高建。

儒學　教諭署　訓導署　俱在學宫修業齋後。

望江縣

知縣署　在城南，宋末遷於香口，元初移此。明洪武間建，正德間燬於兵，重建。

典史署　在縣治東。

庫　在縣堂右。

獄　在縣儀門外右。

華陽鎮巡檢署　在縣南門外，雷港驛舊址。

---

① 「家灣」上疑有脱文。

漕糧倉　萬億倉　舊俱在縣署前，康熙間知縣馬駿改建于署右。

際留倉　在縣署東，順治間知縣王世印重建。

預備倉　舊在縣前，今遷縣堂前。

養濟院　舊在邑西治民坊，後徙青林寺西。明知縣王復禮建，國朝知縣王世印重建，知縣陳柿祚、伊巘、馬駿屢修。

儒學　教諭署　在文廟後。

訓導署　在文廟西。

徽州府

知府署　在城西北，即宋宣和中州治，歷元、明迄今，皆仍舊址增建，國朝康熙三十年重修。

同知署　在府治東。

通判署　經歷署　俱在府治西。

慶積庫　在府儀門左。

架閣庫　在堂左。

獄　在府南。

永豐倉　在府署東北隅，明通判陳理建。

廉惠倉　在郡城北，明知府張芹建，知府胡孝移建永豐倉側。
儒學　教授署　訓導署　俱在明倫堂後。
徽州營參將署　在府治東山。
新安衛守備署　在縣治一圖地方。

歙　縣

知縣署　在府城東問政山下，宋建，今仍舊，歷任知縣增修。
縣丞署　典史署　俱在縣治西。
徽輸庫　在通判署前。
架閣庫　在縣堂右。
獄　在縣儀門外右。
黃山巡檢署　在縣西北一百二十里。
街口巡檢署　在縣南一百里。
王干寨巡檢署　在縣東一百里。
四鄉倉　東倉在汪村，西倉在巖鎮鋪邊，南倉在湖田，北倉在呈坎。
預備倉　舊在烏聊山，今在紫陽門。

弘濟倉　在小溝。

分濟倉　在楊坑。

常平倉　在王府墳。

社倉　各啚俱有。

養濟院　在紫陽門外，康熙戊寅年知縣祝兆驥重建。

育嬰堂　在縣治潛口，邑人汪應感建。

儒學　教諭署　訓導署　俱在明倫堂右。

休寧縣

知縣署　在城東，明初建。

縣丞署　在縣北。

典史署　在縣治南。

内庫　儀駕庫　俱在縣儀門内東。

獄　在儀門外西。

㘰廈巡檢署　舊在白際嶺，今在十六都地方。

義倉　宋時城四隅各一所，明移縣署東。

預備倉　在縣署東。
存留倉　在古樓東。
義儲倉　在廟山嶺。
儒學倉　在明倫堂左。
東屯倉　在隱充。
西屯倉　在尚田。
南屯倉　在黄柏。
北屯倉　在小坑。
東屯新倉　在屯溪東。
西屯新倉　在江潭。
常豐倉　在七都橋。
半流倉　在半流寺。
三寶倉　在三寶寺。
廉惠倉　在鳳湖街，明知府張芹建。
社倉　各都啚俱有。
養濟院　在縣東廟山。

儒學　教諭署　訓導署　俱在明倫堂後。

徽州营左軍守備署　在縣治。

婺源縣

知縣署　在弦高鎮。唐末始建城内，元改州治，明洪武二年知縣陳元仍舊址重建。

縣丞署　在縣治東北。

典史署　在縣治南。

大有庫　在縣堂右。

儀駕庫　册庫　俱在典史署西。

獄　在縣大門内西。

項村巡檢署　在縣西北。

太白巡檢署　在縣南鄉。

大鏞嶺巡檢署　在縣東八都，地界閩、浙。

預備倉　在縣東隅城隍廟前。

廉惠倉　在縣署前，明知府張芹建。

常平倉　在縣署旁。

養濟院　在城南隅。

儒學　教諭署　在明倫堂東北。

訓導署　在教諭署南。

徽州營右軍守備署　在縣城。

祁門縣

知縣署　在城内東北隅，宋紹聖間建，今仍舊。

典史署　在縣治東。

縣庫　在縣堂右。

架閣庫　在縣堂後。

徵輸庫　在縣署西。

獄　在縣儀門外西。

大洪嶺巡檢署　在縣城内。

常平倉　在縣署西。

預備倉　四：東在廣福鄉，西在仙桂鄉，南在武山鄉，北在製錦鄉。明知縣孫光祖併爲一，在徵輸庫。

廉惠倉　在八都，明知府張芹建。
官田倉　在西北隅，順治間建。
養濟院　在縣東鄭坑口，康熙十八年知縣聶世榮移建。
儒學　教諭署　在明倫堂左。
訓導署　在明倫堂右。

黟　縣

知縣署　在城北，宋建，今仍舊。
典史署　在縣治東。
縣庫　在縣署後堂旁。
架閣庫　在縣署大堂右。
軍器庫　在縣署大堂東北。
徵輸庫　在縣署東。
獄　在縣大門内西。
常平倉　在縣署内。初名廣濟，又改公田，雍正九年知縣李子吟建。
預備倉　五：一在會昌鄉，一在新政鄉，一在懷遠鄉，一在順仁鄉，一在義民鄉。

廉惠倉　在縣城，明知府張芹建。
義民倉　鄉城共八所。
養濟院　在縣治東北。
儒學　教諭署　訓導署　俱在明倫堂後。

績溪縣

知縣署　在城東南，宋建，今仍舊。
典史署　在縣治東。
大有庫　在縣堂右。
架閣庫　在縣堂左。
獄　在縣治西。
濠寨巡檢署　在楊山鄉馮村。
常平倉　在縣東北。
義倉　每都一所。
預備倉　二：一在上鄉程里，一在宣政鄉上田。後併爲一，移署左，順治間知縣郭四維重建。
廉惠倉　在縣南三里，明知府張芹建，知縣陳嘉策重建。

仁濟倉　在縣南三里，明知縣李旦建。

弘濟倉　即舊廉惠、仁濟二倉，知縣胡叔才改建。

常盈倉　在鎮頭，明知縣陳嘉策建。

常豐倉　在登源廟，明知縣陳嘉策建。

養濟院　在縣南門外。

儒學　教諭署　在明倫堂左。

訓導署　在明倫堂右。

寧國府

知府署　在陵陽山第一峰之麓，晋以後悉治此。元改肅政廉訪司，明初爲行樞密院，又爲元帥府，洪武己酉改爲府署。

總捕同知署　在府署東。

管糧通判署　在府署東。

經歷署　照磨署　俱在府署西。

永實庫　在府堂右。

架閣庫　在府堂左。

鑾駕庫　在府署中門西。
兵器庫　在經歷署旁。
獄　在府治西街北。
軍儲倉　在泰和門内府治東街北，明知府陳灌建，知府袁旭、區越、屠應坤相繼重修。
儒學　教授署　在明倫堂後。
訓導署　在學宫内。
寧國營參將署　中軍守備署　俱在府城。
宣州衛守備署　在府城内，即明織染局。

宣城縣

知縣署　在府治西北，元萬户府故址。
縣丞署　主簿署　俱在縣署西。
典史署　在縣署東。
縣庫　在縣後堂旁。
架閣庫　在縣堂右。
獄　在典史署西。

水陽巡檢署　在本鎮。
黄池巡檢署　在本鎮。
預備倉　在縣署西北，明知縣姜奇方修建。
水陽倉　在水陽鎮河西，明知府袁旭建，知縣姜奇方重建。
養濟院　在舊宛陵驛南，明知府沈性建，知縣姜奇方修。
儒學　教諭署　訓導署　俱在明倫堂右。

寧國縣

知縣署　在獨山東，自三國吴始治此，宋紹興間重建，國朝順治五年知縣楊名遠重修。
典史署　在縣治西。
縣庫　在縣後堂旁。
架閣庫　在縣堂右。
儀仗庫　在縣堂左。
獄　在典史署前。
湖樂巡檢署　在縣西九十里。
岳山巡檢署　在石口鎮。

東倉　在土神祠左。

西倉　在縣儀門西。

均義倉　即預備倉，在儀門西。

濟農倉　在典史宅前，明知府袁旭建。

便民倉　在縣西二里。

養濟院　在社壇前。宋名安養院，元名孤老院，明改今名。知縣錢矩建，主簿何倫復建，知縣王廷相重修。

涇　縣

儒學　教諭署　在明倫堂左。

訓導署　在明倫堂右。

知縣署　在敬天坊西，國朝順治六年知縣孔延禧建。

縣丞署　在縣治東。

主簿署　在縣治西。

典史署　在縣治南。

庫　在縣後堂旁。

獄　在縣署北偏。

茹麻巡檢署　在縣東南六十里。

預備倉　舊在縣治内，後移儒學北，知縣習全史重建。

聚糧倉　舊在縣北二里，後移儒學北。

丁糧倉　在縣南二里，明知府袁旭建。

兑軍倉　在縣北九十里宣城之灣沚，明知縣胡永成建。

水次倉　在蕪湖，明知縣鍾鼎建。

全涇總會倉　即坊隅義社倉，在儒學東，明知縣劉世亨建。

常平倉　在縣城西南，雍正八年知縣胡啓文領帑建。

養濟院　在縣治南一里，明洪武四年建，知縣祝宗文重建。

儒學　教諭署　在明倫堂東。

訓導署　在明倫堂西。

太平縣

知縣署　在城内，明洪武初建，國朝康熙四年知縣陳恭重建。

典史署　在縣治〔内〕①。

東庫　在縣堂左北。

西庫　在縣堂右北。

架閣庫　在縣堂右廊。

獄　在縣堂西北。

宏潭巡檢署　在縣西一百二十里。

預備倉　在典史宅後。明知縣朱守爲建，知縣張廷榜修，國朝順治間知縣陳善政、康熙四年知縣陳恭相繼重修。

兑軍倉　舊在蕪湖南，明知縣張廷榜建，國朝順治間知縣鹿兆圖移建東河，康熙四年知縣陳恭重修。

養濟院　舊在南門内，明知縣孔文昭建，知縣劉元凱移建山川壇右，知縣張廷榜重修。

儒學　教諭署　訓導署　俱在明倫堂後。

① 據《四庫》本補。

旌德縣

知縣署　在城東，唐寶應間建，元季燬，明洪武初重建，國朝順治間推官楊光溥重修。

典史署　在縣治西。

庫房　在縣堂左。

獄　在縣署更樓西。

三溪巡檢署　在三溪。

大命倉　在縣治西，明知縣朱寶昌建，知縣盧洪昌修。

兑軍倉　在蕪湖，明知縣蘇宇庶建。

附　蘇宇庶《重建無湖倉記》

是旌德縣官倉也，其在蕪湖何也？ 邑芻輓之役，至是有所遞受之也。 其未有所遞受之也，必有貯焉。 倉而後有貯也，古有之，非自今昉也。 古有也，而不可以貯，何也？ 址當河下流，陽侯之所激射也。 歲久傾圮，邑輸長以芻輓至者，苟措諸地，覆之用茅而已矣。 風雨至，大則漂流，小則朽腐，卒於輸長取盈焉，累良苦也。 蓋今所修者，填其土高三尺矣，是可以無爲陽侯之所激射，以不易傾圮，粟有所貯，以不漂流、朽腐，輸長可不苦賠累也，稱百世利焉。

昔之君子之莫興斯役，何也？嗚乎，此其故余難言之矣！勿論世之君子秦越其民，即使蒿目憂之，欲爲之計度，非得三百金不可。是將於公帑乎取耶？縣官方搜羸索孔，鰓鰓焉銖積寸累不暇，何暇作一錢事哉？不佞之得興斯役，何也？異時徵於里者，不輸於倉。輸於倉者，不徵於里。歲乙未，而更其制，合徵輸焉，則或逮於輸，或不逮於輸也。逮於輸者相率詣余白，令不逮輸者各出金修倉，以均前累而興後利。則諸不逮輸者，唯唯聽焉。余乃按其賦區歛之，得金二百八十，就今所爲倉矣。是役也，其逮輸者，不佞因議焉。其不逮輸者，不佞因財焉。諸父老之力也，余何力之有？

倉既成，余廼爲之記其歲月規制焉。

濟農倉　明縣丞李鵬建。

義倉　在縣左，即預備倉。

均役義倉　縣丞陳賢建。

養濟院　在招坊惠濟橋左，明知縣秦文捷重①建，知縣喬明旃重修。

儒學　教諭署　在明倫堂東。

---

① 嘉慶《寧國府志》卷十五無「重」字。

訓導署　在明倫堂西。

南陵縣

知縣署　在城籍山西南，明洪武間建，國朝順治十年知縣楊必達重修。

縣丞署　在縣治東。

典史署　在縣治西。

庫　在縣堂右。

獄　在縣儀門右。

公館驛丞署　在縣治。

存留倉　即舊濟民倉，在縣儀門外。

預備倉　在崇教寺西。舊在縣東，明知縣郜永春移建，順治間知縣楊必達增修。

社倉　四：一在縣東蒲橋，一在縣西戴家會，一在縣南三里店，一在縣北新美鄉。

水次倉　在蕪湖縣江口鋪前。舊在縣北，明知縣林鳴盛移建澛港河北，知縣沈堯中移建今地，國朝順治間知縣楊必達重修。

養濟院　在縣治西，洪武間知縣甘潤建，知縣沈堯中修。

育嬰堂　在小南街，康熙四十五年知縣康五瑞募建。

儒學　教諭署　在尊經閣東偏。

訓導署　在土地祠後。

池州府

知府署　在府城通遠門内，明洪武初建。

江防同知署　在府治東。

管糧通判署　在府署西。

經歷署　在府治西。

咸寧庫　在府堂左。

儀仗庫　在府堂右。

獄　在經歷署南。

阜成倉　在府儀門右，雍正五年知府李士傑建。

儒學　教授署　訓導署　俱在學宫内。

池州營遊擊署　在府城塔上街。

守備署　在府城北街。

貴池縣

知縣署　在府治北柯山之前，洪武三年建，國朝康熙七年知縣張應薇修。

縣丞署　在縣治東。

典史署　在縣治西北。

永寧庫　在縣堂左。

獄　在縣署西南。

李陽河巡檢署　在城西六十里。

預備倉　〔在縣治西，〕①康熙間通判田庶改建爲池營兵米倉。

常平倉　在縣儀門内。

清溪漕糧倉　舊在池口，康熙間知縣劉光美移建于下清溪鎮。

馬田倉　在縣署左，知縣李愈昌建。

養濟院　舊在柳林巷，明知府王崇移建迎恩門内，國朝康熙十年知府喻成龍重建。

儒學　教諭署　在明倫堂後西。

① 據乾隆《池州府志》卷十五補。

訓導署　在明倫堂左。

青陽縣

知縣署　在縣城北，明初建。

典史署　在縣治西北。

耳房庫　在縣堂左。

儀仗庫　在縣幕廳後。

獄　在縣署門外旌善亭後。

預備倉　在申明亭後，明知縣張牧建。

漕糧倉　舊在童埠鎮，明知縣蘇萬民移建銅陵大通鎮。

水次倉　明知縣王化澄遷於縣治右預備倉前。

常平倉　在縣署西，雍正九年知縣陳尉祖建。

養濟院　舊在縣西，明推官李雲移建永安橋，知縣蘇萬民重建于望池門外。

儒學　教諭署　在明倫堂左。

訓導署　在明倫堂右。

銅陵縣

知縣署　在縣城中，洪武三年從順安鎮遷建於此。

典史署　在縣治儀門東。

錢糧庫　在縣堂左。

儀仗庫　在縣堂右。

黃册庫　在縣後堂側。

獄　在縣儀門右。

大通巡檢署　在城外四十里大通鎮。

預備倉　在縣治西，明知縣熊蓋臣建，國朝順治間知縣蔣應仔重修。

社倉　在縣署西。

漕糧倉　在縣西門外，瀕江，順治間知縣劉曰義重修。

鹽義倉　即預備倉基，雍正六年知縣杜之正建。

養濟院　在西門外便民倉前。舊在縣治西，明知縣張琛建，後遷舊學基址。國朝順治間，知縣劉曰義移建今地，邑人郎應徵捐助。

儒學　教諭署　在明倫堂後。

訓導署　在明倫堂右。

石埭縣

知縣署　在城中陵陽山南，宋寶慶間自七里舊縣遷治於此，國朝康熙六年知縣姚子莊增修。

典史署　在縣治後東北。

耳房庫　在縣堂右。

獄　在縣署①儀門外右。

預備倉　在縣儀門右。

社倉　在縣治。

馬田倉　在縣治。

養濟院　舊在西門外迎春橋北，後遷社稷壇東，康熙十年知縣姚子莊重建。

儒學　教諭署　在明倫堂後。

訓導署　在明倫堂東南興賢坊左。

① 《四庫》本無「署」字。

建德縣

知縣署　在縣城内白象山之陽，明洪武初建。

典史署　在縣治東。

耳房庫　在縣堂右。

獄　在縣大門右。

永豐巡檢署　在本鎮。

預備倉　舊在譙樓左，雍正七年移建於右。

新倉　在縣署大堂旁，雍正七年建。

漕運倉　舊在縣北十五里小石潭，順治間知縣孫蘭移建縣城北門外，雍正七年知縣高玉芬重修。

養濟院　在縣南門外一里。

儒學　教諭署　在明倫堂西北。

訓導署　在西齋。

東流縣

知縣署　在縣治後山之前，明洪武初建，國朝順治三年知縣鄧繼球重建。

典史署　在縣治西。

耳房庫　在縣堂右。

獄　在縣大門右。

吉陽巡檢署　舊在縣北三十里，今駐縣城内。

預備倉　在縣署西。

馬田倉　在縣大門右，順治間知縣蘇弘謨建。

漕運倉　舊在縣治西北，後移北門内，順治間知縣鄧繼球即縣北府館遺址建。

常平倉　在縣署儀門内，雍正九年知縣陸培建。

養濟院　舊在縣治北，後移在舊教場東。

育嬰堂　康熙間知縣李天柱擇瞻極門内、迎曦門外兩地創建。

儒學　教諭署　訓導署　俱在學宫旁。

太平府

提督安徽學院署　在府城内。

知府署　在城東北，宋太平興國間建，國朝順治十四年知府張文學重建。

江防同知署　舊在府治東，移治蕪湖縣城外大江口。

督糧通判署　在府治西南。

經歷署　在府治南。

富積庫　在府後堂東。

獄　在府儀門右。

豐濟倉　在都察院之西，有甲字等廒一十四座。

儒學　教授署　訓導署　俱在學宫内。

蕪采營中軍守備署　在府城東南，即舊北察院。

建陽衛守備署　在府城。

當塗縣

知縣署　在府治西南。明洪武元年，以舊肅政廉訪司改建。

縣丞署　典史署　俱在縣治東。
庫房　在縣川堂左。
獄　在縣儀門西。
采石巡檢署　在采石鎮江口。
大信巡檢署　在大信鎮。
預備倉　舊在湖熟門外，今圮，暫貯米穀于豐濟倉甲字等號。
水齊倉　原在南津門内大街之東，明知縣何舜岳修，知縣林枝橋重修，康熙間知縣祝元敏增建。
常平倉　二：一在柴街，一在綱巷，康熙間知縣祝元敏建。
養濟院　在孝感坊東，洪武間知府潘有慶建。
育嬰堂　在城西南承流坊一條巷内，康熙十五年建，雍正八年知府李暲、知縣顧麒捐修。
儒學　教諭署　在學宫内。
訓導署　二所，在教諭署左、右。
蕪湖鈔關署　在蕪湖縣西河南將軍港。
督理安徽寧池太道署　在蕪湖縣城外。雍正十一年復設，即池太道舊署。

蕪湖縣

知縣署　在城中，元至正間建，明洪武二十七年重修。

縣丞署　在縣治西南。

典史署　在縣治東南。

庫樓　在縣後堂左。

鑾駕庫　在縣堂右。

獄　在縣治河口鎮。

巡檢署　在澛港鎮。

澛港驛丞署　在縣西南十五里，濱大江。

水際倉　在縣東南迎秀門外。

預備倉　在縣西。

備用倉　在縣東。

馬田貯稻倉　在縣後同風里内。

養濟院　在縣西北門鋪。

育嬰堂　在城外河南蔡廟巷，雍正五年知府刁承祖建，七年知府李暲、遊擊黄輅、知縣朱文昭捐置田房。

儒學　教諭署　訓導署　俱在學宫内。

蕪采營遊擊署　在縣城道署東。

繁昌縣

知縣署　在金峨上鄉，明天順元年建。

典史署　在縣治西南。

庫房　在縣堂右。

獄　在典史署西。

荻港巡檢署　在春穀鄉。

三山巡檢署　在金峨下鄉。

預備倉　舊在上峨橋南，明知縣徐有爲改舊分巡察院爲今倉。

水次倉　舊在下峨橋鎮，康熙間知縣吴升東改建于澛港鎮。

養濟院　舊在縣南，後遷置東門外春野亭前。今建普濟堂于縣治東。

育嬰堂　在縣治西。

儒學　教諭署　在禮門雲路街之右。

訓導署　在義路門外。

廬州府

知府署　在府城西北隅，即宋、元舊址，明洪武初建，國朝順治十三年知府王業興重修。

清軍同知署　舊在府治東，後移駐無爲州城内。

督糧通判署　經歷署　照磨署　俱在府治西。

常積庫　在府大堂右。

獄　在府大門東。

永豐倉　在城隍廟西北，知府宋鑑創設。

惠民倉　在府治東南，知府龍誥建，今圮，額移永豐倉。

儒學　教授署　在明倫堂西。

訓導署　在明倫堂東。

廬州營守備署　在府城。

廬州衛守備署　在府城内，康熙二十一年建。

合肥縣

知縣署　在府治西，洪武初建，燬于火，後復建。

縣丞署　典史署　俱在縣治西。

庫　在縣後堂旁。

獄　在縣署西偶。

石梁鎮巡檢署　在城東一百二十里。

護城驛丞署　在城東北八十里。

派河驛丞署　在城南四十里。

店埠驛丞署　在縣治。

本仁倉　在東鄉。

弘濟倉　在南鄉。

廣義倉　在西鄉。

博愛倉　在梁鄉。

濟惠倉　在店埠鎮。

養濟院　在四牌樓東南巷内。

育嬰堂　在南門準提菴左，康熙三十六年知府張純修，知縣賈暉倡募士民同建。

儒學　教諭署　訓導署　俱在明倫堂後。

廬江縣

知縣署　在城内愷弟坊，明洪武初建，國朝順治八年知縣孫弘喆重建。

典史署　在縣署東。

庫　在縣川堂旁。

獄　在鼓樓東角。

冷水關巡檢署　在縣西十五里。

際留倉　在縣治西丁字街，知縣李顯遷于縣署門左。

預備倉　在城内馬神祠前，知縣耿廷籙建，順治間知縣孫弘喆重修。

育嬰堂　在南門。

儒學　教諭署　訓導署　俱在學宫内。

舒城縣

知縣署　在城中，明洪武初建。

典史署　在縣署旁。
庫房　在縣署退省堂右。
獄　在縣署旁。
三溝驛丞署　在縣東十五里。
梅心驛丞署　在縣南二十里。
預備倉　在六安門内上方菴西。
儒學　教諭署　訓導署　俱在學宫内。

無爲州

知州署　在城西北隅，明洪武元年建，國朝順治三年知州孟孔傳重建。
州同署　在州治東。
吏目署　在州治西。
財帛庫　在州署正廳西。
儀仗庫　在州署正廳東。
軍器庫　即附儀仗庫。
獄　在州署旁。

土橋河巡檢署　在州西南一百二十里。

奧龍河巡檢署　在州東四十里。

泥汊河巡檢署　在州西南五十里。

黄雒河巡檢署　在州北三十五里。

豐裕倉　在州治東。

州前倉　在州大門西。

預備倉　在州治西景福寺後，知州劉紹元重建，知州王重錦修。

黄雒河倉　在城北三十五里，交兑軍糧在此。

利民倉　在小東門内街北，知州李坡建，知州查志文重建。

常平倉　在小東門内。

駿惠倉　在城隍廟前。

養濟院　在州治西(元)〔玄〕妙坊紫芝山側，雍正八年知府李璋重建。

儒學　學正署　在明倫堂東。

訓導署　在學宫内。

巢　縣

知縣署　在城南，即范增故宅遺址，明洪武初建，國朝康熙三年知縣聶芳重建。

典史署　在縣治東。

庫　在縣大堂西。明知縣陳經言置石穴，蓋以石板，名石庫，後寇燬。知縣聶芳移建大堂左。

獄　在縣署照牆左。

焦湖巡檢署　在縣城內。

際留倉　在縣北城隍廟門內，明主簿高恒建，知縣柳應侯復置會計堂五間。

社倉　在際留倉內，明知縣馬如麟倡建。

新建社倉　六：一在城西寺，一在羅漢寺，一在廣嚴寺，一在松陽觀音寺，一在法雲寺，一在嶇山直指菴。

積貯倉　在小西門內，雍正五年知縣李襲祖建。

養濟院　在縣東北。明洪武間知縣陳葉建，萬（歷）〔曆〕十九年知縣馬如麟重修，邑生唐堯捐屋一所，輸稻八十石助之。

儒學　教諭署　在明倫堂左。

訓導署　在明倫堂西。

鳳陽府

分巡廬鳳道署　在府治東。

鳳陽鈔關署　舊在府治城隍廟東，康熙三十四年移建壽州西南六十里正陽鎮。

知府署　在城中仁愛坊，明洪武十七年由臨淮移治此，崇(正)〔禎〕八年知府張謙重建。國朝康熙間，知府史記功增建；十九年，知府耿繼志重修。

清軍同知署　在府署大堂東。

督糧通判署　在正陽鎮。

經歷署　在府治東。

税課司署　在臨淮縣。

庫　在府署庫官宅。

獄　在府治東南。

户部倉　二：一建於鳳邑，一建於臨邑。後鳳邑倉燬，康熙元年題請，分建於舊皇城内，名爲永泰倉。

預備倉　舊在府城東南倉巷内，今移建於鳳陽縣内。

儒學　教授署　訓導署　俱在學宫内。

壽春營右軍守備署　在府治文昌街。

鳳陽中衛守備署　在府治西峽城。

長淮衛守備署　在府治。

鳳陽縣

知縣署　在城北，明洪武間建，國朝康熙初改建舊城東隅。

縣丞署　在縣治東。

典史署　在縣治西。

庫　獄　俱在縣治内。

王莊驛丞署　在縣城北六十里。

監倉　在縣儀門西。

養育堂　在城隍廟旁。

儒學　教諭署　訓導署　俱在學宫内。

臨淮縣

知縣署　在金鎗坊，明洪武三年建，國朝順治六年知縣徐必進重修。

縣丞署　在縣治東。

典史署　在縣治西。

庫　在縣二堂旁。

獄　在縣署西。

紅心驛丞署　在縣治東南六十里。

倉厫　在儀門東，明初知縣楊達建，知縣夏廷舉重建，國朝知縣徐必進修。

營田倉　四：一在縣署，一在南青山，一在東秦村，一在銀杏村，明營田使史邦直建。

廣儲倉　四，在塗山門内，即户部分司倉。

養濟院　舊在縣治西宣化坊，明初知縣欒琳建，知縣陳中烈改建於南岡豐樂坊，知縣賈應龍重修。

儒學　教諭署　訓導署　俱在學宫内。

鳳陽衛守備署　在縣城内。

懷遠縣

知縣署　在荆山東，國朝順治九年知縣傅鎮國重建。

主簿署　在縣治東。

典史署　在縣治西。
庫樓　永寧庫　俱在縣署堂東。
獄　在縣儀門外西。
倉厫　在縣署南。
荆山倉　在縣内大堂東。
起運倉　在縣南一里。
預備倉　在縣南一里。
常平倉　舊在縣署西，雍正二年知縣唐暄改建於縣署儀門外。
養濟院　在縣南大聖寺。
育嬰堂　在城隍廟西，知縣唐暄修。
儒學　教諭署　訓導署　俱在學宫内。

定遠縣

知縣署　在曲陽橋東北，明洪武三年設，二十六年重修，國朝康熙二十四年知縣曲震重建。
主簿署　舊在縣治西，今移北爐橋。
典史署　在縣治東。

庫房　在縣堂西。

儀仗庫　在縣署後。

獄　在縣儀門外西南。

池河驛丞署　在縣東六十里。

張橋驛丞署　在縣南四十里。

定遠驛丞署　在縣治東門外。

倉厫　在縣署後。

豐儲倉　在池河驛東。

預備倉　明知縣唐錡修，知縣陳鋭重修。

社倉　四：一在池河鎮，一在石張橋鎮，一在永康鎮，一在齊郎鋪。

養濟院　在縣東門外，明初知縣劉景原建，知縣唐錡修，知縣陳鋭重修①。

儒學　教諭署　訓導署　俱在學宫内。

① 「重修」，光緒《鳳陽府志》卷十一作「增修」。

虹　縣

知縣署　在城西北汴河之北，明洪武間建，正德七年重修。
典史署　在縣治西。
庫房　在縣堂左。
鑾駕庫　在縣堂東北。
獄　在縣儀門外右。
義倉　在鼓樓前。
縣倉　在南門外。
水次倉　在五河縣澮河北，明知縣王華建，國朝康熙間知縣龔起翬重修。
養濟院　在西門外，貼城河南左邊。
儒學　教諭署　訓導署　俱在學内尊經閣東。

壽　州

知州署　在城東宣化坊，明洪武初建。
州同署　在州治東。

吏目署　在州治西南。
庫　在州署堂西。
武庫　在州署堂東。
獄　在儀門外右。
北爐橋巡檢署　在正陽鎮。
預備倉　在州治東北，明知州栗永禄修。
便民倉　三：一在瓦埠，一在姚杲店，一在下蔡，知州栗永禄修。
軍儲倉　在州署東北。
常平倉　在州署旁，康熙間建。
養濟院　在州東北。
儒學　學正署　在學宫内。
壽春營副將署　中軍守備署　俱在州治。

鳳臺縣

知縣署　在壽州城北。
典史署　在縣治。

庫　在縣堂旁。
獄　在縣署西。
預備倉　便民倉　軍儲倉　常平倉　以上四倉，今仍與壽州共。
儒學　訓導署　在學宫内。

宿　州

知州署　在城西北隅，明洪武初建。
州同署　在州治北。
吏目署　在州治西。
庫　在州署二堂旁。
獄　在州署西。
睢陽驛丞署　在東門外。
大店驛丞署　在州東六十里。
夾溝驛丞署　在州東北六十里。
際留倉　在州署東。
常平倉　在州署前。

社倉　三：一在城，一在徐溪口，一在閔子集。
養濟院　在州治東。
儒學　學正署　在明倫堂西。
訓導署　在學儀門南。
壽春營左軍守備署　在州治，即舊公館。
宿州衛守備署　在州治東南。

靈璧縣

知縣署　舊在城東南隅，元至元間移建於舊治之北，國朝重建。
管河主簿署　在雙溝集。
典史署　在縣治左。
縣庫　在縣署二堂旁。
獄　在縣署西。
固鎮巡檢署　在固鎮驛北。
固鎮驛丞署　在縣治南七十里。
預備倉　在縣署東南。

常平倉　在縣署儀門内。

儒學　教諭署　訓導署　俱在學宮内。

潁州府

知府署　在府城北大街，即舊州署，明洪武初建。

糧捕通判署　在府城。

經歷署　在府城。

庫　在府二堂旁。

獄　在府署西。

儒學　教授署　在學宮内。

阜陽縣

知縣署　在府治。

縣丞署　在方家集，即舊州同署。

典史署　在縣署内。

庫　在縣堂旁。

獄　在縣署西。

沈（邱）〔丘〕鎮巡檢署　在本鎮。

廣積倉　在鐘鼓樓前大街迤西巷内。

養濟院　在兵備道署後。

儒學　訓導署　在學宫内。

潁上縣

知縣署　在城内十字街東，明洪武間建。

典史署　在縣署東。

庫　在縣堂左。

儀仗庫　在縣堂右。

獄　在縣儀門西。

縣倉　在儒學左，明初縣丞孔克耕建。

預備倉　在禾稔門西，明知縣歐允莊移在縣倉後。

常平倉　在縣署東。

紅糧倉　在儒學東。

養濟院　在守禦所西。

儒學　教諭署　訓導署　俱在學宮内。

霍(邱)〔丘〕縣

知縣署　在城市西，明洪武三年建，國朝康熙六年知縣姬之簋重修。

典史署　在縣署西。

庫　在縣堂旁。

獄　在縣署西。

開順鎮巡檢署　在縣南一百五十里。

兑軍倉　在縣署前，康熙間移建署後。

常平倉　在縣署西南。

養濟院　在城外東南。

儒學　教諭署　訓導署　俱在學宮内。

亳　州

知州署　在城内東北，明洪武五年建。

州同署　在州治東。

吏目署　在州治西。

州庫　在二堂旁。

獄　在署西。

軍儲倉　在州治東，即舊儒學。

養濟院　在城内東北隅，明知州王沂建。

儒學　學正署　訓導署　俱在學宫内。

亳州營守備署　在州治西。

太和縣

知縣署　在城中宣化坊，明洪武三年即元舊基建。

典史署　在縣治東。

永寧庫　在縣署堂東。

儀仗庫　在縣署堂西。

獄　在縣儀門内西。

洪山鎮巡檢署　在城北洪山鎮大街。

存留義倉　在縣署儀門外。

預備倉　在居仁街北。

常平倉　在縣堂東。

養濟院　在崇禮街西，順治間知縣劉源濬建。

儒學　教諭署　訓導署　俱在學宫内。

蒙城縣

知縣署　在城西北隅，明洪武初因元舊基建。

典史署　在縣治西。

庫樓　在縣堂左。

獄　在縣署西。

預備倉　在縣西南隅。

常平倉　即舊察院址，雍正六年建。

養濟院　舊在縣西關外，今移城内預備倉東。

儒學　教諭署　訓導署　俱在學宫内。

滁　州

知州署　在城南。

吏目署　在州治東。

庫　在州署旁。

獄　在州署儀門外東。

大鎗嶺巡檢署　在州西六十里。

大柳樹驛丞署　在州西六十里。

常平倉　二，雍正八年建。

普濟院　在南門外馬神廟旁。

儒學　學正署　訓導署　俱在學宫内。

滁州衛守備署　在州城興賢坊。

全椒縣

知縣署　在城内，宋紹興初建，國朝康熙九年知縣藍學鑑重修。

典史署　在縣治東。

庫　在縣大堂西。
獄　在縣儀門西。
縣倉　在縣署旁，雍正八年建。
儒學　教諭署　訓導署　俱在學宫内。

來安縣

知縣署　在城北，宋南渡後移建於此。
典史署　在縣治内。
庫　在縣署廳事左。
龍亭庫　舊在典史署後，今移於庫左。
獄　在縣儀門内西。
預備倉　在縣署東新街西。
義倉　在縣大門内東。
學倉　在明倫堂西南，知縣魏鏞建。
養濟院　在縣西門外，明知縣孫鎰建於縣東門内，知縣鄭元輔移建今處。
儒學　教諭署　在尊經閣後。

訓導署　在敬一亭後。

和　州

知州署　在城北，明洪武初建。

州同署　在州治東。

吏目署　在州治西南。

和豐庫　在州署左。

鑾輿庫　在州署堂後。

獄　在州儀門外西。

牛屯巡檢署　在州南六十五里烏江鎮。

裕溪巡檢署　在州南九十里裕溪河。

和豐倉　在鎮西樓前街東，西向，明初知州李相建。

常平倉　在城内。

儒學　學正署　在啓聖祠東南。

訓導署　在大殿西。

遊兵營遊擊署　在州西梁山鎮。

中軍守備署　在州城。

含山縣

知縣署　在城内明道街，唐武德初建，國朝順治六年知縣朱長泰重建。
典史署　在縣署東。
官庫　在縣大堂西。
兵器庫　在縣川堂東。
獄　在署東。
縣倉　在幕廳東，明知縣趙恕、張文淵、年臻相繼修建，國朝順治六年知縣朱長泰重建。
養濟院　在北門外，明知縣趙恕、周義、年臻相繼修建。
儒學　教諭署　訓導署　俱在學宫内。

廣德州

知州署　在城中，明洪武初建，國朝康熙五年知州梅苞重修。
州判署　在州治西。
吏目署　在州治西南。

永寧庫　在州署正廳右。

儀仗庫　在州署儀門東。

獄　在州署儀門西。

杭村巡檢署　在州北七十里杭村保。

陳陽司巡檢署　在州西南六十五里楊灘保。

廣安司巡檢署　在州南八十里焦村保。

州倉　在宣城縣水陽鎮，距州二百十里。

常平倉　在州署東偏，即舊同知署。

兵餉倉　在常平倉左。

預備倉　在州署南，明初建，國朝康熙間知州楊苞移於州署東。

馬田稻倉　在州廳東常平倉後。

水次倉　舊在寧國府水陽鎮，後州同知李進改建于建平縣南，知州陸長庚復建于今地，以便起兑。

儒學　學正署　訓導署　俱在學宫内。

廣德營遊擊署　中軍守備署　俱在州城。

建平縣

知縣署　在郎川之滸，明洪武初建，國朝康熙十五年知縣張顧行重修。

典史署　在縣治西。

收支庫　在縣署正廳右。

儀仗庫　在縣署正廳左。

獄　在縣儀門外。

梅渚巡檢署　在縣北三十里。

常平倉　在縣署東懷仁祠右，雍正七年知縣衛廷璞建。

社倉　在縣南盛村保，雍正九年知縣衛廷璞建。

養濟院　在縣治北叢桂坊。

儒學　教諭署　訓導署　俱在學宮内。

六安州

知州署　在城西北隅，元至正間即舊縣治剏建，明洪武初重建。

州同署　在州署東。

吏目署　在州署東北。
錢糧庫　在州治二堂左。
軍器庫　在州治二堂右。
獄　在州治二角門外旁。
和尚灘巡檢署　在州西南新店。
義倉　在儒學文昌閣前，明同知劉垓建。
常豐倉　即察院舊基，雍正五年知州李懋仁建。
社倉　在州治東，明知州李懋檜建，國朝康熙間知州王所善重建。
養濟院　在東門外。
儒學　學正署　在明倫堂西。
訓導署　在明倫堂東。
六安營參將署　在州治東，即舊安廬道署。
中軍守備署　在州治。

英山縣

知縣署　舊在德化坊，元初建。明季寇燬，即舊察院爲縣署。國朝雍正五年，知縣趙宗炅改建。

典史署　在德化坊，即舊縣治。

庫　在縣治大堂東。

獄　在縣儀門右。

七引店巡檢署　在縣北七十里。

預備倉　在縣西。

常平倉　在縣署右，雍正五年知縣趙宗炅建。

養濟院　在縣北門外。

儒學　教諭署　訓導署　俱在學宮内。

霍山縣

知縣署　在城中，明弘治間建，國朝順治十年知縣欒元魁重建。

典史署　在縣城内。

庫　在縣大堂左。

獄　在典史署南。

千羅坂巡檢署　在縣西北八十里。

上土市巡檢署　在縣西南一百五十里。

漕鳳倉　在縣大堂右。

預備倉　舊在西門内，今改建縣治側。

養濟院　在開運寺西。

儒學　教諭署　訓導署　俱在學宫鄉賢祠後。

泗　州

知州署　舊在城内迎恩坊，洪武間移西南百步，即宋時天慶觀、元時(元)〔玄〕妙觀故址。今寄治盱眙山上。

州同署　在州外關。

吏目署　在清陽鎮。

庫　舊在州大堂右，今隨州治。

獄　在吏目署西南。

倉廒　被水未建，寄貯。

儒學　學正署　訓導署　俱暫寄盱眙之上龜山。

泗州營都司僉書署　泗州衛守備署　俱隨州治遷盱眙山。

盱眙縣

知縣署　在臨淮府舊基，元泰定間遷於此，明洪武初建。

縣丞署　在縣治東。

典史署　在縣治西南。

庫房　在縣堂東。

獄　在縣署西偏。

倉　在東嶽廟東北。

養濟院　在東嶽廟迤東。

儒學　教諭署　訓導署　俱在學宮内。

天長縣

知縣署　在城西北隅，明洪武初建，萬(歷)〔曆〕間重修。

典史署　在縣堂西。

積貯庫　在縣堂左。

獄　在縣署西。

城門鄉巡檢署　舊在縣東北四十五里，今駐縣城内。

預備倉　在縣署南。

常平倉　在預備倉左，雍正六年知縣孫蔭孫建。

養濟院　在縣治東北，明知縣張鑑建，知縣李自蕃重修。

儒學　教諭署　訓導署　俱在學宫内。

五河縣

知縣署　舊在城東南隅，宋咸淳年建。明永樂年，因水患遷西南隅，後又遷河北岸。國朝順治十年，知縣丁浴初修。

典史署　在縣治西北。

庫房　在縣堂左。

獄　在縣署西偏。

預備倉　在縣儀門東。

義倉　在預備倉左。

養濟院　舊在縣治西北，明知縣丁鈛徙建大興集東。

儒學　教諭署　訓導署　俱在學宫内。

江南通志卷二十五

輿地志

關津　一　橋梁鎮市附

江、蘇、松、常四府

《星經》云：牽牛神一名天關。《太公金匱》云：春三月斗爲天關。又《晉書·天文志》云：天津九星，主四瀆津梁。江南次牛、斗之分星，襟江淮之靈瀆。關則山有清流，水有海門。津則方山爲東，石頭爲西。實上應天文，雄跨南服矣。至於虹形雁齒以濟車徒，旗亭鼓戍以聚商旅，又與關津相爲表裏者也。

江寧府

龍江關　在江寧縣西儀鳳門外，今移上新河。舊管收工部税務，另設户部鈔關。康熙二十八年，併兩税爲一，民、商稱便。

大勝關　江寧縣南二十里。明初陳友諒來侵，太祖命楊璟駐兵大城港禦之。友諒大敗去，因名大勝港，置大勝關。

石灰山關　上元縣幕府山北，明初置。

江淮關　江浦縣東南三里。明洪武二十四年建關，置巡司於此。今如故。

浦子口　江浦縣東二十里。爲南北津渡之要，明置守禦所。國朝初設參將駐防，康熙中改用守備。

江東渡　上元縣。

龍江渡

五馬渡　幕府山前，晋元帝與諸王渡江處。

右上元。

南津　江寧縣南，南朝置校尉守之。侯景入寇，南津校尉江子一與弟子四、子五同殉難於此。

毛公渡　馴象門外，即古麾扇渡。
唐家渡　縣北三十里，與六合梅家步相對，即古張公凹渡。
馬家渡　西南九十五里，亦曰馬家洲，又爲馬家步。宋建炎間，金人由馬家渡渡江陷太平州，即此。
右江寧。
下蜀渡　句容縣北七十里。
東陽渡　西北八十里。
茅場渡　北八十里東陽鎮側。
右句容。
何莊渡　溧水縣西北四十五里。
梅梁渡　西南二十五里，石臼湖津濟處也。
右溧水。
高淳渡　高淳縣治西南。
西陡門渡　縣西三十里。界丹陽湖、三汊河，爲寧國、太平衝要。
水陽渡　西三十里。
固城渡　東南三十里。

分界渡　西北十五里。

祠城渡　東北三十里。

陳家渡　東四十里。

撑龍港渡　西二十里。

右高淳。

八字溝渡　江浦縣東八里，濱江。

新江口渡　東南十三里，濱江，與省城中河相對。

韋游溝渡　西南五十里，接和州界。

三汊河渡　東北四十里。邑令置船二，爲官渡。

右江浦。

回軍渡　六合縣。

宣化渡

右六合。

大中橋　上元縣通濟門内，舊名白下。

復成橋　大中橋北。

通濟橋　通濟門外。

中和橋　通濟橋東南。

上方橋　中和橋東南。

上三橋皆跨濠水。

鼎新橋　舊名小新橋。

崇道橋　在鼎新橋西、倉巷北，近全節坊。

太平橋　俗呼爲笪橋，在鼎新橋東。

上三橋皆跨運瀆。

内橋　太平橋東，運瀆合青溪處。舊名虹橋，宋政和中蔡嶷修。南渡後建行宫於此，改名天津橋，後改今名。

昇平橋　内橋東北，即宋東虹橋。

大市橋　内橋西北，即宋西虹橋。

北門橋　洪武街南，跨古城濠。

回龍橋　漢西門内。

石步橋　縣東北四十五里，即古羅落橋。晉元興末，劉裕討桓(元)〔玄〕，自江乘進至羅落橋。

土橋　縣東七十五里，與句容接界。

右上元縣。

鎮淮橋　江寧縣聚寶門内，即古朱雀航，吴名(元)〔玄〕津。

武定橋　鎮淮橋東。

文德橋　縣學宫右。

利涉橋　文德橋東，即桃葉渡。東晋以來未有橋，以通濟水關來水，天門宜敞也。順治初，太守李正茂設木橋，名利涉。康熙癸卯，易木以石。議者謂天門閉塞，不利人文，非古設渡之意。復廢石而易以木焉。

淮青橋　秦淮與青溪合流處。

斗門橋　即古禪靈寺橋。

其北又有乾道南北二橋。《明一統志》：在三山門内，秦淮合運瀆處。

張侯橋　淮水南對瓦官寺，吴張昭所造，故名。晋義熙六年，盧循焚查浦，進至張侯橋，即此。

南渡橋　舊跨秦淮。李白《與酒客數人棹歌秦淮往石頭訪崔侍御》詩云：「捨舟共連袂，行上南渡橋。」

飲虹橋　縣西南百餘步，跨秦淮。本名萬歲橋，楊吴時名新橋，至今俗仍呼新橋。

上浮橋　新橋西。

下浮橋　上浮橋西，皆跨秦淮。

聚寶橋　聚寶門外，即古長干橋。楊吳城金陵，鑿濠引秦淮水繞城，置此橋跨之。

石城橋　石城門外，跨城濠。

三山橋　三山門外，跨城濠。

江東橋　江東門外。

賽工橋　馴象門外。明遜國時，侍中黄觀妻女死節處。

來賓橋　馴象街。近橋有來賓樓，故名。

善世橋　來賓橋西。皆跨躍馬澗，水流通城濠。

板橋　縣西南四十里。晋簡文帝爲王時，常與桓温及武陵王晞同載游於板橋，温遽令鳴鼓吹角，車馳卒奔。晞大恐，帝安然無懼色，温由是憚服。又晋伐吴，丞相張悌死於板橋。悌家在板橋西。

河亭橋　縣東南二十五里，一名河定橋。

新林橋　縣西南十八里，梁武帝敗齊師處，即今西善橋。

秣陵橋　縣東南五十里。

到駕橋　夾岡門，明太祖曾駐此。

東善橋　縣東南四十里吉山下。

右江寧縣。

集仙橋　句容縣東南一里許。

永安橋　縣南七里。下有小港，入於秦淮。

降真橋　茅山玉晨觀西。

白鶴橋　縣東南三里。

懸纛橋　縣西十五里，周瑜嘗駐軍於此。

周郎橋　縣西二十里，亦以瑜名。

沈公橋　縣南二十五里，相傳以沈慶之名。

高平橋　縣西南三十五里。

竹里橋　縣北六十里。

右句容縣。

惠政橋　溧水縣東門外，跨秦淮水，舊名臨淮橋。

尚書橋　縣東十里。

九澗橋　東三十五里，以有九澗之水匯，故名橋。

神龍橋　東四十五里，舊名神靖橋。

尚義橋　縣南二十五里。

積慶橋　南三角鋪前。

秦淮橋　小西門外。
楊林橋　縣北五里，通省官路。
天生橋　縣西十里。高十二丈，闊七丈五尺。明洪武十年，太祖命崇山侯李新鑿胭脂岡二十里成河，通蘇浙運道，橋因石勢而成，若天生然，故名。
花溪橋　縣西四十五里，跨花溪港。
永昌橋　縣西北永壽寺側。
洪驛橋　縣南洪藍埠。
烏刹橋　縣西北四十五里。秦淮水經其下，接江寧縣界。
募軍橋　縣北三里，明嘉靖間李佛保與倭戰死處。
長樂橋　縣東北二十五里。
右溧水縣。
東新橋　高淳縣東南望洋門外。
西新橋　縣西南襟湖門外。高闊二丈五尺，長十五丈。
永濟橋　在西新橋左。初爲甘棠渡，後建石橋。
上三橋俱跨官溪河上。
曹塘橋　縣東四十里，跨曹塘河。

永清橋　東六十里，爲吴越要津。舊係木梁，順治八年建石橋。

永康橋　一名下橋，縣東南七十里。

上二橋俱跨胥河。

上橋　亦跨胥河，接建平縣界。

里仁橋　一名灣橋，縣東北十五里，跨桃花澗。

王嫠橋　東六十里，當江寧、廣德、浙江孔道。邑人劉啓東妻王氏，年二十，夫死無子，守節捐貲建。鄉閭義之，因名。

雙橋　南十里。本雙河渡，明萬（歷）〔曆〕中建石橋。

水碧橋　西南三十里，跨水陽河，接宣城界。宣、徽之水至此皆澄碧，因名。

永興橋　東北三十里，跨藕絲塘。

右高淳縣。

宣化橋　一在江浦縣治西數百步；一在浦子口滄波門外，與六合接界。以宣化鎮名。

珍珠橋　縣東二十里。

白馬橋　縣南五十里。

獅鳳橋　縣西南二十里。

石磧橋　縣南石磧鎮。

惠政橋　西六十里，接和州界。

茅塘橋　縣北三十里，跨通江大河。

又北五里爲横橋，皆通浦子口驛路。

右江浦縣。

龍津橋　六合縣治南數十步，爲水陸要會。《成化志》云：橋一十八洞，壘石爲之。黄巢兵燹之後，石橋廢。自宋迄今，皆作浮橋。

追人橋　來春門外。宋太祖兵禦南唐至此，故名。

冶浦橋　縣東五里，跨冶浦河。唐祖詠有詩。

善家橋　東南二十五里，瓜步、六合、儀徵分路處。

茅家橋　南二十五里滁口山北，沿河通長蘆陳里港。

馬昌河橋　西南二十里。

黄湖橋　西北十五里。

程家橋　西二十里。水通滁河，縣西諸山集鎮悉由此出，亦會聚之區也。

竹鎮橋　西北三十三里。河道紆曲，一邑關鍵，故竹鎮殷阜勝他處。

八百橋　東北三十里。舊傳唐有八百梵僧，往冶山講經過此，故名。

蘆塘橋　東北二十里。橋東北五里有蘆塘寨，因以名橋焉。

右六合縣。

靖安鎮　上元縣西北十五里。本名龍安鎮，以鎮有龍灣也。宋曰靖安。建炎四年，岳忠武邀敗金人於此。

淳化鎮　縣東四十五里，亦曰淳化關。其地遮蔽句容，應接京口，形勢衝要。有巡司。

石步鎮　縣東北四十里，即羅落橋鎮。

土橋鎮　縣東七十五里，接句容界。

湖熟鎮　縣東七十里。

笪橋市　縣治西數百步，百物所聚。一名夜市。閭巷細民，每持衣物立門首，荒販收之，次日五更即至市轉售。古詩有云：「金陵市合月光裏。」則夜市由來舊矣。

花林市　縣東三十五里。齊、梁諸墳，多在其地。

東流市　縣東北四十里。有橋曰東流，以水流自東，因名。

棲霞市　棲霞寺前，去城四十五里。

索墅市　縣東五①十里清化鄉，有索墅坊。

---

①「五」，《四庫》本作「二」。

湯泉市　縣東六十里湯山。

龍都市　縣東南五十五里。

右上元縣。

江寧鎮　江寧縣西南六十里。

金陵鎮　縣南六十里。本陶吴鋪，景德二年改爲鎮。

秣陵鎮　縣東南五十里。元設巡司及税務，明置秣陵關。今仍爲鎮，有巡司。

新橋市　縣西南。即古魚市，今新橋十字街口即其地也。

三山街市　江寧縣北。

東口市　縣南聚寶門外，長干里東。

西口市　長干橋南，今西街口。

小口市　聚寶門外來賓橋西。一名小市口，世説張闓家小市。

江東市　縣西江東門外，商販雲集。

新林市　縣西南二十里，近新林浦。

杜橋市　縣南四十里。

板橋市　縣西南三十里。

路口市　縣南七十里。

銅井市　縣西南八十里。

朱門市　縣南九十里。

右江寧縣。

白土鎮　句容縣東四十五里。爲句容、丹陽之中路，元置稅務，明設白埠公館。今稅務廢，而鎮常爲往來駐宿處。

常寧鎮　縣東南四十里。宋天禧初置常寧寨，亦以此名。縣舊有巡司及稅務局，今裁。

東陽鎮　縣西北六十里。宋置東陽砦巡司，後裁。

下蜀鎮　縣北六十里，東去鎮江府界十五里。唐置鹽鐵轉運使在揚州，宋發運使在真州，皆於江南岸置倉轉搬。今下蜀鎮北有倉城基，並鹽倉遺址尚存。

河口鎮　縣北七十里，舊名斜溝。

龍潭鎮　縣西北八十里，逼臨大江。地有龍潭，因名。明初置巡司，兼設水馬驛。建文四年，燕王渡江次龍潭，是也。今裁巡司，以驛丞兼攝司事。

右句容縣。

官塘鎮　溧水縣東二十五里，道出溧陽。

蒲塘鎮　縣南二十五里。

孔家鎮　縣南四十五里。

蒲千鎮　縣東北十五里，間道出句容。

楊塘市　縣東四十五里，道出溧陽。

洪藍市　縣南十五里，亦名洪藍埠。有河道北通秦淮，南達石湖，百貨聚集，爲商賈貿易之所。新糧倉在焉。

郘村市　縣南六十里，接建平縣界。明嘉靖間設河泊所於此，萬(歷)〔曆〕年革。

烏山市　縣北三十里。

柘塘市　縣北四十五里，與烏山俱爲趨省孔道。

右溧水縣。

廣通鎮　高淳縣東五十里。接溧陽縣，即古東壩地。明洪武中置鎮，有巡司。

固城鎮　縣南三十里，春秋吴固城即此。

水陽鎮　縣西南三十里。臨水陽河河之南，與宣城接界。

漆橋市　縣東北三十里。

戴家城市　縣東三十里。

東壩市　縣東五十里。

南唐市　縣南十里。

蘆溪市　縣西十里。

右高淳縣。

浦子口市　在江浦縣東二十里。

石磧鎮　縣西南三十五里。

高望鎮　縣西南二十里。晋太康初伐吴，王渾使李純屯高望城，是也。

香泉鎮　縣西北三十里。南去湯泉五里，即故湯泉鎮也。又有湯泉寨，在湯泉，元末居人築以禦寇。

東葛城鎮　縣西北三十五里，明初置館驛於此。

西葛城鎮　縣西北四十五里，接滁州界。

汊河集　縣北三十里，濱滁河。

小店　縣西北二十里。

又西北五里有高麗店。

茅塘市　縣西北三十里茅塘橋。

右江浦縣。

瓜步鎮　六合縣東南二十五里瓜步山下。

長蘆鎮　縣南二十五里，舊爲戍守處。宋時置鎮，設沿江巡官，監税渡於此。

宣化鎮　縣南宣化山之陽，爲建康往來津渡之要。宋紹興十一年，張浚救濠州，爲金所敗，馳入宣化。吴表臣言：「大江下流最急者，有建康之宣化。」是也。

竹鎮　縣西北三十三里。宋設巡司及税務於此，本名竹墩，以宋廟諱，更名竹鎮。

皇廠河集　縣南五十里，外江内河集中之最繁衍者。

雷官集　縣西南五十里，通滁州大道。

程家橋集　縣西二十里。地通大河，亦繁盛。

施官集　縣西五十里。

裴家集　縣西北五十里。

馬家集　縣北五十里。

右六合縣。

蘇州府

滸墅關　府西北二十七里。百貨到此完税，有監收公署。

楓關　閶門西七里。爲南北衝要，地介吴、長二縣，各省商米、豆、麥屯聚於此。

駟馬關　昆山縣小西門外。

界涇關　常熟縣西南五十里。

胥關渡　府胥門外。

九里河渡　胥口東南之九里，其河南抵東洞庭武山趾。

管家浜渡　楓關西北。

陸市鋪渡　元和縣唯亭東。

車塘渡　青洋江。

紅廟渡　青洋江。

三江渡　張家渡　新渡　明月渡　浦缺渡　沙蘿渡　以上六渡，俱在吴淞江，南接青浦、昆山縣界。

白茆塘渡　在昭文縣。渡沿海舊建白茆塘橋，備巡海兵馬經行，橋深闊易圮。康熙三十四年，改設官渡。

又有徐六涇渡，亦然。

飲馬橋　府治東，宋淳祐中知府魏庠建。

織里橋　府治西。本吴王織里，俗訛爲「吉利」。

樂橋　吴縣東，吴赤烏二年建。

石巖橋　織里橋西。唐刺史白居易建，名白頭橋，有石刻字。元總管道童重建，改今名，石巖蓋其自號也。

憇橋　城内西南。吴軍憇息於此，因名。

來遠橋　胥門内，舊姑蘇驛置此。宋紹興間王唤奏建，專待屬國信使，故名。又名驛橋。

皋橋　閶門内。漢議郎皋伯通居其側，梁鴻所寓也。

至德廟橋　城内西北泰伯廟前

都亭橋　承天寺西。吴王壽夢嘗於此作都亭驛，以招賢士。

虹橋　閶門外。跨運河，即釣橋也。

又吴縣學南有虹橋。

新橋　盤門外，亦名興隆橋。自盤門出趨諸鄉，每過運河，須舟以濟。又當兩派交流之間，頗爲深廣。有石氏請出錢造橋，横絶漫流，分爲三橋，往來便之。

渡僧橋　閶門外，孫吴時建，宋咸淳間重建。

五龍橋　盤門外七里，跨運河。

楓橋　即楓關。舊本名封橋，因張繼詩，相承作「楓」。

普福橋　城外，俗名横塘橋。

越成橋　胥門外。跨越來溪，舊名越來溪橋。

行春橋　横山東茶磨嶼下。跨石湖，通越成橋。橋甚長，跨溪湖之口，名小長橋，歲久圮缺。淳熙十六年重修，疊石爲梁，凡十有八洞。

虎山橋　縣西南光福鎮，元泰定中更名泰定橋。

具區風月橋　洞庭東山。跨莫釐、武峰之間，東西相接，中貫太湖。舊有石梁，後圮。明成化九年重建，凡長十六丈，高二丈九尺。東西爲石堤，延袤又各四十丈。

右吴縣。

百口橋　長洲縣治東。東漢顧訓五世同居，聚族百口，故因其所居名橋。訓歲朝聚，子孫悉坐，依次行酒，三歲以下，並知位次，故又名試飲橋。

乘魚橋　在交讓瀆。

夏侯橋　城内東南，相傳爲夏侯司空建。或云橋邊有夏侯廟，因名。

顧家橋　縣治東北。顧悌仕吴爲虎頭將軍，父亡，五日絶粒而死，郡人爲之造橋。

臨頓橋　縣治東北，唐陸龜蒙嘗居其旁。臨頓亦吴時館名。

半塘橋　自閶門至虎(邱)〔丘〕，有七里山塘，此橋適得其半，故名。

普濟橋　半塘橋西。因南岸接普濟堂，故名。

來鳳橋　閶門外，跨運河。

新橋　滸墅關北，跨運河。

普思橋　南新橋西，跨運河。一名北新橋。

右長洲縣。

花橋　元和縣東北。

苑橋　縣東北，舊傳有吴王苑囿於此。

烏鵲橋　縣治西南。舊傳古有烏鵲館，橋以館得名。

蠡口橋　縣北蠡口，跨元和塘。

官瀆橋　跨至和塘，元至正二年建。

安里橋　葑門外。

接渡橋　俗名覓渡橋。赤門灣舊以舟渡，行旅苦之。元大德間，有僧自昆山來，爲渡所阻，發念募建，因名。

寶帶橋　縣東南十五里。跨澹臺湖，當江、浙往來之衝。南北長百二十丈，洞其下可通舟楫者五十有三，高其中之三以通巨艦。唐王仲舒建，鬻所束寶帶助費，故名。正統十一年，巡撫周忱重修。

尹山橋　寶帶橋之南，跨運河。

夾浦橋　橋東即屬吴江縣，宋紹興初建。水勢迅疾，明宣德中橋圮。正統間，巡撫周忱創造浮橋。嘉靖間，重建石橋。又圮，萬（歷）〔曆〕中重建。

右元和縣。

富春橋　昆山縣治東北，跨至和塘。俗名高板橋。

半山橋　縣治西北，跨至和塘。昆邑之勝在馬鞍山，自縣治至山，橋當路之半，故名。

戊(己)〔巳〕①橋　城内婁豐坊。

玉虹橋　縣東門外，跨婁江，梁大通中建。

祝思渡橋　縣東南十里，跨新洋江。

淞南第一橋　在千墩浦，明永樂年建。

右昆山縣。

吴家橋　新陽縣千墩鎮南。其地有㵎山河，北通吴淞江，商賈所聚。相傳賣漿吴翁始建木橋，明萬(歷)〔曆〕七年，里人沈松源改建。

狀元橋　宋祥符元年衛涇建。

右新陽縣。

文學橋　常熟縣城内子遊巷口，又名醋庫橋。宋時官造醋取息，故有醋庫。

顯星橋　縣城内。舊傳星墮爲石，大數十圍，在橋之東，故名。旁有港，曰落星港。

慶仙橋　縣西南，舊傳爲徐神翁升仙之地。

---

① 據嘉靖《昆山縣志》卷四改。

學士橋　縣治直南。舊名信義橋，又名琴川。縣治前後横港七派如琴絃，皆發源虞山，東注運河，橋跨第一港。明弘治中，學士李傑建坊於此，更今名。

五瞿橋　縣東南五里阜安門外。

殿橋　縣西門外，跨山塘。

福山大橋　縣北福山鎮。

支塘橋　縣東支塘市。跨白茆港，順治中建。

右常熟縣。

香花橋　昭文縣慧日寺塔前。

通濟橋　城内，俗名坊橋。以其接福山、通大江，故名。

魚家橋　魚侃居此。

通海橋　梅李鎮。自許浦過梅李，潮汐迅急，舟行險地也。

御渡橋　賓陽門外，以宋高祖過此得名。

賀勝橋　賓陽門外，宋紹興間左軍李寶獻捷於此。

横塘橋　縣東南。

許浦橋　在許浦港。

右昭文縣。

仙里橋　吴江縣東門内，相傳陳昉於此仙去。

垂虹橋　本名利往橋，橋上有亭曰垂虹，故名。前臨具區，横絶松陵，湖光海氣，蕩漾一色，三吴之絶景也。蘇舜卿有《長橋對月》詩。

附　宋錢公輔《垂虹橋記》

出姑蘇城南五十里，民居數百，攘攘沙渚之上者，吴江縣也。東湖之流貫城之中，隔限南北，横可以渡者，吴淞江也。隱然長虹，截湖跨江，來往安若複道者，初作利往橋也。

橋本無有。慶(歷)〔曆〕七年冬，大理寺丞知縣事李問，縣尉王廷堅，嗟邑民之陋，鮮慕學者，將改立至聖文宣王廟，呼富民曉以助役。民驩然從命，遂輸緡錢數百萬。未幾，詔禁郡縣不得新立學。二人謀曰：民既從，財既輸矣，倘不能作一利事以便人，吾何以謝百姓？遂合傭僝工，橋役興焉。東西千餘尺，市木萬計。不兩月，大就。即橋之心侈而廣之，構亭其上，登以四望，萬景在目，曰垂虹亭。

初，縣城爲江流所判，民半居其東，半居其西，晨往暮歸，事無纖巨，必舟而後可，故居者爲不利。縣當驛道，川奔陸走者，肩摩櫓接也。卒然風波之險，則左江右湖，漂泊無所，故行者爲不便。及橋之成，行者便，居者利。

賢人君子，措一意，興一役，豈直爲遊觀之美，登賞之樂哉？雖然，湖光萬頃，與天接白，洞庭薦碧，雲煙占青，月秋風夏，囂滅埃斷，牛謳漁吟，喑嗚間發，榜聲櫂歌，嘔啞互引，後盼前睨，千里一素，是亦足樂焉。

安邑橋　南關外，俗名跨塘橋。

萬頃橋　縣東石塘，宋劉嘉謨有詩。

甘泉橋　縣東境。一名第四橋，以泉品居第四也。

白龍橋　縣南十二里，跨白龍港。

安德橋　平望鎮，唐顏真卿有詩。

浮玉洲橋　黎涇鋪東。

七里橋　縣北塘，俗名萬家橋。

右吴江縣。

大浦橋　震澤縣南二十里八斥，俗名八斥橋，嘉靖二十七年建。

底定橋　震澤鎮，宋淳祐二年建。

達觀橋　在梅堰，明嘉靖三十四年建。

右震澤縣。

橫塘鎮　吴縣西南十三里。有橫塘橋，上有亭，顔曰「橫塘古渡」。

木瀆鎮　縣西南三十里，有巡司。

光福鎮　縣西五十里。

社下鎮　縣西一百十里。

右吴縣。

唐浦鎮　長洲縣東二十二里。有土壩，爲吴淞江南要道，明正德二年設巡司，今裁。

周莊鎮　縣東南四十里，南①接吴江縣界。

陸墓鎮　縣北八里。以有唐陸宣公墓，故名。

金墅鎮　縣西北四十里。

五墓市　縣東北二十里。

尹山市　縣東南二十里。

黄埭市　縣北四十里。

右長洲縣。

甪直鎮　元和縣東北四十里，接昆山界，舊名甫里。

① 《四庫》本無「南」字。

陳墓鎮　縣東南五十五里。宋光宗陳妃葬此，因名。有巡司，東北接昆山界。

唯亭鎮　縣東三十五里。

西去三里爲小唯亭。

蠡口鎮　縣北十八里。又謂之蠡塘，范蠡扁舟浮五湖經此。

右元和縣。

石浦鎮　昆山縣東南四十里。南通澱山湖，北枕吴淞江。宋置巡司，元因之。明景泰二年，移巡司於千墩浦口。

千墩鎮　縣東南四十里，南接青浦縣界。有石浦巡司。

安亭鎮　縣東四十五里，東接嘉定縣界。舊有税課局。

半山橋市　縣治西北。

吴家橋市　縣東南三十九里。

右昆山縣。

蓬閬鎮　新陽縣東南三十里。初名牌落，弘治中知縣楊子器改今名。

右新陽縣。

田莊鎮　常熟縣北少西三十六里。有橋，跨奚浦塘，居民千家，明末始盛。今黄泗浦巡司寄居於此。

唐市鎮　縣東南三十里。以居民唐氏所創聚，因名。南六里有斜堰，即昆山縣界。

福山鎮　縣北四十里。唐天祐初，吴越築城戍守，曰金鳳城。宋淳祐九年，置忠節水軍寨於此。明初修築舊城，設巡司，兼置福山把總。國朝改設參將、遊擊等領之，分防鹿苑、支塘、徐六涇等處。

練塘市　縣西南三十六里。

右常熟縣。

梅李鎮　昭文縣三十里外。吴越錢氏遣將梅世忠、李開山戍此防江，故名。宋元豐間始爲鎮。

支塘鎮　去縣四十五里。因白茆塘支流，故名。張士誠嘗築城於此，明初撤其磚甓修治太倉衛，今遺址尚存。

老徐市　去縣五十里，跨李墓塘爲鎮。

董家浜新市　去縣四十五里。市故有城，今圮。

李市　白茆塘迤南數里，傍東山涇，又名山涇市①。

右昭文縣。

① 「市」，《四庫》本作「浦」。

同里鎮　吴江縣東十里，有巡司。舊名富土。

汾湖鎮　縣東南二十五里，有巡司。

盛澤鎮　縣南六十里。

黎里鎮　縣東南二十里。

右吴江縣。

平望鎮　震澤縣東南四十里，有巡司。唐置平望驛，張祜有詩。

梅堰鎮　縣南五十里。

震澤鎮　縣西南六十五里，濱湖。有巡司。

右震澤縣。

松江府

海關　在上海縣。康熙二十四年設立，即舊北察院行臺爲公署，於六十年歸併蘇撫協理，今專委蘇松巡道監督。

馮家渡　華亭縣南黄浦。

葉謝渡　縣南葉謝港。

烏泥涇渡　鶴涇南，界華亭、上海。

彭家渡

右華亭縣。

横涇渡

右奉賢縣。

米市塘渡　婁縣南黄浦。萬（歷）〔曆〕中，里人張元輔立義渡，置田四十畝贍用。

吉陽匯渡　縣西南九里。

右婁縣。

横潦涇渡

斜塘渡

右金山縣。

永濟渡　上海縣治東關外。

蟹漤渡　縣東南。

減水河渡　吴淞江巡司前。

肇家浜渡　縣治東。

吴淞江頭壩義渡

右上海縣。

閘港口渡　南匯縣。

周浦塘渡

蒲達涇渡

閔行渡

右南匯縣。

東震橋　華亭縣治東。本名虹橋，宋政和中縣令姚舜明作亭其上，改今名。

玉帶橋　縣南，跨玉帶河。

里仁橋　縣城内行用庫前。

通波橋　縣北，跨通波塘。

盤龍塘橋　跨塘東、西。

咸通橋　城東，跨南俞塘口。

集賢橋　縣北，跨集賢涇，元至正中建。

濟衆橋　在葉謝鎮。

華陽橋　縣東九里。

右華亭縣。

南橋　奉賢縣。跨横瀝溪鎮，以是名。

新塘橋　一名通津，在南橋鎮。

下横涇橋　華、奉交界處。

望湖涇橋　永樂中建。

金匯橋　洪武十三年建。

百曲港橋　永樂中建。

拱際橋　元至正中建。

右奉賢縣。

望仙橋　婁縣千户所西。

雲間第一橋　縣西南八里，跨古浦塘上。宋建，初名跨塘。明成化間知府王衡重建，易今名。

瑁湖橋　縣西超果寺東。

谷陽橋　縣西，洪武中建。

秀野橋　縣西五里，跨沈涇塘。

昆秀橋　在縣西。

秀南橋　蔣涇西。與秀野相望，沈涇塘由此入秀野。

秀塘橋　縣西五里。
采花涇橋　縣西北，跨采花涇。
米市塘橋　俗呼小張涇，元至正中建。
張涇橋　米市塘西，元至正中建。
西倉橋　縣西九里，明徐階建。橋左右闤闠雲連，商賈駢集，爲谷陽門外第一般繁之地。
石湖橋　縣西石湖塘，明洪武初建。其上有憇息亭。
右婁縣。
洙涇萬安橋　在金山縣西南三十五里。
諸流涇橋　金山縣，近北錢村。
錦里橋　禮塔南南錢村。
通濟橋　跨大泖。
太平橋　〔明萬曆年建。〕①
右金山縣。
望雲橋　上海縣治東，俗呼虹橋。

① 據乾隆《金山縣志》補。

學士橋　黄浦口。明尚書陸深建，制極壯麗。

鷺竇湖橋　跨新涇浦上。

百步橋　跨百步塘上。

吴淞江橋　縣北，一名關橋。跨江上，明成化間屢修治。

清河橋　烏泥涇，又名長橋。

右上海縣。

蟠龍橋　南匯縣市心盤門口，跨護塘港。

瑞安橋　市心。跨周浦塘，俗呼時安橋。

李將軍橋　在周浦鎮。相傳袁崧部將李松居此，故名。

啓秀橋　周浦鎮東南，爲北諸竈水會流處。

大浦亭橋　跨大浦涇。

張勝橋　周浦東，跨港。向係木橋，雍正五年里人丁允中倡建石梁。

衆安橋　鶴砂鎮東，跨鹹塘，元至正年建。

飛雲橋　跨鶴砂浦。

虹橋　縣北蔡鎮市心，官路港口。

右南匯縣。

棣華橋　青浦縣東門内，跨横泖。

鳳凰橋　縣東南，跨顧會浦。

麟趾橋　縣西朱家角鎮。

慶安橋　通波塘上，即酒坊橋。

永安橋　俗呼柘澤橋，順治中重建。

廣利橋　即南亭橋，在廟涇上。

右青浦縣。

海門橋　福泉縣城北，邵嗣原有《登海門》詩。

梁武塘橋　淮浦上，相傳梁武帝曾經此。

廣濟橋　在通波塘，即中亭橋。

阜通橋　金涇上，一名通澤。

錦溪橋　縣東南鳳凰山東。

祥澤橋　縣東南，一名塘橋，元至正中建。東北通上海、嘉定，西北通青浦、昆山，最爲要道。

萬柳橋　縣東北青龍鎮東萬柳堤上。

右福泉縣。

亭林鎮　華亭縣東南三十六里。原名顧亭林，梁顧野王故居在焉，今寶雲寺是也。宋置金山巡司於此，元因之，明廢。今爲商旅輳集之所。

葉謝鎮　縣東南二十里，以二姓居此得名。民居稠密，商賈輻輳。舊有税課局，今裁。

莘莊鎮　一名莘溪。北鄰七寶，南近烏泥涇，民居多儒族。

右華亭縣。

南橋鎮　奉賢縣西三十四里，有南橋巡司。

青村港鎮　縣西十里，一名青林。洪武中築城，以禦海寇。

陶宅鎮　縣西北十八里。明初著姓陶氏之宅，故名。袁凱有《大醉陶與權宅》詩。後倭亂據此，徐渭有《陶宅戰歸序》。

莊家行鎮　瑁湖涇東南。居民繁衍，耕讀相半。有莊姓聚族於此，故名。

右奉賢縣。

風涇鎮　婁縣西南五十四里。南接嘉興縣界，古於此置風涇驛。貝瓊《清江集》云：「風涇多荷花，周回三里。橋梁凡九，仿佛錢塘西湖之勝。」明瞿佑有《過風涇》詩。

北七寶鎮　左爲横瀝溪，前臨蒲匯塘，商賈必由之地。舊有南、北二寺，皆稱七寶，此居其北，士民繁庶，爲邑巨鎮。

小蒸鎮　縣西南四十五里。其西十里有漢濮陽王墓，甚高大，不生螻蟻。相傳築墓時蒸土爲之，因名大蒸。有小墓亦然，名小蒸。地挹九峰三泖之勝，元時曹氏園亭最著，今花石猶有存者。有巡司。

泗涇鎮　一名泗濱，因泗涇塘，故名。民居稠密，商賈聚集。有小武當，香火頗盛。

右婁縣。

朱涇鎮　金山縣西南三十六里，一稱珠溪。宋置大盈務，元置朱涇巡司。洪武初置税課局，在縣西南楊巷市。六年，徙治於此。

呂巷鎮　縣西南三十五里。元時呂良佐創應奎文會，招來儒彥，故名。一名璜溪市。與朱涇鎮、楊巷市鱗次參錯，而楊巷少僻云。

張堰鎮　縣南五十里，一名張涇堰。自府至金山孔道。宋時置堰，以捍柘湖入海之水。明置税課局，今裁。

興塔鎮　去泖橋十里。舊有興塔院，故名。諺云「興塔無塔」，即其地也。

右金山縣。

吴會鎮　上海縣西南五十四里。本名吴匯，以「指吴會於雲間」語易今名。元時置鄒城巡司於此。

烏泥涇鎮　縣西南二十五里，接華亭界。嘗有田父得古碑，地名賓賢里。元置巡司及太平倉、蘆子税課局於此。明洪武六年，仍置税課局，今裁。

八團鎮　縣東南五十四里。民多以鹽爲業，商賈輻輳。市有三場鹽司，今爲川沙堡。

閔行鎮　縣西南横瀝塘。東濱大浦，乃南匯陶宅由浦入府之通衢。明正德中，大水歲歉，横瀝、沙竹二岡田獨稔，災鄉多從貿易，鎮始知名。

梅源市　縣西北三十六里，地名王菴。明提學副使王圻藝梅千株，著書其中。今其地方幅十餘里，土人俱植梅，花開時香聞數里。

右上海縣。

周浦鎮　南匯縣東南三十六里。一名杜浦，民物繁阜。元置杜浦巡司，又移下沙鹽場於此。鹽場遷，巡司亦革。

下砂鎮　縣東南六十里，宋丞相吳潛侍父讀書處。一名鶴砂，相傳有胎禽自海外飛至，方頂，緑足，龜文，故名。本從水，以多水患，改作「砂」。鎮多巧工，精刺繡，稱下砂繡。

新場鎮　距下砂九里，一名南下砂，又名石筍里。明正統二年，遷鹽場於此，故又有今名。場賦爲兩浙最。北橋税司、杜浦巡司，亦嘗徙此。嘉靖間，倭寇初平，里人呈請建城立縣，後改築於川砂堡。向有分司公署，今廢。

右南匯縣。

金澤鎮　青浦縣西南三十五里，地接泖河。穡人護澤如金，因名。鎮當江、浙之交，元設澱山巡司。明移治安莊，在鎮之西，以防鹽盜出没。今因之。

朱家角鎮　縣西十里。商賈雲集，貿販甲於他鎮。

廣富林市　縣東南三十二里。爲入郡孔道，南接婁縣界。

右青浦縣。

趙屯鎮　福泉縣西北二十七里趙屯浦上。以宋高宗南渡屯兵於此，因名。又名漢城里。舊有巡司，今裁。

盤龍鎮　地瀕淞江盤龍匯，即宋葉清臣疏渠泄水處。

黄渡鎮　臨吴江，北岸即屬嘉定，呼爲新街，貿易頗盛。

崧宅市　明成、弘、隆、萬間，市廛日闢，商販交通。

右福泉縣。

常州府

無關

戴圻渡　在府治内。

雙河渡

白龍橋渡

右無錫。

黄埠墩渡

華氏義莊渡①

石幢渡

聖瀆口渡

右金匱。

竹門渡　宜興縣西北三里。

洑溪渡　縣東南十五里。

右宜興。

龍溪渡　荆溪縣南五十里。

珠潭渡　縣西南七十里。

右荆溪。

譚公渡　蘇家港口。知縣譚桂設，因名。

右靖江。

① 嘉慶《無錫金匱縣志》卷五記此渡在「陽春橋東」。

永安橋　俗名府橋，在郡治前，跨惠民河。宋嘉定中建，明萬（歷）〔曆〕中重建。

狀元橋　郡學西南，跨惠民河，宋崇寧中建。狀元，霍端友也。

甘棠橋　府治南。舊名金斗，宋紹興初建。

肅華橋　府治東南，跨後河，唐延載元年建，明正統間修。

仁育橋　晉永嘉三年建。

玉帶橋　察院東，明萬（歷）〔曆〕初開玉帶河建。

廣濟橋　縣治西，跨運河，俗名倉橋。明正統十二年，巡撫周忱始構以木，名西新橋。成化十七年，伐石重建，改今名。

天禧橋　俗名驛橋，跨舊運河，唐長壽二年建。宋天禧年修，故名。

連江橋　縣西十八里，跨得勝新河，通運河處，一名新河橋。

五牧橋　縣東南四十五里，接無錫界。唐末吴越錢鏐遣兵，自江陰與楊行密戰於五牧。宋末元兵至常州，文天祥遣其將尹玉、麻士龍等赴援，士龍戰虞橋，玉戰五牧，即此。

卜戈橋　縣南，跨白鶴溪，元至正中建。

黄土岸橋　縣西南八十里，西蠡河支流西出處。其地南通溧陽，西接金壇，元天（歷）〔曆〕二年建。

右武進縣。

虹霓橋　陽湖縣東，跨北邗溝。俗名滕公橋，唐至德初建。

榮橋　縣治東，一名羅漢橋，唐開元中建。

新坊橋　縣治東南。晉陵、武進舊於此分界，梁大同元年建，跨舊運河。元皇慶間重建，明弘治十一年重修。

元豐橋　縣治東。舊名飛鳳，一名殷橋。唐如意元年建。宋元豐初重建，故名。

横林橋　縣東南三十里，跨運河，元至正中建，明正德中重建。

戚墅堰橋　縣東三十里三山港口，明成化中建。

惠政橋　俗名十五洞橋，跨白魚港，通南運河，弘治九年建。

右陽湖縣。

大市橋　舊名利津，其水通無錫縣治前。隋大業八年，始建木橋。宋嘉定中易石，元至元中重建。

中市橋　跨弦河。

南市橋　跨弦河。

駐驄橋　縣治後。御史葛桓建，故名。

梁溪橋　城西，俗呼西門橋。隋大業中置石梁，下分三洞。明嘉靖中燬於倭，後易以巨木，水勢最急。

洛社橋　縣西北三十里，跨運河，唐麟德中建。

香花橋　在楊尖，常熟分界處。

西定橋　縣城西南一里，跨梁溪。明嘉靖中建，下爲五洞，舊有亭，以便登覽，據一邑湖山之勝。

今圮。

中橋　跨馬蠡港，元泰定中建。

斗門橋　跨運河，通江陰縣。

陽春橋　縣南城外，即跨塘橋，明洪武初建。

清寧橋　跨塘橋南，明萬(歷)〔曆〕中建，國朝康熙八年重建。

望亭橋　一名通吴橋，蘇州分界。

鳳光橋　跨箭河，唐武德三年建。

右無錫縣。

承賢橋　金匱縣税務局南，跨第三箭河。明萬(歷)〔曆〕間建，高攀龍有記。

馬鎮大橋　跨江陰界河。

亭子橋　縣東南二里，一名熙春橋，跨運河。

蓮蓉橋　縣北，俗名大橋。唐貞觀中建，明正統中改建。

高橋　明正統中巡撫周忱建，弘治中重修。

石埭橋　跨九里河，通常熟。

盧其橋　跨琅琊瀆。

右金匱縣。

文亭橋　江陰縣治東，跨黄田港，明弘治中建。

堰橋　縣治東，跨横河。

善教橋　縣南。舊名驛橋，一名善政橋，宋建。跨黄田港。

北新橋　縣東四十五里。

相接者曰南新橋，俱跨蔡港。

言橋　子游裔孫寓此，因名。

蘇墅橋　蘇軾别業，因名。

慈雲橋　縣東南。一名新橋，入長河第一橋，明萬（歷）〔曆〕中建。

廣濟橋　縣東南。舊名東板橋，跨長河，明嘉靖初建。

夏港橋　縣西十里夏港鎮。宋紹定中建，長三十五丈。江湖衝突，歲久崩壞，明永樂初重建。

右江陰縣。

長橋　宜興縣治正南二十步。高二丈七尺，長二十五步，即周處斬蛟之所。

通利橋　縣治，跨西水關。

陳塘橋　縣西二十七里。
高橋　北門外。
福德橋　西門外，跨運河，明洪武初建，嘉靖四十年重修。
葛墟橋　縣北三十里，跨運河。
湛瀆橋　縣北十五里，跨湛瀆，元至元間建。
歸美橋　縣東北，跨運河，宋寶慶間建。元大德間重建，改名斜橋。
右宜興縣。
廣濟橋　荆溪縣治東南，跨東水關。舊以木爲之，明正統間易以石。
渡濟橋　橋西溧陽，橋東荆溪。
流杯橋　縣南六里。
宋方橋　縣東南五十里，元至正間建。
杜橋　大東門外。一名土橋，俗呼蝦蟇橋。相傳爲杜牧之水榭，故名杜橋。
文定橋　在徐舍，跨運河。
張渚大橋　縣西南六十里，明嘉靖四十三年建，國朝順治七年重建。
玉帶橋　縣西南六十里。
篠里大橋　慈湖溪七十二澗合流處。

右荆溪縣。

平政橋　靖江縣治南。

龍驤橋　縣治東，跨市河。

鳳鳴橋　縣治西。

平惠橋　南門外，跨城濠。

豐樂橋　東門外，跨城濠。

西水橋　西門外，跨城濠。

殷仁橋　北門外，跨城濠。

劍池橋　縣南。官路達江，至此爲半，相傳張士誠將朱定、徐泰走馬畫溝處。

陽復橋　北門外七里。

永興橋　太平團蔡家港。

右靖江縣。

魏村鎮　武進縣西北五十里。宋淳熙中置魏村水寨，明季嘗添設防禦百户所於此。

阜通鎮　縣西北九十里。舊名萬歲鎮，宋嘗分置税務局於此。

新橋鎮　縣西北九十里。

奔牛鎮　縣西三十里。亦名奔牛塘，相傳古有金牛奔此，故名。前明置巡司，又設遞運所於此。今遞運所奉裁，巡司如舊。

青城鎮　縣西北六十里。唐大順初，泰州賊孫儒遣其黨劉建鋒據常州，楊行密遣李友屯青城拒之，即此。

右武進縣。

横林鎮　陽湖縣東南三十五里。又東南五十里至無錫縣，爲運道通渠①。

石堰鎮　縣東北三十里。

右陽湖縣。

前馬鎮　無錫縣北四十六里。

玉祁鎮　縣西北四十里。

潘葑鎮　縣西北十八里。朱梁乾化三年，吴越攻常州，營於潘葑，即此。爲往來孔道。

洛社鎮　縣西北四十里。

望亭鎮　縣東南四十五里，接吴縣界。舊有御亭，吴大帝所立。隋開皇九年置爲驛，唐常州刺史李襲譽改曰望亭驛。鎮西有石壘城，東西六十步，高七尺，晋咸和三年顧颺拒蘇峻時所築也。明

① 「渠」，疑爲「衢」字之誤。

置巡司，今因之。

右無錫縣。

甘露鎮　金匱縣東六十里。唐大順三年，甘露鎮俠陳可言據常州，即此。元置巡司，明革。

版村鎮　縣東五十里。

顧莊鎮　縣東北十里。

蕩口鎮　縣東五十五里，民居稠密。有城，華氏所築。

牛塘市　縣東五十里。

右金匱縣。

楊舍鎮　江陰縣東七十五里，商旅輳集。宋設官兵守衛，爲沿江衝要。明嘉靖間倭亂，築城，以參將領之，與常熟之福山、通州之狼山，相爲應援。國朝改設水師守備。

華墅鎮　縣東四十里。

相近又有長壽鎮，俱爲市易之地。

青暘鎮　縣南四十里，運河所經。

夏港鎮　縣西十五里。帆檣相屬，綿亘數里，蓋上游之入閩越者必經泊焉。明天順中，移利港巡司於此。今裁。

蔡涇鎮　縣西南十里。

長涇市　縣東六十里，與無錫接界，民居繁庶。由此出常熟，亦爲通道。

右江陰縣。

河橋市　在宜興縣治。

下邾鎮市　縣東北三十五里，有巡司。

右宜興縣。

湖汊鎮　荆溪縣東南三十五里，有巡司。

張渚鎮　縣西南六十里，宋鎮也。元設茶園提領所二處，以掌茶税。明初改設批驗茶引所，又置張渚巡司。嘉靖中，以批驗茶引所併入巡司，今因之。

篠里市　縣西南七十里。

蜀山市　縣東南三十五里。

右荆溪縣。

東皋鎮　靖江縣東三十里。舊名斜橋市，商民萃處，分兵防守。

生祠堂鎮　縣西十七里。北連泰興，南通大江，商旅往來，舟楫交通處也。

新豐市鎮　縣西三十五里。

西寧鎮　縣西四十五里。舊名鎮海市，距泰興新市五里，民居稠密，百貨駢集，爲邑巨鎮。

右靖江縣。

江南通志卷二十六

輿地志

關津　二　橋梁鎮市附

鎮、淮、揚、徐四府　太、海、通三州

鎮江府

無關。

西津渡　在丹徒縣西北九里，北與瓜洲對岸。舊名蒜山渡。宋乾道中，郡守蔡洸置五艘，以禦風濤。元延祐中，增船十五。明正統間，巡撫周忱作二巨艦，僉水工三十餘人，又甃石堤三十餘丈。

國朝京口設有護漕救生船。康熙四十六年，聖祖南幸，駐蹕茱萸河，以救生船少，特諭巡撫于準，議行添設。乃選京口漁舟，計六十餘隻，日用其六，更番應調。活一人者予一金，死者畀三之一，著爲例。又捐置義田五百畝，以其歲入給工費、犒賞，有餘則儲爲來歲之用。鎮江知府馮庭棠，爲記勒石。唐杜牧之有詩。國朝姜宸英有《義渡贍産碑文》：

自岷山導江而下，出峽汗漫數千里。至金、焦一束，水旋行逆折，然後朝宗於海。此曹子桓所爲臨江賦詩，「徘徊而不敢進」者也。然余考之《史記》，秦始皇登會稽還，從江乘渡。註：其地在句容縣北六十里。不知何時復徙瓜步？梁《庾信集》有《奉命使北始渡瓜步江》詩。至唐開元二十二年，刺史齊澣以舟行繞瓜步回，遠六十里，始從京口埭下直趨渡江，路徑而免漂溺之患。故自唐至今，瓜步渡者，皆徙而之京口。然往時京口，與楊子橋對岸，瓜洲特江中一洲耳。後瓜洲以北淤漲，與楊子橋連，南直對潤州，江身益狹。江身狹則水流益汛急，舟緣金山之麓而行。春秋之間，上流泛漲，山水相搏觸，漩而爲渦，激而成湍，雖恬風霽景，猶懼變生不測。少遇風波失利，一匏千金。故京口之渡，爲天下最險。

余六月渡江，登金山，見山足艤舟五六，舟人操楫而坐，若有待者。寺僧深爽進曰：此爲濟渡之舟。自巡撫某公設此後，凡有事於茲土者，及往來行旅，各捐俸及資益，造舟、買田置市租，以贍水手之稍食，及其賞格之費焉。然久滋易弛也。某懼斯人之弗脱於險，而大隳前功，願得一言以示來者。余惟《易·既濟》稱「君子思患而預防」，其説在《六四》爻曰：「繻有衣袽，終日戒。」夫涉川者，不能戒之於未濟之前，特恃其一舟之無隙，以與彼狂飈駭浪，争命於呼吸之頃，固且不可。况於待其既濡，然後操舟而拯之，此與夫救火者之燋頭爛額，何以異？

然而聖人之慮患也，遍視夫事之可需者則需之，有需之不能不得已而濟者，則終日戒之。至不得已而濟，而終日之戒之，猶不足以勝夫所濟者之險。既已瀕於死亡矣，乃忽然而得生，彼仁人者之於此，視夫人之脱之死，而易之生，其心樂不樂也？自數舟者之設，常歲活人以四五十計，不十年而得活者四五百人矣。由十年以前觀之，彼四五百人者，皆江上之遊魂水府之鬼籙也。然則使自今十年之後之人，有一不得濟，以淪胥以亡者，於吾心不且有戚戚乎哉？若夫推前人之心，以繼於無窮，此則思患豫防之道，宜如是也。

深爽，學佛者也。爲佛之學者，使人求福於冥冥，其説多幻妄不可信。深爽獨能推廣有司德意，使人之得免於險阨，且曰：「吾佛之道固然，其爲世利益多矣。」余樂其有是請也而書。

石公渡　縣東北六里石公山下。

大港渡　縣東北大港鎮西。

高資渡　縣治西四十里。

甘露港渡

右丹徒。

李莊渡　丹陽縣東南五十里。

周家渡

花家渡

右丹陽。

蔣家渡　金壇縣北十里。

官載渡　縣北十五里。

龍宿渡　縣東石牌村北。

右金壇。

清風橋　丹徒縣治南，跨關河。宋景祐間郡守范希文重建，又名范公橋。

嘉定橋　縣治西南，舊名利民橋。跨關河，宋淳熙中郡守錢良臣甃以石，覆亭其上，人呼爲錢公橋。嘉定中復甃之，故又名嘉定橋。

千秋橋　縣治西，跨關河。晉王恭作萬歲樓於城上，橋與樓相對，因名千秋。

緑水橋　縣治北，跨關河。舊爲游觀之勝，唐杜牧之有詩。俗呼爲高橋。

昇仙橋　城南鶴林寺前。

大鶴鳴橋　城東南，一名孩兒橋。上有石欄。

惠民橋　縣東十五里丹徒鎮。

澗壁橋　在澗壁鎮，跨澗壁港。

大港橋　在大港鎮。

馬公橋　縣東南四十里新豐鎮，跨漕河。舊名陸公橋。國朝康熙十年，橋圮，巡撫馬祜重建，因改今名。

泰運橋　府城南門外，跨運河，爲吴郡往來孔道。

丁卯橋　縣南三里，跨運河。晋元帝子裒鎮廣陵，運糧出京口，水涸，奏請立埭，以丁卯日制可，後人構橋，因名。唐許渾築别墅於其側。

丁角橋　縣西南七十里丁角鎮。

通阜橋　府西門外。舊爲板橋，以當江寧衝道，明萬〔歷〕〔曆〕中甃以甓。

洗馬橋　城西京口驛。以唐太子洗馬陳翌所建，因名。

高資橋　縣西五十里，宋延祐中建。

鎮西橋　城西北。舊名拖板橋，元至順二年重建。尋又圮，明正統中重建。

右丹徒縣。

雲陽橋　丹陽縣治東，跨漕河。舊名清化橋，又名賢橋。宋嘉熙中建，後圮，淳化中重建。弘治間，濬漕河拆毁，尋復建。

惠政橋　雲陽橋右，俗名斜橋，明成化中建。

三思橋　縣治南。大德間重建，覆亭其上。

七里橋　縣東南七里漕渠南岸珥瀆河，宋元祐中建。明嘉靖間，知縣來汝賢改名麥舟橋，以宋范純仁贈石曼卿麥舟於此。

嘉成橋　縣南四十里珥村鎮，宋嘉定中建。

泰定橋　縣東吕城鎮。一名大橋，跨漕河，元泰定中建。

蕭塘橋　縣東二十里蕭塘港，一名顔橋，元泰定間建。

博望橋　縣東四十里。

西楊橋　縣東南四十里，跨丁義瀆。一名安豐橋，元至正間建。

馬林橋　縣西北，跨辰溪。長山八十四派水，皆由此入練湖。宋嘉定中建。

花埠橋　縣北二十里花埠鋪前，明洪武中建。

丁橋　縣西七十里丁橋鎮，相傳以丁令威得名。

黄堰橋　在縣西南四十五里。亦名通德橋，宋咸平中建。

馬嘶橋　縣北六十里，跨馬嘶港。

寨橋　縣北七十里。

萬年橋　縣南延陵鎮，唐貞觀中建，其後屢圮屢建。

右丹陽縣。

春雨橋　溧陽縣治東。舊名春市橋，俗呼爲中橋。宋嘉定中建，時久旱得雨，因名。陳子高詩：「屐聲春市雨，人語夜橋燈。」即此。

胥渚橋　縣東四里。

硯瀆橋　縣治東北，謝(元)〔玄〕暉洗硯處。

秦公橋　縣東南一里，俗呼爲下橋。

鳳凰橋　縣北一里。雙虹如翼，俗呼爲雙橋。國朝朱雯有《重建雙橋記》：

古聖人制度之興，凡以前民利用，故城郭廬舍而外，復有橋梁之制，其來尚矣。王政火覿道茀，歲十一月徒杠成，十二月輿梁成，咸以濟民也。其初始於架木，後世或甃以石，或浮以航，惟因乎地之宜。故周文造舟於渭，秦公子鍼造舟於河，迄今載之史傳，不綦重哉？

溧陽爲金陵輔邑。其東南多山，若金雞、石屋、盤白諸勝，列如翠屏，鬱然也。獨西北皆陂池、塘澤、洪流、巨浸，集建平、高淳諸道之水，而匯於兹焉。《間史水記》曰：溧陽之水，東而南，水之去道也，西而北，水之來道也。蓋由固城五堰而下，經昇平、三塔，會於溧水之曹姥山，然後直注於雙橋，即今所稱鳳凰橋者。嗣是繞城分三流，而入於荆、瀨諸溪，則兹橋其鎖鑰云。

地爲通衢，往來所聚，肩摩轂擊，不能褰裳而往也。明弘治初，邑令新符公建雙橋跨其上，以便行旅。歲月奄曠，橋制傾圮。邑吏部史公復鳩工而新之，沈青霞先生爲之記。兹閱百年，而履跡上敝，木蠹下嚼，不無爛浥解拆之患。

壬戌冬，予署篆兹邑。睹舊制之將頹也，蹙然憂之曰：橋梁之制，王政先之，凡以利民也。昔陳少游爲觀察使，設梁以禦虐水，生民賴之，至今呼爲大夫橋。杜預造橋梁於平津，衆論僉然，以爲不可。預力任之，梁成而君賞其功，民拜其惠，十世誦之不衰。豈非利民之事，爲士君子所不可諉乎？獨予貧吏，不能勉力任事如兩公。而輸民力以供興作，又勞民傷財之是懼。

幸有善者，同力而肇舉之，以聚沙成塔之心，成鞭石爲橋之果。懸壑山伐木之雇募其力，揆攢鑿撞秘之用庀其工，具舁輦畚築之器備其用。俾輸棟楹者若干，輸薄櫨者若干，輸甓甃者若干。版築具興，材殖互飭，將不日而告厥成焉。將見二水中分，夾綵虹而並跨；雙橋齊峙，駕明鏡以參差。是固予之志也夫！不然，則時之沍寒，民將胥溺，亦鳩爾衆，而備王政之一端歟！

嘉定橋　去縣四十里。跨中江，一名中江橋。唐開元間，嘗創浮梁。宋元祐三年建橋，曰衆樂。嘉定中重建，改今名。

上興埠橋　去縣六十里。

安樂橋　去縣三十五里，隋大業初建。以甓甃兩岸，故又名甓橋。

南渡橋　去縣三十五里。

渡濟橋　去縣十二里，跨瀨水，萬（歷）〔曆〕中建。傍有伍相國祠。

鎮安橋　縣南三十里戴埠鎮，諸山澗水皆匯於此。

右溧陽縣。

文清橋　金壇縣治東百步。舊名行香橋，又名惠政橋，宋淳熙中建。端平中，又撤而新之，改今名。

清河橋　縣南二百步。舊名安定橋，宋端平中甃以石，改今名。俗呼爲文橋。

鍾秀橋　縣北三里。舊名懷德橋，明成化中建，嘉靖中甃以石。又名鐘橋，相傳古有銅鐘流至此，故名。

濯纓橋　縣北九里。舊名三里岸橋，茅山水自此出運河，明弘治中甃以石，下爲三洞。

蓮渚橋　縣東北八里，明萬（歷）〔曆〕初建。

周公橋　縣東南五里，跨錢貲蕩，即舊刁莊渡。明弘治間構木橋，萬（歷）〔曆〕中易以石。

覲龍橋　縣西南二里。舊名社橋，以明太祖曾經此，易今名。

晝錦橋　縣東八里石牌村，宋紹興中建。

大雲橋　縣東南四十里洮湖西北岸。舊爲彭期渡，元大德間築長堤，建石梁，爲宜興、溧陽往來孔道。

東墟大橋　縣西二十三里，跨大溪，爲茅山水所經。明正德間建。

莊城橋　縣西北三十里，爲唐儲光羲故居。

高下湖口橋　縣北八里。明永樂間圮，弘治中復建。

唐王橋　縣西四十里唐王村，一名雙橋。

右金壇縣。

丹徒鎮　丹徒縣東十五里。運道所經，商旅輻輳。有東、西二港，皆通大江、達運河。或曰鎮即故丹徒縣，今土人稱爲舊縣。有巡司。

大港鎮　縣東南四十里，以通大港而名。又東四十里安港口有安港巡司，明洪武初置，今因之。

新豐鎮　縣東南四十五里，與新豐塘相近。唐至德二年，趙侃等濟江至新豐，大敗永王璘，即此。陸游云：李太白詩：「南國新豐酒，東山小妓歌。」又唐人詩：「再入新豐市，猶聞舊酒香。」皆謂此，非長安新豐也。

高資鎮　縣西五十里。明洪武初置高資巡司，並置驛，今因之。

丁角鎮　縣西南七十里。

右丹徒縣。

吕城鎮　丹陽縣南五十里。明洪武初置吕城巡司，今因之。

延陵鎮　縣南三十五里，即故延陵縣也。(唐)〔宋〕①熙寧五年，省縣爲鎮，以地分隸丹徒、丹陽、金壇三縣，又置延陵寨於此。

丁橋鎮　縣南六十里。

珥村鎮　縣西南四十里珥瀆河西岸，南接金壇縣界。

埤城鎮　縣東北五里，接武進縣界。

右丹陽縣。

戴埠鎮　溧陽縣南三十里。爲入南山總路，凡山中所産，載至鎮始登舟。

甓橋鎮　縣北三十里。舟往金壇者必經此，亦一孔道。

社渚鎮　縣西南六十里。

上興埠　縣西北六十里。赴江寧者路必經此，舊設巡檢司，今裁。

右溧陽縣。

① 據《四庫》本改。

迪莊　金壇縣西南二十五里。

直里　在縣西三十里。

莊城　在縣西北三十里。

西陽　在縣西七十里。

倪莊　在縣西七十里。

右金壇縣。

淮安府

南鎖關　在山陽縣南一里。

安樂關　縣西北三里。

柳淮關　縣東門外三里，一名下關。

雲梯關　縣東北二百里淮北海口。其地有一套，至十三套。

板閘關　縣西二十里運河之北，關差駐劄。

右山陽。

海關　阜寧縣小南門外。

北關　清河縣東南通濟閘口，有部司收税。

五港口護鹽關　安東縣東北七十里。元至元九年，遣步騎連州攻破射龍溝、五港口、鹽場、白頭河四處城堡，即其地。

三岔關　桃源縣東三十里。明初設關，有巡檢司查納梔封，明末改移白洋河。今設巡檢司於此。

上關渡　山陽縣來遠坊之西。

下關渡　舊淮陰驛後。

清河渡　縣西南十五里。

顔家河渡　黄河自清江浦東下十里草灣，分南、北二支，其北十五里即顔家河也。

清江浦渡　郡城西三十里。

右山陽。

喻口渡　鹽城縣北一百二十里，爲淮河津要。

清溝渡　阜寧縣西南百里。

小清口渡　清河縣東北五里。

夏家湖口渡　縣西北二十五里。

王家營渡

大清口渡　縣東北十里。

右清河。

淮河渡　安東縣壩上巡司前。

五丈河渡　縣東北三十里。

五港口渡　縣東北七十里。

右安東。

白洋河渡　桃源縣西六十里。

崔鎮渡　縣西北三十里。

縣北渡　縣北三百六十步。

右桃源。

東仁橋　山陽縣新城東門外。

西義橋　新城西門外。舊名西鐵橋，行旅輳集之所。

平河橋　縣南四十里。南至寶應六十里，爲往來通衢。

周家橋　縣西南九十里，北去高家堰五十里。又南爲翟家壩，淮水東溢，往往從此奔衝，隄防至要。

羅家橋　縣西北三里羅家溝。

伏龍橋　縣東八十里。

通津橋　縣東北十里。

右山陽縣。

會龍橋　阜寧縣東南。

拱極橋　縣東北。

昇仙橋　縣西南清溝鎮。

右阜寧縣。

登瀛橋　鹽城縣西門外。

通海橋　縣北門外。

通濟橋　縣東南五祐鎮。

永安橋　縣北新興鎮。

方橋　縣西岡門鎮。

仁和橋　縣西南沙溝鎮。

新陽浦橋　縣西一百二十里。

右鹽城縣。

泄水橋　三座：清河縣，汪家洼。

屠家橋　在屠家莊。

三孔橋　在賀家堆。雍正八年，奉旨動帑興築通京道路，自王家營起，至通州止，於清河縣境内建泄水、屠家莊、三孔等橋，以便往來商旅。

石人溝橋　縣西十里。

湯家澗橋　縣北六十里。

中和浮橋　一在縣東青龍菴，一在縣西雙金閘，一在王家營。

沙埠橋　縣東南六十里。

霍山澗橋　縣西南九十里。

棠梨溝橋　縣北十里。

爬泥蕩橋　縣北七十里。

瓦子灘橋　縣東北三十里。

右清河縣。

化龍橋　安東縣治東。

文衢橋　縣東，又名分司橋。

東市橋　縣東。

西市橋　縣北半里。

太平橋　縣北一里。因近太平鎮，故名。

蘭墩河橋　縣東北四十里。

遏鑾河橋　縣東北七十里。

平望河橋　縣東北八十里。

夏家口橋　縣北三十里。

白洋河橋　縣東北九十里。

鹽場河橋　縣東北一百里。

右安東縣。

張四沖橋　桃源縣東二十里。

蕭家橋　縣南五里。

崇河橋　縣北四十里。

赤鯉湖橋　縣北七十里。

穿城橋　縣北穿城集，通宿遷、沭陽大道。

右桃源縣。

西湖嘴市　山陽縣運河東岸。舟楫停埠，商賈駢集。（邱）〔丘〕瓊山有詩。

版閘鎮　縣西二十里。

清江浦鎮　縣城西三十里。古名公路浦，又名淮浦，水陸孔道，百貨叢集。

劉莊　在縣東南一百五十里。明嘉靖中，倭據廟灣東侵，淮安官兵敗之於姚家蕩，又敗之於劉莊，即此。

廟灣鎮　縣東北一百八十里，爲郡境要隘。海舟鱗集，商貨阜通，有鹽場。萬（歷）〔曆〕二十二年，築城周四里，高二丈餘。

右山陽縣。

馬邏鎮　阜寧縣東北九十里。元至元十二年，於此置馬邏軍寨，有巡司。

童營鎮　縣西北六十里。

羊寨鎮　縣西五十里。

東溝鎮　縣西南五十里。

朦朧鎮　縣西南六十里。

北沙鎮　縣西北五十里。

清溝鎮　縣西南百里。

伍祐鎮　縣東南三十里羊寨鄉，有伍祐鹽場。

右阜寧縣。

沙溝鎮　鹽城縣西南一百里，有巡司。

岡門鎮　縣西十八里。

新河鎮　縣西五十里。

安豐鎮　縣西南一百二十里。

大岡鎮　縣西南五十里。

喻口鎮　縣西北一百二十里。宋紹定三年，李全據楚州，造浮橋於喻口，以便鹽城往來，即此。

新興鎮　縣北十八里，有新興鹽場。

姚宗場　縣西北。商賈輳集，爲濱河大鎮。其北爲山陽劉莊。

右鹽城縣。

馬頭鎮　清河縣東五里。近淮陰故城，爲漕運往來要道，明置巡司。今因之。

吴城鎮　縣西二十里。

洪澤鎮　縣東南六十里。濱淮河，南北孔道，設洪澤驛及巡司。自高堰築後，湖水泛溢，鎮遂湮廢。

老子山鎮　縣西南一百里，與泗州、盱眙接界。

漁溝鎮　縣北四十里。舊有水道通海口，唐皇甫冉有詩。

澗橋鎮　縣北六十里，鎮西有湯家澗。

官亭鎮　縣北九十里，舊名崇河集。明初都金陵，此爲山東驛傳中道，設爬泥蕩鋪，建有官亭，故名。

大河口鎮　縣東北五里，即本縣舊治。

王家營鎮　縣東北三十里，入京孔道。雇役車騾，必出於此，爲一縣大鎮。

娘子莊鎮　縣東北五十里。

永興集　縣東北八十里，與山陽接界。

右清河縣。

阜民鎮　安東縣北三十里。

金城鎮　縣北三十里。

長樂鎮　縣西北一百里。有巡司，白頭護鹽關設於此，與海州新安鎮交界。

魚場口鎮　縣東北一百三十里。

南門市

化龍橋市

廟後市

右安東縣。

三義鎮　桃源縣東三十里。舊名三汊鎮，明置巡司，今因之。

白洋河鎮　縣北六十里。商民輻輳。鎮有市橋，與宿遷縣分界，橋東桃源縣，橋西宿遷縣。舊有巡司。國朝順治中，設遊擊駐防，今裁。

崔鎮　縣西三十里。

張四沖鎮　縣東二十里。

河北鎮　縣北二里，即重興集。

赤鯉湖鎮　縣北八十里。

丁市岡集　縣西南四十里。

右桃源縣。

揚州府

鈔關　在挹江門外。南連吴會，北擁長淮，西接濠滁，東通大海，天下水陸要衝。有關差駐劄。

趙公渡　鈔關浮橋東。

白馬廟渡　南門外白馬廟前。

瓜洲渡　縣南四十五里瓜洲鎮，與江南鎮江相對，江面十餘里。唐張（佑）〔祜〕有《瓜洲聞曉角》

詩，宋王安石有《船泊瓜洲》詩。

安樂渡　縣北五十七里，一名小張家渡。

高江渡　縣北六十五里，路達高郵州界。

右江都。

黄泥灘渡　儀徵縣西南四里，元許謙有詩。

新城渡　縣東十里。

花園渡　縣西十里。

樸樹灣渡　縣東三十里。

石人頭渡　縣東四十里，接江都縣界。

瓜步渡　縣西南四十里，接六合縣界。

建安渡　縣西南，宋太祖斬杜著處。

右儀徵。

南門渡　高郵州城南。

西門渡　州城西門外，西北通天長、泗州界。

車邏渡　州南十五里。

白家渡　州西南四十五里。

張公渡　州西南四十里。

閔家橋渡　州平柯東村。

右高郵。

龍舌津　興化縣東門外。

南津　縣南門外。

右興化。

白田渡　寶應縣南門外。

晏村渡　縣西南七里。

蔣家渡　縣西十五里。

黎城渡　縣西黎城鎮。

白馬渡　縣西北白馬湖邊。

三里渡　縣北三里。

黄浦渡　縣北黄浦鎮。

右寶應。

新城渡　泰州北五里。

王家渡　州西南十里。

沈家渡　州西十五里。

右泰州。

通泗橋　江都縣治東。東西跨市河，其水通淮、泗，故名。

太平橋　縣治東南，跨市河。

文津橋　府學東，跨市河。

止馬橋　東門外。明武宗南巡，百官至此下馬，因名。

鈔關浮橋　新城挹江門外，户部分司前。

九龍橋　縣南三里，官河東岸。

楊子橋　縣南十五里，自古爲戰守要地。唐開元以後，爲沙洲所隔，齊澣開伊婁河於楊子橋南，遂爲往來通津。今運舟西自儀徵，南自瓜洲，至此合而北，蓋總會之所也。

紅橋　北門外。翼以朱欄，岸多荷花，爲郡人遊觀之地。

小市橋　在北水關。俗名宵市橋，相傳隋煬(市)〔帝〕①時於此開夜市，故名。

法海橋　法海寺前。

① 據《四庫》本改。

槐家橋　縣北十五里，跨槐家河，唐末楊行密、張神劍屯兵處。

大橋　縣東五十里，一名帶橋。

右江都縣。

天寧橋　甘泉縣北門外天寧寺前。

惠政橋　縣北邵伯鎮。舊傳謝安以政惠民，故名。

寶公橋　邵伯鎮南。

通湖橋　在邵伯鎮。

鳳凰橋

壁虎橋

右甘泉縣。

望江橋　儀徵縣治南，跨裹河，即今鼓樓橋。

通濟橋　縣東，即東關浮橋。

坡橋　縣東南十里。

澄江橋　縣東南，俗呼天寧橋。

仁壽橋　縣南，跨外河。

清江閘橋　縣南，跨運河。

飛虹橋　縣南三里三壩東。

何家港橋　縣東南二十里。明嘉靖中建石梁，爲瓜洲、京口通衢。

龍門橋　縣南十二里。

胥浦橋　縣西十里，相傳伍子胥入吴渡江處。

右儀徵縣。

安定橋　高郵州治西南，舊名南濯衣橋。

通濟橋　安定橋北，舊名北濯衣橋。

澄清橋　州治東。

多寶樓橋　州北門外，商賈輻輳之所。

新橋　州南門外，跨濠河。

税務橋　古名遐觀橋，在税務局前，宋嘉定年建。

通湖橋　在州新河堤。

吴家橋　州城西南三十里太師港口。

三星汪橋　州東南十五里，俗名三仙灣橋。《州志》云：每年除夜，有仙人作左絞稻草，箍纏於橋（椿）〔樁〕上，箍之高下，其年之水必如之，不差分寸。居人相約，於除夜往候，一無所見。至曉視之，而箍已在（椿）〔樁〕上矣。其相接處無痕跡，人雖極力效之，終不能成，亦一異也。

高橋　州東四里白塔河。

右高郵州。

中和橋　興化縣治西南，即八字橋。相近爲永福橋，東來之水，自此支而北，中和、永福兩橋跨之，參差如「八」字然。

文林橋　縣西南，跨市河。

羅漢橋　縣西寶嚴寺前。

豐樂橋　縣西河口鎮，與高郵州分界。

萬善橋　在勝湖里龍珠禪院前。

右興化縣。

嘉定橋　寶應縣治，跨市河。舊名孝仙橋，宋嘉定中重建，改今名。

廣惠橋　縣治西南，跨市河，俗呼爲新橋。

瑞芝橋　縣東門内。宋元豐三年建，産芝五莖，因名。

通海橋　縣北門外，舊名遺愛橋。

五里橋　縣南五里汜光湖口。

（氾）〔氾〕光橋　南四十里（氾）〔氾〕光湖①上。

潘家大橋　在瓦溝溪。

右寶應縣。

太和橋　泰州治東南。一名州橋，跨市河，宋紹興中建。

樂真橋　州治南，宋淳熙十二年建，嘉定七年重建。

豐利橋　城南水關上。舊名暮春橋，宋淳熙三年建。

泰寧橋　州治南，宋淳熙中建，跨中市河。

谿光橋　市河東。

鳳凰橋　州治東，跨長堤。

經武橋　州治西南，跨西市河，宋嘉定中建。

濟川橋　南門外，一名高橋。跨運鹽河，爲如皋、通州孔道，明正統間建。

虀湯橋　州北三里。相傳宋太祖至，州民有獻虀湯者，飲而甘之，因以名橋。

朝宗橋　州北西溪鎮。

右泰州。

---

① 嘉靖《寶應縣志》卷一作「范光湖」，後世通作「氾光湖」。

瓜洲鎮　江都縣南四十里，有巡司。揚子江中沙磧也，沙漸漲出，狀如「瓜」字。接揚子渡口，民居其上。自唐開元以來，漸爲南北襟喉之處。明嘉靖間，以倭警築城，設守備等員。國朝設瓜洲水營參將。西接儀徵，東接三江口，四面防守。

萬壽鎮　縣東四十里。

上官鎮　縣西北六十里上官橋，有巡司。

宜陵鎮　縣東北六十里。地勢高阜，居民稠密，自灣頭達泰州之通道也。

大橋鎮　縣東五十里。

右江都縣。

邵伯鎮　甘泉縣北四十五里官河東岸。商民輻輳，帆檣雲集。明初置巡司，又置邵伯遞運於此，今因之。

大儀鎮　縣西七十里，接天長縣界。宋紹興四年，韓世忠於此勒五陣，設伏兵二十餘所，大敗金人。世謂大儀之捷，爲中興武功第一，蓋其地也。

右甘泉縣。

新城鎮　儀徵縣東十里。運河所經，商民湊集之地。

石人頭鎮　縣東四十里。

瓜步鎮　縣西五十里。

何家溝鎮① 縣東南二十五里。

右儀徵縣。

三垛鎮 高郵州東四十里。建炎中，岳飛屯軍於此，以禦金兵，三戰三捷。其地有三垛橋，跨山陽河。

車邏鎮 州南十五里。

北阿鎮 州西北八十里，接寶應縣界。晋僑置幽州於此。

張家溝鎮 州北三十里。明置巡司，今裁。

界首鎮 州北六十里，接寶應縣界。

樊汊鎮 州東南六十里，接江都、泰州界。

時堡鎮 州東北百二十里，有巡司。

右高郵州。

陵亭鎮 興化縣南三十五里。唐大順初，朱全忠將龐師古攻下天長、高郵，引兵深入，與賊將孫儒戰於陵亭，即此。

長安鎮 縣北三十五里。

① 隆慶《儀真縣志》卷三作「何家港鎮」。

芙蓉鎮　縣東北三十五里。

安豐鎮　縣東北六十里。明置巡司，今因之。

射陽鎮　寶應縣東四十里，本縣故城。臨湖周遭百餘里，古射陂地。

槐樓鎮　縣南二十里運河堤上，有巡司。

瓦甸鎮　縣南三十里。

氾水鎮　縣南四十里。

衡陽鎮　縣西南百二十里，有巡司。

黎城鎮　縣西九十里。

黃浦鎮　縣北二十里。

右寶應縣。

姜堰鎮　泰州東四十五里，臨運鹽河。

海安鎮　州東一百二十里。唐置海安縣，後廢爲鎮。居如皋、泰州之中，東可以控禦狼山、通州，西可以捍衛揚州。明置巡司，今因之。

斗門鎮　州南三十里，接江都界。宋淮南轉運副使吴遵路置斗門，以資蓄泄，因以名鎮。

港口鎮　州東北十八里，北濱運河。

寧鄉鎮　州東北六十里。隋置寧鄉縣，後改爲鎮。明設巡司，今因之。

西溪鎮　州東北百二十里，商賈萃聚之地。宋有西溪鹽倉，天聖中范仲淹監西溪倉，即此。明設巡司，今因之。

右泰州。

徐州府

無關。

吴梁渡

喬家渡

末直渡

右銅山。

冀門渡　蕭縣西北十里。

曲里渡　縣西北三十里。

東鎮渡　縣西北五十里。

朱珊渡　縣西北二十里。

右蕭縣。

沂河渡　邳州西北一里。

泗水渡　州南二里。

武河渡　州西南六里。

龍化渡　州北三十五里。

張村渡　州北七十里。

右邳州。

皇華渡　宿遷縣治西南一里。

新路口渡　縣西一里。

小河口渡　縣南十里。

直河渡　縣南十里。

右宿遷。

廟灣渡　睢寧縣西北二里，睢水南、北之衝。

麻墩渡　縣北三十里。

右睢寧。

東門橋　府東門内。泄城中積水出東南隅，水門入支河。

荆山口石橋　在銅山縣城東北二十里。山前有河甚廣，下多亂石，舊有橋跨其上，爲南、北通衢，後圮。里人張膽捐二萬六千金，壘石爲長橋數里，人甚便之。

柳泉橋　縣東北鳳凰山下。

九里溝橋　縣寒山堰上。

楚溝橋　縣南十五里。

永濟橋　在吕梁下洪。

黄家橋　在吕梁上洪。

右銅山縣。

永固橋　蕭縣南永固山下，一名董大橋。

廟橋　縣東南妙嶠山西。

天門橋　縣東南天門山。

萇池橋　縣東南白土山北，俗名響水橋。

桃山橋　縣東南桃山。

陶墟橋　縣東南黄桑谷南。

周疃橋　縣東南龍泉山下。

錦川橋　縣西南紅亭鄉。

仙臺橋　縣北五里三仙臺下。

吉安橋　縣西北趙家圈。

右蕭縣。

鞏濟橋　碭山縣東門外。

五王鋪橋　縣東三十五里。

狐父橋　縣南三十五里。《史記》曹參破秦軍，取碭狐父，即此。

右碭山縣。

天津橋　豐縣北門内。

白洋橋　南門外一里。

泡橋　縣東七里。

龍霧橋　縣東北五里。

嵐橋　在嵐山前。

人鞏橋　縣北二十里。

大聖橋　縣東北四十里。

右豐縣。

飛雲橋　沛縣南門外。相傳爲思漢祖歌《大風》建，河水經其下入泗水，爲往來津要。

鴻溝橋　縣東十里。

沙河橋　縣之沙河渡。

震遠橋　縣東夏鎮。

右沛縣。

玉虹橋　邳州東北一里，舊名沂水橋。

黄家溝橋　州東北十里。

溜溝橋　州東二十里。

洪河橋　州東南三十里。

步雲橋　州西北四十里，一名五丈橋。

高橋　州西北三十五里。

横溝橋　州西北一百里。

履坦橋　州北二十里。

營河橋　州北九十里伽口集東。

登龍橋　州北一百二十里，舊名石橋。

薑石橋　州北一百二十里，地石如薑。

右邳州。

朝陽橋　宿遷縣南三里。

上口橋　縣南十里。

迎恩橋　縣西四里。

廣濟橋　宿遷舊縣北一里。

拱宸橋　縣北四里。

管坊湖橋　縣北四十里。其地廣袤可十里，北極青、齊，南通吴、楚，往來輪蹄不絶。伏秋淫雨，泥淖難行。萬(歷)〔曆〕丙申，知縣何東鳳甃石建橋，自爲記。

坡石橋　縣北圍田湖。

右宿遷縣。

通濟橋　睢寧縣北關外。

余家橋　縣東二里。

白龍橋　縣南二里。

吕公橋　縣南二十里。

戚家橋　縣南二十五里。

邵公橋　縣南十五里。

右睢寧縣。

卞塘鎮　在銅山縣東昌化鄉，以近卞塘湖，故名。《九域志》：彭城縣有卞塘、吕梁二鎮。《府志》爲卞塘集。

吕梁鎮　《府志》爲吕梁集，有巡司。

右銅山縣。

永固鎮　蕭縣東南二十里。

永寧鎮　縣西三十里。

安民鎮　一名東鎮，縣西四十里。

趙家圈　縣西北六十里，大河北岸津要處。明設巡司，國朝兼設蕭營守備駐防。康熙三十年，巡司移駐張山店。

右蕭縣。

西鎮店　碭山縣東五十里，有公館。

南鎮集　縣南十八里。

北鎮集　縣西北十五里。

王達店　縣西三十五里。

雙溝集　縣東北十五里。

毛城集　縣東三十里。

右碭山縣。

艾村集　豐縣東南十五里，今名杏花集。

又午溝集在縣南五十里，西即碭山界，朱温生長于此。今没於河。

華山集　縣東南三十里。

棠林集　縣南二十里。

苗城集　縣西南二十里。

忽城集　縣北三十里。

司馬集　縣西北三十五里，相傳有浮陽侯司馬耀封此。

右豐縣。

夏鎮　沛縣東北四十里新河西岸。北即滕縣界，有管界分司及泗亭驛。明萬(歷)〔曆〕十六年，築夏鎮城。

沙河鎮　縣西北六十里，有公館。

戚山集　縣西南三十里，有公館。

右沛縣。

直河鎮　邳州東南六十里。明初置直河驛，嘉靖中改置巡司，今因之。

新安鎮　州西六十里。濱河，接睢寧界。明初置新安驛，嘉靖中改置巡司，今因之。

余行鎮　州北八十里。

泇口鎮　州西北九十里，接山東嶧縣界。

源雀鎮　州東北。《金史》保大中棄山東地，惟戍守邳州源雀鎮，蓋其地當山東衝要也。

右邳州。

劉馬莊　宿遷縣北一百二十里。一名劉家莊，有巡司。

邵店鎮　縣東北五十里。

小河口鎮　縣東南十里。

白洋河鎮　縣東南四十里，與桃源接界。

脱車頭鎮　縣西北四十里。

司吾鎮　縣北六十里。

歸仁集　縣東南。

仰化集　縣東二十里。

右宿遷縣。

高作鎮　睢寧縣東十五里。

子仙鎮　縣西南三十里。

廟灣鎮　縣西北二里。

新安鎮　縣西北五十里，有巡司。

木社鎮　縣北五十里，接州界。

沙家集　縣東三十里。舊有行署，今無存。

興隆集　縣北四十里。

沙坊集　縣東北三十里。

楓山集　縣東北四十里。

右睢寧縣。

太倉州

張涇關　在州南三里。

又半涇關，在州東三里。吴塘關，在州西三里。古城關，在州北三里。舊志：元時四關，俱屬水軍都萬户府。明初屬太倉衛，俱分撥官軍掌守。後水道湮塞，半涇等三關皆廢，唯存張涇一關。

張涇渡　太倉南關。

施翹河渡　崇明至太倉七丫港，海面四十里。

合浜渡　崇明縣西平洋沙。

界浜渡　寶山縣與上海分界。

海門第一橋　太倉州東水關内，即周涇橋。

武陵橋　鎮海衛前，舊名惠安橋。

安福橋　州城内，俗名三洞橋。太倉、陳門二塘之水至此交會，東出海門第一橋以入海。

税務橋　武陵橋西。

陳門橋　州城内西南，跨陳門涇上。一名鎮民橋。元至順中建。

上岡橋　在雙鳳鎮鹽鐵塘。

義興橋　州東北沙頭鎮，跨七浦塘。

木魚橋　州城南門外普濟寺前，一名晋寧橋，跨張涇。元袁華宅在其側。

右太倉州。

湖川塘橋　在鎮洋縣治。

楊林塘橋

集福橋　在鶴王市，跨楊林塘。

右鎮洋縣。

五龍橋　崇明縣城東五里，壽安寺前。

青龍港橋　縣東南平洋沙。

阜安橋　城西四十里，東阜、平安兩沙交界。

外津橋　城西三里天妃宫前。

欄杆橋　縣南沙城南四里。

大通橋　東北門外，跨施翹渡。

王丙橋　縣東北，近享沙。

萬安石橋　城西二十二里周神廟鎮。

右崇明縣。

登龍橋　嘉定縣治前，宋淳祐五年建。

賓興橋　縣治南文廟前，宋淳祐中建。明天順中易以石，更名青雲橋。

永昌橋　晏海門内，明萬(歷)〔曆〕中建。

拱星橋　縣治東北(圓)〔玄〕通寺西，嘉定中建。

香花橋　城外護國寺前，梁天監間建，明萬(歷)〔曆〕三年重建石橋。

巖泗橋　縣西南二十六里，跨安亭浦上。與昆山、青浦接界。

仙槎橋　在南翔鎮。

虬橋　縣西南黄渡鎮，跨吴淞江。

六和橋　縣西北外岡鎮，元泰定中建。

公塘橋　縣北，出劉河界。

右嘉定縣。

月浦橋　寶山縣治東月浦鎮，元虞集泊舟玩月於此。

海音橋　縣西吴淞所西，舊名丁家橋。

張建浜橋　縣南。

香花橋　在廣福鎮。

右寶山縣。

雙鳳鎮　太倉州北二十四里。相傳晋成帝時，耕者斸土皆五色，中有石函，函二龜，化爲雙鳳而去，故以名鄉，鎮亦因之。居民稠密，地多名跡。又名雙林，因支道林得名。

沙頭鎮　州東北三十六里，明時爲州第一都會。

璜涇鎮　州東北六十里。近鎮有涇，涇中有石如璜，富人欲取爲山，不能起，是山根也。明成化間搠鎮。

塗松市　州東北三十五里，傍七浦塘。舊爲塗松鎮，宋元豐間去鎮爲市。僞吴張士誠嘗築城營兵於此，今圮。

諸涇市　州東十里。

甘草市　州東七十里。舊名甘樹，又名甘林。東臨大洋，洪武七年置巡司，今因之。

右太倉州。

茜涇鎮　鎮洋縣，距州東五十里。舊出茜草，故名。即宋楊林寨。吴元年改置巡司，又置税課局，今革。

新安鎮　距州東北三十六里。舊名陸公市，與嘉定分界。

右鎮洋縣。

楊家河鎮　崇明縣東八里。

新鎮　縣西北三十三里。

平安鎮　縣西東阜沙。

新開河鎮　縣東仙景沙。

右崇明縣。

南翔鎮　嘉定縣南二十四里。《郡志》：昆山臨江鄉，掘地得石徑丈，嘗有二鶴飛集其上。久之鶴去，忽有詩云：「白鶴南翔去不歸，惟留遺跡在名基。」因建南翔寺，即以名鎮。明置巡司，今如故。

外岡鎮　縣西十二里，爲水陸要衝。

葛隆鎮　縣西北二十里鹽鐵塘西，與太倉州分界。明成化中，知縣吴哲剏建，亦名吴公市。

右嘉定縣。

羅店鎮　寶山縣西北三十六里，至元間里人羅昇所剏，故名。比閭殷富，廛市之盛，幾與南翔相埒。

江灣鎮　縣南二十七里。其水自吴淞江屈曲入虬江，故名。宋紹興中，韓世忠以中軍駐江灣，即其地。淳祐九年，又置江灣忠節水軍寨。元置巡司，明因之，今裁。

高橋鎮　縣東南四十里清浦港之尾。南連上海界，東北至海西，瀕吴淞江。

大場鎮　縣西南三十六里，宋嘗置鹽場於此。

月浦鎮　縣西北十二里，因水而名。明設顧涇巡司於此。

右寶山縣。

海　州

北關　在海州北五里。或云南宋時築此，據險戍守。紹興末魏勝敗金人於北關是也。

恬風渡　海州舊名黑風口，後改今名。有碑云：「舟中人衆休争渡；海上風高且暫停。」

石湫渡　州南二十里。
大漣河渡　海州新壩之上。
伊鎮渡　州東南九十里。
莞瀆渡　州東南一百四十里。
龍苴河渡
右海州。
小河口渡　贛榆縣南五十里。
青口渡　縣南十里。
龍王廟渡　縣北二十里。
右贛榆。
陳村渡　沭陽縣西北七里。
水口渡　縣北八里。
右沭陽。

虎西橋　海州西門外。
沙霸橋　州城西二里，跨薔薇河。

洪門橋　州城北里許。海潮上逆，河水下注之處。
小伊河橋　州東南六十里。
下坊橋　州南五十里。
青伊橋　州西南九十里。
九洪橋　在石湫鎮。
板浦鎮橋　州東南四十里。
右海州。
紫陽橋　贛榆縣西門外一里，通玉帶河。
會潮橋　縣北十五里，舊名大石橋。
石羊橋　城北五十里。
旦頭橋　縣北七十里。
潮河橋　縣北三十五里。
青口橋　縣南十二里。
范家口橋　縣南三十里。
唐生口橋　縣南二十里。
小河口橋　縣南五十里。

浦北橋　縣南六十里。

柘汪橋　縣城北五十里。

右贛榆縣。

文峰橋　沭陽縣南門外。

迎恩橋　縣東里許。

來春橋　縣東十五里。

朝宗橋　縣東八十里。以東近大湖，衆水所歸，故名。

窰溝橋　縣北二里。

桑墟橋　縣北四十里。

蛤蜊溝橋　縣西四十里，陰平鎮西里許。

右沭陽縣。

新壩鎮　海州南四十里。

大伊鎮　去新壩五十里。

板浦鎮　州東南四十里，商賈輻輳之所。

莞瀆鎮　州東南一百四十里。

房山鎮　州西南六十里。

其南爲濫泥洪鎮。

駝峰鎮　州西六十里。

博望鎮　去駝峰三十里。

赤岸鎮　州西一百五十里，接郯城縣界。

右海州。

青口鎮　贛榆縣東南十里。水陸衝要，市廛叢集。

小沙河鎮　縣南十里。

大沙河鎮　縣南五十里。枕岡帶河，工賈湊集。

臨洪鎮　縣南六十里。舊有巡司，今裁。

鑾子灣鎮　縣南六十五里。

中岡站鎮　縣北二十里。舊設遞運所，今革。

班里莊鎮　縣西南四十里。

青墩鎮　縣西十八里。

荻水口鎮　縣東北七十里，與山東安東衛接界。五代漢乾祐二年，密州刺史王萬敢擊南唐荻水鎮，大掠而還，即此。明初通海運，築土城，設主事一員。永樂中，改設巡司，又有遞運所。今遞運所裁，巡司如故。

右贛榆縣。

新安鎮　在沭陽縣，去州大伊鎮六十里。接安東縣界。

劉莊鎮　縣東四十里。一名柳莊，爲往來孔道。

興龍鎮　縣東六十里。

黄軍營鎮　縣南七里。

鴻溝鎮　縣西南十里。

渠頭鎮　縣北十五里。

陰平鎮　縣西北四十里。舊爲縣，改鎮。

王家莊鎮　縣西北七里。

北下鎮　縣西北十里。

下埠集　縣東九十里，人稠貨聚。

右沭陽縣。

通　州

無關。

平濟橋　在通州治前，宋太平興國中建。正統間，郡人陳敏構亭其上。萬（歷）〔曆〕四年易以石，康熙九年重建。

中正橋　州治東，唐總章二年建。

文武橋　州治東南。近儒學與守禦所，故名。

文津橋　州治東南，一名泮宫橋。

龍津橋　州東門外，一名龍王廟橋。正統間以木爲之，成化間易以石。

端平橋　西門外，洪武初建。

衆安橋　望江樓外，萬（歷）〔曆〕中重建。

魚骨橋　州東餘中場，相傳以魚骨爲之。

通濟橋　在白蒲鎮。落成之日，龍現於河，又名見龍橋。

右通州。

宣化橋　如臯縣治南。舊名閘橋，以木爲之，今易以石。

通江橋　縣治東，跨市河。

通濟橋　東四十里丁堰鎮。

登津橋　縣東六十里白蒲鎮。

汉陵橋　縣西三里。

鎮安橋　縣西南二十里。

仁和橋　縣東九十里馬塘場。

惠民橋　縣北西場鎮。

豐利橋　縣東北豐利場。

右如皋縣。

朝陽橋　泰興縣東門内。

飛虹橋　縣城東南隅，爲十二景之一。

文明橋　縣南門外，一名望江橋。

通江橋　縣西門外。

周家橋　縣城西三十里，舊漕米兑軍處。

熙春橋　縣西北口岸鎮。

永豐橋　在黄橋鎮。

右泰興縣。

狼山鎮　通州南十五里。明嘉靖中，以倭警設參將府，後改設副總兵。國朝順治十七年，改設總兵官，建中、左、右三營，各設遊擊、守備等員駐城防守，而以狼山爲控扼之所。有水營署在狼山，東當孔道。

白蒲鎮　州西北六十里，接如皋縣界。宋紹興四年，以金兵蹂踐淮南，詔毁通州白蒲堰等務，令不通敵騎，即此。

石港鎮　州東北七十里。明洪武初置巡司，嘉靖中置寨，今裁。

州舊志有利和鎮，在州東五十里，今湮於江。

右通州。

丁堰鎮　如皋縣東四十里，明嘉靖中倭賊嘗犯此。

石莊鎮　縣南六十里，有巡司。

西場鎮　縣北三十里，有巡司。

掘港鎮　縣東百三十里。其東有掘港營，去海岸五十里，明嘉靖中設東、西二營，以守備駐防。今因之。

右如皋縣。

口岸鎮　泰興縣西北四十五里，即故柴墟鎮。宋建炎三年，岳飛駐泰州，以無險可恃，退保柴墟鎮，即此。明置巡司，今因之。

黄橋鎮　縣東四十里，即宋永豐鎮。嘉靖中，官軍敗倭於此。有巡司。

曹童橋鎮　縣東三十里，有印莊巡司。

馬橋鎮　縣西二十里。

三汊鎮　縣西二十五里。

馬店鎮　縣西北二十里。

又嘶馬鎮，在縣西北六十里，接江都界。

右泰興縣。

江南通志卷二十七

輿地志

關津　三　橋梁鎮市附

安、徽、寧、池、太、盧六府

安慶府

集賢關　在懷寧縣北十八里集賢嶺上。連山迤邐，至此險狹，防禦憑焉。

北硤關　桐城縣北四十里，以北硤山而名，有巡司。即古南硤戍，宋之北硤鎮也。

龍井關　潛山縣東四十里。地名西堡，懸崖瀑布最奇勝。

駕霧關　在潛山縣西駕霧山下。

大關　潛山縣西四十里，地名籠口。

又西十里有小關，地名茅嶺。

石門渡　懷寧縣石門湖中。

新河口渡　城東五里。

宜城渡　康濟門外大江之滸，江南北所由通也。

山口渡　去皖口水落渡里許。夏、秋水溢，小舸泝浪，至郡十五里。

右懷寧。

練潭渡　桐城縣南六十里。

烏金渡　縣東一百一十里。

梅渚渡　縣東九十里。

右桐城。

青山渡　潛山縣南三十里，地名車輞坂。

袁家渡　縣西六十里。

西河渡　縣西一里。

古角渡　縣東五里。

右潛山。

花橋渡　太湖縣北門外，爲驛使往來孔道。

銀杏渡　縣南十里，通望江。

潦水灘渡　縣北十五里，通英江。

右太湖。

竹墩渡　宿松縣南四十里，通洿池鎮。地阻長河，春、冬流細，一葦可航。夏、秋水泛成湖，約廣七里。

洿池渡　縣南六十里鎮前。白荆、青草諸湖相接，夏、秋抵新溝約三十餘里。

赤岡渡　去縣三十二里。

長港渡　縣東六十五里。

右宿松。

武昌渡　望江縣東北三十里。

鴉灘渡　縣北四十里。

黄家渡　縣東二里。

葛家渡　縣東北二里。

右望江。

大新橋　懷寧縣治西。石門、漳港兩湖之水，由此達江。

野螺橋　縣治東，自皖達京師之孔道。

同安橋　縣治西。有前、後二橋，清塘水由此入江。

石門橋　縣西十五里石門湖中。

寒塘泊橋　縣西渌水鄉。

雙城寺橋　縣西北大豐鄉。

白石橋　縣西，麻塘湖水出此。

高河埠橋　縣西北欽化鄉。

官豸橋　在皖口，爲郡西孔道。

右懷寧縣。

桐溪橋　桐城縣東門外數十步，爲京省通津。國朝康熙中重修，更名曰子來橋。

七星橋　縣西一里靈泉寺前。

下梨橋　縣北三十里。

黄公橋　縣東三十里。

孔城橋　縣東三十里。

楊樹灣橋　縣東五十里。

萬安橋　縣東南八十里。
黄華橋　縣東南一百里。
渡仙橋　在浮山。
鳳凰橋　縣南一百里石牌界。
義津橋　縣南七十里。
太平橋　縣南三十里。
同心橋　去縣百二十里。
右桐城縣。
裴家溝橋　潛山縣南五里。
皖公橋　縣西四里。
回龍橋　縣天柱寺前，漢武帝登封回輦處。
珠琳河橋　縣東十五里亂墩山下。
許家河橋　縣南十五里。
旌駕橋　縣西北十五里。
試心橋　縣西北皖山絶頂。
破月橋　縣東十里。

文峰橋　縣南河文峰塔下。

右潛山縣。

松陽橋　太湖縣南五里。

皋橋　縣南十里。

載陽橋　縣西三里。有馬路口渡，在縣西一里，南通望江，西通宿松、黄梅。明萬(歴)〔曆〕間，水道改從東北，乃遷渡於載陽，造舟爲浮橋。後毁，重修。

黄絲橋　縣北七里。

倉前橋　縣東三十里。

梨林橋　縣北二十五里。

駐馬橋　縣北三十里。

鲊陂橋　縣東四十里。

右太湖縣。

通濟橋　宿松縣東北。

黎協橋　縣東一里。

惠春橋　縣東三里。

雙荆橋　縣東五里。

通遠橋　縣東三十里楓香堤。中秋時，夾水蕩漾，多菰菱、凫雁之屬。道通太湖、望江、懷寧。

豆溪橋　縣東三十五里。

上馬橋　縣東十五里。支水赴河，時有山漲。

捎衣橋　縣東南七十里。

烏泥橋　縣南十五里。

大橋　縣西一里。跨大河，長數百步，闊數丈。

鎮波橋　縣西四里。相傳其下有蛟，以鐵牌鎮之，故名。

藕塘橋　縣北一里。

萬花橋　縣北十五里，爲往來衝要。

右宿松縣。

化龍橋　望江縣南門外，明萬(歷)〔曆〕四年建。長一十九丈，高廣俱二丈有奇。崇(正)〔禎〕十六年，建關其上，左兵再至，屢攻不下。

躍鯉橋　縣南一里，以近卧水橋得名。

蘆薪橋　縣北三十里。

駱駝橋　縣西北三十里。

石橋　在縣北六十里，接懷寧縣界。其水多源懷寧、太湖邊境，皆下武昌。

沈沖橋　縣東北二十五里。

右望江縣。

皖口鎮　懷寧縣西十五里皖水入江之口，亦名山口。舊爲懷寧縣治。三國吴嘉禾六年，使諸葛恪屯于廬江皖口。陳永定三年，遣將徐度將兵城南皖口。皆其地。

長風鎮　縣東五十里，即古長風沙也。明初置巡司，今移郡治。

宜城鎮　樅陽門外。自新遷郡城東南，治遂爲宜城鎮。

石牌市　縣西百里，通灊、太、宿、望四邑。有上、下二集，商旅輻輳，即古石牌口也。宋開寶七年，樊若水請用浮梁濟采石，先試舟于石牌口，即此。

右懷寧縣。

樅陽鎮　桐城縣東南一百二十里。商民萃聚，置馬踏石巡司於此。

孔城鎮　縣東三十里。

練潭鎮　縣南六十里，接懷寧縣界，以近練潭而名。

雙溪鎮　縣東百四十里。

周潭鎮　縣東百六十里。

右桐城縣。

天堂砦　潛山縣西北百里天堂山下，有巡司。

野人原　縣西北十五里。宋景炎二年，邑人劉源屯兵於此。

右潛山縣。

白沙鎮　太湖縣西北一百二十里，有巡司。

小池鎮　縣北四十里。舊置巡司，裁改置小池驛於此。

馬路口鎮　縣西郭外，商賈輻輳之地。

又西一里曰小馬路鎮。

右太湖縣。

涇江口鎮　宿松縣南百二十里。邑中諸水合流於此，有巡司。

歸林灘鎮　縣西南一百二十里。江水兩分，一派道其前，沿流出涇江，合大江。舊有巡司，今裁。

小孤山鎮　縣東南一百四十里。大江在前，商賈舟楫所聚。有巡司。

便民倉鎮　縣東南七十里。俯臨長河，東通望江縣吉水鎮，商旅絡繹。邑南、北糧倉貯此。

洿池市　縣東五十里，今改爲鎮。或曰即宋龍溪鎮，以在龍湖旁，故名。

右宿松縣。

楊灣鎮　望江縣西南三十里。舊有巡司，今移駐華陽鎮。

急水鎮　縣南三里，商賈所聚。亦名吉水鎮。

雷港鎮　縣東三十里，古雷水從此出。明置巡檢、驛丞，今皆裁。

華陽鎮　縣東南十五里，有巡司。

香草鎮　縣西三十里。舊設河泊所於此，尋裁。

右望江縣。

徽州府

新安第一關　在歙縣南五里紫陽橋上。

馬嶺關　婺源縣北。兩山對峙如戟，當休、婺之界。宋初猶置戍守，後裁。

佛嶺關　婺源縣東十五里。

叢山關　績溪縣北三十里，地名永安鎮。

翬嶺關　績溪縣西十五里，地名太平鎮。

梅嶺關　績溪縣東南三十里。

五嶺關　祁門縣南百里，爲浮梁入縣之道。

漁梁渡　歙縣城南。

岑山渡　縣南十五里。

梅口渡　縣南十三里。

烔村渡　縣南三十里。

街口渡　縣街口司前。

右歙縣。

率口渡　休寧縣南三十里。

長干傍渡　在縣十六都。

霞阜渡　在縣二十四都。

臨溪渡　在縣二十六都。

上溪口渡　縣西五十里。

右休寧。

鵠溪渡　婺源縣五都溪北，通回嶺達於郡。

古箭渡　在縣五都。

前溪渡　在縣七都江灣。

長灘渡　在縣十八都。

濟口渡　在縣八都，爲浙、閩通衢。

右婺源。

來蘇渡　績溪縣西。宋蘇轍爲令日，兄軾自海南歸，過縣視之，故名。

漁梁　歙縣南三里。黄山及諸溪水會流於此，陡瀉而下，無復停蓄，故爲津梁，以緩水勢。前此每有蕩決，市城火災立見。形家謂當修復蓄水，水勝則火息。康熙二十六年，郡紳士輸金萬餘兩，甃築堅緻。

河西橋　縣西門外。宋端平初，創浮橋亘五十丈，榜曰「慶豐」。元季兵燬，明初架木爲之。弘治間甃以石，易今名。橋上有李白舊酒樓。

萬年橋　縣北門外。

紫陽橋　縣南五里，長數十丈。橋南沿溪築堤，直達霞山。

練影橋　府城外。城北、西、南三面濱水，淫霖驟漲，往往漂没民居。明知縣張濤伐石堤之，高丈許，延紆數里。中壘白石爲橋，名曰練影，護以楊柳。橋左向有酒樓，春日聽鶯折柳，壺觴咸集於此。

武陵橋　在縣三十二都。

長虹橋　縣溪南，凡十一洞。上有亭臨溪，喬木蓊鬱，蒼翠染人，登橋遠望，儼若畫圖。

藻川橋　縣西巖鎮文几山側。水木明瑟，魚鳥依人，梵聲鈴鐸，時出林杪。舊名佘翁橋。

孫翁橋　巖鎮後豐樂溪上。石洞凡九，構屋五十楹。
琴溪橋　縣十七都，一名石橋。
八柱梁　縣南黄墩。明萬(歷)〔曆〕間造舟爲梁，今仍之。
右歙縣。
内翰橋　休寧縣西門城河上。宋寶慶中，内相程珌疊石架木爲屋二十楹。
閔川橋　縣東南三十里。
海陽橋　休寧縣舊墅，原名觀音橋。
屯溪橋　縣東南三十五里。
藍渡橋　縣西一十二里。
汶溪橋　縣南二里。
嚮山湖橋　縣南三十里。
汊口橋　縣南三十五里，通遂安。
阜通橋　縣東南十五里。
斷石橋　縣南鄉，黟、夾二水會流於此。
右休寧縣。
萬安橋　婺源縣城西。

萬石橋　縣東十都。

衍慶橋　縣東四都長田源口。

湖山橋　縣東湖山，爲赴郡通衢。

塔橋　縣北九十里葉村，爲回嶺通郡路。

水西橋　縣北九十里沱川，爲平鼻嶺通休、祁路。

朱紫橋　去縣一百里，爲浙嶺通郡路。

横槎橋　縣西西鄉。諸水並會横槎，自汊口抵縣。

花橋　縣西四十三都，上有花亭。

洋潭橋　縣西符溪里，徽、饒通道。

右婺源縣。

胥溪橋　祁門縣北十里胥嶺，舊名五馬橋。

柏溪橋　縣北三十里。

錦溪橋　縣東仰村。

華橋　縣東十里，上翼以亭。

雙溪口橋　縣西十四都。

桃源橋　祁門縣仙桂鄉，上構亭二十間。

梓溪橋　縣西良禾嶺下。

祁嶺橋　縣南祁嶺。

右祁門縣。

戊己橋　黟縣治北，宋淳熙中建。

東溪橋　縣治東，宋慶元間建。

靄江橋　縣東四十里。

駟馬橋　縣北三十里，宋盧諫議故居相近。

魚亭橋　縣東南三十五里。

乳川橋　縣東界首鋪。

横江橋　縣南五里。

景星橋　縣西北十五里。

右黟縣。

南關橋　績溪縣南門外。　橋下有倒流朝縣水約九步，諺曰「九步流東水」是也。

緑楊橋　縣東南二里。

永濟橋　縣東北十里，巖南麓，長十有四丈。

從安橋　去縣十里，巖北麓，長十有四丈。

石痕橋　縣東三十五里，元至正十年建，有亭二十餘楹。

德安橋　縣東鄉，元大德中建。

臨溪橋　縣西南二十五里。

曹渡橋　縣南十里，長八十六尺。

右績溪縣。

街口鎮　歙縣東南一百里。東至淳安縣八十里，即新安江所經。有巡司。

新館鎮　縣東三十里。

巖寺鎮　縣西二十五里。宋時置官榷酒，明初置税課局，兼置巖寺巡司，後裁。

右歙縣。

屯溪鎮　休寧縣東南三十里。

萬安鎮　縣東南二十里。

五城鎮　縣西南。

右休寧縣。

三吴鎮　婺源縣東七十五里。唐季黄巢寇亂，兵馬使汪道安等守婺源，次子瀆分戍於此。

高砂鎮　縣西南三十里，元置高砂税務於此。

右婺源縣。

閃上鎮　祁門縣南九十里。

柏溪鎮　縣北三十里。

到湖鎮　縣南一百里。

右祁門縣。

廟口鎮　黟縣西二十里。

魚亭鎮　縣東南三十五里。

右黟縣。

河東市　績溪縣東一里。

華陰鎮　縣南三里。

龍塘鎮　縣南十五里。

臨溪市　縣南二十里。

鎮頭　縣西北三十里。

右績溪縣。

寧國府

千秋關　在寧國縣東一百三十里千秋嶺上，路通於潛縣阮村。《天目志》亦載之。

董嶺關　縣東少南八十里，通孝豐、廣德二界。

長洪關　縣東三十里，通廣德上沖。

唐舍關　縣東南一百里，路通孝豐、上梅、西溪。

豪塹關　一名豪阡關，縣東南一百二十里，通於潛天目山。

馬頭嶺關　縣南一百三十里，路通昌化縣界。

分水嶺關　縣西南八十里西坑山上，路通宣城華陽，爲縣要口。

盤坑嶺關　縣西三十里。

叢山關　縣西南二十里籠叢山，與績溪縣分界。

獨蛇關　縣西四十五里。

右寧國。

新城渡　宣城縣北館驛前三汊河口，宛、句二溪合流處。

新河渡　縣北五十里塞口山渾水港，爲蕪關稽查竹木之所。

句溪渡　縣北三里。

青弋江渡　縣西六十里，與南陵縣分界。

右宣城。

于村渡　南陵縣東北三十五里。

龍潭渡　縣東北四十里。

染村渡　縣北五十里。

章公渡　縣東北十五里。

右南陵。

耿姥渡　涇縣西北。介萬山之中，爲上游支流所匯，由此以趨于江。

馬頭渡　縣北三十五里。

麻溪渡　縣西南一百里。山環水匯，涇邑勝地。

赤灘渡　縣北二十里柏山下。

江村渡　縣南五里。

巖潭渡　縣南十里。

右涇縣。

波羅溪渡　寧國縣南四里，路通於潛、孝豐二縣。

五河渡　縣北十里。

西潯渡　縣北二十五里。

石口渡　縣東五十里石口鎮。

桃源渡　在潯潭西。

亭頭渡　縣南十五里，赴浙省孔道。

右寧國。

松巖渡　太平縣南三里，即夏家渡。

龍門渡　縣西北五十里，舊名何家渡。

安仁渡　縣西五十里。水源出黄山，曲折亂流。舊有十六渡，今不存。

東溪渡　縣朝宗門下。

穰溪渡　縣西六十里，即陳村渡。水出黄山，至安仁渡口合舒水東北流。

右太平。

鳳凰橋　宣城縣東泰和門外。跨宛溪，長三十丈，廣二丈六尺。

李公橋　縣東十里。

濟川橋　陽德門外。跨宛溪，上曰鳳凰，下曰濟川，皆隋開皇中建。李白詩「雙橋落彩虹」即指此也。

惠濟橋　縣東八里。跨東溪，長四十丈，廣二丈五尺，高四丈五尺。

通津橋　在通津渡。

飛橋　一名引虹橋，縣東南柏梘山下。飛流界道，跨岫爲梁，宋淳熙中建。明萬（歷）〔曆〕中改建，構亭其上，凡七楹。

浮橋　城北百有十里，爲水陸津要，與當塗縣分界。

沙河橋　縣南十五里，與新安橋皆跨張家湖水。

新安橋　縣南十里。

横澗橋　縣南十三里。

鳳村橋　縣南二十五里。

寒亭橋　縣西四十里。

七里橋　縣北七里，當孔道。

横堽橋　縣北横堽山下。

硤石橋　縣北十三里硤石山下。

水碧橋　縣東北水陽鎮東岸，北接高淳縣界。

右宣城縣。

籍山橋　南陵縣東一百五十步。

通濟橋　縣東六百步。一名青陽橋，宋淳祐二年建。

沿墅橋　縣東十五里。

荻塘橋　縣東二十五里。

降仙橋　縣東南一里承天觀前。

獅子橋　縣南六十步。

鵝嶺橋　縣南二十里。

澄清橋　縣南三十里。

揚干橋　縣南四十里。

上港橋　縣西五里。

後港橋　縣西北一里。

饗塘橋　縣西二里，舊名西溪橋。

龍會橋　縣北一里。以縣西龍池、縣南水龍洞二水會流於此，故名。

麻橋　縣西北二十五里。

右南陵縣。

賞溪橋　涇縣西五里白雲寺前，舊縣治之側。

通靈橋　縣西五里，跨後山塘水。

斗門橋　縣西七里，楓坑水出其下。

鎮定橋　縣西二十里。

管林橋　縣西三十五里。

雙澗橋　縣西三十五里。

風光橋　縣西北一里。

響山橋　縣西北十里。路通南陵，跨新村澗水。

昌壩橋　縣北十五里，跨黄埭澗水。

殿頭橋　縣北二十里，跨永豐陂。

洗馬澗橋　縣北三十里。

琴溪石橋　縣東北二十里。

三橋　縣東七里。三橋相望，故名。

佛子溪橋　縣東二十五里。

慈坑石橋　縣東四十里。

白花橋　縣東四十五里。

深渡橋　縣東五十里，當太平鋪官道。有溪自旌德流至此，盤旋者三，故名深渡。

石鼓橋　縣東南五十里。

欽賢橋　縣治南，跨市河，宋建。

萬壽橋　縣南五里。

汪陂橋　縣南十里。

皇甫橋　縣南三十里。

藍石橋　縣南三十五里。

花林橋　縣南六十里。

鳳凰橋　縣南五十里，元至正間建。

右涇縣。

西津渡橋　寧國縣西二里，明嘉靖中建。高四丈，長四十丈，廣二丈。

通濟橋　縣西四十里。

赤坑口橋　縣西五十里，跨官壩溝水。

金鳳橋　縣西三十里，舊名永寧橋。

泗淞橋　縣西六十里。

葉莊橋　縣西四十里。

環溪大橋　縣西九十里。

河瀝溪橋　縣東五里。
萬家橋　縣東八十里。徽、浙通衢，千頃塘、道場坪諸水匯焉。
東山渡橋　縣東五十里。與石口鎮對跨昌化、於潛、孝豐、廣德諸界溪水。
白石橋　縣南五里。
冷渡橋　縣東南九十里，宋寶祐間建。
禄青橋　縣東南一百一十里。左青山，右萬禄山，故名。長百尺，廣二尋。
西灣橋　縣南二十里。
奚頓橋　縣南五十里，元建。
前鶴橋　縣南八十里，元建。
利市橋　縣南一百里。
雙溪橋　縣北十里。
澄清橋　縣北三十里，上有亭三楹。
右寧國縣。
淳源橋　旌德縣東上東門外。跨徽水，當闤闠往來之衝。宋元豐中建，舊名平政，又名跨雲。
駕虹橋　縣東中東門外。
隱仙橋　縣治東。

惠濟橋　縣東，跨東溪，一名楊下溪橋。
安豐橋　縣南門外，元至正中建。
桂枝橋　縣南六里。
隱龍橋　縣南十里。
横凫橋　縣西十里。
玉溪橋　縣西十八都。
東固橋　縣西二十里。西通黄華嶺，南通太平。
孫村橋　縣西三十里。
石壁橋　縣北二十五里。
跳仙橋　縣北十里，凫溪南流水口。
藁口橋　縣北十里，凫溪北流出口處。
南河橋　縣北三十里，縣境諸水匯此。
右旌德縣。
仙源橋　太平縣南門外。舊名富溪橋，宋紹興中建。
金墩橋　縣南十里。
迄溪橋　縣南二十五里。

永鎮橋　縣南四十里。

官橋　縣東十五里。

永興橋　縣東二十五里。

東坑口橋　縣東南箬嶺下。

衆安橋　縣西北，宋淳祐中建。

望仙橋　縣西五里。

三思橋　縣西街，跨三門嶺水。

大橋　縣西二十里。

梅溪橋　在縣東北。

八仙橋　縣東鄉。一溪長流，獨石横亘，長丈餘，闊四尺，厚二尺許。初建時，石重莫能致。忽一夕移置溪上，相傳爲仙跡云。

右太平縣。

水陽鎮　宣城縣東北七十里。臨大溪上，溪北與高淳縣接界，有巡司戍守。又兑軍倉及義倉皆置於此。

黄池鎮　縣北一百一十里，與當塗縣接界。唐大順二年，楊行密將田頵引兵邀孫儒于此。有巡司戍守。

灣址鎮　縣西北八十里。青弋江所逕，鹽艘鱗集，商販輻輳。

右宣城縣。

清弋江鎮　南陵縣東三十里。

鵝嶺鎮　縣南二十五里鵝嶺下。明置巡司，今因之。

右南陵縣。

黄沙鎮　涇縣東黄沙嶺下。唐武德六年，舒州總管張鎮周，擊輔公祏將陳當世于猷州之黄沙，即此。

馬頭鎮　縣東北三十里。下臨大溪，商舟輳集於此。

赤灘鎮　縣東北十五里。

下坊鎮　縣北五里。

右涇縣。

河瀝溪鎮　寧國縣東五里。

五河渡鎮　縣北十里。

港口鎮　縣北三十里。

東岸鎮　縣西五十里。

胡樂鎮　縣西南九十里，有巡司。

右寧國縣。

三溪鎮　旌德縣北三十里石壁山，有巡司。

廟首鎮　縣南四十里。

江村鎮　縣南五十里。

右旌德縣。

宏潭鎮　縣西南一百二十里，有巡司。

右太平縣。

池州府

嚴關　在石埭縣北琉璃嶺。

清溪渡　貴池縣城外。

杜塢渡　城西五里。

黄湓渡　縣西九十里。

右貴池。

朱家渡　青陽縣北三十里。

河口渡　與朱家渡相近，俱臨官道。

右青陽。

舒溪渡　石埭縣南門外，爲一邑通津。溪旁林木蓊薈，多酒樓。

迎春渡　縣東門外。

右石埭。

江口渡　東流縣城南大港。

鐵山渡　縣西南二十里。

香口渡　縣南六十里。

石潭渡　縣東四十里。

張家灘渡　去縣三十五里。

雁汊渡　縣北七十五里。

右東流。

靈芝橋　貴池縣東三十五里。

興濟橋　縣東南九華門外。

胭脂橋　縣東南一百里，近天井山。
溥濟橋　通遠門外，舊名濟川橋。
白沙橋　縣南十里白沙鋪左。
湘潭橋　縣南二百里。
山口橋　縣西南五里石灰沖口。
黄澗橋　縣西七里。
炭埠橋　縣西二十二里。
雁斷橋　縣西四十里，近蕩石湖。
虹昇橋　縣西五十里。
神山石堰橋　縣西八十里。
右貴池縣。
清平橋　在青陽縣，舊名定星橋。
高陽橋　縣東賓陽門外。宋淳熙十四年邑令許介建。介，高陽郡人，因名。
洞仙橋　縣東二十里。
補助橋　縣東二里，明萬（歷）〔曆〕四年重建。橋北有補助亭，故名。舊名塔泥橋。
烏潭橋　縣東四十五里。

藍陂橋　縣東十七都。其港通藍陂澗，故名。

黄沙橋　縣東南二十五里青石山下，元建。跨大溪，大分流嶺水及斜山、竹塔諸流匯焉。

青龍橋　縣東北二十里。

横澗橋　縣東南四十里大分流嶺下。

社橋　縣東六十里，抵南陵界。

匯源橋　縣西八都。

白鶴橋　縣西十五里。以水源自白鶴池，故名。

化成橋　即五溪橋，縣西二十里。五水合流于下，故名。宋慶元中建。

柯沖橋　縣北十六里。

塔水橋　縣南三十里林口之上。

分川橋　縣南四十五里小分流嶺下。

南流橋　縣南六十里陵陽鎮西。

蒲塘橋　縣市北。舊名洄湟橋，宋嘉祐中建。

烏金橋　縣北十里，抵貴池界。

城山橋　縣北四十里。

右青陽縣。

太平橋　銅陵縣治東大街，即唐埠橋。
舊河橋　縣西南。
新河橋　縣北新河口。
橫塘橋　縣東門外。又一在縣東五里，通順安大路。
順安橋　縣東十五里順安鋪大街。
鳳心橋　縣東十五里鳳心閘。
棲鳳橋　縣東十五里。
大高橋　縣東三十五里，通郭嶺大道。
胡城橋　縣東四十五里。受鳳凰諸溪水，通荻港。
周家橋　縣南四里。
橫溪橋　縣南三十五里。
黃滸橋　縣東北六十五里，接繁昌縣界。
通濟橋　縣大通鎮。
右銅陵縣。
義興橋　石埭縣西一里。

千秋橋　縣南十五里夏村①。

洪口橋　縣西五里，爲徽、寧通衢。

大溪橋　縣西四十里，一名迎春橋。

楊潭橋　縣西南一百五十里鷹科巖下，爲徽、池通衢。

政通橋　縣北十五里。舊名夾溪橋，後更爲通遠橋。皆爲溪漲衝圮，國朝順治二年重建。

望仙橋　東門外，跨後溪。

永豐橋　縣東三十里。

右石埭縣。

廣濟橋　建德縣南門外，跨茹蘭溪，宋開禧中建。

擊壤橋　縣南二里，跨堯城溪。

納履橋　縣南二十五里。

官田橋　縣南五十里。

龍口橋　縣南八十五里。

昭潭橋　縣南百里。

---

①《四庫》本無「夏村」二字。

祥林橋　縣南一百二十里。

南溪橋　縣東南四十里。

朝宗橋　縣東十五里。

小陽橋　縣東七里。左達低嶺，右達高嶺。

會川橋　朝宗橋東。水自寶峰山出，會于朝宗，故名。

惠政橋　縣西門外，跨茹蘭溪，宋嘉定中建。

廣利橋　縣西四十五里，宋建。

龍潭橋　縣東三十里。

望京橋　縣北門外。

杏花橋　縣北四里。

查册橋　縣北十五里。

舜玉橋　縣北二十里歷山。

右建德縣。

建東橋　東流縣東南唐豐上鄉，接建德縣冷水港。

黃蓮橋　縣東唐豐下鄉。

石橋　縣東三十里，有鋪。

藍橋　在縣晉陽鄉。

雙河橋　縣晉陽鄉。

瓦壠橋　縣北八都。

石板橋　在縣治十四都。

右東流縣。

池口鎮　貴池縣西北五里黄龍磯上。舊有巡司，今裁。

清溪鎮　二：上清溪鎮在縣南十里，下清溪鎮在縣東北五里。

靈芝鎮　縣東南三十五里。

齊山鎮　縣南齊山下。

白洋鎮　縣南三十里。

殷家匯鎮　縣西南六十里。

右貴池縣。

金山鎮　青陽縣東六十里，俗名黄荆堨，通南陵縣。

吴潭鎮　縣東北二十五里，俗名竹木潭。

慕善鎮　縣西二十五里，前通五溪河。

陵陽鎮　縣東南六十里，接石埭界，即故陵陽縣也。舊置巡司，今裁。

銅埠鎮　縣北二十里。

管埠鎮　縣北二十五里。

上三鎮俱通大通河。

右青陽縣。

大通鎮　銅陵縣西南四十里。枕山面江，商旅鱗集。有荷葉洲以殺洶濤，有羊山磯以障下臂，最便泊舟，重載巨艦，多聚於此。有巡司。舊有大通驛及遞運河泊所，今革。

順安鎮　縣東三十里，宋鎮，即古義安縣。舊置臨津驛，久裁。

黄滸鎮　縣東六十里，接繁昌縣界。

城洑鎮　縣北鵲頭山側，即古鵲頭鎮也。舊有巡司，今革。

右銅陵縣。

留口鎮　石埭縣西南。

下村街

横船渡

七里街

右石埭縣。

永豐鎮　建德縣南九十里，有巡司。

古港鎮　縣西三十五里。

葛公鎮　縣東三十里。

堯城鎮　縣南二里。商民萃處，貿販頗盛。

右建德縣。

香口鎮　東流縣西南四十里。宋末移望江縣治於此，元初還舊治。明置巡司，今移于吉陽。

吉陽鎮　縣北三十里，有巡司。

張溪鎮　縣東三十五里。

雁汊鎮　縣東北八十里，接懷寧縣界。舊置巡司，久裁。

右東流縣。

太平府

蕪湖鈔關　在蕪湖縣西，濱河南岸。有關差駐劄，以榷商税。

花津南渡　當塗縣溪南十字圩東岸。北達薛鎮、丹陽，南通宣、廣，爲往來津要。

小花津渡　縣南五里。津係往省及徽、寧徑路，岸陡水漲，涉濟維艱。土人造石梯，並置田爲渡船費，行人便之。

湯家渡　在縣南五里。

黄池〔渡〕① 縣南七十里。

官陡門渡　縣南三十五里。

烏汊港渡　縣東南九十里。

采石渡　縣北二十五里。

右當塗。

櫓港渡　蕪湖縣南十里。

石硊渡　縣南三十五里。

濮家店渡　縣東七里。

落蓬灣渡　縣東三十里。

右蕪湖。

趙家埠渡　繁昌縣東南四十里。

黄墓渡　縣西南四十里。與黄蓋墓相近，故名。

① 據乾隆《太平府志》卷六補。

汪沖渡　縣西二十五里。

盛家渡　縣東南五十里。

右繁昌。

南津橋　當塗縣城南。一名上浮橋，跨姑孰溪。

采虹橋　縣西南。一名下浮橋，跨姑孰溪。

慶成橋　縣城内十字街東。

彰義橋　縣東。

襄成橋　縣北門外。明太祖伏兵于襄成橋，擒元將陳埜先，即此。

長橋　在縣東南八十里。

留愛橋　縣東南黄池鎮。

丁家橋　縣東薛鎮。

博望橋　縣東貴遊鄉。

龍山橋　縣南七里。

葉家橋　近花津渡，有五洞。康熙五十八年大水衝圮，雍正九年土人重建。

右當塗縣。

通津橋　蕪湖縣城南大河。造舟爲梁，以通往來，即便民橋，一名浮橋。

孝烈橋　縣東南一里金馬門外，即宋烈女詹氏投水處。一名市東橋。

富民橋　縣西南五里。

太平橋　縣西北一里，通南北驛路。

麻浦橋　縣西南十五里。

廠橋　在縣西工部廠前。

獅子橋　縣西二里。

新橋　在縣北十八里。

大小丁橋　縣北七里。

陶陽橋　縣北二十里。

右蕪湖縣。

聚奎橋　繁昌縣西城内。

百子橋　縣東門外。

官壩橋　縣東十里。

魯興橋　縣東三十里。

龍溪橋　縣東南三十里隱静寺左。

其右爲虎溪橋。

分界橋　縣東南四十里，接南陵縣界。

雙股橋　西門外，跨城濠。

遠德橋　縣西二十五里。

黄滸橋　縣西三十里黄滸鎮。

石龍橋　縣西三十五里。

上峨橋　縣南門外，跨城濠。

横山橋　縣北三十五里。

得勝橋　縣北五十里荻港鎮。

泥浦橋　縣東北三十里。

公孫橋　縣西北四十里公孫山下。

聚春橋　縣西北四十里舊縣鎮。

右繁昌縣。

采石鎮　當塗縣北二十五里牛渚山上。西接烏江，北連建業，與和州横江渡相對。有巡司。

慈湖鎮　縣北四十五里，爲宋舊鎮。有公館。

黃池鎮　縣南八十里，宋舊鎮也。鎮北爲縣界，跨河而南爲宣城，西達蕪湖，東抵高淳。廛市相連，舟車四集，爲縣巨鎮，有公館。

又東十里有烏溪鎮，與宣城、高淳壤地相錯。

薛鎮　在縣東三十里，即宋薛店鎮。

青山鎮　縣南三十里青山之南，爲宋舊鎮。

亭頭鎮　縣東南四十五里。

唐溝鎮　縣東南一百里。

大信鎮　縣西南三十里大信河口，有巡司。

右當塗縣。

河口鎮　蕪湖縣西大河口。舊有巡司，今移于澛港。

澛港鎮　縣西南十五里。商旅駢集，爲防守要地，河口巡司移治於此。

石硊鎮　縣南三十五里，與南陵接界。晋桓彝爲宣城内史，蘇峻之亂，出屯石硊，即此。

河南市　縣治南。沿河東西十里，闤闠相接。

山口市　縣南十五里。爲驛遞孔道，多旅店。

二十里市　縣南。驛遞往來，與山口同。

右蕪湖縣。

荻港鎮　繁昌縣西北五十里，有巡司把總戍守。

峨山市　縣南關外金峨山下。

舊縣鎮　縣西北四十里。

黄滸鎮　縣西南三十里，即宋黄火鎮。

三山鎮　縣東北三十里。濱江，有公館，有巡司。

峨橋鎮　縣東北三十里，明初嘗置繁昌河泊所於此。

新林市　縣東南三十里，有公館。

右繁昌縣。

廬州府

廬鎮關　在合肥縣西南百餘里，接舒城縣界。

冷水關　廬江縣西三十里。兩山夾道如門，相傳三國曹魏設隘於此。今有巡司戍守。

東關　巢縣東南濡須山麓，濡須水所經也。

陡巖關　巢縣東北三十里，一名斗陽關，爲滁、和通道。兩山陡峻，中開一逕，登者甚艱，昔人於此置關，又名陡陽關。

淮浦渡　合肥縣治水西門外。

中派河渡　去城三里。

右合肥。

沙河渡　舒城縣。

桃溪渡

龍津渡

右舒城。

柴埠渡　廬江縣南十五里。

馬頭口渡　縣東北六十里。

梅林渡　縣東南五十里。

三河渡　縣東北六十里。

右廬江。

沙江口渡　無爲州東南二十五里。

鐵貓河渡　州東北四十里。

廬江渡　州西北五十里。

永安河渡　州南四十里。

張溪渡　州南四十五里。

右無爲州。

東口渡　巢縣南便民倉前。

羅家渡　在柘皋河口。

柳家渡　縣西南晏公廟前，今移陸家嘴。

桐陽河渡

徐家渡

右巢縣。

鎮淮橋　合肥縣城内鎮淮樓北，一名市橋。

飛騎橋　城内。即孫權爲張遼所襲，乘馬越渡處。舊名西津橋，一名逍遥橋。

淝寧橋　縣西關外。

歲豐橋　城内教弩臺前，一名九獅橋。

通津橋　縣大東門外，一名閘橋。

靈觀橋　縣東時雍門外。

唐陽橋　縣東四十里。

石塘橋　縣東七十里。
西豐橋　縣西七十里。
通濟橋　縣東四十里店埠鎮。
馬埠橋　縣西九十里。
派河橋　縣西四十里派河鎮。
太平橋　縣北二十里。
雙港橋　縣南九十里三河鎮。
圓疃橋　縣北六十里。
永安橋　縣西四十里。下有巨巖，其水獨西注，蓋即宋之永安鎮也。一名城西橋。
新建橋　縣北八十里。
麻埠橋　縣北一百三十里，通定遠官路。
右合肥縣。
魚市橋　廬江縣治東南，一名鐘樓橋。
臨仙橋　縣東門外。初以木爲之，明宣德中易以石。
沙溪橋　縣南十五里。有上、下二橋，相去五六里許。
繡溪橋　縣西岡外，俗名劉家橋。

金牛橋　縣西北四十五里，長五十丈。

昇仙橋　縣南門外。

羅昌橋　縣南四十里。

重錦橋　縣大西門外。

九里澗橋　縣西九里。

洪關橋　縣西二十里。

三澗橋　縣西四十里。

羅家埠橋　縣北二十五里。

銅關橋　縣北三十五里。

青山橋　縣東北六十里。

右廬江縣。

望湖橋　舒城縣治東首。

南舒橋　縣南，即周瑜橋。

南清橋　縣治南。

梅心橋　縣南梅心驛。

春秋橋　縣南春秋山下。

桃城橋　縣北桃城鎮。

右舒城縣。

門錦橋　無爲州南門内。以錦繡溪水與衆流會，故名。

回龍橋　州儒學西，以溪水回旋得名。

東津橋　州大東門外。

九華橋　州南門外。

花林橋　州東北倉埠門外。

李師橋　州西十五里。

横步橋　州西北一十五里。

張陰橋　州西北十二里。

新嶺橋　州西北十五里。

石澗橋　州北三十里。

峽山橋　州北四十里。

黄姑橋　州西南九十五里。

開成橋　州西南五十里。

右無爲州。

浮橋　巢縣城南，跨大河，明初嘗榷往來商税於此。

玉蘭橋　縣西北六十里柘皋街。

孔臺橋　縣西北五十里，俗名孔探橋。

尉子橋　縣北黄山東十里，宋紹興中營州觀察使姚興與金拒戰死於此。

珍珠橋　縣東門外。

抱書橋　縣東五里。

雙橋　縣西十里。

鳳舒橋　縣南四十五里。

高林橋　縣南六十里。

荷葉澗橋　縣西南八十里。

通駟橋　縣北門外。

紫微橋　縣北七里。

右巢縣。

三河鎮　合肥縣南九十里。外環兩岸，中峙三洲，而三水貫於其間，故曰三河。

清水鎮　縣北一百里。宋開禧中，以濠州陷，嘗移治於此。

石梁鎮　縣東一百二十里，接巢縣界。有巡司。
店埠鎮　縣東四十里。宋紹興十一年，楊沂中拒金於店埠，乘勝復廬州，即其地。
青陽鎮　縣南六十里。
長城鎮　縣西九十里。
右合肥縣。
金牛鎮　廬江縣西北四十五里金牛山下，即故金牛城。
黄屯市鎮　縣東南六十里，相傳黄巢屯兵於此。
沙溪市鎮　縣南十五里。
羅昌市鎮　縣南五十里。
盛家橋鎮　縣東北五十里。
右廬江縣。
牧馬市鎮　舒城縣西三十里，即故周瑜城。
上陽鎮　縣東二十五里。
九井鎮　縣西四十五里。
桃城鎮　縣北三十里。
右舒城縣。

黄落河鎮　無爲州東北三十五里，有巡司。其西有黄落河倉，每歲交兑軍糧於此地。
鶴毛河鎮　州南七十里。
土橋河鎮　州西南一百二十里，有巡司。
襄安鎮　州東南五十餘里。
峽山鎮　州北四十里。
泥汊河鎮　州南四十里，有巡司。
右無爲州。
柘皋鎮　巢縣西北六十里。
桐陽鎮　縣西五十里。
吕婆店市　縣南十里。人烟輳集，有秀山鋪，通無爲州驛路。
十字河鎮　縣南七十里。
下閣鎮　縣西北三十里。
右巢縣。

江南通志卷二十八

輿地志

關津 四　橋梁鎮市附

鳳、潁二府　滁、和、廣、六、泗五州

鳳陽府

臨淮關　在臨淮縣北臨淮門外，榷課之所。

正陽關　壽州西南，亦榷課之所。一名東正陽，與潁上縣之西正陽夾淮相對。

長淮渡　鳳陽縣西北。

磨河口渡　縣北。

十里程渡　縣北。

蚌埠渡　縣西北。

右鳳陽。

淮河南岸渡　臨淮縣臨淮門外。

小溪渡　縣東北五十里。

右臨淮。

淮河渡　懷遠縣城南。

渦河渡　縣城北。

洛河渡　縣南六十里。

淝河渡　縣東北二十里。

萁河渡　縣西四十五里。

天河渡　縣東十二里。

右懷遠。

洛水渡　定遠縣西九十里。

三汊口渡　縣東五十五里。

下石閣渡　縣東南五十里。

右定遠。

下蔡渡　壽州北三十里。

瓦埠渡　州東南六十里。

官橋渡　州東八十里。

右壽州。

鳳陽橋　鳳陽縣洪武門外。

大通橋　縣東南十里。

九虹橋　縣東十五里，接臨淮縣界。橋有九梁，故名。

金水橋　縣城東南角，通水關。

獨山橋　縣東五里。

昇子橋　縣北二十里。

西湖橋　縣北十二里。

七里橋　縣西北四十里。

關城橋　縣北五十里。

東湖橋　縣北十里。

徐家橋　縣西南三十里。

右鳳陽縣。

昇仙橋　臨淮縣清流門内。

響水橋　縣閶賢門外。

淮寧橋　縣西塗山門外。明初建，名曰廣惠，又名弘濟。萬(歷)〔曆〕中重修，改今名。

迎安橋　縣東二十里。

溪河橋　縣東三十里。

周梁橋　縣東南二十里。

上橋　縣東南四十里。

黄(邱)〔丘〕橋　縣東南五十里。

石橋　縣南二十里。

史官埠橋　縣南二十七里。

昇高橋　縣西南四十五里昇高山下。兩濠水匯流于此，元時建。

遠山橋　縣南四十五里。

右臨淮縣。

碧溪橋　懷遠縣城内察院前。
青龍橋　縣東賓旭門外。
寒水橋　縣儒學東。上通碧溪澗水，故名。
建寧橋　縣含暉門，通蓮池水入淮。
通泉橋　縣淮東大道。通塗山澗水，下入于淮，因名。
珍珠橋　縣南三十五里。通獨山泉，水入郭坡塘。
通濟橋　縣南考城鎮西半里。
隔溝橋　縣西南二十五里。
利涉橋　縣北馬頭集南。
大新橋　縣北渦池渡口。
右懷遠縣。
鳳凰橋　定遠縣東門外。
洛陽橋　縣東三十里。
走馬橋　縣東四十里。舊傳柴世宗走馬于此，因名。
太平橋　縣東六十里池河驛。
西沙澗橋　縣東六十五里。

石閣橋　縣東南五十里。

順陽橋　縣南門外。

官橋　縣南二十里。

藍栅橋　縣南三十里。

麻埠橋　縣南六十里。

通濟橋　縣西門外。

清澄灣橋　縣西南七里，宋宣和中建。

安豐橋　縣西十五里。

白澗橋　縣西三十里。

永康鎮橋　縣西六十里，宋嘉祐中建。

北爐橋　縣西九十里，接壽州界。相傳昔嘗於此置爐鑄劍。

邊家橋　縣北三里。

北沙澗橋　縣北三十里。

鶴棲橋　縣東北十五里。

雙塘橋　縣東北五十里。

右定遠縣。

秦橋虹[1]　縣東北二十里盤龍山下。

渭橋　縣北五十里。北通白洋河，南通長直溝，至五河入淮。亦通漕運之間道。

闤闠橋　縣南門外，跨汴河。

通泗橋　縣東門外。

陡門橋　縣東八里。

尤家廟橋　縣南。

右虹縣。

九里橋　壽州南門外。

西陡澗橋　州南二十里。

横石橋　州南六十里。

顧家橋　州北九十里。

淝橋　州東五里。周顯德三年，帝征淮南，親行視水寨。至淝橋，自取一石，馬上持之，至寨以供礮石。從官過橋者，人負一石。蓋其地也。

東陡澗橋　州東二十里。

---

① 乾隆《泗州志》卷二作「秦橋」，疑本爲「秦虹橋」。

官橋　州東八十五里。

新堤橋　州西南六十里。

莊家橋　州東南九十里。

右壽州。

大橋　鳳臺縣東門外。

東津渡橋　縣東五里。

大橋　縣北門外。

右鳳臺縣。

埇橋　宿州北二十里，跨汴水。隋時鑿汴以通徐州，南控埇橋，以扼汴路，故其鎮尤重。唐元和四年，議者以埇橋在徐州南界汴水上，當舟車之會，因置宿州以鎮之。唐末楊氏據淮南，自埇橋東南決汴水，悉成污澤。周顯德二年，發民夫因故堤疏導，東至泗上。五年，復浚汴口，導河流達于淮，於是江淮舟楫始通。今汴水湮塞，其橋亦不復爲襟要矣。一名符離橋，又名永濟橋。

黄疃橋　州北三十里。

夾溝橋　州北六十里。

閔子橋　州北九十里。

柏山橋　州東北八十里。

大興橋　州睢溪口。

溧澗橋　州東南一百一十里。

任橋　州東南九十里。

右宿州。

濠城橋　靈壁縣南五十里。

澮支橋　縣固鎮南澮河上。

固鎮橋　縣南七十里固鎮河上。

沱河橋　縣西南四十里固鎮大路之中。

新馬橋　縣南八十里，跨蟹河。

高橋　縣北十里湖上。

韓家橋　縣北六十里。

虹橋　縣東南三里。

曹老橋　縣西南一百三十里。

右靈壁縣。

崗衛集　鳳陽縣南二十里。

劉家集　縣西南五十里。
鳳橋集　縣東北二十里。
三鋪集　縣北三十里。
王莊集　縣北六十里。
長淮集　縣西北三十里。
蚌埠集　縣西北五十里，接懷遠縣界。
徐家橋集　縣西四十里。
右鳳陽縣。
俞家鎮　臨淮縣東南四十五里。
黄泥疃鎮　縣南四十五里。
楊家集　縣東南五十五里。
右臨淮縣。
渦河鎮　懷遠縣北一里，有東、西二處。
上窑鎮　縣南五十里，有公館。周顯德三年，李穀奏敗南唐兵于此。
考城鎮　縣南五十里。
洛河鎮　縣西南七十里。

北馬頭集　縣北三里。

石橋集　縣北二十里。

新河口集　縣東北二里。

常興集　縣南四十里。

新店集　縣西南七十里。

右懷遠縣。

池河鎮　定遠縣東。

長樂鎮　縣東南六十里。

藕塘鎮　縣東六十里。宋紹興十一年，金兵圍濠州，劉錡馳救，軍于藕塘，即此。乾道初，濠州移治藕塘鎮。嘉定四年，城定遠，州復還舊治。

永康鎮　縣西六十里。

北爐鎮　縣西九十里。

大橋鎮　縣東南。

張橋鎮　縣南。

銀嶺集　縣東五十里。

橫山集　縣東七十里。

老人倉集　縣南三十里。
岱山鋪集　縣東。
朱家灣集　縣西四十里。
站雞集　縣西南。
右定遠縣。
鎮興集　虹縣東北朱山里。
黑塔集　縣東赤山里。
界溝集　縣南三十里。
草溝集　縣西南四十里。
蔣家集　縣西南六十里。
蟠龍集　縣東北二十里。
長直溝集　縣西三十里。
右虹縣。
正陽鎮　壽州西六十里。
下塘集　州東一百二十里。
北爐鎮　州東九十里，接定遠縣界，有巡司戍守。

闞團鎮　州西北一百五十里。《縣志》有闞疃集，即「闞團」之訛。

興隆集　州東六十里。

劉龍集　州北六十里。

瓦埠鎮　州東南六十里。淝水旋繞，舟楫商販，往來不絶。

來遠鎮　州西六十里。周顯德二年，李穀攻唐壽州，唐將劉彦貞馳救，至來遠鎮，是也。即東正陽，爲商衆所聚。向置巡司，今裁。

高皇寺集　州東北五十里。

隱賢集　州南一百二十里。相傳因唐董邵南隱此，故名。

右壽州。

下蔡鎮　鳳臺縣北三十里。即漢下蔡縣，宋爲壽州治，明省爲鎮。舊有巡司，今裁。

右鳳臺縣。

柳子鎮　宿州西八十里。元置巡司，明裁。

閔子鎮　州北八十里。

宋疃集　州西北五十里。

睢溪口鎮　州西北七十里，臨睢河。上通蕭、徐，下通淮、泗。

符離鎮　州北二十里，臨睢水，兩京通衢。

臨涣鎮　州西南九十里，即古銍縣。

蘄縣鎮　州南四十里，臨澮水。

渠溝鎮　州西北八十五里。

右宿州。

固鎮　靈壁縣西南七十里，有巡司戍守。

九灣集　縣東南九十里澮河岸。有水次倉，兑糧運於此。

順河集　縣東南，與五河縣園宅集隔河。

沱河集　縣西南四十里。

界溝集　縣西十五里。

樓子莊集　縣西三十里。

楊疃集　縣北三十里。

雙興集　一名雙溝，縣北一百二十里黄河南岸，與徐州接界。管河主簿駐此。

漁溝集　縣北七十里。

蚌埠集　縣西南一百五十里。

右靈壁縣。

潁州府

亳州關　户部榷課。

三里灣渡　阜陽縣東二里，潁河與黄河合處。

茨河渡　在縣西二十五里潁河。

官擺渡　在縣西十五里潁河。

劉家渡　在縣東南一百一十里淮河。

黄連渡　在縣西九十里潁河。宋劉錡募敢死士，奪上流以困金兵於此。

朱皋渡　在縣南一百二十里汝河。

岳湘渡　在縣北一百二十里淝河。

右阜陽。

關洲渡　潁上縣西南四十五里，通霍（邱）〔丘〕。

廟臺渡　縣南二十五里。

正陽渡　縣東南七十里。

八里垛渡　縣東南五十里。

江口渡　縣西北五十里。

右潁上。

灃河渡　霍(邱)〔丘〕縣西南十里。

高唐渡　縣西五十里。

溜子口渡　縣東北四十里。

臨水渡　縣西九十里。

三劉集渡　縣東南六十里。

清河渡　縣東北六十里。

淢河渡　縣東南八十里。

右霍(邱)〔丘〕。

靈津渡　在亳州北門外。舊有橋，宋祥符六年賜名曰靈津，陳堯叟譔記。久圮，今設渡。

車埠渡　州東十里。

韓家營渡　州西五里。

右亳州。

和陽驛渡　太和縣西三里。

舊縣渡　縣西北九里。

王家埠渡　縣西北十五里。

焦家埠渡　縣東二十里。

漁孫埠渡　縣東二十里。

馮家埠渡　縣東北二十五里。

右太和。

渦陽渡　蒙城縣北關。

七里渡　縣西七里。

小澗渡　縣西二十五里。

西陽渡　縣西五十里。

雉河渡　縣西九十里。

雙澗渡　縣東三十里。

移村渡　縣東四十里。

界溝渡　縣東六十里。

右蒙城。

七星橋　阜陽縣南五十里。

七旗橋　在縣南七十里。

通濟橋　在縣北關盡處，去城二里。

新溝橋　在縣東二十五里。

功立橋　在縣南百里。

洄龍橋　在縣東四十里洄窩溜集。

站溝橋　在縣東五十里。

夷陵橋　在縣東六十里。

白龍橋　在縣西約一里。水自西湖、東桑園、蘆花湄三派合入潁水，明萬(歷)〔曆〕間重修。

板橋　在縣東南七十里。

栗頭店橋　在縣西六十里店西頭。

懷歐橋　在縣西北西湖東一里。

楊橋　在縣西九十里。

驛口橋　在縣西一百里。

油店橋　在縣西南一百四十里。

右阜陽縣。

八里河橋　潁上縣南八里。

謝家橋　縣北四十五里。

長林橋　縣東北十里，跨王愛溝。

林家橋　縣東北五十里。

高橋　縣西南〔三十里〕①。

大石橋　縣東南四十里。

黃岡橋　縣東南五十里。

蓮花橋　縣西八里。

大溝橋　縣西三十里。

黃溝橋　大溝橋西。

右潁上縣。

敦義橋　霍(邱)〔丘〕縣南二十五里。

大磚橋　縣南四十五里。

義城橋　縣南六十里。

白露橋　縣北二十里。

---

① 據同治《潁水縣志》卷二補。

陳榮橋　縣北二十五里。

羅澗橋　縣北三十里。

旅思橋　縣北七十里。

窑澗橋　縣西五里。

上石橋　縣西南五十里。

右霍(邱)〔丘〕縣。

九里溝橋　亳州南十里。

十字河橋　州南三十里。

通津橋　州南四十里。

雙溝橋　州南五十里。

五麻溝橋　州東北二十里。

包河橋　州東北三十里。

油河橋　州東南四十里。

普濟橋　州東南四十里。

傅家橋　州東南六十里。

霸陵橋　州東二里。

張村橋　州東南一百四十里。

趙家橋　州東八十里。

西臺橋　州西二里。

小石橋　州西九里。

右亳州。

雙浮圖橋　太和縣北二十里。

李忠橋　縣北四十里。

龍泉寺橋　縣北六十五里。

倪(邱)〔丘〕橋　縣北七十里。

板橋　縣北七十五里。

蒲溝橋　縣北八十里。

白廟橋　縣東北二十里。

張貴橋　縣東北三十里。

磚橋　縣西十里。

穀河橋　縣西北八十里。

右太和縣。

陳仙橋　蒙城縣南五十里。舊名陳摶橋，跨芡河。

廣化橋　縣北三十里，跨淝河。

官家橋　縣北五里。

内津橋　縣北三十里。

馬廠橋　縣北三里。

西雙澗橋　縣東南二十五里。

謝家橋　縣東，跨淝河。

永安橋　縣東南六十里，元（大）〔天〕①（歷）〔曆〕中建。

棗木橋　縣東南九十里，跨芡河。

世農里橋　縣東十八里，跨龍王廟溝。

板橋　縣東北三十里，跨淝河。今改名垂雲。

韓家橋　縣西三十里，跨芡河。

魏家橋　縣東二十五里。

福寧橋　縣西八十里，即宋城父縣之福寧鎮地。

① 「大」，「天」形近之訛。元無大曆年號，而有天曆。

汪家橋　縣西南三十里，跨芡河。

楊界橋　縣西南二十里。

蒙觀橋　縣西北六十里。

廟橋　縣西北九十里。

蔣公橋　縣西北九十里雉河集，接亳州界。

右蒙城縣。

沈(邱)〔丘〕鎮　阜陽縣西北一百二十里，即古寢(邱)〔丘〕也。有巡司戍守。

王家市鎮　在縣北九十里。近母猪港，有古店，有塔。

永寧鎮　在縣東南百里。周世宗伐南唐，至永寧鎮，即此。

中村集　在縣南八十里，前臨谷河。

功立橋集　在縣南九十里。

黄橋集　在縣北六十里。

紅林集　在縣南一百一十里。

董家集　在縣東北一百里，接蒙城縣界。

右阜陽縣。

正陽鎮　潁上縣東南七十里。周顯德二年伐南唐，使李穀等爲浮梁，自正陽濟淮南。元至正九年，董文炳於此築兩城，以遏宋兵。

八里垛鎮　縣東南六十里。商賈帆檣相望，爲淮潁襟要。

漕口鎮　縣西南五十里。臨淮河，通潤河，俗呼爲南照集。

江口鎮　縣西北沙河東岸。即宋江陂鎮，舊嘗置驛於此。

王墅鎮　縣西北六十里江口。

留陵鎮　縣西北五十里沙河東北岸。

右潁上縣。

開順鎮　霍（邱）〔丘〕縣南一百六十里，有巡司。明正德中，鎮民解仲朝嘗奏設開順縣，議者以霍之田賦貨財皆出於此，若設開順縣，則霍（邱）〔丘〕廢矣，因不果。

高唐鎮　縣西七十里，亦曰高唐市。宋紹興初，金兵由潁、壽渡淮，敗宋軍於高唐，即此。明成化間置巡司，尋革。

臨水鎮　縣西九十里。

三劉集　縣東南五十里。

河口集　縣南六十里。

汪家集　縣西三十里。

三河尖　縣西一百里。

新店鋪　縣西三十里。

右霍(邱)〔丘〕縣。

義門鎮　亳州東七十里。臨渦河，商船輳集，爲水陸通衢。舊有巡司戍守，今裁。

雙溝鎮　州南六十里。

釣魚臺集　州東三十五里。

重興集　州東五十里。

雉河集　州東一百一十里，臨渦水，接蒙城縣界。

張村鋪　州東一百四十里。

花溝集　州東南九十里。

油河集　州南五十里。

魏家崗集　州西北二十里。

五麻溝集　州東北十八里。

渾河集　州東北四十五里。

右亳州。

洪山鎮　太和縣北九十里，有巡司戍守。

斤溝鎮　縣北六十里。

磚橋鎮　縣西南十一里。

界溝鎮　縣西北六十里，亦名界首集。

三廟集　縣西北二十五里，舊名十里溝集。

光武廟集　縣西北七十里。

舊縣集　縣北四十里。

倪(邱)〔丘〕集　縣北六十里，臨茨河，即倪寬故里。

蒲溝集　縣北七十里。

三塔集　縣東三十里。

雙浮圖集　縣西北三十里。

淝河集　縣東北九十里。

右太和縣。

西津鎮　蒙城縣北三十里。

移村集　縣東四十里。

雙澗集　縣東三十里，有向陽公館。

倉上集　縣東南六十里。

界溝集　縣東六十里。

陳摶店　縣南五十里，有陳仙公館。

駱駝集　縣南三十里，有樂土公館。

西新集　縣西南二十里。

蔣疃集　縣西南七十里。

西陽集　縣西五十里。

小澗集　縣西北二十五里。

雉河集　西北九十里。

板橋集　縣北三十里。

右蒙城縣。

滁　州

清流關　在滁州西南二十五里。南唐置關，遣將皇甫暉等屯此。

東河渡　滁州東，濟清流河。

北角河渡　州北，濟清流河。

馬家埠渡　州治，與北角河相接。

右滁州。

石潭渡　全椒縣東十五里。

赭澗渡　縣西七十里。

迷溝渡　縣南二十里。

雷家渡　縣南三十里。

後河渡　縣西南三十里，濟滁河。南岸屬和州，爲往來孔道。

陳家市渡　縣西南五十里。

古河灘渡　縣西七十里。

趙家埠渡　縣西七十里，爲巢縣孔道。

石梁頭渡　縣西九十里，接廬州府合肥縣界。宋劉錡與金夾石梁而陣，即此。

右全椒。

沙子河渡　來安縣南四十里。

石板灘渡　縣南五十里。

小河口渡　縣南四十五里。

張家堡渡　縣南七十里。

三汊河渡　縣南四十里。

沙澗渡　縣東南二十五里。

右來安。

東陽橋　滁州治東，跨沙河。

豐樂橋　州治大東門内。

廣福橋　州治西，一名西橋。

五川橋　州治，即清流橋。

吕家營橋　州東，通六合縣界。

雙城橋　滁州東。

九板橋　州東南。

圓惠橋　州南。

腰鋪橋　州北，通來安縣界。

河村橋　九板橋東南，通江浦縣界。

薄陽壩石橋　州南，通全椒驛路。

珠龍橋　州西北三十里珠龍鎮西。

大柳鎮橋　州西北六十里大柳驛。

右滁州。

積玉橋　全椒縣東百餘步，一名市石橋。晉咸安元年，桓伊等擊苻秦將王鑒、張蚝於石橋，即其地。金人與宋亦大戰於此。

永安橋　縣東十六里。

奎光橋　縣儒學東尊經閣下。

湖陂橋　縣東北十五里。

高公橋　縣東二百餘步，宋紹興三年建。

賀櫓橋　縣東二里，相傳賀若弼伐陳治櫓於此。俗名太平橋。

寶林橋　縣西半里，跨襄河。

興塘垻橋　縣東三里，宋元祐八年建。

白汪橋　縣西二里。地有白汪塘，故名。

六丈橋　縣西四十里六丈鎮，一名鳳凰橋。

赭澗橋　縣南十五里。

府城岡橋　縣西十里。

玉橋　縣西南三十五里。

青龍橋　縣西南四十里。

官埧橋　縣西南六十里。

石滸橋　縣西北三里。

江家平橋　縣西北十五里。

石牌橋　縣西北二十里，通定遠縣界。

林家埧橋　縣西北七十里大墅街。

右全椒縣。

龍尾橋　來安縣東門外，跨龍尾河。

毛家橋　縣東四里，通六合縣。

赤山湖橋　縣東三十五里。

神霄宫前橋　縣北門外三里。

庫北橋　神霄宫橋北二里，宋淳熙中建。

蘭沛橋　縣南九里，宋元祐中建。

觀風橋　縣東南二十五里水口市。橋舊爲石梁，長百三十尺，廣十五尺，高倍之。歲久圮於激湍，宋淳熙中重建，明永樂、嘉靖中增修。

界首橋　縣東三十五里，橋東爲六合縣界。

慶成橋　縣西門外，明萬(歷)〔曆〕中重建。

甯家橋　縣西十三里，宋元祐七年建。

右來安縣。

烏衣鎮　滁州東南三十里。

珠龍橋鎮　州西北三十里。

大柳鎮　州西北六十里，元末州人保聚於此。

新安集　州南三十里。

大沙河集　州北二十里。

壘子墩集　州北四十里。

旦子岡市　州南二十里。

關山市　州西北，有東、西二市。

右滁州。

赭澗市　全椒縣南十五里，臨襄河。

赤石埠市　縣南三十里。

陳家市　縣西南五十里。

白酒岡市　縣西十五里。

西家鋪市　縣西二十五里。

小集店市　縣西三十五里。

柴家岡市　縣西北五十里。

六丈市　縣西四十里，唐置六丈驛於此。

右全椒縣。

水口鎮　來安縣南三十里。

白塔鎮　縣東北六十里。宋置驛及税務，建炎中又置巡司，後裁。

杜家集　縣東三十五里。

陳官集　縣南五十里。

章山集　縣東北十五里。

古城集　縣北八十里。

右來安縣。

和　州

白塔關　在和州西四十里。

含山關　州西四十五里。

陡陽關　州西北四十里斗焰山北。一名斗焰關，巍然峻絶，一徑中開。明初遣張天祐等將奇兵出陡陽關，進薄小西山，即此。

渭野關　州北五十五里。一名夾山關，兩山壁立，山口崎嶇，路通滁州界，爲南北咽喉。

右和州。

昭關　含山縣北二十里小峴山西。兩山對峙，爲廬、濠往來之衝，其口可守禦。宋紹興十一年，王德復和州，金兵退屯於昭關。三十一年，金主自渦口渡淮，守將王權棄廬州，亦退屯於此。

東關　縣西南七十里濡須塢之北，與無爲州、巢縣接界。地險峻，周圍皆石，三國時爲戍守重地。

右含山。

楊林渡　和州東二十五里。自江口至州城，皆植楊柳，故名。宋紹興三十一年，虞允文遣舟師截金兵於此。

車家渡　州東北，故烏江縣東南。

葉公渡　州南六十里。

右和州。

鄧家渡　含山縣南七十里，濟黄墩後河。

張家渡　縣南八十里。

相近有王海渡、尹家渡。

魏家渡　縣南運漕鎮，濟裕溪河，通無爲州。

殷家渡　縣南七十里。

左家渡　縣西南海子口河。

東關渡　縣西南七十里，路通巢縣。

司家渡　縣西五十里。

右含山。

清勝橋　和州南門外。

迎春橋　州城東水關上。

迎恩橋　州南一里，跨横江渠。

赤埭壩橋　州東北十五里。

姥下橋　州南三十里，跨姥下河。

白渡橋　州南四十五里，跨牛屯河。自銅城堰以下，匯七十二圩之水，皆由此出。

黄埭壩橋　州東北二十里。

大興橋　州南五十里，跨牛屯河，達梁山。

河村橋　州北十五里，有東、西二橋。

楊橋　州北二十里。吴末張悌濟江，圍都尉張喬於楊荷橋，即此。

黄梁橋　州西三十里。

夾山橋　州北五十里。路通滁州，爲往來孔道。

永濟橋　州西四十里。

潯陽橋　州西四十五里。

功勝橋　州西南五十里，蓋即宋功剩鎮之訛。

泰寧橋　州東北烏江鎮。

右和州。

觀音橋　含山縣南門外，跨縣河，一名石橋。元至正初建，覆亭其上。

看花橋　縣南三里，跨大澗。

魯橋　縣南五十里，跨魯港。

仙踪橋　縣北仙踪鎮。

尉子橋　縣北四十八里。

登科橋　縣城東，跨濠上。

撥米橋　縣東五里。

柳林橋　縣東十里。

永勝橋　縣西六里，一名清江段橋。

進賢橋　縣西十里，跨縣河。

清溪橋　縣西清溪鎮，跨清溪河。

右含山縣。

梁山鎮　和州南梁山下。山與博望山對峙，蕭齊建元二年置二軍於東、西梁山，陳霸先將侯安都等舟師亦立栅於此。

姥下鎮　州西南三十里。

裕溪鎮　州南九十里，有巡司。

歲豐鎮　州西四十里。

石跋鎮　州東北三十里。宋開禧中，州守周虎嘗築石跋城於浮沙河北，即此。

青陽鎮　州北七十里。

烏江鎮　州東北四十里，接江浦縣界，即烏江舊縣，秦烏江亭也。明萬(歷)〔曆〕中，移牛屯河巡司於此。

右和州。

運漕鎮　含山縣南八十里。地臨大河，上接巢湖，下通大江，居民稠密，商賈輻輳之地。

大朴樹鎮　縣南十五里。

三汊河鎮　縣南六十里。

銅城閘鎮　縣南六十里。

仙踪鎮　縣西北三十里。

清溪鎮　縣西三十里。

在安鎮　縣北四十里。縣有清溪、仙踪、再安、石門四鎮，在安即再安之訛。

右含山縣。

廣德州

苦嶺關　在廣德州東南七十里。路通浙江安吉州界，亦險隘處。明正德十二年，孝豐賊湯毛九倡亂，知州周時望設民兵守禦於此。

誓節渡　廣德州西五十里。唐末黄巢作亂，土人張姓者率鄉兵捍之，誓死不屈，遂殁于溪，故名。

滄河渡　州北二十里。

朱灣渡　州東北四十里，路通長興。

沓埠渡　州北二十里。

右廣德。

清溪渡　建平縣城南。舊有普濟橋，後圮，易以渡。

歐陽渡　縣東三十五里。

合溪渡　縣東南三十里。

赤山渡　縣西南五里。

李村渡　縣西南二十五里。

東夏渡　縣西二十里。

荆軻渡　縣西北三十五①里。

右建平。

倉橋　廣德州南預備倉前。

節義橋　州南十里。

① 「三十五」，《四庫》本作「三十」。檢光緒《廣德州志》卷十二，作「三十里」者誤。

永興橋　州南二十里。

土橋　州南四十里。

梅花橋　州北門外。知州鍾振築鳳凰墩於橋左，更名鳳凰橋。

樸水橋　州北五里。

西澗橋　州北十五里。

新河橋　州東門外。

楊邯橋　州北二十里，俗名楊菴橋。

武定橋　州治東。舊名迎貞，因屢圮，立真武廟以鎮之，易今名。

延壽橋　州東十里。

復古橋　州治東，舊名寺河橋。

浮潭橋　州東二十里。

星橋　州東五里，跨無量溪。其水南合牛首山、分流嶺、乾溪諸源匯爲一，注南湖入江。舊傳此地星隕爲石，因名。

歲豐橋　州西門外，跨濠河，舊名城河橋。

濯纓橋　州西門外。

英溪橋　州西北三十里。

白鷺橋　州西北三十五里。

大橋　州西北五十三里。

雄溪橋　州西北七十里。

杜杭橋　州東南二十里。

碧溪橋　州東南三十里。

冷水澗橋　州東南四十里。

吴馬橋　州西南五十里。

右廣德州。

丁塘橋　建平縣南三里，宋慶元初建。

許家橋　縣南二十五里，宋寶慶中建。

龍潭橋　縣南四十五里，宋淳熙中建。

青碧橋　縣南八十里，宋淳熙初建。

通津橋　縣北一里，宋建，一名楊家橋。

鍾橋　縣北十里，宋寶慶中建。

泗州橋　縣南六十里，宋建。

北高橋　縣北三十里。

洪橋　縣北三十五里，宋建。

通京橋　縣北四十里。

雙橋　縣東北十里。

諸家橋　縣東北二十五里。

清溪橋　縣東北三十里。

大澗橋　縣東北六十里。

廖店橋　縣東十里。

沙橋　縣東二十里，一名上神橋。

孝義橋　縣東二十五里，宋紹定中建。

鳳凰橋　縣西二十四里，宋淳熙初建。

三峽橋　縣西二十五里，宋紹定四年建。其水出三山之峽，故名。

飛鯉橋　縣西南二十五里。

楊村橋　縣西南三十里。

宗家橋　縣西北五里，宋建。

烏泥滸橋　縣西北十五里。

永福橋　縣梅渚鎮北。

西梅橋　縣北三十里梅渚鎮西，宋建。

右建平縣。

四安鎮　廣德州東五十里，與長興縣接界，陸行通道。

杭村鎮　州西七十里，有巡司。

右廣德州。

廖店鎮　建平縣東十里。

鵶山鎮　縣南九十里。

梅渚鎮　縣北三十里。明置巡司，今因之。

上橋鎮　縣北四十里。

下橋鎮　縣北四十里。

鍾橋市　縣北十里，亦曰鍾橋街。

定步市　縣北四十里，一名鄧步，亦曰定步街。

右建平縣。

六安州

柳林關　在英山縣東七十里。

七引關　英山縣西八十里，有巡司。

梅子關　霍山縣東二十里。

金雞關　霍山縣西四十里。

上龍津渡　六安州通濟門外，俗名上大埠口。

下龍津渡　州武定門外，俗名下大埠口。

蘇家埠渡　州西南四十里。

斷篺洪渡　州西四十里。

兩河口渡　州南七十里。

右六安。

三河口渡　英山縣西二里。

右英山。

中埠河渡　霍山縣南四十里。

管家渡　縣南三十里。

黑石渡　縣西二十里。

化龍河渡　縣北門外。

白練灘渡　縣西北十里。

右霍山。

通濟橋　六安州西門外。

安定橋　州北門外。

永壽橋　州西七里。

白沙橋　州北十里。

樊通橋　州南十里，元(至)〔致〕①和中建。

雙龍橋　州東四十里，元至正中建。

廣濟橋　州西南五十里。

荻沖橋　州南七十里。

---

① 據同治《六安州志》卷六改。

木場鋪橋　州北四十里。

孝感橋　州北六十里。

右六安州。

崇安橋　英山縣治西。

金家橋　縣南三里。

百丈橋　縣南二十里。

太平橋　縣西北三十里。

義橋　縣東九十里。

牛軛嶺橋　縣西百里。

右英山縣。

東平橋　霍山縣東二里。

撞山橋　縣北三里。

通光山橋　縣北十里。

淮西第一橋　縣北二十里。

洛陽橋　縣東二十里。

會龍橋　黑石渡西北。

右霍山縣。

麻埠鎮　六安州西南九十里，即故邊城郡治。明初有巡司，萬（歷）〔曆〕二年改設把總，以防礦賊。今革。

蘇家埠　州西南四十里。

何隆集　州西一百二十里。

烟墩集　州西四十里。

雙河集　州東南九十里，河北接合肥界。

右六安州。

楊柳灣市　英山縣東北三十里。

雷家店市　縣東北四十里。

東界嶺市　縣東北一百里。

大畈河市　縣南十五里。

百丈橋市　縣南二十里。

方家嘴市　縣南三十里。

土門潭市　縣北十五[1]里。
金家鋪市　縣北三十里。
傅家壩市　縣北六十里。
清正街市　縣北九十里。
右英山縣。
下符橋鎮　霍山縣東北二十里。
黑石渡鎮　縣西二十里。
管家渡鎮　縣南三十里。
上土市鎮　縣西南一百四十里，有巡司。
千羅畈鎮　縣西北一百八十里，有巡司。
中埠河鎮　縣南四十里。
右霍山縣。

① 《四庫》本無「五」字。

泗州

盱眙關　在盱眙縣北。

驛前渡　泗州泗水驛前。一名大馬頭渡，南赴盱眙縣路。

橋口渡　州南門外。

頭鋪河渡　州西十里。

雙溝渡　州西九十里，赴虹縣路。

右泗州。

浮山渡　五河縣東四十里。

蔡家湖渡　縣西一里。

築臺集渡　縣西五十里。

園宅集渡　縣西七十里。

峽石渡　縣南十五里。

三岔新集渡　縣南四十里。

武家渡　縣北三十里。

右五河。

胭脂橋　泗州南門外。橋下有池，水色紅紫，名胭脂河，故名。

濯清橋　州南門外。

攔駕橋　州北青陽集西。

斷仙橋　州西北一百五十里重岡山下，接虹縣界。

又汴泗橋①，在州治西，跨汴水。

永寧橋　在西門内。

天梯橋　在察院南。今俱没於水。

官莊橋　州西北影塔湖側。

右泗州。

喬家橋　盱眙縣東二十里。

四十里橋　縣南。

自來橋　四十里橋南。

① 「汴泗橋」，《四庫》本作「泗橋」。

豐登橋　縣東北。

洪澤橋　縣東南二十里，跨古河。

洒金橋　縣西南。

寶積橋　縣西寶積山下。

三星橋　縣東霧潤净土菴下。

拖板橋　縣北。

右盱眙縣。

新河橋　天長縣東城市外。

七里橋　縣南七里。

鵶口橋　縣北十八里。宋紹興初，韓世忠別將敗金于鵶口橋，即此。

汴子橋　縣東南二十里。

蘆龍橋　縣東二十三里。

白馬橋　縣東三十五里。

秦蘭橋　縣東四十五里。

香溝橋　縣東五十里。

濟美橋　縣西三十里，即古石梁橋也。歲久傾圮，崇（正）〔禎〕時重建，更名三驄橋。

王橋　縣東北十里。

便民橋　縣西四十五里汊澗鎮，元至正間建。

右天長縣。

熙登橋　五河縣南一里，跨古澮河。

横金橋　縣南三里金岡嘴下。

南沱橋　縣北二里陡岡下。

三衢橋　縣南二十里三衢溝。

滎家橋　縣東北十七里。

北沱橋　縣北三里故軍店南。

雙忠橋　縣北二十里雙忠廟迤西。

界溝橋　縣北四十里虹縣界南。

古銕橋　縣東南二里。淮河中流水涸，則兩傍銕柱出焉。

截河橋　縣西三十里上店集南。

躍龍橋　縣西南二十五里赤龍澗。

石橋　縣西南三十五里石橋鋪。

刀澗橋　縣西南四十五里磨刀澗。

八林橋　縣西南六十里八林鋪。

右五河縣。

義市鎮　泗州西北二十五里，一名金店。又名管公店。

青陽鎮　州西北一百三十里。

龍窩鎮　州西五十里。

包家鎮　州西北五十里。

雙溝鎮　州西北九十里。

上塘鎮　州西北一百四十里。

歡墩鎮　州北七十里。

竹墩鎮　州東南。路通天長、六合，爲建康之徑道。

鐵佛寺集　州西四十里。

石家集　州西北一百二十里。

馬公店集　州西北一百五十里。

湯家集　州北八十里。

右泗州。

龜山鎮　盱眙縣東北三十里龜山下。

舊縣鎮　縣西北六十里，即宋招信縣治。

三官集　縣東三十里。

義井集　縣東南二十里。

通淮集　縣東六十里，接山陽縣界，即翟家壩。

永興集　縣東南四十里。

岡村集　縣東南六十里。

高廟集　縣南三十里，有東、西二集。

古城集　縣南六十里，接來安縣界。

津泥集　縣西南七十里。

石壩集　縣西南一百里。

紅廟集　縣西南一百二十里。

澗溪集　縣西南八十里。

獨樹集　縣西九十里。

大義集　縣西北八十里。

浮山集　縣西北一百里。

土沛集　縣西北一百二十里。

右盱眙縣。

蘆龍鎮　天長縣東二十里。

秦欄鎮　縣東四十五里。

汊澗鎮　縣西四十五里。

銅城鎮　縣西北四十五里。

城門鄉鎮　縣東北四十五里。相傳舊嘗置縣於此，有巡司。

龍岡鎮　縣東北五十里，接高郵州界。

楊村集　縣北二十里。

金家集　縣東南三十里。

萬安集　縣東二十五里。

便益集　縣西北二十五里。

右天長縣。

安瀾集　五河縣南二十里。

三岔集　縣南四十里，有公館。

永興集　縣西二十里。

築臺集　縣西四十里。

上店集　縣西三十五里澮河南岸。明正統間置巡司，尋①裁。

園宅集　縣西六十里。

大興集　縣東賓陽門外。

右五河縣。

① 「尋」，《四庫》本作「後」。